2019年第1辑
总第二十九辑
CSSCI 来源集刊

励耘学刊

北京师范大学文学院 主办

社会科学文献出版社

《励耘学刊》编委会

顾　问　郭英德
主　编　杜桂萍
副主编　李　怡　马东瑶
编　委　（按姓氏笔画排序）

丁　帆　万建中　马东瑶　王向远
方　宁　左东岭　过常宝　朱万曙
刘　石　刘跃进　杜桂萍　李　山
李正荣　李　怡　杨联芬　张　鸣
张　健　张涌泉　张清华　张福贵
张德建　陈引驰　陈思和　郑国民
赵敏俐　姚建彬　钱志熙　徐正英
郭英德　黄开发　康　震　盛　宁
董晓萍　傅　刚　温儒敏　詹福瑞
廖可斌　谭　帆　徐富昌　李欧梵
黄坤尧

编　务　任　刚

目　录

文学与文化研究

论战国时期"易说"的文本形态 ················· 刘全志（1）
"礼莫如周"：宋代典礼赋中的"复古"思想述论 ········ 罗超华（22）
明代理学家的教化观与政道关系论
　　——以学记文书写为中心 ················· 刘　洋（39）
《松岗小史》与地方知识分子的救世理想及其困境 ······· 袁　昊（60）

文学史研究

从元、白为人事佛之异同看"恒寂师"唱和的若干问题
　　···································· 孙思旺（75）
范仲淹《唐异诗序》的价值与地位
　　——基于北宋诗学发展过程的考察 ············ 宋皓琨（90）
北狩词考论 ································ 王建生（106）
《升庵诗话》中的"文话"管窥 ··················· 冯晓玲（135）
孙枝蔚与徽籍汪姓文人交游考
　　——兼论清初扬州文坛"士商互动" ············ 马铭明（148）
《儒林外史》中的假冒群体书写 ·········· 冯　瑾　延保全（168）
由"贴补"现象论《忠义璇图》的编写演化过程 ······ 孙　琳（181）

现当代文学研究

两种思想革命：鲁迅与高长虹之争 ················ 邱焕星（195）
躁动的社会阶层与绵延的再造文明之梦
　　——《子夜》新论 ······················· 罗维斯（215）

1

抗战时期的空军文学 …………………………………… 王学振（233）
论徐訏小说中的重复艺术 ……………………………… 金　凤（257）
黑色幽默与 20 世纪 80 年代以来的中国女性小说
　　………………………………………… 赵树勤　杜　鹃（272）

文献考辨

北京师范大学图书馆藏明刻杨鹤本《苏黄题跋》考论
　　………………………………………………… 赵　瑞（292）
支丰宜家世考略 ………………………………………… 关庆涛（306）

品书录

读杉山正明《蒙古帝国的兴亡》《忽必烈的挑战》献疑
　　………………………………………………… 李修生（319）
国家历史情态、民国历史视野与民国文学阐释
　　——评李怡《作为方法的"民国"》 …………… 王眉钧（335）

北京师范大学国文系史略（1902—1949）…… 窦可阳　徐　锐（351）

《励耘学刊》稿约 …………………………………………… （373）

论战国时期"易说"的文本形态[*]

◇ 刘全志[**]

摘 要：《易传》出自儒家说和道家说，都忽略了一个潜在的事实，即公共知识资源对《易传》的影响。与"易传"相比，"易说"更符合战国时期解《易》文本的称谓。结合出土文献与传世文献，可知战国时期存在三种"易说"的基本形态："卜筮预测易说""伦理道德易说""阴阳消息易说"。这三种"易说"不仅映照出《易经》在战国时期的传播形态，而且也昭示着今本《易传》的形成并非出自儒家、道家等某一学派，而是战国知识界共同努力的结果。

关键词：战国 易传 易说 知识资源

现存《易传》是《周易》之《彖传》上下、《象传》上下、《系辞传》上下、《文言传》、《说卦传》、《序卦传》、《杂卦传》的总称，因有十篇，又称之为"十翼"。[①] 关于《易传》的作者，自古以来多有争论。汉唐时期，《易传》一直被认为是孔子所作，这一观点最早见于司马迁《史记·孔子世家》："孔子晚而喜《易》，序《彖》、《系》、《象》、《说卦》、《文言》。"[②] 司马迁的这一记载被班固、孔颖达等人所继承。迄至两宋时期，在疑经思潮的推动下，学者开始认为《易传》非孔子所作，这一认识经过明清学者、古史辨学者的推动，影响深

---

[*] [基金项目] 贵州省哲学社会科学规划国学单列课题"战国时期六经文本的衍生与定型研究"，项目编号：17GZGX25。

[**] 刘全志，北京师范大学文学院副教授，主要从事先秦两汉文化与文献研究。

[①] "十翼"之名最早见于纬书《易乾坤凿度》卷下孔子"五十究易，作十翼明也"。（清）赵在翰辑《七纬》，中华书局，2012，第28页。

[②] 为避免注释的烦冗，文中所引常见传世文献不再一一注明出处，这些常见文献十分便于查找，而古今学者的解读以及出土文献将一一注明。

远。① 20世纪下半叶以来，学界结合马王堆帛书《周易》、上博简《周易》、郭店简《语丛》等出土文献，认为《易传》虽非孔子所撰写，但一定是"为孔子门人及后学持续编纂而成"②，即《易传》为儒家学派的作品③。与此相反，陈鼓应同样依据相关出土简帛文献，认为《易传》各篇均与黄老道家的思想具有一致性，《易经》哲学化的完成，显然"是受了老庄及稷下道家思想的洗礼"④。因此，陈鼓应认为，"《易传》（最为主要的是《彖传》与《系辞》）为道家作品"⑤。统观这些讨论，其中多有龃龉，而且轩轾难分，但其中又有一个共同点，即关注现存《易传》思想内容与儒、道两家的观念是否相合。其实，这一思路不但夸大了战国时期诸子百家之间的学术壁垒，而且也忽略了《周易》作为经典之于公共知识资源的意义和功能。为此，笔者将结合战国社会对《易经》的使用范围，讨论存在的各种解读形态，以期勾勒今本《易传》形成的知识资源。

在战国时期，《易经》被诸子百家普遍使用，各家使用的《易经》文本基本相同，这一点不但可以从上博简《周易》、汲冢竹书《周易》、马王堆帛书《周易》与今本《周易》的比较中得到证明，还可以从与《周易》同出的诸子文本中加以验证：上博简、马王堆帛书均有道家、儒家、法家、阴阳家文本，而汲冢竹书至少有阴阳家、小说家的文本。《易经》与这些诸子各家文本同出，足见《易经》传播的普遍性与文本的趋同性。与《易经》和后世传本基本相同相比⑥，同一时期的"易传"或"易说"却形态各异。

"易传"之名见于《战国策·齐策四·齐宣王见颜斶》颜斶云：

---

① 详见郑吉雄、傅凯瑄《〈易传〉作者问题检讨》（上），《船山学刊》2015年第3期。
② 郑吉雄、傅凯瑄：《〈易传〉作者问题检讨》（下），《船山学刊》2015年第5期。
③ 结合马王堆帛书《易传》的解易取向，陈来认为帛书《易传》是鲁地、齐地、楚地儒家易学的体现。这一分析也在力证《易传》为儒家学派的作品。详见陈来《帛书易传与先秦儒家易学之分派》，《周易研究》1999年第4期。
④ 陈鼓应：《先秦道家易学发微》，载《道家易学建构》，台湾商务印书馆，2003，第1页。
⑤ 陈鼓应：《易传与道家思想》，商务印书馆，2007，序第viii页。
⑥ 林忠军：《从战国楚简看通行〈周易〉版本的价值》，《周易研究》2004年第3期。

"是故《易传》不云乎：'居上位未得其实，以喜其为名者，必以骄奢为行；据慢骄奢，则凶从之。'是故无其实而喜其名者削；无德而望其福者约；无功而受其禄者辱；祸必握。"颜斶所言，不见于今本《易传》。近代学者文廷式认为："此战国以前之《易传》，盖真商瞿以后之微言。居上位云云，盖释上爻之辞也。"① 文廷式推断的前提显然是司马迁所记孔子作《易传》并传之于商瞿，而《易传》作者并非孔子已被古今学者辨正。颜斶为齐国高士，思想观念偏向于道家士人②，他所说的《易传》应是道家"易说"。当然以解释《易经》即为"易传"的说法③，道家"易说"称为《易传》是合理的。但为了与传世《易传》相区别，笔者将先秦的解易文字一律称为"易说"。这一称谓也有文本依据，如今本《易传》有《说卦传》，传说为魏襄王墓中的汲冢竹书有近似《说卦》的文本《卦下易经》④，这说明在先秦时期解释《易经》的文本可以称为"说"。战国时人的这一习惯应该也传承至汉代，如《汉书·艺文志》列有"易说四种"⑤，传承于民间的费直"徒以《彖》《象》《系辞》十篇文言解说上下经"⑥ 等。另外，"说"也是流行于战国时期的文体，廖群指出"先秦著作除《周易》之外"都可使用说话之"说"，作为名词具有"辞说""学说""述说"之义。⑦ 以《说卦》及汲冢竹书而言，"说体"的范围不应将《周易》排除。以战国社会的风气而论，"说经"应是战国诸子的常态，如《孟子·万章上》孟子在与弟子咸丘蒙谈论《诗》之志时云："故说诗者，不以文害辞，不以辞害志。以意逆志，是为得之。"其中"说"的对象是《诗经》，以此为据，提倡"易教"的士人一定存在"说易"活动，这也许是《说卦》得以命名的前提。结合这些现象，笔者认为使用"易说"

---

① 范祥雍：《战国策笺证》，上海古籍出版社，2006，第645页。
② 战化军、姜颖：《齐国人物志》，齐鲁书社，2004，第349页。
③ 黄玉顺：《左氏易传注疏瑕疵》，载刘大钧主编《大易集思》，上海科学技术文献出版社，2013，第142—143页。
④ 陈梦家：《西周年代考·六国纪年》，中华书局，2005，第180页。
⑤ 李零：《兰台万卷：读〈汉书·艺文志〉》，三联书店，2011，第16页。
⑥ （汉）班固：《汉书》，中华书局，1962，第3602页。
⑦ 廖群：《先秦说体文本研究》，中央编译出版社，2018，第16、18页。

称谓战国时期的解《易》文本更为准确。

结合出土简帛及传世史料,我们可以确知,战国时期至少存在三种"易说"的文本形态:"卜筮预测易说""伦理道德易说""阴阳消息易说"。①

一 世俗社会所用:卜筮预测

《周易》从本质上讲,实为卜筮之书。《周礼·春官宗伯》记载太卜"掌三兆之法"及"掌三易之法":

> 掌三兆之法,一曰"玉兆",二曰"瓦兆",三曰"原兆"。其经兆之体,皆百有二十,其颂皆千有二百。掌三易之法,一曰"连山",二曰"归藏",三曰"周易"。其经卦皆八,其别皆六十有四。

《周礼》成书于战国时期,所记虽有依据,但多有追求整齐、完美之构想。其中的"三兆之法",郑玄注云:"兆者,灼龟发于火,其形可占者。其象似玉瓦原之罍罅,是用名之焉。"② 可见,商周时期的"龟卜"至少是"三兆之法"中的一种,所谓"其经兆之体,皆百有二十,其颂皆千有二百"大致可认为即"龟卜"后所记录之卜辞。至于"三易之法",郑玄注云:"《易》者,揲蓍变易之数,可占者也。名曰《连山》,似山出内气变也。《归藏》者,万物莫不归而藏于其中。"③ 可见,"三易之法"即可视为"蓍占",《连山》《归藏》《周易》分别采用不同的"蓍占"方法。由《周礼》所言"其经卦皆八,其别皆六十有四"可知,《连山》《归藏》的大致形态与《周易》相同。1993 年 3

---

① 以清华简《筮法》的数字卦形式来看,战国时期的"易说"并不止三种,而这三种可视为战国多样"易说"的代表。
② (清)阮元校刻《十三经注疏》,中华书局,1980,第 802 页。
③ (清)阮元校刻《十三经注疏》,第 802 页。

月，湖北江陵王家台15号秦墓中出土了394枚竹简，经整理共约4000字，内容是易占。① 这篇"易占"内容因与传世文献所引《归藏》遗文相同，随后被学界命名为《归藏》。秦简《归藏》所用卦名、卦辞、占辞多同于《周易》，其记录黄帝、炎帝、蚩尤及夏商周三代的传说②，成书时间似在春秋战国之际。无论如何，秦简《归藏》的现世，至少证明了在战国时期，存在与《周易》相近的"易占"著作。《周礼》的记载虽反映"龟占"与"蓍占"同掌于太卜，但并未透露它们之间的联系。对此，现当代学者多有探讨，并基本形成了共识——卜辞、《归藏》之辞是《周易》卦爻辞形成的重要来源，如台湾学者屈万里曾用大量的事实说明易卦因袭龟卜③，余永梁从句法和成语两个角度说明易辞仿卜辞而成④，林忠军论述《归藏》对《周易》的影响，认为《周易》爻辞中存有"曰"字是卜辞、《归藏》的遗存⑤。

无论如何，《周易》归于"太卜"职守，用于卜筮活动，应是春秋以前的成例。从《左传》《国语》"易占"事例来看，专业的卜官有卜正、卜招父、卜徒父、卜偃、筮史、卜楚丘、蔡墨等，而有些卜官往往又集史官于一身，如《左传》"庄公二十二年"之"周史"、"僖公十五年"晋之"史苏"、"襄公九年"鲁国之"史"、"昭公七年"卫国之"史朝"、"哀公九年""晋赵鞅卜救郑，遇水适火，占诸史赵、史墨、史龟"等。就卜筮的事项而言，大致是灾异、疾病、归国、生子、嗣君、祭祀等，基本如同《周礼》所云："以八命者赞三兆、三易、三梦之占，以观国家之吉凶，以诏救政。凡国大贞，卜立君，卜大封，则视高作龟。大祭祀，则视高命龟。凡小事，莅卜。国大迁、大师，则贞龟。凡旅，陈龟。凡丧事，命龟。"总之，《左传》《国语》的"易占"

---

① 刘德银：《江陵王家台15号秦墓》，《文物》1995年第1期；王明钦：《王家台秦墓竹简概述》，载艾兰、邢文编《新出简帛研究》，文物出版社，2004，第26—49页。
② 王辉：《王家台秦简〈归藏〉校释（28则）》，《江汉考古》2003年第1期。
③ 屈万里：《易卦源于龟卜考》，载黄寿祺、张善文编《周易研究论文集》（第一辑），北京师范大学出版社，1987，第43—63页。
④ 余永梁：《易卦爻辞的时代及其作者》，载黄寿祺、张善文编《周易研究论文集》（第一辑），第157—178页。
⑤ 林忠军：《从战国楚简看通行〈周易〉版本的价值》，《周易研究》2004年第3期。

事例说明，在春秋时期，各国均有专职于卜筮事宜的官员。

战国时期，王纲解纽，社会急剧变革，诸侯各国的官僚体制随之变动，各阶层人员也频繁流动。这就打破了《周易》流行于"官方"的成例，使之开始流向更为广阔的社会空间。换言之，原属于王室或国君的卜官、史官有一部分继续世守其业，而很大一部分却流落于民间或社会下层，成为民间的卜筮者，如《荀子·非相》中的姑布子卿、唐举，《史记·日者列传》所记载的司马季主等。从事民间卜筮的人数众多，但见于典籍者为数甚少，这里固然存在如司马迁在《史记·日者列传》中所说"古者卜人所以不载者，多不见于篇。及至司马季主，余志而著之"的原因，但更为主要的原因则如司马季主所言：

> 夫卜筮者，世俗之所贱简也。世皆言曰："夫卜者多言夸严以得人情，虚高人禄命以悦人志，擅言祸灾以伤人心，矫言鬼神以尽人财，厚求拜谢以私于己。"此吾之所耻，故谓之卑污也。

值得注意的是，司马季主所言的"世俗之所贱简"之"世俗"，实为精英知识阶层，他们读书甚多，拥有知识，富有理性，善于独立思考，所以总不齿"卜筮"。现今战国典籍，也多由这批知识精英所书写、所传承，所以民间卜筮者"不见于篇"实属情理之中。与民间卜筮者相比，那些"父子畴官，世世相传"受到诸侯国君"优待"的卜官，虽然政治地位略高，但文化品格同民间卜筮者一样，为精英知识阶层所轻视。依据点滴史料可以推断，在战国时期，卜官也名列于各诸侯国的官僚体系内，如《史记·龟策列传》云"至高祖时，因秦太卜官"，此为秦国之卜官；汲冢竹书有"师春"集《左传》卜筮之事例，此为魏国之卜官；《史记·龟策列传》记载宋元王有龟求救之梦，请博士卫平占之，卫平"援式而起，仰天而视月之光，观斗所指，定日处乡。规矩为辅，副以权衡。四维已定，八卦相望。视其吉凶，介虫先见"，这是宋国之卜官；屈原《卜居》之詹尹，应为楚国之卜官。

就战国时期的社会氛围而言，以《周易》为卜筮之书是最为普遍、最为流行的认知，因为它符合一般知识阶层的趣味和需要：人有了灾异、生了疾病甚至遇到了战争，往往先供奉神灵，然后进行卜筮，通过求神问鬼来预测吉凶祸福。与那些富有理性精神的知识精英阶层相比，这些一般的知识阶层人数更多，覆盖面也更为广泛，上至诸侯国君，下至田间庶民，似乎都有"易占"的需求。这一点越来越被出土的各种战国竹简所证实，如目前可见的楚简、秦简中，有很大一部分是卜筮祈祷之书：1965年，江陵望山1号墓出土竹简207枚，内容为卜筮祭祷记录①；1978年，江陵天星观1号墓出土竹简，其中完整者70余枚，另有残简若干，简文内容有卜筮祭祷记录②；1987年，江陵秦家嘴1号、13号和99号墓分别出土竹简7枚、18枚和16枚，简文内容有卜筮祭祷记录③；1986年，甘肃天水放马滩1号墓出土竹简460枚，内容为《日书》甲、乙本及《邸丞告书》④；1987年，荆门包山2号墓出土竹简448枚，其中书字简278枚，存12472字，简文内容有卜筮祭祷记录⑤；2002年，新蔡平夜君成墓出土竹简1500余枚，简文内容有卜筮祭祷记录，而且分为三种不同的内容⑥。特别是1993年，江陵王家台15号墓不但出土竹简800余枚，内容有《日书》、《归藏》及星占书，还有随葬品如式盘、算筹、骰子及卜筮用具，如此多的卜筮文献及卜筮工具，不得不让考古学者推断"墓主似为卜官"⑦。清华简《筮法》《别卦》看不出学派性质，其关注的方面应是现实的卜筮方法和卦象、卦名的排列⑧，从文本内容而言应归入卜筮类"易说"。这么多战国卜

---

① 湖北省文物考古研究所：《江陵望山沙冢楚墓》，文物出版社，1996。
② 湖北省荆州地区博物馆：《江陵天星观一号楚墓》，《考古学报》1982年第1期。
③ 荆沙铁路考古队：《江陵秦家咀楚墓发掘简报》，《江汉考古》1988年第2期。
④ 甘肃省文物考古研究所、天水市北道区文化馆：《甘肃天水放马滩战国秦汉墓群的发掘》，《文物》1989年第2期。
⑤ 湖北省荆沙铁路考古队包山墓地整理小组：《荆门市包山楚墓发掘简报》，《文物》1988年第5期；陈伟：《湖北荆门包山卜筮楚简所见神祇系统与享祭制度》，《考古》1999年第4期。
⑥ 曾晓敏、宋国定等：《河南新蔡平夜君成墓的发掘》，《文物》2002年第8期。
⑦ 刘德银：《江陵王家台15号秦墓》，《文物》1995年第1期。
⑧ 李学勤主编《清华大学藏战国竹简》（四），中西书局，2013，第75、128页。

筮文献的现世，足以说明卜筮行为在当时社会的流行程度。依此来看，秦始皇颁布"焚书令"及"挟书律"时，允许"卜筮之书"存在，有现实根据和社会风尚的原因。

这些为知识精英所轻视甚至批判的卜筮行为，虽然有多种文本传承，但必然以《周易》为主。《史记·日者列传》记载司马季主所言："自伏羲作《八卦》，周文王演三百八十四爻而天下治。越王句践放文王《八卦》以破敌国，霸天下。由是言之，卜筮有何负哉！"依《周易》真实的情形来看，司马季主所言多有不实，但伏羲画"八卦"、文王演《周易》、范蠡佐勾践破吴国等故事，已为人们所熟知，是战国时期普遍流行的"历史"。然而，正是这些缺乏严谨性的历史传说积聚了很多人群的力量，进而把《周易》推得更广，以至影响到秦帝国的文化政策。

《周易》在战国时期的卜筮形态，可见于天星观楚简、包山楚简、葛陵楚简等，卜筮方法大致与春秋时期的"易占"原则相同：以筮得一卦的老阳、老阴为变爻，并以此作为占断的基点；先筮后卜，三人占从二人之言。直接具有《周易》卦象的竹简见于葛陵楚简，如甲三206、甲三302、乙四67、乙四79、零115简等，其中以甲三302、零115简最能说明问题：

☷（之）☶。尚毋。（甲三302）

☰（之）☵。是箒切而口亦不为大诰，勿恤，无咎。（零115）①

前一简两卦象：一为谦卦（艮下坤上），一为剥卦（坤下艮上）；后一简两卦象：一为同人卦（离下乾上），一为比卦（坤下坎上）。这两支简均为两卦同书，且后有占断辞，可见卜官是以变爻为占。新蔡葛陵楚

---

① 武汉大学简帛研究中心、河南省文物考古研究所编著《楚地出土战国简册合集》（二），文物出版社，2013，第49、10页。

墓的墓主为平夜君成，他是平夜文君子良的后裔，为楚王宗室，其生活在战国中期，"新蔡葛陵楚墓的年代约相当于战国中期前后，即楚声王以后，楚肃王末年或稍后，绝对年代为公元前 340 年左右"①。从随葬的卜筮文献来看，平夜君成长期疾病缠身，希望通过祭祀祈祷获得健康。《周易》卦画在其卜筮简文中多次出现，至少证明了《周易》在一般知识阶层中用于占问吉凶的事实。

二 伦理道德之"易说"

战国时期，从人伦、德义方面解说《易经》文本的人，首推儒家。如郭店儒简《六德》云：

> 故夫夫，妇妇，父父，子子，君君，臣臣，六者各行其职，而谗谄无由作矣。观诸《诗》、《书》则亦在矣，观诸《礼》、《乐》则亦在矣，观诸《易》、《春秋》则亦在矣。②

所谓"夫夫，妇妇，父父，子子，君君，臣臣"，就是指君德"以义使人"、臣德"以忠事人"、夫德"以智率人"、妇德"以信从人"、父德"以圣教子"、子德"以孝睦亲"。这正如《论语·颜渊》所记齐景公与孔子的对话：

> 齐景公问政于孔子。孔子对曰："君君，臣臣，父父，子子。"公曰："善哉！信如君不君，臣不臣，父不父，子不子，虽有粟，吾得而食诸？"

与《六德》相比，《论语》少了"夫夫，妇妇"，这应该是郭店儒简

---

① 河南省文物考古研究所：《新蔡葛陵楚墓》，大象出版社，2003，第 184 页。
② 李零：《郭店楚简校读记》，北京大学出版社，2002，第 131 页。

《六德》对《论语》进行推衍。《礼记·昏义》也有"夫义妇顺",无论这些文本孰先形成,都可说明,《六德》所提出的人伦道德实为儒家所一贯提倡的观点。《六德》的作者认为,包括《易经》在内的"六经"都是这种人伦道德的载体。再结合《礼记·经解》的"易教"而言,先秦儒家以人伦道德解说《易经》的倾向十分明显和坚定。

《六德》作者如此看待《易经》,实为渊源有自。以德解《易》,在春秋时期已经出现,如《左传·襄公九年》穆姜解说"元亨利贞"时云"元,体之长也;亨,嘉之会也;利,义之和也;贞,事之干也。体仁足以长人,嘉德足以合礼,利物足以和义,贞固足以干事",并称"元亨利贞"为"四德";《左传·昭公十二年》鲁国的子服惠伯以"忠信"解说坤卦的爻辞"黄裳,元吉",等等。其后,春秋世人的这种伦理解读被以孔子为首的儒家所继承,并进一步发扬光大。

《论语》记载了两条孔子对《易》及卜筮的态度。《论语·述而》云:"子曰:'加我数年,五十以学《易》,可以无大过矣。'"关于此则语录的争论甚多,如孔子学《易》的年龄、言说的语境等①,这都源于孔子语录"言简意赅"而又"言之未详"。但无论如何,孔子认为《易》的功能是"可以无大过矣",至于怎样、为什么"可以无大过",却并未明说。《论语·子路》又记:

> 子曰:"南人有言曰:'人而无恒,不可以作巫医。'善夫!'不恒其德,或承之羞'。"子曰:"不占而已矣。"

与此章相似的文字还见于《礼记·缁衣》:

> 子曰:"南人有言曰:'人而无恒,不可以为卜筮。'古之遗言与?龟筮犹不能知也,而况于人乎?《诗》云:'我龟既厌,不我告犹。'《兑命》曰:'爵无及恶德,民立而正。''事纯而祭祀,

---

① 李学勤:《周易溯源》,巴蜀书社,2006,第63—83页。

是为不敬。事烦则乱,事神则难。'《易》曰:'不恒其德,或承之羞。''恒其德侦,妇人吉,夫子凶。'"

与《论语》相比,《礼记》显然更为详细,主题也更为明确。"不恒其德,或承之羞"出自《易经·恒》九三的爻辞,至于"人而无恒,不可以作巫医"的意思,皇侃的解说最为精到:"孔子引《易·恒卦》不恒之辞,证无恒之恶,言人若为德不恒,则必羞辱承之。羞辱必承,而云或者,或,常也,言羞辱常承之。"① 由《礼记》来看,孔子之意正是强调"恒德"的重要性:人无恒德,即使卜筮问神,也不会获得吉祥;人有德行,并持之以恒,即使不卜筮问神,也不会获得凶灾。孔子所谓"不占而已矣",应如《荀子·大略》所云"善为《易》者不占",即"龟筮不能知",未来的事在于人,只要持之以恒地修身养德,自能避凶就吉,完全没有必要去卜筮。如此看来,孔子"学《易》"完全是发掘《易》之德,而非卜筮之事。这种推断,马王堆帛书《易传》的内容能够证明。

马王堆帛书《要》记载了子贡与孔子的对话,子贡认为,"德行亡者,神灵之趋;知谋远者,卜筮之采",即有德行智谋者不信神灵与卜筮,而孔子老而好《易》,所以子贡问曰:"夫子何以老而好之乎?"对此,孔子答曰:"君子言以矩方也。前羊而至者,弗羊而巧也。察其要者,不诡其辞。《尚书》多于矣,《周易》未失也,且有古之遗言焉。予非安其用也,予乐其辞也。"② 也就是说,孔子好《周易》在于"察其要者""乐其辞",而非卜筮之用。其后,子贡更为直截了当地问:"夫子亦信其筮乎?"孔子答曰:"吾百占而七十当,虽周梁山之占也,亦必从其多者而已矣。"③ 孔子之答,论者多以为孔子"信筮",其实并非如此。卜筮一个重要的原则是"卜筮不过三,卜筮不相袭"(《礼记·曲礼》),《礼记·表记》记载孔子之语曰:"无辞不相接也,无礼

---

① 程树德:《论语集释》,中华书局,1990,第1204页。
② 裘锡圭主编《长沙马王堆汉墓简帛集成》(三),中华书局,2014,第116页。
③ 裘锡圭主编《长沙马王堆汉墓简帛集成》(三),第116页。

不相见也,欲民之毋相亵也。《易》曰:'初筮告,再三渎,渎则不告。'"就是说,一次占筮不能再三施行,如果屡次卜筮问卦,必然有亵渎之心,要求以辞相接、以礼相见,就是防止民众妄生亵渎之心。卜筮的这种要求源自古训,《左传·哀公十五年》引《志》曰"圣人不烦卜筮",其意也在不进行繁多的卜筮。可见,孔子说"吾百占而七十当""从其多者而已矣",其实就是不信"卜筮"的委婉回答。下面一段话可谓孔子"以德解易"的自言:

> 子曰:《易》,我后其祝卜矣,我观其德义耳也。幽赞而达乎数,明数而达乎德,又□□者而义行之耳。赞而不达于数,则其为之巫;数而不达于德,则其为之史。史巫之筮,向之而未也,恃之而非也。后世之士疑丘者,或以《易》乎?吾求其德而已,吾与史巫同途而殊归者也。君子德行焉求福,故祭祀而寡也;仁义焉求吉,故卜筮而稀也。祝巫卜筮其后乎?①

"我观其德义""吾求其德而已""君子德行焉求福""仁义焉求吉",这些足可见孔子对待《周易》与祝巫卜筮的不同:孔子与史巫虽然都学《易》、用《易》,但前者"观其德义",后者用卜筮,真可谓"同途而殊归"。马王堆帛书《昭力》可谓孔子以德观《易》的鲜活事例。《昭力》是昭力和孔子的对话,全文共分三部分。第一部分,师徒二人讨论"《易》有卿大夫之义"的卦爻辞,孔子列举了师卦六四爻辞"师左次"、大畜卦九三爻辞"阑舆"之"卫"、大畜卦六五爻辞"豶豕之牙",来说明《易》中的"卿大夫之义":"见事而能佐其主""修德以卫国""修兵不战而服人"。② 孔子所用的方法便是通假与引申,如将"师左次"解说成"师也者,人之聚也;次也者,君之位也","左"通"辅佐"之"佐";将爻辞"阑舆之卫,利有攸往"进一步引申,

---

① 裘锡圭主编《长沙马王堆汉墓简帛集成》(三),第118页。
② 裘锡圭主编《长沙马王堆汉墓简帛集成》(三),第148—150页。

增益为"若舆且可以阑然卫之,况以德乎?何不吉之有";将"豮豕之牙,吉"解说成"其豕之牙,成而不用者也,又笑而后见。言国修兵不战而威之谓也",而"笑而后见""修兵不战而威"并不见于爻辞本身。第二部分是师徒二人讨论"《易》有国君之义",列举了三句卦爻辞——师卦九二爻"王参赐命"、比卦九五爻"王三驱"、泰卦上六爻"自邑告命",认为"国君之义"在于"以爱人为德"、教人以德、任人亲贤,论证方法基本同第一部分。第三部分,孔子认为《易》包含的道理广泛,不仅仅有"卿大夫之义""国君之义",更有"商夫之义""邑途之义""农夫之义""处女之义",所举卦爻辞见于旅卦九四爻、无妄卦六三爻①、无妄卦六二爻、归妹卦六五爻。②从孔子解释上述卦爻辞的方法来看,他似乎很不重视卦爻辞的本义,而注重引申德性人伦之义。

儒家以德解《易》的宗旨常见于多种先秦儒家著作,如《礼记·坊记》引既济卦九五爻辞"东邻杀牛,不如西邻之禴祭,实受其福",以证"君子苟无礼,虽美不食焉";又引无妄卦六二爻辞"不耕获,不灾畬,凶",以证"先财而后礼,则民利;无辞而行情,则民争"。这是引《易》以证礼。《礼记·表记》引大畜卦卦辞"不家食,吉",以证君子"必以禄贤"(郑玄注)③,以至"不以小言受大禄,不以大言受小禄";又引蛊卦上九爻辞"不事王侯,高尚其事",以证"臣之事君,终事而退,是臣之厚重也"(孔颖达疏)④。这是引《易》以证贤德。《荀子·大略》云:"《易》之咸,见夫妇。夫妇之道,不可不正也,君臣父子之本也。咸,感也,以高下下,以男下女,柔上而刚下。聘士之义,亲迎之道,重始也。"这是引《易》以证夫妇之伦。

《礼记·经解》记载孔子之语云:"入其国,其教可知也。……洁

---

① 帛书《昭力》只说卦名,按文义,爻辞应指"六三,无妄之灾,或系之牛,行人之得,邑人之灾"。
② 裘锡圭主编《长沙马王堆汉墓简帛集成》(三),第150—152页。
③ (清)阮元校刻《十三经注疏》,第1642页。
④ (清)阮元校刻《十三经注疏》,第1643页。

静精微，《易》教也。……洁静精微而不贼，则深于《易》者也。"对此，孔疏曰："《易》之于人，正则获吉，邪则获凶，不为淫滥，是'洁静'；穷理尽性，言入秋毫，是'精微'。"可见，先秦儒家对《易》的解说已上升到了"易教"的理论。①

三 阴阳消息之"易说"

在战国时期，与以德解《易》相比，阴阳说《易》更为普遍。《庄子·天下》谈到《易经》时说"《易》以道阴阳"，这一点似乎证明阴阳说《易》属于道家，其实不然。司马迁在《史记·太史公自序》中认为"《易》，著天地阴阳四时五行，故长于变""《易》以道化，《春秋》以道义"；郭店简《语丛一》也说"《易》，所以会天道、人道也"②。可见"《易》以道阴阳"乃为当时社会共识。另外，汲冢竹书之"易说"，《晋书》记载"《易繇阴阳卦》二篇"，杜预也说"《周易》上下篇，与今正同，别有《阴阳说》"③，则汲冢竹书存阴阳之"易说"。而汲冢竹书属魏国王室所藏，所出竹书也与道家无涉，此《阴阳说》应为公孙段、邵陟等《易经》学者所作。

更为重要的是，道家固然有"阴阳说"，如《老子》"万物负阴而抱阳，冲气以为和"，《庄子》"阴阳于人，不翅于父母""阴阳并毗，四时不至"等，但"阴阳说"并不是道家的专利。就学派理念而言，道家追求的是"清虚以自守""无为而自化"，"阴阳说"充其量只是其学理的一部分，并不占据主导地位。但在道家之外，确有以阴阳五行开门立户的学派——阴阳五行家。

司马谈《论六家要旨》首列"阴阳"，认为"尝窃观阴阳之术，

---

① 当然，儒家的"易说"还见于《易传》，因为《易传》具体形成过程复杂，笔者将另文探讨。
② 李零：《郭店楚简校读记》，第160页。
③ （清）严可均校辑，陈延嘉等校点主编《全上古三代秦汉三国六朝文》第四册，河北教育出版社，1997，第436页。

大祥而众忌讳，使人拘而多所畏；然其序四时之大顺，不可失也"，"夫阴阳四时、八位、十二度、二十四节各有教令，顺之者昌，逆之者不死则亡，未必然也，故曰'使人拘而多畏'。夫春生夏长，秋收冬藏，此天道之大经也，弗顺则无以为天下纲纪，故曰'四时之大顺，不可失也'"。可见，在司马谈看来，阴阳家的主要行为是设置阴阳四时之教令，并以此推演人间吉凶祸福。《汉书·艺文志》"诸子略"有"阴阳家"，云："阴阳家者流，盖出于羲和之官，敬顺昊天，历象日月星辰，敬授民时，此其所长也。及拘者为之，则牵于禁忌，泥于小数，舍人事而任鬼神。"班固认为，阴阳家主要是以天象推演人间之民时，至于以阴阳比附鬼神，则为"拘者所为"。据班固所列书及自注可知，战国时期的阴阳家有公梼生、公孙发、邹衍、乘丘子、杜文公、韩诸公子、邹奭、闾丘子、南公、冯促、将钜子、周伯等。班固所列名单显然是依据汉代所存的著作，至于未能传下来著作的阴阳家则没有著录。其实，在战国时期，属于阴阳家队伍的至少还有《史记》所云齐人甘公、魏人石申，汲冢竹书之公孙段、邵陟。另外，《汉书·艺文志》兵家又有"阴阳者"，他们是"顺时而发，推刑德，随斗击，因五胜，假鬼神而为助者也"；"术数略"又列"五行者"，"其法亦起五德终始，推其极则无不至。而小数家因此以为吉凶，而行于世，浸以相乱"。如此看来，战国时期阴阳五行家人数众多、队伍庞大，且有多种著述流传于世。

在阴阳五行家的队伍中，影响最大、最受推崇的无疑是邹衍。《史记·孟子荀卿列传》记载："驺衍睹有国者益淫侈，不能尚德，若大雅整之于身，施及黎庶矣。乃深观阴阳消息而作怪迂之变，《终始》、《大圣》之篇十余万言。"所谓"深观阴阳消息而作怪迂之变"，即运用阴阳五行思想进行推演，以至五德转移，循环不衰。此种说法，很受各诸侯国君的欢迎，司马迁云：

> 是以驺子重于齐。适梁，惠王郊迎，执宾主之礼。适赵，平原君侧行撇席。如燕，昭王拥彗先驱，请列弟子之座而受业，筑碣石

宫，身亲往师之，作《主运》。

这段文字虽然夸张，甚至在时间上存在错误①，但足可看出邹衍在战国社会产生的影响，这也是太史公认为邹衍"有牛鼎之意"的原因。

邹衍的"五德终始"学说基于阴阳五行，但又注重"尚德""大雅整之于身，施及黎庶"，针砭社会时弊，"有国者益淫侈，不能尚德"，进而归于"必止乎仁义节俭，君臣上下六亲之施"，这些主张又如同儒家观念。所以，邹衍的"五德终始"更像是儒家学者运用阴阳五行之说来宣扬仁义德行的理念。这种推断并非无据，《盐铁论·论儒》云"邹子以儒术干世主，不用，即以变化始终之论，卒以显名"，可见邹衍的知识结构的确以儒家学说为底色。从诸侯各国的反应可以看出，以阴阳五行学说为主的"五德终始"受到了世人的推崇。更为重要的是，如果说阴阳五行学说在此之前还具有学派性质，是阴阳家的专利，那么在邹衍之后，它已变成整个知识界的公共知识。换言之，阴阳五行虽原为阴阳家知识结构的核心概念，但经过邹衍等学者的努力，它已超越学派属性，成为战国诸子各家均可使用的知识资源。据现代学人研究，《吕氏春秋》十二纪、《应同》与邹衍学说存在密切的关系，有学者甚至认为它们是邹衍所作，《应同》也为《邹子》之遗文。②《吕氏春秋》十二纪，又与《礼记·月令》《逸周书·月令解》内容相近，这说明战国的时令文献都受到了阴阳五行学说的影响。

其实，受阴阳五行影响的又何止时令文献。战国中后期的诸子文献都有阴阳五行的影子。荀子批评子思、孟子"案往旧造说，谓之五行"（《荀子·非十二子》），而现存属于子思、孟子的文献并未见"五行"。如此看来，荀子所说的"子思、孟子"主要是指借子思、孟子学说加以引申、发挥的思孟门徒，郭店简、马王堆帛书《五行》都认为"仁、

---

① 钱穆：《先秦诸子系年》，商务印书馆，2005，第507—509页。
② 容肇祖：《月令的来源考》，《燕京学报》1935年第18期；王梦鸥：《邹衍遗说考》，台湾商务印书馆，1966，第122—141页。

义、礼、智、圣"为"德"之五行①，这也许是荀子所批评的思孟"五行"。从出土文献来看，思孟学派的"五行"的确是儒家的思想观念，但其运用"五行"的形式不能说没有受到阴阳五行的影响。另外，七十子后学的代表作品《礼记》中多次出现"阴阳五行"，如《礼运》"故人者，其天地之德，阴阳之交，鬼神之会，五行之秀气也"，"故圣人作则，必以天地为本，以阴阳为端，以四时为柄，以日星为纪，月以为量，鬼神以为徒，五行以为质"；《郊特牲》"乐由阳来者也，礼由阴作者也，阴阳和而万物得"，"魂气归于天，形魄归于地。故祭，求诸阴阳之义也"；《礼器》"大明生于东，月生于西，此阴阳之分，夫妇之位也"；《乐记》"地气上齐，天气下降，阴阳相摩，天地相荡，鼓之以雷霆"；《丧服四制》"凡礼之大体，体天地，法四时，则阴阳，顺人情，故谓之礼"；等等。至于战国晚期的荀子，当然也受到阴阳五行学说的熏染，如《天论》"是天地之变，阴阳之化，物之罕至者也"，《礼论》"天地合而万物生，阴阳接而变化起，性伪合而天下治"，《乐论》"贵贱明，隆杀辨，和乐而不流，弟长而无遗，安燕而不乱，此五行者，足以正身安国矣"，等等。

除此之外，法家、兵家、纵横家等都在运用阴阳五行说理论证，如《管子·枢言》"凡万物阴阳，两生而参视"，《乘马》"春秋冬夏，阴阳之推移也。时之短长，阴阳之利用也。日夜之易，阴阳之化也。然则阴阳正矣。虽不正，有余不可损，不足不可益也。天地莫之能损益也"，《四时》"是故阴阳者，天地之大理也，四时者，阴阳之大经也。刑德者，四时之名也。刑德合于时，则生福；诡则生祸"，《五行》"故通乎阳气，所以事天也，经纬日月，用之于民。通乎阴气，所以事地也，经纬星历，以视其离"；《吴子·治兵》"明知阴阳，则地轻马"，《孙子兵法·行军》"凡军好高而恶下，贵阳而贱阴，养生而处实，军无百疾，是谓必胜"，《孙膑兵法·行篡》"阴阳，所以聚众合敌也"②；

---

① 李零：《郭店楚简校读记》，第78页；裘锡圭主编《长沙马王堆汉墓简帛集成》（三），第58页。

② 张震泽：《孙膑兵法校理》，中华书局，1984，第87页。

《鬼谷子·捭阖》"捭阖者,以变动阴阳,四时开闭,以化万物","捭之者,开也,言也,阳也。阖之者,闭也,默也,阴也。阴阳其和,终始其义","捭阖之道,以阴阳试之。故与阳言者,依崇高。与阴言者,依卑小。以下求小,以高求大。由此言之,无所不出,无所不入,无所不可。可以说人,可以说家,可以说国,可以说天下"。

具体到用阴阳消息说《易》,现存的文献主要体现在《易传》中,如《彖传》解说泰卦、否卦卦象云"内阳而外阴,内健而外顺""内阴而外阳,内柔而外刚";《系辞》在阐释《易经》基本原理时云"一阴一阳之谓道,继之者善也,成之者性也""极数知来之谓占,通变之谓事,阴阳不测之谓神"。其他如《彖传》"君子尚消息盈虚,天行也""日中则昃,月盈则食,天地盈虚,与时消息,而况于人乎,况于鬼神乎",《系辞》"广大配天地,变通配四时,阴阳之义配日月",《说卦》"参天两地而倚数,观变于阴阳而立卦",马王堆帛书《衷》"易之义萃阴与阳"①,等等。

更为重要的是,阴阳"易说"的一些概念被《易传》所采用,如"太极"。"易有太极",见于《系辞》,是《周易》中最为重要的概念,代表着宇宙浑融、万物未分的状态。"太极"在先秦文献中出现两次:一见于《墨子·非攻下》,云"禹既已克有三苗,焉磨为山川,别物上下,卿制大极,而神民不违,天下乃静","别物"与"卿制"并提,可知此处的"大极"指准则、规范;一见于《庄子·大宗师》,云"在太极之先而不为高,在六极之下而不为深",与"太极"比高,可知此处"太极"为宇宙最高极限。这两则"太极"都非《系辞》之内涵,其实今本《系辞》之"太极",马王堆帛书《系辞》作"大恒"②,上博简有《恒先》,又云"恒先无有,朴、静、虚。……气是自生,恒莫生气,气是自生自作。恒、气之生,不独有与也。或,恒焉,生或者同

---

① 裘锡圭主编《长沙马王堆汉墓简帛集成》(三),第87页。
② 裘锡圭主编《长沙马王堆汉墓简帛集成》(三),第70页。

焉。昏昏不宁"①。我们虽然很难说明马王堆帛书之"大恒"与"恒先"或"恒"的关系,但这些文献的出现足可证明《系辞》之"太极"还存在其他称呼。于此,先秦诸子文献中的"太一"值得我们特别重视。

《礼记·礼运》有"是故夫礼,必本于大一,分而为天地,转而为阴阳,变而为四时,列而为鬼神",《荀子·礼论》有"贵本之谓文,亲用之谓理,两者合而成文,以归大一,夫是之谓大隆",这两处"大一"都指根本,即礼之本、文之本,具有生育、衍生的功能。《荀子·礼论》另有"凡礼,始乎棁,成乎文,终乎悦校。故至备,情文俱尽;其次,情文代胜;其下,复情以归大一也",王先谦云"虽无文饰,但复情以归质素,是亦礼也。若潢污行潦之水可荐于鬼神也"②,如此看来,"太一"在荀子这里是指情文未分或有情无文的质素状态。

"太一",两见于《庄子》:一是《徐无鬼》云"知大一,知大阴,知大目,知大均,知大方,知大信,知大定,至矣。大一通之",成玄英云"一是阳数。大一,天也,能通生万物,故曰通"③;一是《天下》云"至大无外,谓之大一;至小无内,谓之小一","大一"与"小一"相对,可知"大一"实为最大的状态。可见,"太一"在《庄子》中的内涵并不是生养万物之根本。而庄子认为生养万物之根本是道,也可以是"一",如《天地》"泰初有无,无有无名,一之所起,有一而未形,物得以生,谓之德",《庚桑楚》"天门者,无有也。万物出乎无有,有,不能以有为有,必出乎无有,而无有一无有"。明确提出"太一"具有生养万物之根本特性的是郭店简《太一生水》、《吕氏春秋·大乐》。郭店简《太一生水》开篇即云:

太一生水,水反辅太一,是以成天;天反辅太一,是以成地。天地复相辅也,是以成神明,神明复相辅也,是以成阴阳;阴阳复

---

① 马承源主编《上海博物馆藏战国楚竹书》(三),上海古籍出版社,2003,第288—290页。
② 王先谦:《荀子集解》,中华书局,1988,第355页。
③ 郭庆藩:《庄子集释》,中华书局,2004,第872页。

相辅也，是以成四时；四时复相辅也，是以成寒热；寒热复相辅也，是以成湿燥；湿燥复相辅也，成岁而止。①

这是典型的宇宙生成论，太一生出水、天、地、神明、阴阳、四时、寒热、湿燥、年岁，事物的产生顺序虽然让人有些难解，但作者显然已把"太一"当作生养万物的最初之源。与《太一生水》相比，《吕氏春秋·大乐》的记载更与《系辞》相合：

> 音乐之所由来者远矣，生于度量，本于太一。太一出两仪，两仪出阴阳，阴阳变化，一上一下，合而成章，混混沌沌，离则复合，合则复离，是谓天常。天地车轮，终则复始，极则复反，莫不咸当。日月星辰，或疾或徐，日月不同，以尽其行。四时代兴，或暑或寒，或短或长，或柔或刚，万物所出，造于太一，化于阴阳。

> 道也者，至精也，不可为形，不可为名，强为之，谓之太一。

《大乐》的作者认为音乐本于"太一"，而"太一"为万物所出，它们的生成顺序大致是太一、两仪、阴阳、天地、日月星辰、四时、万物，这与《系辞》所说的太极生两仪、两仪生四象、四象生八卦极为相近。但与《大乐》相比，《系辞》的生成序列显然更为整齐，这也许是《易经》学者或者汉人进一步修订的结果。无论如何，《系辞》之"太极"实与先秦之"太一"的内涵一脉相承。而"太一"的重要内涵便是阴阳五行之运行，郭店简、《吕氏春秋》均提到这一点。所以，由"太一"到《系辞》之"太极"的推进过程，可见战国阴阳"易说"对《系辞》的贡献。至于五行之数之于《说卦》、"同类相从"之于《文言》的影响②，从中亦可见阴阳易说对《易传》的影响。

---

① 李零：《郭店楚简校读记》，第32页。
② 邓立光：《从帛书〈易传〉考察"文言"的实义》，《周易研究》2002年第4期。

结　语

　　从出土文献来看，上博简《周易》、阜阳汉简《周易》都未发现有《易传》随经而出，马王堆帛书《周易》、汲冢竹书《周易》虽有"易说"现世，但均与《易经》分立。这种情形表明，战国时期的"易说"应是单独流传的，至少是与《易经》分立的。同时，汲冢竹书所出"易说"，无今本《易传》，对此杜预的解释是"无《彖》、《象》、《文言》、《系辞》，疑于时仲尼造之于鲁，尚未播之于远国也"①。杜预的推测无疑还是以孔子作《易传》为前提的，其实，如果汲冢竹书所出之墓是魏襄王墓，那么当时《易传》是否形成还成问题。魏襄王公元前296年去世，孟子公元前289年去世，据朱伯崑分析，"《彖》的形成年代，不会早于孟子，可以定于战国中期以后，孟子和荀子之间"②。如此来看，汲冢所出"易说"似为今本《易传》的前身，至少今本《易传》吸收了汲冢"易说"的思想成果，如《晋书》已明言"《卦下易经》一篇，似《说卦》而异"，此种记载也许正暗含着《说卦》对《卦下易经》的吸纳。

　　总之，今本《易传》的形成与战国时期广泛存在的多种"易说"文本关系密切，今本《易传》是战国知识界解读、传承《周易》文本共同努力的结果。

---

① （清）阮元校刻《十三经注疏》，第2188页。
② 朱伯崑：《易学哲学史》（第1卷），华夏出版社，1995，第46页。

"礼莫如周"：宋代典礼赋中的"复古"思想述论

◇罗超华

摘　要：宋代君王重视国家典礼及礼制建设，故赋之典礼一类得以再度兴盛。不过，宋代赋家虽承袭汉唐以来的传统，主要宣扬大一统的天子之礼，但又受宋初以来"复二帝三代"思想的影响，于赋中表达出对周礼的尊崇之情。这种尊崇不仅仅在于宋人因循周礼仪节，更多的是对周礼之义，也就是作为周礼思想核心的"德""仁"的认可。宋代赋家通过颂扬周礼及其"德""仁"之义，表达了自身对"三代礼乐"的追复，及回到三代礼乐盛世、实现礼乐达天下的美好愿望。

关键词：周礼　宋代　典礼赋　崇周复古　礼乐

赋之典礼一类，重在展现皇家礼仪，宣扬上国声威。对此，汉唐赋家因身处盛世，多直面铺扬典礼的恢宏，烘托大一统"天朝上国"睥睨四方、君临万国的气势。宋代赋家虽同样自诩身居"中国"，秉承"正统"，但有宋一代，幽燕之地未能收复，北方边境也始终承受着异族侵略的压力，国力衰微不如汉唐是不争的事实。故无论是君王公卿还是文人庶士，其心态实际上早已发生了变化。因此，赋家在书写典礼赋时，不仅会颂扬天子之礼，而且往往还会通过追复三代之礼，尤其是周礼，来构建理想的帝国礼制，从而呈现出一种"崇周"的情感。笔者即拟对宋代赋家的这种情感进行阐释，并由此观照宋代礼制在因革损益过程中的"复古"思想。

---

* ［基金项目］国家建设高水平大学公派研究生项目"宋代礼制与韩国礼制及文学的交融影响研究"，项目编号：201806190071；国家社科基金重点项目"宋代文学史料学研究"，项目编号：17AZW002。

** 罗超华，南京大学文学院博士研究生，研究方向为先秦两汉经学与文学、唐宋文学。

一　崇周复古，直抒其情

自汉代起，国家举行大典，文人即有献赋之风。宋代虽不如汉代国力强盛，但仍延续了这种传统，端拱元年（988），宋太宗于东郊行籍田礼，王禹偁即认为"宜畅颂声，以播乐府"①，故作《籍田赋》以献之。此后，太宗行大蒐礼时，丁谓亦以"今国家大蒐，行旷古之礼，辞人文士不宜无歌咏"② 为由，献《大蒐赋》。不过，宋人所献之赋，仅在形式上模仿汉赋，其中情感却不尽相同。

汉代赋家通过对祀典中物像、事像的摹写，以宏大的赋篇展现了大一统的帝国"崇礼"情感。这种情感，虽在一定程度上出于"承三代礼乐"的溯古思想及"大汉继周"的政治观念，但究其根本，则源自汉武帝时始定的天子礼制。汉代的天子之礼，扬弃了旧有的"族神"崇拜，转向尊奉帝国"天神"。因此，在"奉天承运"的君权神授观念下，"从汉赋的敬天意识又可看到周、汉礼学由重'宗统'到明'君统'的变化"③。故汉代大赋中有关各种礼仪的描写"继周为虚，写汉为实"④，其实质并不在于强调汉礼对古礼的因袭，而是为了凸显汉天子礼的宏大场面，象征国家的强大兴盛，其情感的抒发也重在汉天子及汉代礼制本身。

宋代赋家尽管仍沿用汉大赋宏大的叙事模式，以铺张藻采的笔法，勾画出雄阔壮丽的场景，来宣扬帝王功德，彰明君主隆礼重乐的思想，但在儒学复兴的时代背景下，却于崇天子礼外，又兼有一种"崇周复古"的情感。这种情感多以"显在"的叙述方式直呈于赋文之中。⑤ 如刘筠《大酺赋》盛赞尧舜及其贤臣："惟尧舜之作主兮，盛德日新；矧

---

① 曾枣庄、吴洪泽主编《宋代辞赋全编》，四川大学出版社，2008，第1570页。
② 曾枣庄、吴洪泽主编《宋代辞赋全编》，第1576页。
③ 许结：《汉赋祀典与帝国宗教》，《南京大学学报》（哲学·人文科学·社会科学版）2004年第4期。
④ 许结：《汉赋创作与国家形象》，《中国文学研究》2017年第3期。
⑤ 当然，这种情感在汉赋中也是存在的。不过，汉代赋家往往将其潜隐于礼式仪节之下。

皋夔之为佐兮,嘉猷矢陈。"① 宋祁《皇帝后苑燕射赋》追慕商周旧君:"姬周则多材之主,汤乙乃甚武之王。"② 丁谓《大蒐赋》自述"下臣窃详三代之书,颇究二王之典"③,明言赋中礼制"实本之于《周官》"④。可见,承汉代献赋之风的宋代典礼赋,在彰显"天子礼"的王道精神下,不仅颂扬咏赞帝国盛典,还通过追复"二帝三代",传达出对古代礼制及社会的尊崇向往。

当然,宋代赋家的这种"尊崇向往",并非仅仅体现于献赋之中。其对"天子礼"的重视,决定于对科举选士之礼制本身的重视。⑤ 具体来看,则反映在以下两个方面。

其一,试赋之题直接典出"三礼"。

科举试赋,以经命题,始自中唐,至宋仁宗景祐年间,则已尽出经史。⑥ 而经史之籍,尤其是"三礼"所载义旨本就为教化人性而设,且与宋初以来只有"礼乐刑政"才有用的治道观念相互契合,试赋之题遂多典出"三礼",如天圣二年(1024)宋祁、宋庠省试之题《德车结旌赋》,出自《礼记·曲礼上》:"兵车不式,武车绥旌,德车结旌。"⑦ 意在宣扬"以德为美"。天圣五年(1027)文彦博省试之题《诸侯春入贡赋》,出自《周礼·秋官》:"小行人掌邦国宾客之礼籍,以待四方之使者。令诸侯春入贡,秋献功,王亲受之,各以其国之籍礼之。"⑧ 重在强调"尊王贵君"。

其二,试赋之题彰显"宗周复古"之义。

宋代性理之学勃兴,在经义与性理相互参融下,宋人注重从儒家学说中发掘其实用价值,以求"尊经明理",归复本性。而儒家教义中的"本性",一方面源于人心善性,另一方面则承自圣人发扬的"二帝三

---

① 曾枣庄、吴洪泽主编《宋代辞赋全编》,第1590页。
② 曾枣庄、吴洪泽主编《宋代辞赋全编》,第1609页。
③ 曾枣庄、吴洪泽主编《宋代辞赋全编》,第1579页。
④ 曾枣庄、吴洪泽主编《宋代辞赋全编》,第1576页。
⑤ 李弘祺:《宋代官学教育与科举》,台北:联经出版事业公司,1994,第159页。
⑥ 许结:《北宋科制与论理赋考述》,载莫砺锋编《第二届宋代文学国际研讨会论文集》,江苏教育出版社,2002。
⑦ (清)孙希旦:《礼记集解》,中华书局,1989,第82页。
⑧ (清)孙诒让:《周礼正义》,中华书局,2013,第2994页。

代"时期"仁义礼智"的道德品质。因此,尊奉儒教的宋代君王,其治国理想便在于实现远古"三代"的大同之治。这种理想作用于科举试赋上,便使得赋题多颂三代礼乐,扬周朝制度,如方大琮《三代礼乐达天下赋》、田锡《南省试圣人并用三代礼乐赋》、杨杰《周兼养老礼赋》等,皆彰显出"宗周复古"之义。

其实,隋唐以来,科举制度不仅为国家提供了大量治国人才,同时还在一定程度上承担了政治教化功能。实现这种功能的方式,除了设置考试科目、限定考试范围外,考试试题也是一种直接导向。宋代自宋太宗开始,科举试赋的题目便趋于"礼乐刑政",至宋仁宗以后,更是"除了礼乐刑政、典章文物外,实在别无选择"①。不得不说,这种情形的出现,即缘于君王以"尚礼义""重实用"的政治思想教化引导士人的现实要求。因此,宋代举子也正是为顺应君王"师古以为先"的思想,才会在以典礼赋为代表的科举试赋中,表达出对"二帝三代"礼乐的推崇,如:

> 吾皇帝膺运承乾,唯师古以为先。化邦家而辑睦,因礼乐以昭宣。……其以宗周之致理也,以道合乎地者称帝,仁合乎天者为皇。……今皇上嗣位而致升平也,前古之遗文必复,败亡之阙政皆修……矧今卜代继于周姬,登歌美乎象箾,方期驾玉辂于鲁道,封金泥于泰岳。②(田锡《南省试圣人并用三代礼乐赋》)

> 古之养老,礼莫如周。兼三代之常法,新一王之令猷。尚文德以唱风,典章尤盛;奉年耆而兴教,饮食悉修。昔自有虞,讫于二代,必重年德,以均仁爱。然而礼有质而有文,事或兴而或废,及周之治也,古今之通制兼明;而老者养之,帝王之余风尽在。③(杨杰《周兼养老礼赋》)

---

① 祝尚书:《宋代科举与文学》,中华书局,2008,第276页。
② 曾枣庄、吴洪泽主编《宋代辞赋全编》,第1566—1567页。
③ 曾枣庄、吴洪泽主编《宋代辞赋全编》,第1644页。

三代治盛，四方教宣。因性情之常理，达礼乐于敷天。异世迭兴，即中和而默感；斯民共适，通远近以皆然。……皇乎三代，斯时已极文明。……而极盛无如于三代。① （方大琮《三代礼乐达天下赋》）

由此可见，宋人崇三代礼乐，在于"三代治盛"，礼乐已达天下，而后世无如者，且圣人亦并用之。至于"代继于周姬"，则是因周礼"兼三代之常法"，故"礼莫如周"。此外，周礼在儒家思想中，向来具有神圣的地位。孔子即尝"举周公之旧章"，以"救鲁邦之乱政"，并言"周监于二代，郁郁乎文哉！吾从周"②。因此，受儒家文化影响的宋代君臣文士，自然希望能"踵周家之故事"③，以"礼"化成天下。

二 周礼不秉，其何能国？

宋人尊崇三代礼乐，并于典礼赋中颂扬周礼，还与有宋一代的国家礼制及社会思潮有关。众所周知，宋承唐制，其礼仪制度多仿唐而立，比如宋初所行《开宝通礼》，即本于唐《开元礼》，此后历次编修礼书，虽因时而易，但基本仍循唐故。然宋代承袭唐代礼制，实则主要是具体的礼式仪节，至于礼的内在精神，宋人追求的仍是承载三代礼乐的周礼。

当然，这种对周礼的追求，实际从汉代"礼乐复兴"时便已开始。《史记》记载，汉初叔孙通编订礼仪即"颇采古礼"，而《汉书·礼乐志》在总论汉代礼制时，更以"大汉继周"概之。至于唐代，亦有诏令"五礼并依《周礼》行事"④。宋人崇尚周礼，自是承此传统。不过，更重要的原因在于宋人多以为汉唐虽然宗周，但未得古道，故其礼乐并不可法。比如欧阳修在《新唐书·礼乐志》中便指出："三代而

---

① 曾枣庄、吴洪泽主编《宋代辞赋全编》，第1685页。
② 程树德：《论语集释》，中华书局，1990，第182页。
③ 曾枣庄、吴洪泽主编《宋代辞赋全编》，第1499页。
④ （后晋）刘昫：《旧唐书》，中华书局，1975，第818页。

下，治出于二，而礼乐为虚名。"① 故自秦汉以来，国家礼制实"不能超然远复三代之上"②。又如程颢认为汉唐盛世，乃由明君"幸致小康"，但"论其人则非先王之学，考其时则皆驳杂之政"，故虽"创法垂统"，却"非可继于后世"，所以相较于三代礼乐，则"或出或入，终莫有所至也"。③

正因如此，宋人对汉唐之治颇有微词，尤其是认为唐代迅速由盛转衰，主要原因便在于其"三纲不立"，礼制不正。如范祖禹在《唐鉴》中便明确指出唐代"上无教化，下无廉耻"，"三纲不立，无君臣父子之义"，不能如三代之君"修身齐家以正天下"，从而导致"唐之父子不正而欲以正万事，难矣"。④ 又如苏轼也批驳道："唐有天下，如贞观、开元间，虽号治平，然亦有夷狄之风，三纲不正，无父子君臣夫妇。"⑤ 可见，在宋人看来，既然汉唐君王不尊礼法，天下亦不能正，其所行礼制自然已失古道。而要探寻古道，则当上溯三代，求以古礼，于是自宋初儒学复兴时便产生了"复二帝三代"的复古思潮："国初人便已崇礼义，尊经术，欲复二帝三代，已自胜如唐人，但说未透在。直至二程出，此理始说得透。"⑥ 这种思潮，按余英时先生的说法，至宋仁宗时得以"充分显露出来"，并臻于极致。⑦ 由此，对整个宋代的思想文化产生了重要影响。

然三代久远，实难追之，尤其是夏商礼乐，大多湮没不存，唯有周礼，仍可详见于后世经典。北宋礼学家李觏曾言："夏、商以前，其传太简，备而明者，莫如周制。"⑧ 对此，欧阳修《问进士策三首》中进一步指出其原因当在于《周礼》一书："三代之政美矣，而周之治迹所

---

① （宋）欧阳修、宋祁：《新唐书》，中华书局，1975，第307页。
② （宋）欧阳修、宋祁：《新唐书》，第308页。
③ （宋）程颢、程颐：《二程集》，中华书局，1981，第451页。
④ （宋）范祖禹：《唐鉴》卷十一，明弘治刻本。
⑤ （宋）苏轼：《苏轼文集》，中华书局，1986，第2040页。
⑥ （宋）黎靖德编《朱子语类》，中华书局，1986，第3085页。
⑦ 余英时：《朱熹的历史世界：宋代士大夫政治文化的研究》，三联书店，2004，第190页。
⑧ （宋）李觏：《李觏集》，中华书局，2011，第183页。

以比二代而尤详见于后世者，《周礼》著之故也。"① 其实周代礼乐不仅仅存于《周礼》之中，《仪礼》《礼记》等礼书以及《左传》《国语》《尚书》等史籍中皆有记载。而这些典籍，又均为宋人熟读的儒家经典。因此，宋人所复三代古道，实则多为承载三代礼乐的周礼。

当然，欧阳修特别强调《周礼》一书也是有原因的，在后儒看来，《周礼》为周公所作，虽然可能窜入了汉儒之言，但仍能大体代表周代礼制，故尽管欧阳修对《周礼》有诸多质疑，却依旧承认"其礼乐制度，盖有周之大法焉"②。宋代其他儒者，如张载也认为："《周礼》是的当之书，然其间必有末世添入者，如盟诅之属……则盟诅决非周公之意，亦不可以此病周公之法，又不可以此病周礼。"③ "二程"亦言："《周礼》之书多讹阙，然周公致太平之法亦存焉，在学者审其是非而去取之尔。"④ 因此，宋人在探求周代礼制时，便尤重《周礼》。⑤ 如石介将《周礼》与《春秋》并举，共同作为"兴尧、舜、三代之治"的法典："《周礼》明王制，《春秋》明王道，可谓尽矣。执二大典以兴尧、舜、三代之治，如运诸掌。"⑥ 张载还说："学得《周礼》，他日有为却做得些实事。"⑦ 可见，在宋人看来，周礼的精神内涵已具化于《周礼》一书。

由此，宋人在追复"二帝三代"的古道上，尤其是涉及礼乐制度时，大多秉以《周礼》。如《宋史·舆服志》载，元丰元年（1078）礼官详定国家服章时，便针对因循前代之制而"非礼尤甚"的情况，建议依《周礼》进行改革："伏请依《周礼》，凡祀四望、山川则以毳冕，祭社稷、五祀则以绣冕，朝夕日月、风师、雨师、司命、司中则以

---

① （宋）欧阳修：《欧阳修全集》，中华书局，2001，第673—674页。
② （宋）欧阳修：《欧阳修全集》，第897页。
③ （宋）张载：《张载集》，中华书局，1978，第248页。
④ （宋）程颢、程颐：《二程集》，第1201页。
⑤ 按：当然，在宋代疑经惑传风气的影响下，对于《周礼》一书，宋人也是多有怀疑的，比如欧阳修、苏轼、苏辙等皆有文论述。但究其根本，他们对《周礼》的怀疑并不是为了否定《周礼》，而是为了去伪存真，探求周代礼制的真实面貌，从而更好地理解三代之治。
⑥ （宋）石介：《徂徕石先生文集》，中华书局，1984，第77页。
⑦ （宋）张载：《张载集》，第282页。

玄冕。若七祀、蜡祭百神、先蚕、五龙、灵星、寿星、司寒、马祭，盖皆群小祀之比，当服玄冕。"① 又如《宋史·礼志》载，元丰元年礼官参定郊庙礼文时，同样认为当据《周礼》调整相关的仪物制度："《周礼》大宗伯之职，凡享，莅玉鬯。今以门下侍郎取瓒进皇帝，侍中酌鬯进瓒，皆未合礼。请命礼部尚书奉瓒临鬯，礼部侍郎奉槃，以次进，皇帝酌鬯祼地讫，侍郎受瓒并槃而退。"② "每室所用几席，当如《周礼》，改用莞筵纷纯，加缫席画纯，加次席黼纯，左右玉几。"③ 再如，《宋史·吕公绰传》亦载太常博士吕公绰针对当时"郊庙祭器未完，制度多违礼"的现象，奏请按《周礼》"更造"重定："今有司徒设尊罍，而酌用一尊，非礼神之意。宜按《周礼》实齐酒，取火于日，取水于月，因天地之洁气。"④ 对于这些建议，宋代君王也大多"从之"，并诏有司实施。

其实，宋代君臣不仅在礼制的改革上多遵《周礼》，还常常从《周礼》中探求周代的治国之道。如李觏便推崇《周礼》，并依据《周礼》作《周礼致太平论》，提出了"复兴三代"的具体措施，即以"土地为本"，实行周代的井田制。在李觏看来，"生民之道食为大……食不足，心不常，虽有礼义，民不可得而教也"⑤，周代的兴盛，便在于周公变商代的"公田制"为"井田制"，使民有其食⑥。当李觏完成《周礼致太平论》后，他还将其遍赠"诸公"，希望"大君子有心于天下国家者，少停左右，观其意义所归"⑦。虽然他的政治主张未被执政者采纳，但这种从《周礼》中汲取为政治民思想的方法，却被后来的王安石所继承。

王安石同样推崇《周礼》，在他看来，周代礼制"莫具乎《周官》

---

① （元）脱脱等：《宋史》，中华书局，1985，第3542页。
② （元）脱脱等：《宋史》，第2596—2597页。
③ （元）脱脱等：《宋史》，第2597页。
④ （元）脱脱等：《宋史》，第10211页。
⑤ （宋）李觏：《李觏集》，第183页。
⑥ （宋）李觏：《李觏集》，第209—210页。
⑦ （宋）李觏：《李觏集》，第276页。

之书":"惟道之在政事,其贵贱有位,其后先有序,其多寡有数,其迟数有时。制而用之存乎法,推而行之存乎人。其人足以任官,其官足以行法,莫盛乎成周之时;其法可施于后世,其文有见于载籍,莫具乎《周官》之书。"① 因此,他亲自撰写《周官新义》,并将自己总结的周代治国策略运用于"熙丰变法"的实践之中。② 虽然随着变法失败,《周官新义》遭到废弃,但这并不意味着对《周礼》治国思想的否定,从当时批驳者的反对观点来看,他们立论的依据,仍源出《周礼》。③

可见,虽然李觏、王安石等以《周礼》为核心的政治主张最终未能实现,但以礼治国,复周代礼制,却成为宋人追复"二帝三代"思想下的一种普遍愿望。因此,直到南渡以后宋高宗赵构仍感慨道:"周礼不秉,其何能国?"④

三 礼之所尊,尊其义也

宋人欲崇周礼,以复三代礼乐,然周代礼制虽已具化于"三礼"等先秦典籍,但正如王安石所言:"自周之衰以至于今,历岁千数百矣。太平之遗迹,扫荡几尽,学者所见,无复全经。"⑤ 故不可能完全"追而复之"。况且纵使三代礼制相因袭,"三王之道若循环",却仍因"所尚不同"而"或以忠而为治,或变质而制宜"⑥。是以后世承袭先代礼制,往往迁于世俗,因时制宜,变古适今。宋人循周礼,亦"不泥于操持"而实有所损益。故宋代典礼赋记载的礼仪制度,并不完全

---

① 曾枣庄主编《宋代序跋全编》,齐鲁书社,2015,第286页。
② 参见《宋元学案》:"荆公生平用功此书(《周礼》)最深,所自负以为致君尧、舜者俱出于此,是固熙、丰新法之渊源也。"见(清)黄宗羲撰,(清)全祖望补修《宋元学案》,中华书局,1986,第3252页。
③ 参见韩琦《上神宗论条例司画一申明青苗事》、孙觉《上神宗论条例司画一申明青苗事》,载(宋)赵汝愚编《宋朝诸臣奏议》,上海古籍出版社,1999,第1220、1225页。
④ (元)脱脱等:《宋史》,第2424页。
⑤ 曾枣庄主编《宋代序跋全编》,第286页。
⑥ 曾枣庄、吴洪泽主编《宋代辞赋全编》,第1444页。

与礼经相合，如郑獬《圆丘象天赋》："固异周朝授政，筑层级之三成。"① 可见，宋代圆丘祭祀的具体仪节便异于周代礼制。

其实，宋代圆丘祭祀不仅礼式仪节与古礼有异，甚至祭祀的对象亦有不同。《周礼·春官》："冬日至，于地上之圜丘奏之，若乐六变，则天神皆降，可得而礼矣。……夏日至，于泽中之方丘奏之，若乐八变，则地示皆出，可得而礼矣。"② 不难看出，古时乃天地分祭——圆丘祭天神，方丘祀地祇。然宋初则承汉代以来合祭的传统，同祀天地于圆丘。对此，宋神宗元丰年间，曾有人提议当依古制分别祭祀，只是"议久未绝"，至宋哲宗元祐年间，仍颇有争论，比如张耒《大礼庆成赋》载元祐七年（1092）有司曾针对合祭不符古礼的问题，请示天子："（今）郊丘之位，天地咸在。牲币并荐，礼乐合举。而古者乃以阴阳之至，即南北之郊，别位殊时，荐献异数。有司其何从？"③ 宋哲宗与群公卿士、典礼之官商讨后认为"国家合祭天地，于兹六世矣"，可谓"受天地之福""享神祇之安"已久，故当"因时施礼"，不宜改动。④

可见，宋人虽追复周礼，却能适时变通。这种"事各适时"的"通变"思想，亦在宋代典礼赋中多有体现，如刘敞《郊用夏正赋》："损益殊世，质文异宜。""顺天时之资始，见王道之相参。"⑤ 范仲淹《大礼与天地同节赋》："必也变化从宜，广大悉备。"⑥ 罗椅《明堂赋》："若乃度筵度几，曰修曰广，可随当代之制，岂必嘐然曰必古之是仿？"⑦

因此，宋人主张"崇周复古"，并不在于守先王之陈仪，实在于"法其义"。如王安石借《周礼》以变法，即重在法其义："法先王之政者，法其意而已。"⑧ 又如，"二程"虽反对新法，但同样认为"二帝、三王不无随时因革"，故不可"循名而遂废其实"，实当承"同条而共

---

① 曾枣庄、吴洪泽主编《宋代辞赋全编》，第 1605 页。
② （清）孙诒让：《周礼正义》，第 1757 页。
③ 曾枣庄、吴洪泽主编《宋代辞赋全编》，第 1657—1658 页。
④ 曾枣庄、吴洪泽主编《宋代辞赋全编》，第 1658 页。
⑤ 曾枣庄、吴洪泽主编《宋代辞赋全编》，第 1638、1639 页。
⑥ 曾枣庄、吴洪泽主编《宋代辞赋全编》，第 1593 页。
⑦ 曾枣庄、吴洪泽主编《宋代辞赋全编》，第 1930 页。
⑧ （元）脱脱等：《宋史》，第 10542 页。

贯"之理。① 而此不变之理,程颐在《春秋传序》中依旧认为乃先王之义:"后王知春秋之义,则虽德非禹、汤,尚可以法三代之治。"② 因此,程颐作传的实质亦在彰明先王大义,以"义"复三代:"自秦而下,其学不传,予悼夫圣人之志不明于后世也,故作传以明之,俾后之人通其文而求其义,得其意而法其用,则三代可复也。"③ 再如,政和三年(1113),宋徽宗在为《政和五礼新仪》作序时也说道:"有不可施于今,则用之有时,示不废古;有不可用于时,则唯法其义,示不违今。"④ 以示新定礼仪当"稽古而不泥于古,验今而不失于义"⑤。

正因如此,宋人对于不循礼义、仅重其仪的做法,多有批驳。如欧阳修、宋祁在《新唐书·礼乐志》中即认为汉代以来所行礼仪,多为"礼之末节",而史官所记"降登揖让、拜俯伏兴"之节,皆"有司之事尔",即使参与其中的缙绅大夫对郊庙、朝廷等礼仪亦"莫能晓习",至于"天下之人",更"老死未尝见也",故汉人实"习其器而不知其意,忘其本而存其末";至于唐代,虽多修礼书,且"考其文记,可谓备矣,以之施于贞观、开元之间,亦可谓盛矣",却也终因"具其文而意不在",而"不能至三代之隆"。故汉唐之际实"礼乐为虚名"。⑥ 又如,刘弇《元符南郊大礼赋》更依次批驳了秦汉及有唐不尊礼义的祭祀之礼:"九天太一、三一八神,则方士之说试;黄蛇白帝,陈宝鸣鸡,则秦余之祀举。或龙马寓木,或待我而五,或遥拜竹宫,或侲子旁午。故汉三十年间,天地之祀五徙,而稚圭之徒,罢去四百七十余所。有唐末造,阙漏莽卤,殆不足数。"并认为此间之祀"诬天赘祖,神醼杂扰,其语弗经见,搢绅者不道",实乃"陋者为之",故"数千百载寂寥无诏之阔典"。⑦

---

① (宋)程颢、程颐:《二程集》,第 452 页。
② (宋)程颢、程颐:《二程集》,第 584 页。
③ (元)脱脱等:《宋史》,第 12722 页。
④ 曾枣庄主编《宋代序跋全编》,第 620 页。
⑤ 司义祖整理《宋大诏令集》,中华书局,1962,第 547 页。
⑥ (宋)欧阳修、宋祁:《新唐书》,第 308—309 页。
⑦ 曾枣庄、吴洪泽主编《宋代辞赋全编》,第 1662 页。

此外，大观二年（1108）宋徽宗还在《依周吉礼之制御笔手诏》中批驳了"自汉以来，失先王礼意，以冠为吉礼之首"的传统以及有司制定新礼时的"承误循沿"，并指出《仪礼》乃"诸儒之论，非先王之典，后世因之，沿流弗革，本数末度，乱命失序"，其中所载"不足取法"，不可以之"追迹先王，垂训万世"，而当"追述先王制作之原"，依周礼之义"改正"，以此申明其"善法古者，不法其法，法其所以为法之意"的礼学思想。①

其实，礼本就"缘人情而立制，因时事而为范"②，故历来朝代更迭，礼式仪节，必有因革，而唯一不变者，实为礼中所存之"义"。《论语》即载："子张问：'十世可知也？'子曰：'殷因于夏礼，所损益，可知也；周因于殷礼，所损益，可知也。其或继周者，虽百世可知也。'"③ 孔子所言百世继周者，亦是周礼之义。此外，保存先秦礼制最为丰富的《礼记》，也多次强调礼义的重要性："礼之所尊，尊其义也。失其义，陈其数，祝史之事也。""礼也者，义之实也。协诸义而协，则礼虽先王未之有，可以义起也。"④

由此，宋人尊崇周礼，实际在于尊崇周礼之义。这种"尊其义""法其义"的思想，也是宋代典礼赋中"崇周复古"思想的核心。如王禹偁《籍田赋》言君王行籍田之礼，主要便在于传承躬耕之义："籍田之礼，岂三年而不为；躬耕之义，将百代而可知。"⑤ 范仲淹《明堂赋》也强调明堂之礼当重其义，而非尽其制："为明堂之道，不必尚其奥；行明堂之义，不必尽其制。适道者与权，忘象者得意。大乐同天地之和，岂匏竹而已矣；大礼同天地之节，岂豆笾之云尔。"⑥ 方大琮《三代礼乐达天下赋》同样认为即便是三代时期，也并非所有的礼义都包

---

① 司义祖整理《宋大诏令集》，第547页。
② （清）董诰等编《全唐文》，中华书局，1983，第1000页。
③ 程树德：《论语集释》，第127页。
④ （清）孙希旦：《礼记集解》，第706、618页。
⑤ 曾枣庄、吴洪泽主编《宋代辞赋全编》，第1572页。
⑥ 曾枣庄、吴洪泽主编《宋代辞赋全编》，第1927页。

含于礼仪之中,并举例说"耕逊亦礼意而未闻于礼"①,因而更应注重礼义,而非礼仪。刘弇《元符南郊大礼赋》则赞扬宋代郊祀祭天之礼能"明乎郊社之义",故而宋代君主相比汉唐帝王,实乃"弥文之真主矣"。②

四 周礼之义,本于德仁

周代礼制内涵丰富,王国维曾在《殷周制度论》中言其"皆为道德而设","乃道德之器械",同时,还将殷周兴亡更替,归于周有德,殷无德:"是殷周之兴亡,乃有德与无德之兴亡。故克殷之后尤兢兢以德治为务。"③可见,在周礼中,"德"是一个很重要的概念。而"德"字,据郭沫若考证,殷商卜辞及彝铭中均无记载④,至西周成王以后,才在金文中开始大量出现⑤。这虽然不能说明周代以前没有"德"这一概念的存在,却足以证明,"德"在西周时期已经具化,已从普遍意义上的"德行""德性",产生了"德名",即便它依旧没有被明确定义,但实际上已经成为一种被君王诸侯、公卿名士所广泛认可的精神文化理念,并被大力宣扬倡导。因此,不仅周代金文中有了"德"字,周代的传世文献中,也包含大量重"德"的思想,如《尚书·周书》中便多次提到"明德慎罚""明德惟馨""惟德是辅",并强调周王、周公重德、用德:"惟我周王灵承于旅,克堪用德,惟典神天。""昔周公师保万民,民怀其德。""今天动威,以彰周公之德。"⑥由此,四海诸侯"罔不承德,归于宗周"⑦。

而周初,与"德"字差不多同时产生的,还有周代的礼。据传周

---

① 曾枣庄、吴洪泽主编《宋代辞赋全编》,第 1686 页。
② 曾枣庄、吴洪泽主编《宋代辞赋全编》,第 1662 页。
③ 王国维:《王国维考古学文辑》,凤凰出版社,2008,第 62 页。
④ 郭沫若:《青铜时代》,人民出版社,1982,第 335—336 页。
⑤ 按:据考"德"字最早见于成王时的何尊,其铭曰:"唯王恭德裕天,训我不敏。"
⑥ (清)孙星衍:《尚书今古文注疏》,中华书局,2004,第 337 页。
⑦ (清)阮元校刻《十三经注疏·尚书正义》,中华书局,1980,第 499 页。

公制礼作乐，亦在成王之世，且周公"承文武之德"，所制礼乐同样是具化夏商以来的社会制度、道德风俗所形成的具体礼制。对于"礼"与"德"的关系，郭沫若曾指出："从《周书》和周彝看来，德字不仅包括着主观方面的修养，同时也包括着客观方面的规模——后人所谓的'礼'。礼是后起的字，周初的彝铭中不见这个字。礼是由德的客观方面的节文所蜕化下来的，古代有德者的一切正当行为的方式汇集下来便成为后代的礼。"① 可见，在周代，作为精神文化的"礼"包含于"德"的思想体系中，"德"也就成为"礼"的内在核心。所谓"德内而礼外"，通过外在仪式反映出来的"礼"，其表达的实质便是周人"尊德""尚德"的思想观念。② 因此，《左传·文公十八年》记鲁史克代季文子释"事君之礼"时即言："先君周公制周礼曰：'则以观德，德以处事，事以度功，功以食民。'"③ 这也可以说明周礼的本质即在于"德"。

周人重礼尚德，将"德"作为礼的核心。虽然春秋时期礼崩乐坏，周德衰微，但诸侯攻伐，仍讲求德义，如《左传·僖公四年》楚臣屈完游说齐桓公时即言："君若以德绥诸侯，谁敢不服？"④ 表明齐桓公以武力威逼楚王，乃不合德义之举，难以服众。又如《左传·僖公七年》管仲劝谏齐桓公勿要违背礼信时亦言："君若绥之以德，加之以训辞，而帅诸侯以讨郑，郑将覆亡之不暇，岂敢不惧？……且夫合诸侯，以崇德也。……诸侯之会，其德刑礼义，无国不记。"⑤ 再如《左传·宣公三年》楚子问鼎之大小轻重，王孙满同样以"在德不在鼎"对之。可见，至少在形式上，春秋诸侯仍然"尊德""敬德"。故孔子尝赞曰："周之德，其可谓至德也已矣。"⑥ 后儒也同样不断强化"德"的重要

---

① 郭沫若：《青铜时代》，第335—336页。
② 有关"德"与"礼"，亦可参《礼记》："礼器，是故大备。大备，盛德也。"孔颖达正义曰："礼经纬万端，人能以礼为治身之器，则于百行无所不备，而其德盛矣。礼之为用，能消人回邪之心，增人质性之美，而盛德充实于内矣。"同样表达了"德内而礼外"的观念。
③ 杨伯峻：《春秋左传注》，中华书局，1981，第633—634页。
④ 杨伯峻：《春秋左传注》，第292页。
⑤ 杨伯峻：《春秋左传注》，第318页。
⑥ 程树德：《论语集释》，第559页。

性:"以德服人者,中心悦而诚服也,如七十子之服孔子也。"① "国之所以为国者,德也。"② "人而无礼,焉以为德。"③ "(治国理政)以德礼为先,而辅以政刑。"④

正因如此,宋人"崇周复古",颂扬周礼时,便极重其德:"大德纯纯兮世不敢忘,至文微微兮流而自远。"⑤(欧阳修《鲁秉周礼所以本赋》)"汤克宽仁,彰信兆民,大德懋昭,建中于人。""德日日新,万邦惟怀,诸福荐臻。"⑥(胡铨《衡阳瑞竹赋》)"大德既昭,勒庙彝而不朽;遗风可考,歆饮食以无穷。"⑦(宋祁《法施于民则祀赋》)同时,还于典礼赋中大力称颂宋代君王承周之德,制礼作乐:"所以赋大蒐而歌盛礼也,俾千古知至德之巍巍。"⑧(丁谓《大蒐赋》)"皇上御天下之二十载也……四表之德咸被,崇朝之泽匪颇。"⑨(杨亿《天禧观礼赋》)"国家钦明若古,追述三代之礼。筑宫广庙,以备制度,昭孝思,丕赫我祖宗之光烈威神,引耀后嗣,昭临其臣庶,甚盛德。"⑩(王子韶《六圣原庙赋序》)

不过,宋人尊崇周礼,并不仅仅尊崇周礼之"德"。在宋人看来,除"德"以外,"仁"在周礼体系中也有独特的地位和价值,如程颢即言:"学者须先识仁。仁者,浑然与物同体。义、礼、知、信皆仁也。"⑪ 朱熹亦说:"仁之为道,乃天地生物之心。"⑫ 因此,考察宋人典礼赋,还可见其中往往不仅颂德,还多倡仁:"炎历四世,天子坐法

---

① (宋)朱熹:《四书章句集注》,中华书局,1983,第235页。
② (清)苏舆撰《春秋繁露义证》,中华书局,1992,第174页。
③ 汪荣宝撰《法言义疏》,中华书局,1987,第112页。
④ (唐)韩愈著,刘真伦、岳珍校注《韩愈文集汇校笺注》,中华书局,2010,第3214页。
⑤ 曾枣庄、吴洪泽主编《宋代辞赋全编》,第1627页。
⑥ 《海外新发现〈永乐大典〉十七卷》,上海辞书出版社,2003,第637页。
⑦ 曾枣庄、吴洪泽主编《宋代辞赋全编》,第1614页。
⑧ 曾枣庄、吴洪泽主编《宋代辞赋全编》,第1580页。
⑨ 曾枣庄、吴洪泽主编《宋代辞赋全编》,第1581页。
⑩ 曾枣庄、吴洪泽主编《宋代辞赋全编》,第1651页。
⑪ (宋)程颢、程颐:《二程集》,第16页。
⑫ (清)黄宗羲撰,(清)全祖望补修《宋元学案》,第1510页。

宫，宪宗轨。深根宁极，远听高视。其仁如天，其道如砥。"① （宋庠《乾元节赋》）"寻声望景，知中国之有至仁。"② （范镇《大报天赋》）"广宗庙所以教人尊其上，严祖祢所以笃民兴于仁。"③ （王子韶《六圣原庙赋》）

其实，自孔子开始，"为了维护三代先王创造的礼乐文明，孔子创建了一个以'仁'为核心的思想体系"④。这一思想体系，也被后儒所继承，不仅引导君王为政以仁，还要求制礼作乐也以"仁"为本。由此，随着儒家"仁"学思想的进一步完善和发扬，"作为三代文明核心的'礼'就不再是事神致福的手段，而是人心之'仁'的外在表达"⑤，"仁"也就发展成为"礼"的内在依据，如《礼记》中便言："礼有五经，莫重于祭。"而祭祀之本，即在于仁："宗庙之祭，仁之至也。"⑥ "祖庙，所以本仁也。"⑦ 又言："礼虽先王未之有，可以义起也。"⑧ 而"仁者，义之本也"，亦表明"仁"已融入"礼"的思想体系之中。

由此，宋人"崇周复古"，不仅颂扬周礼之德，还继承了先圣礼乐"以仁为本"的思想，从而德仁并颂："吾皇帝厚德比于坤元，至仁侔于穹昊。"⑨ （田锡《泰山父老望登封赋》）"莫不含和而吐气，蹈德而咏仁。"⑩ （刘筠《大酺赋》）"夫圣人之将有为也，必本于仁义……作德以茂之。"⑪ （范镇《大报天赋》）因而，宋人崇尚周礼，追寻周礼之义的根本即在于"德""仁"。

综上，宋代赋家在"复二帝三代"的时代思潮影响下，尊崇三代

---

① 曾枣庄、吴洪泽主编《宋代辞赋全编》，第1599页。
② 曾枣庄、吴洪泽主编《宋代辞赋全编》，第1630页。
③ 曾枣庄、吴洪泽主编《宋代辞赋全编》，第1655页。
④ 朱汉民：《宋儒新仁学的建构》，《求索》2017年第8期。
⑤ 朱汉民：《宋儒新仁学的建构》，《求索》2017年第8期。
⑥ （清）孙希旦：《礼记集解》，第667页。
⑦ （清）孙希旦：《礼记集解》，第615页。
⑧ （清）孙希旦：《礼记集解》，第618页。
⑨ 曾枣庄、吴洪泽主编《宋代辞赋全编》，第1567页。
⑩ 曾枣庄、吴洪泽主编《宋代辞赋全编》，第1591页。
⑪ 曾枣庄、吴洪泽主编《宋代辞赋全编》，第1632页。

礼乐，并于典礼赋中颂扬周礼，呈现出"崇周复古"的情感内涵。这种情感，虽在一定程度上承袭汉唐以来的传统，但宋代赋家并非如汉唐赋家一般，将其潜隐于所描摹的礼式仪节之下，而是更乐于将其直接表达出来。从深层次考察，宋人对周礼的尊崇，并非仅仅在于承继礼式仪节，更多的是尊其本义，也就是周礼中的"德""仁"。实际上，宋代赋家正是通过颂扬周礼及其"德""仁"之义，来表达自身对"三代礼乐"的追复，及回到三代礼乐盛世，实现礼乐达天下的美好愿望的。

明代理学家的教化观与政道关系论
——以学记文书写为中心

◇刘 洋[*]

摘 要：明代理学家教化观的表述和传播意图在学记文里尤其突出。学记文书写延续着宋儒的道统意识，以辅相天道为教化本质，统合朱、陆的"工夫论"，坚信学术主导世风，视刑罚为教化不力的表征，又站在现实意义的立场弱化兵刑和教化之间的对立关系。其行文打破了以记叙笔法为主的文体规范，脱离了明代学记文演变的总趋势，整体保持议论纪实并重的笔法，留下大量针对士人修己传道的教化观念和经验传述，强化个体内在超越的道统意义，以期匡正异端对道统的扭曲，矫正政治规约下教化活动僵化虚伪之弊。

关键词：明代理学 学记文 教化观 政道关系

教化[①]的理念与实践是儒学的核心特征，在历代政统和道统的语境中形成了不同的表述模式，能较为明确地彰显特定历史时期政道关系的状态。教化观有政统与道统[②]之分，政统的教化侧重礼法风俗的整体秩

---

[*] 刘洋，中国人民大学国学院博士后，研究方向为宋明理学、明代文学与文献。

[①] 教化的概念包括政教风化和文教感化两个层面的含义，前者从统治的视角出发，侧重政治政策实践中的方略，如孔子所说"为政以德，譬如北辰，居其所而众星共之"（《论语·为政》），"道之以政，齐之以刑，民免而无耻。道之以德，齐之以礼，有耻且格"（《论语·为政》）；后者指个体精神在价值理念引导下上升到仁之境界，自觉合乎道德秩序的过程，如孟子所言"学问之道无他，求其放心而已矣"（《孟子·告子章句上》），即教化是通过学习复归天赋善端的过程。

[②] "政统"与"道统"的概念相辅相别，常被并举而谈。"政统"概念的用法主要有两种，一种指政治形态或政体演变的统绪，另一种专指以皇权为主导，侧重外王、他律的为政理念。"道统"的含义也有广狭之分，广义的道统用来泛指由韩愈正式提出的儒学的学术传承谱系，狭义的道统则指以精英为主导，侧重内圣、自律、内在超越的为政理念。本文取"政统"和"道统"的狭义含义，侧重为政立场的朝野之别、为政理念的道德人格力量和政权法令之别。

序，道统的教化则侧重学术传承以及个体知识与道德的完善。这两种教化维护社会秩序的正常运转之目的一致，但道统的教化朝向三代的德治理想和仁者境界，依靠儒家经典注疏的研习建立理性自觉，政统的教化则强调协调、匹配国家法度律令的即时成效，依仗制度化的教学和礼法传习来保障其规范。政统与道统语境下的教化理念付诸实施，都与规模化的教学活动有密切关联，如汉代董仲舒承孔孟的德治教化观念，主张任德不任刑，以教化为民之堤防，所谓"古之王者明于此，是故南面而治天下，莫不以教化为大务。立大学以教于国，设庠序以化于邑，渐民以仁，摩民以谊，节民以礼，故其刑罚甚轻而禁不犯者，教化行而习俗美也"[1]，学校逐渐成为衔接庙堂和民间，传布教化的重要场所。欧阳修亦讲"学校，王政之本也"[2]。自宋代以来，官办书院兴盛，大量非官方的讲学活动也愈加活跃，及至明代，"学校之盛，唐宋以来所不及也"[3]，官办的府州县学等学校及民间书院汇聚了大量求学的学子与讲学的学者、官员，成为官方思想和民间学术交锋与交互的重要场所。

明代君权对学术和文化的统摄力度胜于宋、元，官方意志和教化实践对学院尤其是私人书院的管控颇为严苛[4]，学院教化实践的参与者中也不断出现以道统传承来纠正政统之偏、对抗官方意志的力量。在学院的教化活动中，明代理学家扮演着重要角色，他们的身份多数情况下是官员也是学者，处于君王和庶民之间，以相对独立的道统传承为终身志向。他们无论退居或出仕，都试图通过儒学传承来实现道统的教化理

---

[1] （汉）班固：《汉书·董仲舒传》，中华书局，2012，第2178页。
[2] （宋）欧阳修：《吉州学记》，载（宋）欧阳修著，李之亮笺注《欧阳修集编年笺注》，巴蜀书社，2007，第190页。
[3] （清）张廷玉等：《明史》卷六十九《选举志一》，中华书局，1974，第1686页。
[4] 明代官办学校覆盖范围既广且盛，但与此同时，因为政治的原因屡屡压制民间办学，尤其是学术型书院。一方面，明初洪武至成化近百年时间，书院一直在沉寂之中，很多遭受战火的著名书院未得修葺，如应天府书院"半为民田半为城壕"，直至嘉靖年间方才修复（见《归德志》卷四《学校志》，载《天一阁藏明代方志选刊续编》，上海书店出版社，1990）；白鹿洞书院毁于兵燹后仅存两座残桥，直至正统元年（1436）方始修葺（见李国钧等《中国书院史》，湖南教育出版社，1994，第545页）；另一方面，弘治、正德年间书院渐渐兴起，至嘉靖鼎盛（见赵映林《明代书院的兴衰》，《文史杂志》2000年第3期），但亦经历过四次较大的禁毁，其中有三次与心学、东林党人聚众讲学有关。

想，除了频繁参与讲学活动之外，也在学记文中结合具体人事集中诠释以传道为教化之本、以道统统率政统的理念。然而鉴于理学家这个群体的文章有"道学传声筒"之嫌，无论是教化研究还是学记文研究，都很少关注明代理学家的学记文，也因此遮盖了其中有关教化与政道关系的内蕴。

学记文主要为各学府（包括庙学、书院、学宫）兴建、修缮而作，刻于学院或书院内的石碑上，宋代庆历年间始盛，至明代蔚为大观。按照文体惯例，需要在文章主体部分记录修缮缘起、主要修缮者与修缮后的建筑形貌，文末略做议论[1]，使文章有纪实的功能，兼具史志的性质。学记文不若游记、斋室记等其他记文易写，因其较少表露个人情志，并且往往兼涉政治、学术、文学三个要素，属于"学者之文"[2]。明代地方官员很重视学记文的表征功能，兴修事成后，必求文于名儒或上级官员，为"镌诸石以垂后"彰明政绩，不惜"专人走千余里来求文"[3]，理学家则是被求作文的重要目标群体。明代理学家创作了大量学记文，但写法与同时期文人学记文有所不同。[4] 他们的结撰笔法呈现出以议论为主的整体特征，因而留有大量针对士人教化、修己的观念阐释和经验传述，并通过论定教化本质、论证修养方式、匡正学术风气、强调德教与刑罚的主次关系等立论角度与相关文辞手段，在书写过程中有意寄寓遵道成人、道为政先、以道辅政的观念。

---

[1] 明人吴讷于《文章辨体序说》谈学记文正变之体时，称"大抵记者，盖所以备不忘，如记营建，当记日月之久近，工费之多少，主佐之姓名。叙事之后，略作议论以结之，此为正体。至若范文正公之记严祠、欧阳文忠之记昼锦堂、苏东坡之记山房藏书、张文潜之记进学斋，晦翁之作《婺源书阁记》，虽专尚议论，然其言足以垂世而立教，弗害为其体之变也"，将以叙事为主之记文列为正体，以议论为主之记文列为变体。见（明）吴讷、徐师曾著，于北山、罗根泽点校《文章辨体序说 文体明辨序说》，人民文学出版社，1962，第41页。
[2] 刘成国：《宋代学记研究》，《文学遗产》2007年第4期。
[3] （明）薛瑄著，山西文华编纂委员会编，孙玄常等点校《薛瑄全集》，山西人民出版社，1990，第849页。
[4] 已有学者的研究成果证明，明代学记文写作整体充满了集体化的形态，前期以记叙为主，后期以议论为主。详见张德建《明代学记文的集体形态及其超稳定性特征》，《文史哲》2013年第3期。

一　辅相天道以治天下——教化的本质

教化是汉代以来国家治理实践当中的重要手段，执政者一方面运用教化权力培养人才以辅助国家治理，另一方面引导民间风俗以安定民心，正如费孝通所说，传统儒家追求的王者建立在教化权力之上①。宋代以来的理学家从政统的目的出发，不断申说"治天下以正风俗，得贤才为本"②，提醒君主重视教化，也是在提醒士人以继圣成贤为志。明代理学家的学记文常在陈述教化之本的部分不断借明太祖朱元璋重教化、兴学校之事来强调建学育才在治理天下过程中的首要地位，用契合天道、辅相天道来定义教化的本质，将教化的意义提升至社稷之本的位置，并通过行文的逻辑重心来凸显道统之首要地位。

明代吸取元代重武轻文的教训，自明太祖朱元璋起，"治国以教化为先，教化以学校为本"③，逐渐确立程朱理学在思想领域的主导地位，并拓展了官学的地域覆盖范围，在京师到地方府、州、县、社置官学，构建了以学校为主体的制度性教化普及体系。明武宗之后，书院随着讲学的风气再度兴盛，各省提学官员以此"匡翼学校之不逮"④。自明太祖以来大兴官学的举措，在理学家们眼中无疑是君主奉教化为国政之本的象征，因而在学记文写作过程中表达教化乃为政之首务时，他们屡于记述或发论之前用简短的笔墨追溯建国之初，借明太祖建学育才之事来佐证重视建学养才的教化方略对国治大体有不容忽视、不可动摇的作用。如罗钦顺《万安县重修儒学记》一文先写万安县多出"以文章政事闻天下者"，紧随其后便是"洪惟我太祖高皇帝受命之初，即以建学育才为第一义，盖将俾百千万世永有赖焉，与

---

① 费孝通：《乡土中国》，北京大学出版社，1998，第51页。
② （宋）朱熹著，朱杰人、严佐之、刘永翔主编《朱子全书》第13册，上海古籍出版社、安徽教育出版社，2002，第460页。
③ （清）龙文彬：《明会要》卷二十五，清光绪十三年（1887）永怀堂刻本。
④ （明）王守仁著，吴光等编校《王阳明全集》卷七，上海古籍出版社，1992，第253页。

造化相为无穷者也"①；另一篇《当涂县儒学重修记》开篇即称"我太祖高皇帝渡江之初，首驻跸于太平，武功既成，诞兴文教"②。丘浚为霸州庙学、琼州府学所作记文开篇也是同样的内容："我太祖高皇帝开国建号之初元，岁在戊申，是秋八月，王师定元都，明年冬十一月，即诏相臣定学校规制条教来上。阅月，颁下天下府州若县，期以嗣岁正月开设学校。"③"我太祖高皇帝建国之初秩祀百神，咸惟其旧，独于先师孔子之祀用木主以易塑像，盖不敢以百神例之也。"④蔡清《泉州府重修儒学记》记录修葺人事之后随即写"学校又为政者首务，国家之所以扶植宇宙者，一皆取办于此"⑤，声明学校是为政之先。明代理学家在学记文中普遍使用政教一体作为文章议论之发端的笔法，实际上也是在回应地方官员将学院建设及修缮当作政教之先务的政绩诉求。

学校、教化、国治之间清晰的关系链是明代理学家诠释教化本质之"用"的部分，他们诠释的另一部分则是教化之"体"——辅相天道、参赞化育，这部分论述往往位于学记文起论的前续环节。明代理学家将此"体"视作渗透教化各环节，并对教化效果起统摄、决定作用的因素，从而将道体置于政用之上。薛瑄曾在《华州重修庙学记》中直接写道体至大，孔子秉持天道，故其贤可与尧舜争辉：

> 予惟大莫大于道，吾夫子备是道，为贤于尧舜之圣。我朝以道治天下，崇重夫子之道，俾通祀于内外学校，盖欲以道育贤才而资世用也。

薛瑄在叙述中以圣君服膺于道来抬高道的地位，并进一步说明在教化活动中以道为本，既是君主之德，也是士人之责，明确生、师、君在依道

---

① （明）罗钦顺：《整庵存稿》卷一，载《景印文渊阁四库全书》第1261册，台湾商务印书馆，1986，第9页。
② （明）罗钦顺：《整庵存稿》卷一，载《景印文渊阁四库全书》第1261册，第5页。
③ （明）丘浚：《琼台会稿》卷十六，载《景印文渊阁四库全书》第1248册，第314页。
④ （明）丘浚：《琼台会稿》卷十六，载《景印文渊阁四库全书》第1248册，第319、320页。
⑤ （明）蔡清：《蔡文庄公集》卷四，清乾隆七年（1742）刻本。

进学、教学、治国过程中所承担的责任：

> 故知隆治道必本于养贤才，养贤才必本于崇圣道。则为师者必当以道率人，为生徒者必当以道治己。教以道立，才以道成，推之于用斯道之泽，无往不被，庶几有补于治道，而上不负国家建立庙学之意。①

在他们通过兴学而广教化、治国安民的理想秩序预设中，士子为学则孜孜奉道，出仕则忠君爱民，国家政教秩序便会趋于稳定，道之力量亦因之彰显。同样，王廷相《简州迁学记》中也讲"济务者是之谓经术，合天者是之谓王道，守道者是之谓士节"②，强调天道是王业和经术之本源。按照治国、政教与天道价值融为一体的思路，尊道传道是国君、官员、士子在教化活动中的共同职责和努力方向。薛瑄在学记文中常提醒为师、为生徒者的身份与责任，《华州重修庙学记》中亦写"为师者必当以道率人，为士子者必当以道自励，讲是道、求是道，士子之汇进于明时者，咸以道忠乎国而爱乎民，或至裨大化、建大节，亦卓然惟道之与归"③；再如顾宪成在《虞山书院记》中期许学子人格的意志、胆魄、节操、胸襟、气魄皆是笃志行道的圣贤景象④。他们在学记文中以道立教、以道量才的论述肯定了体道明道在教化过程中的重要性，也昭示学子们需时时以此念为求学之本来自勉自警。

明代理学家经常在学记文中强化天理与希圣行道之间的体用关系，强调教化活动的本质即相道行事，教化最终的目的是接通于道。他们佐证理道对教化的统摄作用时，往往以圣人的人格境界、三代的理想社会

---

① （明）薛瑄著，山西文华编纂委员会编，孙玄常等点校《薛瑄全集》，第850页。
② （明）王廷相：《王廷相集》第2册，中华书局，1989，第440页。
③ （明）薛瑄著，山西文华编纂委员会编，孙玄常等点校《薛瑄全集》，第851页。
④ （明）顾宪成《虞山书院记》其文曰："是必有日忘食、夜忘寝之真精神焉，是必有独立不惧之真力量焉，是必有行一不义、杀一不辜而得天下不为之真操概焉，是必有遁世无闷、不见是而无闷之真胸次焉，是必有夭寿不二之真骨格焉，是必有为天地立心、为生民立命、为往圣继绝学、为万世开群蒙之真气魄焉。"见（明）顾宪成《泾皋藏稿》卷十，载《景印文渊阁四库全书》第1292册，第133、134页。

作为主要历史依据,随后补充论证或者避开对天理的抽象描述,指出礼乐是沟通教化和天理的媒介,如胡居仁所讲"先王因天理人情而制礼,而礼之行又足以正人情、善风俗、兴教化"①;或从天理、道本身具有的感召性和普遍性出发,以道超越时间空间限制而无处不在的状态和感发人心的力量作为教化不拘古今、地域而传承圣学、感化风俗的原因,如王廷相《简州迁学记》谈西蜀教化成效时写道,"使一士拔俗而立,将同德相应而风气变矣。风变,虽辟陋之域谓之邹鲁亦可也"②,并以此勉励诸生以人格气质来涵化地方风俗,承续邹鲁遗风。由于学记文记述兴造之事时往往关联到地域文化,因此明代理学家为偏远州、府、县学(尤其是与自己有乡缘关系的地区)所作记文格外关注圣人之道、王者之化的传承不受地域阻隔,其中丘浚为梧州、万州、崖州等地学院所作记文便十分典型,如《万州迁学记》《南海县儒学记》等文章都以圣人之道和王者之教不废于偏远立论,如"圣人体天为治,面之所向,目之所视,其明德之光被,初不可以地里限计也"③,"王者之化与圣人之教并驾而偕行,皇朝郡县所至之处,学校随之,无间于迩遐"④等言辞,皆在宣告道体无处不在,其势浩渺,广袤如天。同样,薛瑄《邵阳县重修儒学记》的主体内容也在借理道突破时空阻隔的事实论述承天道行教化的必要性和可行性,其文分别用登明山涉大川的游历观感、孔子欲居九嶷之事、圣人感召力来表现道之无所不包,更加集中地论证教化与道相始终。⑤ 相比之下,在学记文论证教化意义的过程中,政教与国治无论是出现位置的优先性还是频率之高均不及道之体用,这些行文笔法无疑表露了在明代理学家思维中道统先于政统,传达了他们以道率政的理念。

---

① (明)胡居仁:《居业录》卷八,载《景印文渊阁四库全书》第714册,第81页。
② (明)王廷相:《王廷相集》第2册,第440页。
③ (明)丘浚:《琼台汇稿》卷十六,载《景印文渊阁四库全书》第1248册,第321页。
④ (明)丘浚:《琼台汇稿》卷十六,载《景印文渊阁四库全书》第1248册,第323页。
⑤ (明)薛瑄著,山西文华编纂委员会编,孙玄常等点校《薛瑄全集》,第815页。

二 工夫次第与心性工夫并重——教化之方

自宋代以来,学记文写作除了回应地方提调、提学等官员求文以彰政绩的诉求之外,在很大程度上将广大学子作为隐含读者。而尚处于求学闻道以立身阶段的学子,最关心的教化话题莫过于修身正己的实现途径。汉儒论及教化之方时多以道德伦理、政治秩序立论,宋儒却更强调从修己到化人的先后次序,以切实的修身实践作为教化的起点,明代理学家把宋儒的工夫次第和心性工夫都融入修身路径当中,并以此为论述主体,进而回避了文章主体部分对政统话题的引申[①]。他们在不少学记文中将士子进学之方等同于教化之方,强调在进学过程中知识结构的完善有次第之分,同时需在长期静观涵养中不断磨炼心性和意志,确保知识的养成与实践能够与心性体悟之间保持一贯且有序有效的状态。

天之生民气禀薄厚有别,气质各异,所同之处在于人性之善以及修德希贤的愿望。教化能够在很大程度上弥补气禀不足者的先天缺陷,缩小气禀造成的差异,并接续周衰之后因教化不明而难传之道。明代理学家常以此作为教化之方的理论前提和教化成效的现实基础,如王廷相说:"古人孝廉往往有之,天地岂厚于古之人耶?盖风俗教化然耳。"[②]胡居仁亦称在理想的三代之时,"人君躬行仁义以为教化之本,建立学校以广教之之道,故人皆得以明其善复其性,无愚不肖之患"[③],他们

[①] 在学记文以学子为隐含读者的论述部分,明代理学家的论述重心与文人有显著的区别,后者更关注进学过程与文教的关系,或强调作文章为立德立身而非为博举业功名,如李东阳《修复茶陵州学记》中讲"使文章行业为天下重,不独于科目而止"(《怀麓堂集》卷三十三,载《景印文渊阁四库全书》第1250册,第353页),以及李时勉《黄冈重修学记》(《古廉文集》卷二,载《景印文渊阁四库全书》第1242册,第679页)等;或泛举诗书礼义在政教体系中的地位,如祝允明《太仓州儒学记》"学还文制,圣人右文之意逾至""承圣人意以通吾君臣相遇之机"(《怀星堂集》卷二十二,载《景印文渊阁四库全书》第1260册.第669页),以及王鏊《苏州府重修学记》(《震泽集》卷十七,载《景印文渊阁四库全书》第1256册,第314页)、程敏政《桂岩书院记》(《篁墩集》卷十七,明正德二年刻本)等篇。

[②] (明)王廷相:《王廷相集》第4册,第1202页。

[③] (明)胡居仁:《胡文敬公集》卷二,载《景印文渊阁四库全书》第1260册,第61页。

把教化和儒家道统传承的遭际、命运接续在一处，即对君、师、学子而言，教化是实现均衡气禀、复归三代之时理想社会的途径，同时也是他们生命自我实现、自我澄明的渠道。这种预期以及责任感始终伴随着他们在学记文中对儒者工夫路径的书写，并与"工夫论"的内容形成互为依仗、互为表里的关系。

明代理学家笔下很多学记文在风俗教化、希圣成贤的主题之下，以修养工夫为主体内容，讲循序渐进的修身之方，也讲持之以恒的心性工夫。这两种工夫进路的轻重先后曾在宋代朱熹、陆九渊及其后学者中引起激烈的争论，造成对立的阵营，一直到明代陈献章的静坐涵养、王守仁的心性之学被指责为禅学时，其实质依然是工夫路径的争执，有关工夫路径选择的讨论依旧在延续。陈献章、王守仁都曾在学记文中表达"工夫论"的观点，期待以学记文向后学昭示进学正途、辨析修养路径所受误解。陈献章在学记文中从教化之方立意进行工夫论陈述，陈述内容完整展示出两种路径并重的观念，以其《程乡县社学记》和《古蒙州学记》两篇主体论述为例：

> 庠序之设、六经之训固在也，以《小学》言之，朱子《小学》书，教之之具也，社学，教之之地也，其皆不可无也。天下之事无本不立，《小学》，学之本也，保自然之和，禁未萌之欲，日月将以驯致乎。《大学》，教之序也。然则社学之兴在今日，正淑人心、正风俗、扶世教之第一义也，胡可少哉？①

> 程子谓"切脉可以体仁"。仁，人心也，充是心也足以保四海，不能充之不足以保妻子，可不思乎？圣朝仿古设学，立师以教天下，师者传此也，学者学此也，由斯道也，希贤亦贤，希圣亦圣，希天亦天，立吾诚以往，无不可也，此先王之所以为教也。②

---

① （明）陈献章：《白沙子》卷一，载《景印文渊阁四库全书》第1246册，第17页。
② （明）陈献章：《白沙子》卷一，载《景印文渊阁四库全书》第1246册，第18、19页。

在这两篇学记文中，陈献章明确学校的教化必须先立其本，并遵循朱子从《小学》到《大学》逐渐累积的进学次第；同时也将执敬立诚的心志涵养、仁者的人格气质养成作为自古迄今圣贤之学脉相传的必要渠道。这种书写方式并未强调工夫次第和心性涵养两种路径之间的主导或从属关系，从而消弭了理论冲突，也拓宽了修己之方的适用性，成为多数学子可以参法的经验之谈。与此同时，他还在学记文中以人格养成过程的持续性和意志力叮嘱后学者，如其《重修梧州学记》中所言：

> 夫人之去圣人也远矣，其可望以至圣人者，亦在乎修之而已。苟能修之，无远不至。修之云者，治而去之之谓也。去其不如圣人者，求其如圣人者。今日修之，明日修之，修之于身，修之于家国，修之于天下，不可一日而不修焉者也。①

这里"修"的对象即包括知识养成以及心性工夫的工夫路径，日复一日的坚持和从家国到天下的抱负施用彰显了儒学"工夫论"的实践性：其一，接近理想人格境界需要长期不懈将涵养转化为以家国天下为念的言行举止；其二，在多数人道德涵养的长期实践过程中，心性工夫和格物致知往往并存并进，而不是朱、陆于理论话题中所争执般有严格的先后主次之分。

然而，并非所有明代理学家都能像陈献章般在学记文中叮嘱后学者时保持冷静的叙述态度，他们在不少情况下将学记文当作面向一方学子推广学术观点、吐露胸臆的载体。湛若水笔下学记文的核心部分大都在强调心性在"工夫论"中的融贯性和基础性，如《和州重修儒学记》一文答复古贤人修身之法时所说：

> 太上修心，其次修意，其次修行，其次修政。政也者，救弊辅教者也，故修心则天下无为，修意则天下丕应，修行则天下砥砺，

---

① （明）陈献章：《白沙子》卷一，载《景印文渊阁四库全书》第1246册，第21页。

修政则天下畏服。是故心毕然后修意，意毕然后修行，行毕然后修政。①

湛若水的叙述将心性涵养区分为心、意，并将心性放在行止之先，跳过朱子"工夫论"中格物致知的认知环节而直达行止、政事，心性本位的特征十分突出。同样，王守仁《重修山阴县学记》一文将县学营造状况寥寥几笔带过，文章有关"夫圣人之学，心学也，学以求尽其心而已"②的论述占据绝大篇幅，并在论述中把《中庸》等儒家经典中的"心性论"观点抽离出来，结合礼乐教化和纲纪政事的历史施用来表现心学是儒家"工夫论"的本质，成为通篇强调心学工夫重要性，反驳指心学为禅之说的议论文。王守仁的行文方式大有借县学场所在后学者面前倡明心学、澄清误解的演说态势，而以儒士身份期待言说对象的明道传道诉求，亦显露出他们侧重道统的思维和立场。再如晚明东林之学的重要参与者顾宪成，他所参与的讲学活动在当时的学术影响力自不必说，他在学记文中对学子"工夫论"的传述同样充满个性化色彩。他既看重对道统传续强烈的使命感，于谈"工夫论"之先呼唤士人气节和人格，如《虞山书院记》中既勉励诸生涵养磨炼出"夭寿不二之真骨格"和"为天地立心、为生民立命、为往圣继绝学、为万世开群蒙之真气魄"③，又看到了阳明心学"工夫论"主张与适用性无法圆融兼顾的不足，于是在学记文中并未如陈献章般规避冲突，而是直接挑明两种进路的矛盾与局限所在，并另择调和之方。他的《日新书院记》几乎通篇都是调和朱、王"工夫论"的内容，指出适时取用朱、王之长而统归于孔子之道④，《虎林书院记》也在对比两种进路的基础上，引

---

① （明）湛若水：《湛甘泉先生文集》卷十八，清康熙二十年（1681）黄楷刻本。
② （明）王守仁著，吴光等编校《王阳明全集》卷七，第256页。
③ （明）顾宪成：《泾皋藏稿》卷十，载《景印文渊阁四库全书》第1292册，第133、134页。
④ 顾宪成《日新书院记》通篇就理论主张的适用性统合了朱、王工夫路径，其文曰："予窃谓朱子由修入悟，王子由悟入修，川流也，孔子之分身也，一而二者也。由修入悟，善用实，其脉通于天下之至诚；由悟入修，善用虚，其脉通于天下之至圣。敦化也，又即孔子之全身也，二而一者也。"（《泾皋藏稿》卷十一，载《景印文渊阁四库全书》第1292册，第145页）

导诸生为学"只在认性,诸所推敲,总欲人透此一路,非有他也"①。明代理学家在学记文中花费大量笔墨陈述和辨析工夫路径,摒弃了建功立业、辅弼社稷的泛泛之词和豪言壮语,也并不关注文章之妙的操作细节,而是不断将对学院诸生的关注引入道学的领域,向学子们宣示立身志向所在和价值标准,切实指点学子修身工夫的疑难之处,从而有利于在学院中营造出传续道统、履践道学的浓厚气氛。

三 黜异端且轻辞章——学术与世道风教

历代儒者多有经济天下的使命感,并通过担任臣、官、师、士等社会角色来辅佐君主、推行教化、安邦定国,而士人群体的学术品格直接决定了辅君化民的教化观念与教化实践是否正确、能否实现。因此,在明代理学家尤其是处于中晚明的理学家眼中,士人群体对世道兴衰有不可推卸的责任,他们把教化视作接续学术血脉、承继先儒精神的主要途径。为确保学术风气之正,他们除了在学记文(尤其是书院记)中正面申明儒家教化的合理性与进学路径,强调学术与世道风教共生共长的关系之外,还着意批判当下学术混同佛老、重辞章而轻理道、慕虚名而丧实学等现象,驳斥异端,匡正科举对道统传承的扭曲。

科举是选拔官员的主要途径,而这种以文取士且渗透着层层政治意志的选拔方式横亘在道统和政统之间,其末流弊端更加成为道统传承的最大阻碍。与此同时,明代虽将儒学奉为官方思想,并通过教化、科举等一系列制度化的措施巩固其主流地位,但无论在朝在野、在思想界还是民间,佛老之说盛行,儒学始终处于三教并行并用的环境中,因此明代理学家都有道统不传的忧虑。他们有意在学记文中批判学风之弊,期待引导士子免受佛老等异端思想或名利欲望的蛊惑,挽救道统不传、学

---

① (明)顾宪成:《泾皋藏稿》卷十一,载《景印文渊阁四库全书》第1292册,第140、141页。

风不正、世风日下的现状。罗伦曾在《建昌府学记》中直指世人惑于佛老之说和举业功名而疏忽德业的现象：

> 生斯世也不义焉。往及道之衰，异端之言盈天下，天下之言不出于佛则出于老。老者曰："吾利人生也。"佛者曰："吾利人死也。"天下之民闻其言而乐之，乐乎彼不乐乎此矣，其能由学乎？凡学者问其业，幼者曰"能诵读已"，长者曰"能科举已"，学成而名立者曰"能词章已"。考其德行、察其道艺以书，未有也。①

同类批评在明代理学家所作的学记文中比比皆是，如焦竑《繁昌县重修儒学记》中说诸生"仅仅操笔为词章，以蕲中有司之程，岂国家所以造士之意哉"②，罗钦顺《当涂县儒学重修记》中所写"诸君修学之勤，苟徒规规焉于记诵词章以为富贵利达媒，斯亦陋矣"③，均痛心于学子们溺于应制辞章，仅以爵位和富贵为念的行为；再如吕柟《重修学古书院记》提及当今士人中不乏抛弃道统信仰转习佛老并以佛老思想曲解先贤之意者，指出"夫古之学不明，异端之害也。夫古之异端犹可辟也，后之异端不可辟也。古之异端犹异类也，后之异端则同读古之书者也"④等。他们在行文中批评学术风气不正的事实，失落的情绪中亦有警醒意味，同时也反映出当时学术界弊端丛生、道统难继的严峻状况。

明代民间化的佛老学说迎合了民众避难得福的心理需求，附和了民间信仰中的神灵崇拜心理，因而十分盛行，成为在民间落实儒家教化的主要障碍。明代曾数次大规模毁淫祠建社学⑤，湛若水

---

① （明）罗伦：《一峰集》卷五，明嘉靖刻本。
② （明）焦竑：《焦氏澹园集》卷二十，明万历三十四年（1606）刻本。
③ （明）罗钦顺：《整庵存稿》卷一，载《景印文渊阁四库全书》第1261册，第5页。
④ （明）吕柟：《泾野先生文集》卷十八，明万历刻本。
⑤ 赵献海：《明代毁"淫祠"现象浅析》，《东北师大学报》（哲学社会科学版）2002年第1期。

《和州重修儒学记》便曾记载，和州庙学老旧不堪，而民间佛祠淫祀则屡禁不绝，无奈之下毁民间佛祠，取其建材、基址来修缮学宫①。再加之明代以四书五经为科举取士的标准教材，本应以修身正己、经济天下为业的士子们为谋取功名，长期以研写应制文章为主要目标，却鲜有在意身心性命之学是否得于道、操行履践是否合乎道，如此一来，儒学道统的传续在学子之中或在民间都长期面临较大困难，可谓腹背受敌。早在成化年间，陈献章已于《古蒙州学记》中针对历代学风训诂、辞章、科文之泥的现象，告诫学子"学以变化气习，求至乎圣人而后已也，而奚陋自待哉"②，提醒他们以理道教化世风为己任。随着科考日益程式化，学风中的这种弊端在隆庆、万历年间愈发严重。据《礼部志稿》所载，当时"天下郡县学应贡生员多记诵文词，不能通经，兼以资质鄙猥，不堪用者亦多"③的现象已经遍布天下，以致"豪杰之士往往病之，而相与修身治心、咏诗习礼、考业讲德于岩居燕处之间"④，就道统传承而言，很多学校已然形同虚设，教化的作用也极其有限。到了中晚明，理学家把世风、世运之衰归结为学术不振的呼声更盛。焦竑《天目书院记》讲君子之学当"诚自信其心，不以害惕利疚为秋毫顾虑，虚圆不测之神以宰制万有可也"⑤，勉励诸生立志磨炼磊落的人格来挽救学术世道之弊。刘宗周的《重修绍兴府儒学记》亦直言"诸子亦知公所以兴学之意乎？世道之坏也，人心受其病，而人心之病首中于学术"，并指出明代中晚期的学者受心学影响，使得"吾道竟为天下蚀"⑥；面对军政、民生等问题累积叠加的晚明社会，

---

① 记文中写道，和州太守重修庙学遇到选址问题时，"毁淫祠，尽其材以修学之隘陋而拓其前之地"。见（明）湛若水《湛甘泉先生文集》卷十八，清康熙二十年（1681）黄楷刻本。
② （明）陈献章：《白沙子》卷一，载《景印文渊阁四库全书》第1246册，第18页。
③ （明）俞汝楫等编纂《礼部志稿》卷七〇《学校备考·学约》，载《景印文渊阁四库全书》第598册，第186页。
④ （明）唐顺之：《唐顺之集》中册，浙江古籍出版社，2014，第524页。
⑤ （明）焦竑：《焦氏澹园集》卷四，明万历三十九年（1611）朱汝鳌刻本。
⑥ （明）刘宗周著，吴光主编《刘宗周全集》第5册，浙江古籍出版社，2012，第633页。

很多士人对军政制度、官场风气的批判最终都指向道德教化，正如顾炎武反思社稷倾覆时所讲："目击世趋，方知治乱之关必在人心风俗，而所以转移人心，整顿风俗，则教化纲纪为不可阙矣。"① 教化不兴则道丧，道丧则国政倾颓，痛切之言中尚见明代理学家以教化人心为家国秩序之本的观念。

明代理学家批评学术风气的同时，也试图通过正面规约后学以救时弊。罗钦顺在学记文中强调学校教学应当遵循先经后史、祖孔孟且宗程朱的合理秩序，"至于诸子百家则亦随其力之所及而博观焉，以考其是非得失之归而定夫取舍之极，务明其体以适诸用，是惟圣祖建学育才之大旨也"②。王守仁自陈心学宗旨本为救异端与科举之偏，却被误解为禅："世之学者承沿其举业词章之习，以荒秽戕伐其心，既与圣人尽心之学相背而驰，日骛日远，莫知其所抵极矣。有以心性之说而招之来，归者则顾骇以为禅，而反仇雠视之，不亦大可哀乎！"③ 当时改善学术风气的方向虽大都力求舍弃章句雕镂，但在学养造诣不足者或急于求成者身上出现了玄理化的走向，造成适得其反的状况。罗钦顺在为万安县儒学所作记文中谈到这个问题：

> 世之君子或病其然，欲从而振起之意亦善矣。至考其所以为学，往往脱略章句而注心玄妙，巧立宗旨而妄议先儒，又岂非所谓智者过之已乎？夫学以知言为至，孟氏而后有如程朱数先生，断乎不可尚已。其于佛老二氏，皆有以深究其蔽陷之失，而显摘其似是之非，自非见道分明，何以及此？舍程朱之说而欲求至于孔孟，与希升堂而闭之门者有以异乎？亦多见其惑矣。④

---

① （明）顾炎武：《亭林诗文集》卷四，载《续修四库全书》第1402册，上海古籍出版社，2002，第109页。
② （明）罗钦顺：《整庵存稿》卷一，载《景印文渊阁四库全书》第1261册，第9页。
③ （明）王守仁著，吴光等编校《王阳明全集》卷七，第237页。
④ （明）罗钦顺：《整庵存稿》卷一，载《景印文渊阁四库全书》第1261册，第8页。

程朱对佛老的批判指责都建立在深谙佛老教义学说的知识修养基础上，而中晚明在心学思潮日渐兴盛的学术环境下，异端和举业带来的弊端常常被视作程朱之学本身的偏颇，再加上人心轻浮、尚奇逐异的学风积重难返，儒学道统和教化的自救陷入了两难境地。

明代理学家的教化与儒学传承思维中，道学不传的失落情绪和接续道统的使命意识始终相伴共存。吴与弼在奏疏《陈言十事》中谈到"自秦汉以来讲学不明，世之人君固有因其才智做得功业，然无人知明德新民之事。君道间有得其一二，而师道则绝无矣"①，为师道之失、道统难续而担忧。胡居仁《读明道伊川学制》中的抒怀之辞亦十分典型：

> 孟轲没后道随亡，教化真如一梦长。不向心中求六德，只来纸上耀三场。
> 先生欲扫千年陋，后学那能一日忘。愿得天心回古意，更令斯世绍先王。②

胡居仁在诗中批判世人不能将所学转化成切实的身心修养，却为了谋取名利而一心雕琢辞章，其间扫除陋习恢复道统的期冀，正是这种心绪和意识的折射。当然，当历代儒者以理想中上古三代完美的政治、道学状态为衡量标准时，他们眼中学术风气的时弊永不落幕，并在不同的历史情境下出现各有侧重的话题。明代理学家在学记文中无论是批判学术弊病还是标举学业正途，虽重心有别，但目的不外是用疾呼来引起学子们的警醒与反思，引导他们知晓学术风气对世道升降的重大影响，唤醒后学者对社稷兴衰的责任感。正如罗钦顺为万安县儒学记文中感慨道："呜呼！世道之隆污鲜不由于学术，而吾人之所谓学其不及者如彼过之

---

① （明）吴与弼：《陈言十事》，《康斋文集》卷八，载《景印文渊阁四库全书》第1251册，第512页。
② （明）胡居仁：《胡文敬公集》卷三，载《景印文渊阁四库全书》第1260册，第72页。

者又如此，有志之士可不明辨而熟讲之乎？"① 显然在他们心中，道统和政统本可以有恰到好处的统合，而道统不振的现实源自士风之衰，因此在责难士风学风、期待学子们着力扭转局面的同时，也昭示了士人群体在道统传承中的主体作用。

四 不得已方用兵刑——教化伦理之极

以政统的实效而言，引导性的自律应当与强制性的他律并施，教化与刑罚缺一不可，先儒考虑国家政教治道时肯定刑罚与礼乐教化的本质皆为导人向善，宗旨与效力相当，刑罚的目的也是教化，但在最理想的政统状态中，以兵刑来惩戒威慑的手段应让位于礼法德教的正面感召。因此，虽然很多儒家经典均将刑政与礼乐并举，甚至有些在说明共性的时候不对教化和兵刑做轻重缓急之分，如《礼记·乐记》中的"礼乐刑政，其极一也，所以同民心而出治道也"②，孟子讲"徒善不足以为政，徒法不能以自行"③ 等，但论及治道之长远，在全局的立场考量治道初衷时，后世儒者依旧将孔子"道之以政，齐之以刑，民免而无耻；道之以德，齐之以礼，有耻且格"④ 这种主德辅刑、不得已而用刑说奉为主流，强调以德教为主，刑罚为下策。陆贾在《新语》中就秦的严刑峻法谈"夫法令所以诛恶，非所以劝善"⑤，董仲舒"王者承天意以从事，故任德教而不任刑"⑥ 的承天治世说也以德教为先，对君权施用刑罚加以限制。明代理学家学记文中进一步明确了兵刑之适用性，通过事理和实效的论析来声明刑罚之利害。

明代刑罚，尤其是明初洪武至永乐时期对官员士人的严苛重法史上

---

① （明）罗钦顺：《整庵存稿》卷一，载《景印文渊阁四库全书》第1261册，第10页。
② （汉）戴圣：《礼记·孝经》，北京联合出版公司，2015，第160页。
③ 杨伯峻、杨逢彬译注《孟子译注》，岳麓书社，2009，第126页。
④ 杨伯峻译注《论语译注》，中华书局，1980，第12页。
⑤ （汉）陆贾：《新语·无为》，中华书局，1936，第17页。
⑥ （汉）班固：《汉书·董仲舒传》，第2177页。

少有。明建国之初，朱元璋为"使人知所警惧，不教轻易犯法"①，用频繁的诛杀和酷刑营造出恐慌的气氛。随后靖难之变朱棣即位，又曾用杀伐高压的方式震慑朝野，永乐之后的特务机构亦为有明一代罩上一层恐慌的阴霾。然而实际效果却是"治之虽严，而犯者自若"②。此时遍及边疆的大小学校虽以教化为任，但教化与法令相关的内容难免已附带了酷烈阴冷的威慑气息，在"明刑弼教"的治国思想推行过程中，比起教化，政统的诉求显然更看重刑罚。基于这种情形，明代理学家对刑罚表现出一致的反感，屡屡强调刑罚之"中"，并在学记文中根据学院所在地方的具体状况，借地方布政使、总督等官员相关言行引入轻刑重教的主张，以道统体系内以德教治国安民之正途来制衡政统以刑慑人的偏颇，期待以此感染、影响学子们日后的从政理念。

明代理学家总体认可适度刑罚的教化功能，但反对将二者次序颠倒错位，即重刑轻教、以刑代教的治国思想。薛瑄《读书录》从家国大治的立场谈刑罚与教化时，不断强调"法者辅治之具，当以教化为先"，否则"民不习教化，但知有刑政，风俗难乎其淳矣"③；魏校《教子弟以兴礼义》一文开篇即写"民生有欲，非教不善。方今圣明在上，礼乐大兴，兹欲一道德、同风俗，必当后刑罚先教化"④，认为先教化后刑罚是治国的正道和常态；方孝孺亦称"以刑罚禁人，不若以礼义化人之易入也"⑤，强调治国之道的上策乃德教，而推广德教的好处是能够绝恶于未萌之时，防患于未起之处在于。相比之下，待危乱已至方觉察，未教而先用兵刑，不但会激发更激烈的反抗，难以平息祸乱，而且不利于长治久安。如丘浚《梧州府县庙学记》论述教化之方、兴学之意时，首先强调教化杜绝奸谋、防患于未然的社会功能：

---

① （明）黄光升编《昭代典则》卷十一，明万历二十八年（1600）万卷楼刻本。
② 张振国主编《中国法制史》，河北人民出版社，2007，第222页。
③ （明）薛瑄著，山西文华编纂委员会编，孙玄常等点校《薛瑄全集》，第1412页。
④ （明）魏校：《庄渠遗书》卷九，载《景印文渊阁四库全书》第1267册，第857页。
⑤ （明）方孝孺：《逊志斋集》，宁波出版社，2000，第456页。

> 开人心忠孝之天，立国家纪纲之地，扶世教于不坠，广材用于无穷，此先王立教之大端也。若夫作士气于委靡之余，折奸谋于萌芽之始，敛强悍之气以囿之，道义之区，斯又其微意所在焉。公建学立庙之意，其有见于兹。①

当教化唤起人性之善后，教化之用便无处不在。教化的精微之处在于，能够从心志和精神上启发人自觉坚守忠孝之大节，产生鼓舞士气、拆防奸谋、收敛悍暴的刚健之力。丘浚虽未直接提兵刑之害，但正面论述阐发德教的功能已经替代兵刑制暴除奸的效力，突出了教化和以道收服人心的根本性举措。

学子是学记文最主要的受众，他们中的杰出者日后必将直接或间接参与朝政治理、家国大事，明代理学家也不断以入仕济世、辅弼社稷来勉励学院内的诸生，如王廷相在《简州迁学记》中所说："诸生知国之所以养士者何邪？要之欲其懋德成材，裨佐治理尔。"② 因此当明代理学家面向学子谈教化和刑罚的关系时，非独将学子视作受教者、参与者，更兼以治理者的身份来期许他们，并在学记文中从行政效果的角度讨论教化与兵刑的关系。如湛若水在《重修梧州府苍梧学记》一文中比较"常教"和"警教"对风俗人心的不同规约功能，既声明教化的主体地位，亦消弭了伦理教化和兵刑之间的对立关系：

> 古之教学者，居业必有常教，示法必有警教。常教莫如伦理，警教莫如兵刑。兵刑者，圣人所以禁暴乱、示劝惩、感人心，以纳于教化伦理之极也。是故昔者明王之立学也，既教之以伦理矣，尤必读法于斯，听讼于斯，献馘于斯，多方警戒以动其心。是故观讼狱，则是非之心昭昭而不可欺矣；观杀罚，则恻隐之心、羞恶之心油然肃然而生矣；论功赏，则辞让之心蔼然而生矣。故曰感人心以

---

① （明）丘浚：《琼台汇稿》卷十六，载《景印文渊阁四库全书》第1248册，第317、318页。
② （明）王廷相：《王氏家藏集》卷二十四，明嘉靖刻清顺治十二年（1655）修补本。

纳于教化伦理之极也。①

在面临特殊情境、解决危急事件时，兵刑是圣人以伦理教化为宗旨采取的不得已之极端手法；在日常行为规范中，则以法令为规约、以惩戒事例为前车之鉴，用警醒的方式唤起世人的恻隐羞恶之心。经过这样的梳理，兵刑成为教化伦理本身发展至极的状态，二者的同源关系、伦理教化的主体地位都得到彰显，同时抹去了将二者对立起来或者纠偏时侧重德教的感情色彩。同样的写法又如丘濬受右都御史韩公之托为梧州所作学记文，文章中既肯定朝廷平定两藩之乱的武功业绩，又从长远之计的角度赋予文教以根本性地位：

> 武功告成，边鄙肃清，于时韩公实任总督之寄，谕于众曰："武功虽可以遏绝乱略，然非圣人之所尚也。所以柔人心而销铄其强梗之气，莫若修文教，修文教莫若兴学校。"……苟非大禹先有徂征之师，则两阶之间、七旬之舞岂能遽格有苗于万里之远哉？是故文德武功必相为用，又必有定所、有常时，而后可行之久远焉。②

上古时期有儒家理想中最完美的德教和社会秩序，尧舜禹等圣王的作为几乎无可挑剔。丘濬以大禹挥军平定苗疆的事迹为例，已经把兵刑的必要性摆到了不容置疑的位置，因为礼乐教化显然在面临大兵压境或暴乱陡起的极端情境时确实束手无策，在需要惩处罪行主持正义时也难以插足。但毕竟极端情境和暴行罪恶是少数，经历了元末兵戎之乱后，天下已定，此时治理天下，保证百姓安居、保障社稷长期稳定不能再持严刑杀伐之法，更多地需要依靠教化来正面引导，安定人心，感化人情。丘濬借传述韩都督之语，表明圣人所推崇的治国之上策依旧是文教。然

---

① （明）湛若水：《重修梧州府苍梧学记》，《湛甘泉先生文集》卷十八，载《四库全书存目丛书》集部第57册，齐鲁书社，1996，第3页。
② （明）丘濬：《琼台汇稿》卷十六，载《景印文渊阁四库全书》第1248册，第319页。

而，在现实中通过教化使民风民俗达到理想的状态绝非朝夕可至，需要坚实的信念和长期不懈的坚持。王廷相曾说，"若要教化大行，仁义浃洽，上下相安，礼乐四达而不倍，必须积累一世之久而后能"①，也正是因为教化实践达至理想状态需要较长的时间，故而历代儒者在长期力倡礼法德教的同时从未舍弃过刑罚之助。明代理学家在学记文这类面向天下学子的公开性言说里，同样坚持德教及其背后之道统的主体地位和长远效力，并力求更加明确地界定文德武功的适用性，从而保持二者的中道与合度，保证政治实践的效果。

结　语

"侧喜满城新教化，男儿端不负平生"②，明代理学家对教化都有自觉的使命感。他们认为教化和政统当并归于道，就传道的职责而言，教化、学术均当位居政统之上。于是当地方官员兴修学院并不远千里遣人来求记文时，他们欣然提笔，借学记文的写作诠释儒家道德教化秩序的合理性，寄寓对学子人格德业与学风、才干的期许，并期待"幸为之记，以永厥功，且有以教其子弟，使有所兴起焉"③。也正因体道传道的责任感和行动力，明代理学家的学记文写作整体显示出强化议论而压缩记叙的鲜明笔法特征，通过行文结构和立论视角界定着道统、教化和政统三者之间在体用意义上的关系。同时，他们在学记文中倾注的教化观念，批判的学风世风之弊，以及基于明代道统不振的现实试图平衡政道关系的尝试，均是整个明代思想界精英式道统理想传承、传播实践活动中的一个缩影。

---

① （明）王廷相：《雅述》上篇，明嘉靖十七年（1538）谢锳刻本。
② （明）吴与弼：《康斋文集》卷三，载《景印文渊阁四库全书》第1251册，第409页。
③ （明）章懋：《枫山集》卷四，载《景印文渊阁四库全书》第1254册，第116页。

《松岗小史》与地方知识分子的救世理想及其困境*

◇袁 昊**

摘　要：刘觉奴是现代四川重要的知识分子，是四川新文化先行者与"乘长风破万里浪"开风气之先的人物，其所创作的《松岗小史》是我国最早反映四川保路运动的白话长篇小说。《松岗小史》充分表现了地方性知识分子在时代大裂变后的救世理想及其困境。这种困境即处于全面崩溃的社会背景下，地方知识分子在旧有的传统世界中无法找到救世的路径，同时在夹生的"中体西用"中也难以找到解决的方法，甚至企图以文学来唤醒民众激励民志的目标也难以实现。

关键词：刘觉奴　松岗小史　地方知识分子　救世理想

在对知识分子在现代中国历史进程中所遇到的困境的阐释上，学界往往归结为"西方现代性冲击所带来的中国社会信仰体系的崩溃与知识分子的自我认同危机"[①]这一原因，进而认为现代中国知识分子对现代历史进程是被动参与，整个中国的现代化是被动的结果。金耀基在谈到这一被迫的现代化的时候指出："中国的追求现代化的知识分子，在过去的一个世纪中，一直在'认同的危机'中奋斗……第一流的深具卓见的知识分子，始终没有放弃对一个新的理想的认同的寻求。"[②]从某种角度来说，中国现代化的确是被动的结果，外来冲击促进了中国

---

*　[基金项目]四川大学中央高校基本科研业务费项目"民国时期成都新文学研究"，项目编号：2018skzx‑pt234。
**　袁昊，四川大学文学与新闻学院助理研究员，研究方向为中国现代文学。
① 袁昊：《历史重述与宏大叙事》，《历史学家茶座》2014年第3辑，第133—135页。
② 金耀基：《中国现代化与知识分子》，台北：时报文化出版企业公司，1991，第20—33页。

现代化的历史进程。现代中国知识分子在这一冲击之下，重新寻找再造中国的方法与路径。但是现代中国不是一个单一的同质整体，现代中国知识分子也千差万别，所找寻的路径也各不相同，各个地方知识分子如何在现代这一大的背景之下寻找新的救世之路，这些知识分子在各自找寻中又遇到怎样的困境，都是值得查勘与研究的重要问题，对我们进一步重新理解现代中国、理解现代中国知识分子都具有深远的意义。

刘觉奴是现代地方知识分子的典型代表，他的长篇小说《松岗小史》是查勘现代地方知识分子找寻救世理想的范本。《松岗小史》是对保路运动所引起的社会裂变的反映与书写，体现了金耀基所描述的现代化进程中知识分子的"新理想追求"，而刘觉奴的"新理想追求"并不是出于"认同危机的奋斗"，相反，刘觉奴有非常坚定的信仰与救世理想，而这种信仰与救世理想却在社会结构大裂变中显现出无法泅渡的困境。

一　乘长风破万里浪：四川新文化先驱刘觉奴

刘觉奴是四川新文化的先行者，他所创作的《松岗小史》是我国最早反映四川保路运动史的白话长篇小说[①]，他在民初四川文学报刊界与李劼人有同等重要的地位。然而在四川近现代史上，对刘觉奴鲜有记录与研究，《四川近代史稿》和《四川通史·民国》无一提到他。即使几部梳理四川现代文学史的著作，也没见到刘觉奴的身影，似乎刘觉奴在四川近现代史上根本就没有存在过。刘觉奴的"失踪"是既往史学叙事使然，固有的历史价值取向和叙事模式决定了被认为是立宪派的刘觉奴难以进入历史的殿堂。实际上，刘觉奴是晚清民国初期四川新文化的先行者，他所从事的职业横跨多个领域，涉及政治、教育、文化、文学、出版、商业等，是一位得风气之先且有重要贡献的人物，正如他所

---

① 刘海声：《首先反映"四川保路运动"的作家刘长述》，载中国人民政治协商会议四川省富顺县委员会文史资料委员会编《富顺文史资料选辑》（第五辑），1991年3月编印，第31页。

主持的杂志《家庭》中对他个人照片的介绍文字一样——"乘长风破万里浪"。该杂志把刘觉奴的照片与一艘巨轮放在一起，配以"乘长风破万里浪"的文字，既是说明巨轮的威力，也是说明刘觉奴的重要作用。在清末民初的四川，刘觉奴确实是"乘长风破万里浪"的人物，对四川新文化的兴起与发展贡献卓著。

刘觉奴，本名刘鹏年，字长述，生于1889年，死于1919年，年仅30岁。刘觉奴是他的笔名。① 刘觉奴是"戊戌六君子"之———刘光第的长子，1898年父亲刘光第被清政府于菜市口杀害后，刘觉奴与家人回到四川富顺老家。在父亲好友赵熙、周善培、乔树楠、胡骏等人的帮助下，刘觉奴先后就读于泸州川南经纬学堂、北京湘学堂、四川高等学堂。② 1906年之后没再继续学业，而是走向政治。后来又从事过各种职业，但其活动地点主要在成都及其老家富顺，直至去世。

父亲刘光第的惨死对刘觉奴影响非常大，他对清政府的巨大仇恨就起于此时，随着年龄增长，刘觉奴革命情绪也更加高涨。1906年，年仅十七岁的刘觉奴加入同盟会，成为当时四川最小的同盟会盟员。同盟会号召盟员深入民间，发动反清起义，刘觉奴响应这一号召，离开学校回到老家富顺县赵化镇，与当地的同盟会盟员筹办"半日工读学堂"，积极招收学生，进行军国民教育，秘密地进行革命活动。刘觉奴的这段经历成为他后来创作《松岗小史》的素材。1909年刘觉奴回到成都，

---

① 刘海声在解释刘觉奴笔名原因时，引述刘觉奴自己的说法："先觉奴，喟然叹：奴隶已非奴，奴隶之奴，何以视息于天地！彼洋人房满清，汉族又为满人奴。天乎！皇汉之裔曷为而此乎？血气之伦，孰能忍须臾之命，甘为奴之奴而恬然寝食！曷兴乎，皇汉之胄，倾吾人之血汗以淹没奴人者，一转念耳！先觉奴，人呼我愤，呼我者宁不勃然怒！猝然起！我知毁灭强横者有日矣！"参见刘海声《首先反映"四川保路运动"的作家刘长述》，载中国人民政治协商会议四川省富顺县委员会文史资料委员会编《富顺文史资料选辑》（第五辑），第32页。

② 关于刘觉奴的生平经历，参考刘海声《首先反映"四川保路运动"的作家刘长述》，载中国人民政治协商会议四川省富顺县委员会文史资料委员会编《富顺文史资料选辑》（第五辑）；刘海声《刘长述笔名"觉奴"的来由》，载四川省文史研究馆编《益州集粹》，上海书店出版社，1994；周云《〈松冈小史〉与刘长述》，自贡网，2011年9月29日，http://www.zgm.cn/html/a/2011/0929/18742.html；南山月《刘长述：与李劼人创办四川小说月报》，《华西都市报》2015年9月26日；张永久《革命到底干吗？1911，辛亥！辛亥！》，天津社会科学院出版社，2011；可容山《少年英发才华横溢——记早期白话小说〈松岗小史〉的作者刘鹏年先生》，新浪博客，http://blog.sina.com.cn/s/blog53e678910101n1×4.html。

担任四川总督文案工作,并与宋师度等人从事文化活动。刘觉奴在政治上最大的闪光点,是他积极参加保路运动,并且在保路运动中发挥了重要作用。保路运动爆发后,刘觉奴与同盟会成员朱国琛、杨允公三人共同撰写了著名的《川人自保商榷书》,导引了保路运动舆论方向,极大地激起了保路同志会及民众的忧患意识和反清情绪,推进了保路运动的发展。

保路运动后四川政局混乱、社会动荡,刘觉奴对持续几千年的专制体制解体所带来的社会问题深感不安,极力寻求救世济民之道,于是转向教育、文化,希望从培育民智开始,从根本上解决社会巨变后的转型问题。

晚清科举制废除后,新式学校大量涌现,而这些匆忙筹办起来的新式学堂,除了生硬地引进欧美、日本的课程设置及教材外,更多的还是中国传统的道德伦理教育,一些技术性、操作性很强的实业教育却很少被纳入课堂。处于中国内陆的四川,新式学堂的情况更要保守得多。刘觉奴非常看重这些实践性极强、适应职业需求的新式教育,在成都开办了女子缝纫学校,首次把缝纫机引进课堂。胡兰畦晚年回忆这所学校时还提到这所学校对她的家庭及整个成都实业教育的影响:"这个学校其实是为推销美国胜家公司的缝纫机而建立的,但这在成都是一个很重要的创举。机器缝衣服比手工缝衣服本来就要快好几倍,何况外国人做生意很舍得花本钱宣传,满城大街小巷都张贴了花花绿绿的广告,宣传缝纫机的效能,还提出负责包教包修,保用五年的许诺。因此很快吸引了许多知识妇女到这个学校去学习。"① 这里可以看出刘觉奴不仅有办学的理念,还有非常实用的办学方法,他把教学与销售等联系起来,使各方都能获利,共同推进了实业教育在四川的发展。刘觉奴这套实业教育的办法收效明显,胡兰畦的母亲仅仅去女子缝纫学校学习了三个月,就能毕业回家自己办起一所小型的机器缝纫学校,带动身边的众多女性朋友学习缝纫,自主创业。

---

① 胡兰畦:《胡兰畦回忆录(1901—1936)》,四川人民出版社,1985,第16—17页。

刘觉奴更大的贡献是对民初四川报刊业发展的重要作用。科举制度废除后，大量的传统知识分子仕进之路梦断，纷纷寻找新的出路，投向新兴的报刊业是一种重要方式，现代报刊业的迅速壮大，与这波知识分子的涌进有很大关系。保路运动的失败挫伤了刘觉奴的政治积极性，他把精力投入教育和文化领域，在文化领域的体现就是办报办刊。刘觉奴是与李劼人、孙少荆同等重要的四川报人，是民初四川报刊兴起与发展的见证人之一。李劼人在回忆文章中就提到他与刘觉奴共同办报的经历："民国七年夏，《群报》被封，不久，昌福印书公司又约我与刘觉奴（号长素，是戊戌政变被那拉氏所杀的六君子之一、四川富顺县人刘光第的长子，也是《群报》的主笔）另办一种日报，名《川报》。"①据不完全统计，刘觉奴参与创办的报纸有《四川公报》《群报》《川报》，创办的期刊有《娱闲录》《妇女鉴》《家庭》。

刘觉奴是《娱闲录》和《家庭》这两大期刊的主笔，在这两大刊物上所发表文章各有侧重。《家庭》主要面向女性读者，提倡家庭教育和儿童教育，刘觉奴既是期刊主要负责人，同时又担任主笔，发表多篇文章提倡家庭教育，尤其注重妇女实业教育和修身教育。在《娱闲录》上主要是发表小说，统计24期《娱闲录》刘觉奴所发表的小说，居然有51篇之多，包括2部长篇小说以及部分翻译作品，可以说刘觉奴不仅是《娱闲录》的主将，更是保路运动至五四运动这段时期四川文学创作较为卓著的作家。孙少荆在总结该时期四川报刊情况时，把刘觉奴与李劼人同列："吴爱智先生、李哲生君的政论，宋悬衡君的时评，李晁甫君、唐铁风君（唐迪风）的学说，刘觉奴君、李老懒君的小说，曾安素君的艺术，罗豫公君的漫画。"② 这些人在当时名闻四川，皆是报刊界的人才。刘觉奴的文学才能在担任《娱闲录》主笔时得到充分的展现，他开始自觉地进行文学创作。长篇小说《松岗小史》就

---

① 李劼人：《回忆少年中国学会成都分会之所由成立》，载张允侯等《五四时期的社团》（一），三联书店，1979，第551页。
② 孙少荆：《1919年以前的成都报刊》，载四川省政协文史资料委员会编《四川文史资料集萃》（四），四川人民出版社，1996，第248页。

充分展现了刘觉奴的文学才华。小说出版后，在四川引起广泛影响。巴金晚年回忆文章谈到他去西湖旅游，走到西湖岳王墓时，让他情不自禁地想到他少年时代在成都阅读过的《松岗小史》。小说对西湖的描写让巴金记忆深刻："我在四川作家觉奴的长篇小说《松岗小史》中读到主人公在西湖岳王墓前纵身捉知了的文字，仿佛身临其境。"① 胡兰畦也谈到她少年时代读过《松岗小史》，且这本书对她有一定的影响："当时有本很出名的小说《松岗小史》就是他（刘觉奴）写的……这本小说在当时很流行，我也受到一定影响。"② 因刘觉奴及这本小说的影响，他身边的一批学生逐渐成长起来，成为四川现代史上非常重要的社会活动人才，包括胡兰畦，还有秦德君、陈竹彬等。

《松岗小史》确实是一部非常优秀的小说，可以说是四川第一部白话长篇小说，有极高的艺术成就。吴虞在这部小说的序言中评价道："《松岗小史》一书，抒其理想，本其经历，自教育军事、法律政治、社会现象、家庭习惯，靡不折衷箴砭，兼综新旧，独条所得，枝叶扶疏。"③ 一向严苛孤高的吴虞能对《松岗小史》有如此高的评价，足见小说质量不低。对新文化有重要贡献的曾孝谷更是称赞《松岗小史》有"九妙"："最妙之政治小说""最妙之立志小说""最妙之家庭小说""最妙之军事小说""最妙之教育小说""最妙之讽劝社会小说""最妙之言情小说""最妙之实业小说""最妙之历史小说"。④ 曾孝谷甚至为《松岗小史》画了40幅插图，极大地增加了这部小说的分量。《松岗小史》这部小说在邓集田《晚清民国时期文学书籍出版情况表（1902—1949）》⑤ 中也有收列，陈平原、夏晓虹编的《二十世纪中国小

---

① 巴金：《西湖》，载《随想录》，三联书店，1987，第471—472页。
② 胡兰畦：《胡兰畦回忆录（1901—1936）》，第17页。
③ 吴虞：《松岗小史序一》，觉奴氏《松岗小史》，昌福公司，1915，第4页。
④ 曾孝谷：《松岗小史序四：读〈松岗小史〉所感》，觉奴氏《松岗小史》，第7—10页。
⑤ 邓集田：《中国现代文学的出版平台——晚清民国时期文学出版情况统计与分析（1902—1949）》，华东师范大学博士学位论文，2009年。《晚清民国时期文学书籍出版情况表（1902—1949）》是论文的附录二。这本博士论文，2012年由上海文艺出版社出版。

说理论资料（1897—1916）》①中收录有吴虞的《〈松岗小史〉序》和曾孝谷的《读〈松岗小史〉所感》两篇序文，在一定程度上也说明小说引起了后世研究者的注意，表明了其存在的价值。

《松岗小史》这部小说的价值与意义可以从多个角度加以阐释，如吴虞所说的艺术的高超、曾孝谷所说的所写内容的丰富，也可以从新旧语言转变的角度对其进行研究，等等。笔者觉得不能仅从文学本体角度对其意义加以阐释，需要把这部小说放置到宽广的社会历史语境中，做广义的文学社会学研究，充分激活文学与历史之间的对话，分析四川知识分子在保路运动之后如何认识突变的世界，如何调适自己，如何思考个人、地方以及民族国家的未来，讨论在这一过程中文学对于他们来讲起到了怎样的作用。

二 "治松岗如治一国"：《松岗小史》的救世理想

李鸿章在同治十一年（1872）就已经预感到近代中国所面临的是从中国文化定型以来的"三千年未有之大变局"②，一种非常沉重的焦虑感压在士大夫心头，尤其是经过甲午战争后，这种焦虑感日益增加，每个人都在寻找突破的缺口，试图找到疗救"非常之变"的方法，维新变法就是这种背景下的一种突破与选择。维新变法的失败加剧了这种焦虑感，他们寻找的愿望更加迫切，所采用的方式也更加激进。由这种"非常之变"催生的诸多"非常之道"，已经不再是"古药方"，而是吸收了各种新元素的"西方药"，在中国百病缠身的病体上加以实验。其效果各有轻重，但整体上在缓慢地改变着中国固有的

---

① 陈平原、夏晓虹编《二十世纪中国小说理论资料（1897—1916）》第一卷，北京大学出版社，1987。
② （清）李鸿章：《同治十一年五月十五日李鸿章折》，载中国科学院近代史研究所史料编辑室、中央档案馆明清档案部编辑组编《洋务运动》（第五册），上海人民出版社，1962，第119页。

社会文化结构。

地处内陆的四川,一方面从整体上感受到了这种大时代的变化,同时也做出了相应的改变,采用了不少"西方药",如开设议会、发展商业、引进工业、兴办新式教育等;另一方面却仍延续着固有的社会体系和伦理规范,相对遥远的外来压力并没有实质性地冲击到四川的社会结构。直接影响四川社会变化的更多的是来自四川的内部因素,即晚清以来不断涌现的教案和革命动乱,"从19世纪60年代到90年代,四川发生的有一定规模的反洋教斗争近百次,由一哄而起的打教,发展到有组织的武装起义"①。其中1895年的成都教案、1898年的余栋臣起义,波及范围极大,影响极为深远,既动摇了基督教在四川的根基,也动摇了清政府在四川的统治。与反洋教相伴随的是四川各地民众的起义,李蓝起义、东乡抗粮、红灯教起义等,更使清政府在四川的统治风雨飘摇。政府统治力量减弱,社会秩序必然会被打乱,各种社会问题丛生,尤其是保路运动对四川社会结构的致命冲击,使四川处于极度无序状态。

保路运动之前,四川中上层知识分子偏重于立宪救国,走循序渐进的改良道路,中下层知识分子如刘觉奴等同盟会盟员倾向于革命救国。经过保路运动的大动荡,无论是中上层还是中下层知识分子,也不论是倾向于立宪(清帝制已推翻)还是倾向于革命,对改进社会都陷入一种迷茫的状态之中,立宪派的蒲殿俊、朱山等纷纷告别政治,革命派的刘觉奴等人也转向教育与文化,保路运动大动荡的余波深刻地影响了这些知识分子,他们在反省的同时又在思考如何面对及如何改变这个裂变的世界。

刘觉奴的长篇小说《松岗小史》就创作于这一大的时代背景下,只不过在创作这部小说时,刘觉奴已经走出迷茫的状态,以一种非常积极的态度投入新的救世道路中去,即转向教育和文化(以报刊业为主)事业。在这两大事业的具体实践中,刘觉奴认为更重要的不是革命,不是推翻,而是如何"建设"与"觉民",如何使民众能够真正站立起

---

① 隗瀛涛主编《四川近代史稿》,四川人民出版社,1990,第135页。

来。刘觉奴把关注重心集中到妇女与儿童身上，妇女与儿童是刘觉奴家庭教育的主要对象，他把家庭教育与民族国家的兴旺发达对接起来，强调家庭教育的重要性。国家衰颓是因为没有人才，人才从何而来呢？从家庭而来，家庭是培养儿女成为人才的根本，因此刘觉奴认为"现在我国最要紧的事是改良家庭，家庭最要紧的无过于俭省教子两事了"①。对教育与报刊业的全身心投入，让刘觉奴进入一种积极的状态，在这一状态下他重新回望保路运动，并对现实问题——裂变的世界做出回答，试图指出一条新的救世之道。

总体来看，《松岗小史》这部小说，就是刘觉奴对裂变的世界所开出的救世良方。《松岗小史》提出了一系列治理松岗的措施，这些治理措施也可以看作刘觉奴的救世良方。

一是要有开明且能力超群的领导人物。松岗这个地方之所以得以全面发展，关键就在于有一个强有力的领导群体，松岗小学校长黄光是这一领导群体的核心，松岗小学体育教师瞿新珍是其最得力的助手，松岗市长黄老是幕后参谋，松岗小学的其他年轻老师是领导群体的成员，如教员王成清、李璧、江郎仁，从外地请来的人才史文涛、郑方贤、陈沧江是领导群体的决策高参。黄光全面负责松岗的大小事务，其他人员皆在黄光的指挥下有序地执行，虽然黄光也要听取领导群体其他成员的建议，但听取建议是黄光个人修养的体现，而不是管理制度的要求。也就是说黄光在松岗充当的是类似皇帝的角色。对于松岗市这样的领导模式及施政方法，曾孝谷非常敏锐地指出："《松岗小史》于事以人举，事自微末始，三复意焉，观松岗地方种种施治，而主持仅一人，是有帝国主义意味。"② 曾孝谷这里所说的"帝国主义"指的是皇帝专制主义，他认为松岗的治理模式就像皇帝统治一个国家一样，只有皇帝一个人说了算，权力极为专制，黄光就是松岗市的皇帝。

二是发展实业与商业。民生问题是黄光治理松岗要考虑的重要问

---

① 觉奴：《今日家庭教育之急务》，《家庭》1915年第2期。
② 曾孝谷：《松岗小史序四：读〈松岗小史〉所感》，觉奴氏《松岗小史》，第8页。

题,黄光把这个问题简化为"生财""贮财""通财"三个方面。"生财"就是要发展实业,要在"田土上讲究",大力发展"农林蚕桑";"贮财"即在松岗开设"实业银店",把松岗各家各户的多余银钱皆存储到银店,同时还付一定的利息;"通财"就是把存储到银店的钱借贷出去发展工商业和农林蚕桑等实业,推进松岗整个经济的发展。①

三是军国民教育。黄光的本职身份是松岗小学校长,他不安于小学校长这一角色,要对松岗市的整个发展进行规划与管理,行使的是松岗市长的职能。但黄光并没有忽视松岗小学的教育责任,非常重视对学生的培养教育,他所制定的松岗小学办学精神是"造成武德兼全的资质";学校的学科设置没有什么特别之处,"是依着小学的等级"而设置的;学校的教师,"既不是有名的举人进士,又不是师范毕业的教育家,更不是到过东西洋的留学生",而是被黄光所看重的德才兼备的青年人;注重培养学生的尚武精神和武术技能,操练体魄,强化精神。松岗小学所培养的学生,显示出高素质的精神风貌:"全是天真烂漫,活泼泼的,没有一些儿讨厌气象,小小手臂,很是结实,走起路来,笔直的腰,脸上带着一种威武不屈的样儿,不在道儿上折一根草木,不曾在校外打骂过一回,穿着短短军衣,戴着高高的军帽,肩上挂着书袋,雄赳赳气昂昂,想那师团长的态度也不过这样。"② 黄光在松岗如此倡导军国民教育,正如他所说:"我用半生精神办这个学校,就是预备革新不良的政治,打那野心的强邻。"③"那野心的强邻"指的是日本,可见甲午战败对那个时期知识分子有多么强烈的打击,这也是刘觉奴主张推行军国民教育的重要原因。

四是强化军事力量。军事是保证松岗各项事业得以顺利进行的前提,黄光对此极其重视,他一方面培养学生,使他们提前训练好身体和战斗技能;另一方面,在松岗办团练、训练民兵,让松岗民众忙时务

---

① 觉奴氏:《松岗小史》,第34—37页。
② 觉奴氏:《松岗小史》,第2页。
③ 觉奴氏:《松岗小史》,第23页。

农，闲时操练，逐渐将其培育成能耕能战的全能战士。瞿新珍具体负责松岗军事事务，他认真负责，一是加强军事训练，定期进行攻防演练，提高战斗力；二是亲自设计与监督修建松岗横江岭堡垒炮台；三是亲自到上海去购买军火和军舰。这些举措极大地增强了松岗的军事力量，为在保路运动中发挥作用做好了充分准备。

五是注重社会教化。教化对社会发展作用甚大，黄光尤其强调教育于改善社会风气的作用。松岗市民原来好讼成风，这一特点张之洞主持四川学政时就已发现："川省讼风最炽，遇有试场，遂为此辈利薮。"① 黄光着意去除此陋习，除了必要的惩罚措施外，更多的是进行引导教育，设立书报馆，购买全国各地的时新报刊，如《日报》《女学报》《实业报》《军事报》《商务报》《小说报》，以及日本、英美各地的著名报刊。② 这些报刊既开阔了松岗市民的眼界，使其与外部世界形成信息上的勾连，同时又有助于培养民众的公共观念，改善民风民俗。

黄光对松岗的治理措施还有其他方面，几乎涉及地方治理的每一个问题，对这些问题的解决非常理想与圆满："我们举行的事业，农业呀、改良商业呀、中小学堂呀、兵事呀、市政呀，纵是千头万绪，便一办就有成效。"③ 经过黄光治理后的松岗物产丰富、社会升平，呈现出一片兴旺景象。

不难看出，刘觉奴对松岗治理的书写有太过理想化的色彩，可以说松岗这样的美好状态只能是一种理想与想象，是极度浪漫化的桃花源。黄光对松岗的治理几乎没有受到任何阻碍，中途尽管有市长的轮换导致松岗发展的短期停顿，但很快又回到黄光的治理模式中。《松岗小史》这样的救世书写显然缺乏现实性，只能是个人理想的浅显表达。但是我们在刘觉奴近似执拗地表达其救世理想的背后，却也看到他现实性的一面，即他的浪漫化救世理想恰恰是他对现实远景的期待，只不过他的这

---

① （清）张之洞著，苑书义、孙华峰、李秉新主编《张之洞全集》第一册，河北人民出版社，1998，第4页。
② 觉奴氏：《松岗小史》，第150页。
③ 觉奴氏：《松岗小史》，第113页。

种远景指向的是过去,而不是遥远的未来。这种回到过去或指向未来的想象性书写,有学者命名为"远景式政治乌托邦"①,两者虽有不同的价值与态度倾向,但其共同特征都是通过对现实的批判,表达新的社会理想与愿望。

回到过去,往往以传统文化价值和政治倾向作为想象的潜在标准,刘觉奴的《松岗小史》就显现出"修齐治平"的儒家治世理念。既然天下已裂,要重新平定天下,重建秩序,就应先做好"修齐治"。"修"与"齐",在刘觉奴看来已经成为前提,他所倡导的家庭教育基本解决了这两个问题。对于"治",刘觉奴以松岗为例,把松岗这一地区当作"国"来治理,且展现出近似乌托邦的治理效果。这样的治理效果为最终的"平天下"提供了合理性,这就是小说中黄光无力改变已经治理得非常好的松岗却仍多有感叹的原因所在:"想着大丈夫不能治理天下,仅仅为松岗的功人,便生番悲感,慨叹英雄无用武之地。"② 黄光的目的是平定天下,治理松岗是为最终平定天下做准备,"治松岗如治一国"成为黄光治理松岗的基本理念,也是他治理松岗的核心方法论:"光实视松岗为一国,亦视治国如治一松岗。"③ 黄光是刘觉奴救世理想的代言人,反映了刘觉奴救世理想的基本面貌,小说《松岗小史》是对这一救世理想的全面展现。

三 叙事裂痕与地方知识分子救世理想的内在困境

小说《松岗小史》用大量篇幅书写黄光如何治理松岗,以及展示这种治理所呈现的良好效果,可是在小说后半段却出现了"断崖式"的转变。在小说后半段,近似于乌托邦的松岗在保路运动前后无法面对

---

① 耿传明:《来自"别一世界"的启示:现代中国文学中的乌托邦与乌托邦心态》,南开大学出版社,2014,第1—12页。
② 觉奴氏:《松岗小史》,第119页。
③ 觉奴氏:《松岗小史》,第233页。

复杂局面，不能对平定社会大动乱有太多的帮助，甚至连保住松岗这块世外桃源也困难重重，松岗将像其他地方一样动乱衰败下去似乎成为必然。小说中的几位主人公，瞿新珍战死，黄光无力改变动乱的局面，心灰意冷，竟然如箕子般佯狂于世。在这里，小说明显出现了前后逻辑与人物性格的不统一等问题，是明显的叙事裂痕。

小说这种叙事裂痕是主观为之还是客观使然？是不是作者有意否定小说前半部所构建起来的乌托邦世界，进而否定及批判"修齐治平"救世理念及现实实践？从小说中作者的叙事情感与叙事态度来看，这种叙事裂痕并不是作者有意为之，因为作者非常认同黄光的松岗治理模式，倾注了真实的情感于松岗及其人物身上，不太可能是为后面的全面否定张本。在很大程度上，小说的叙事裂痕是客观使然，是作者对儒家入世观念及实践方式的现代遭遇认识不足的表现。作者还没有认识到老办法应对新问题的不适当，更没有从中开掘出更有可行性的救世道路。因此，当面对保路运动这样全新的问题时，黄光陷入迷茫，消极出世。黄光的迷茫也是作者刘觉奴的迷茫，刘觉奴试图在保路运动之后寻找一条可以改变社会现状的救世道路，而他所找到的资源仍然是传统儒家观念，他没有借用现代理论及实践资源，如现代变革或者革命等外来资源，而是试图从他的知识结构及实践经验中找到一条有效的途径，最终却没有成功。松岗虽然还在，以治松岗而推至治理一国的理想却落空了。瞿新珍战死在平定内乱的战役中，而不是战死在抵御外敌的战场上，似乎也是对之前宏大理想的一种讽刺。黄光的佯狂避世似乎符合儒家穷达之间身份转换的处世原则，却也透着四川人乐观的生存智慧。不过这种智慧背后却是无言的酸楚与无奈。保路运动之后四川战乱频仍，像刘觉奴这样的知识分子连最起码的生命安全都难以得到保障[①]，又怎么能真正乐观起来？

小说叙事裂痕除了说明儒家治世理念的不适当之外，同时也说明了

---

① 曾孝谷《梦明湖馆诗》中《避难土桥同刘长述望西山》记录了他与刘觉奴一起躲避战乱的情景："苟全躯命草茅间，席地呼朋望远山。旧雨再膋三日醉，浮云何事一生闲。惊心旷野鹅声恶，回首古城劫火寒。猿鹤虫沙偶然耳，从知凡圣不相关。"

"治松岗如治一国"这一"以小见大"的儒家治世方法的失效。"以小见大"是儒家解决诸多问题的方法论,这种方法论有悠久的历史传统,也存在其历史合理性。① 但是这种"以小见大"的认知理念与实践方法,在已然开放的现代世界没有可行性,从晚清到民国历次"地方自治"思潮的失败,就是例证。

《松岗小史》这部小说最大的意义不是提供了一种乌托邦似的救世良方,也不是反证了儒家治世传统在现代的失效,而是让我们看到小说之外地方知识分子在巨大历史变动关口探索出路的困境,这种困境就是"中体西用"即使在较为闭塞的内地四川也难以奏效。

"中体西用"在小说中的具体体现是价值倾向、政治观念、伦理道德等方面的"中",如以黄光一人为主的专制管理制度,以善恶报应来看官场变化的观念以及刺杀贪官无罪的行事逻辑,为爱人殉情的贞节观念等;器物等方面的"西",如引进新式教育制度开办新式学堂,提倡军国民教育,进行现代化军事训练,购买现代武器以及兴办实业发展现代农工商业等。两者相互融合,中为体西为用。

松岗"中体西用"看似完美融合,却被保路运动引发的革命狂潮所摧毁,"中体西用"渐进改良的方案失效,对突然到来的革命,"中"不管用,"西"也无能为力。值得注意的是,作者对暴力革命是持否定态度的。在小说开始阶段,作为稳健派的校长黄光与作为激进派的体育老师瞿新珍辩论是否要采取革命手段,争辩是否要通过革命改变现状,辩论的结果是稳健派说服了激进派。在小说中段,同样安排黄光与史文涛辩论,史文涛更加稳健保守,作者借史文涛之口再次对通过革命寻求改变的方式加以批判:"黄光说政事不良,拯救生民,非革命无从下手。史文涛道,这个问题很大,就把它革了,后来的做起能比他强多少呢……黄兄宜潜心观变,不宜率尔行事。"② 稳健被革命打倒,"中"与

---

① 梁心在《"以小见大":民国前期地方自治思潮中的一种思路》(载罗志田、徐秀丽、李德英主编《地方的近代史:州县士庶的思想与生活》,社会科学文献出版社,2015)一文中梳理了"以小见大"这一作为一种治世观念的儒学传统。

② 觉奴氏:《松岗小史》,第186页。

"西"一起被摧毁。

实际上,刘觉奴陷入一种困境之中,他非常想改变保路运动之后糟糕的社会现状,又无法找到一种可能的方案,他试图到传统中去找,并借用西方的文明,建立一种类似于松岗一样的理想化世界,可是在他建构的过程中,自身都产生疑虑,巨大的革命力量摧毁了救世理想。难能可贵的是,刘觉奴没有陷入抽象的理论说教,也没有固守传统旧观念,而是直面现实,从中西已有的资源中撷取可用部分加以实践,尽管没能奏效,却具有难得的探索意义与价值。

刘觉奴及与他同样处境的地方知识分子,首要解决的问题就是缓解民族危机,文学创作也要有这样的追求,《松岗小史》极力夸大救世理想就是其体现。即便在这本小说中谈到文学,作者也非常认同文学的救世功能:"称赞的是《十五小豪杰》《经国美谈》《无名之英雄》《苏格兰独立记》《波兰灭国记》《新舞台》,这些文笔虽有好歹,究竟于国民有益。如《官场现形记》《茶花女遗事》等书,所说是透辟形肖,究竟是一种陶情之物,不足以启发国人爱国心。"[①] 文学的功用就是启发爱国心,鼓舞民众为国家富强贡献力量,刘觉奴尤其看重小说的作用:"小说于社会感化力不小,不过总要宗旨正大,要于世道人心有益,论的好事,便使人非学做不可,坏事也要使人一见便可恶它。第一使人有是非美恶的想头,不为一般人言所乱、势力所动,能慢慢地趋善去恶,才是小说的作用。"[②] 刘觉奴把小说作为拯救民族国家的重要载体,小说中救世理想的困境,也是刘觉奴面对的现实困境。

---

① 觉奴氏:《松岗小史》,第271页。
② 觉奴氏:《松岗小史》,第274页。

从元、白为人事佛之异同看"恒寂师"唱和的若干问题

◇ 孙思旺*

摘　要："恒寂师"唱和是创作于元、白仕途沉寂期的一组涉佛诗文。元、白事佛心态及为人处世原则之异同固然在诗中有深切体现，其规箴讽劝、切磋琢磨也通过不失温馨的调侃表现出来。元稹诗中的神话旧典"云师"，从唱和形式看，是对白居易所隐言的佛教"火宅"喻的回应；从唱和背景看，是凝结元、白异同之处，寄寓彼此调侃之辞的焦点。勘明"云师"之义，是透彻理解"恒寂师"唱和的基本前提。元集流传过程中本诗诗题的异变，以及元集整理实践中对本诗诗句诗意的不当校释，皆与对"云师"的误解密切相关。

关键词：白居易　元稹　恒寂　云寂　云师

前辈学者已根据韵律、诗意及题目所保留的酬赠字样，推定白居易的《重到城七绝句·恒寂师》与元稹的《和乐天赠云寂僧》是一组相对应的唱和诗作，"恒寂""云寂"两僧号所指实系同一僧人。[①] 由于白居易咏及恒寂僧非止一首，而元稹咏及云寂僧则仅此一见，加之白集的保存流传状况亦远较元集为优，学术界普遍认为元、白诗所见此僧僧号之异，是因元集在结集或流传过程中出现避改字而起。笔者前已撰文指出，无论就避讳常识，还是就元、白集避讳实例而言，避"恒"改"云"说皆不能成立；元氏诗题中的僧号异变，当是写刻流传过程中关

---

* 孙思旺，湖南大学岳麓书院副研究馆员，研究方向为经学、唐代文学。
① 卞孝萱：《元稹年谱》，齐鲁书社，1980，第257—258页；陶敏：《全唐诗人名考证》，陕西人民教育出版社，1996，第618页。

键人物（如刘麟父子之辈）误据诗句中的"云师"妄事校改所致。①

那么，元稹诗句中的"云师"究竟当作何解呢？笔者撰次前文之时，尚未暇深思于此，仅就碧云师、白云师故典略事推测。嗣后因阅读所及，重新对此问题发生兴趣，以为"云师"一句的准确释义与如下问题紧密纠缠在一起：其一，此番唱和是创作于元、白仕途沉寂期的涉佛诗文，而元、白二人在事佛心态及为人处世原则上本有异同，必然或隐或显地反映到各自文字之中；其二，元、白二人交情莫逆、心事相知，其规箴讽劝、切磋琢磨往往通过不失温馨的调侃表现出来；其三，元、白集在抄刻流传过程中难免发生种种异变，研究整理者或又出于耽爱之心为之复原，而异变及复原所涉重要因素之一便是对诗意的理解。"云师"问题不仅是理解此番唱和的关键所在，也是窥知元、白研究诸多奇妙领域的绝佳窗口。

为便于阅读，先将有关诗文抄录如下：

旧游分散人零落，如此伤心事几条。会逐禅师坐禅去，一时灭尽定中消。②（白居易《重到城七绝句·恒寂师》）

人人避暑走如狂，独有禅师不出房。可是禅房无热到，但能心静即身凉。③（白居易《苦热题恒寂师禅室》）

欲离烦恼三千界，不在禅门八万条。心火自生还自灭，云师无路与君销。④（元稹《和乐天赠云寂僧》）

接下来，笔者拟结合所涉相关问题，逐次加以论说。

---

① 孙思旺：《元白诗中的"恒寂""云寂"与"云师"》，《古典文学知识》2018年第1期。
② （唐）白居易：《白氏长庆集》卷一五，艺文印书馆影印本，1981，第355页。
③ （唐）白居易：《白氏长庆集》卷一五，第363页。
④ （唐）元稹：《和乐天赠云寂僧》，载《元氏长庆集》卷一九，《四部丛刊初编》影印本，上海书店，1989。

一　元白为人事佛之异同

元、白二人定交甚早，共同参习佛学、悠游佛寺也甚早。白居易《代书诗一百韵寄微之》云："忆在贞元岁，初登典校司。身名同日授，心事一言知。肺腑都无隔，形骸两不羁。……分定金兰契，言通药石规。……有月多同赏，无杯不共持。……高上慈恩塔，幽寻皇子陂。唐昌玉蕊会，崇敬牡丹期。……儒风爱敦质，佛理尚玄师。"① 结合白氏自注可知，在贞元十九年（803）"同科登第"之后，白居易、元稹因才名相埒、志趣相投，很快定下终身之交。当时到慈恩寺登塔，到崇敬寺赏花，是他们惯常举行的游乐活动。于是，研讨释典自然也就成了十分应景的智力游戏。同行之友庾玄师善谈佛理，白氏称其"有可赏者"。从这个有限度的褒奖反推，元、白二人的佛学造诣，至少在白氏心目中，当不让于庾玄师。白居易《和梦游春诗一百韵》自注云："微之常以《法句》及《心王头陀经》相示，故申言以卒其志也。"② 参以诗序"况与足下外服儒风、内宗梵行者有日矣"③ 之语，可知元、白二人在佛经诵习方面交流至密，由此也不难想见，他们在酬赠应答从而咏及释教之时，对彼此的用典寄意、心理诉求，绝不会有郢书燕说的隔膜，诚能达到"心事一言知"的境地。

然而，尽管学佛有共同话语，其为人事佛之道却又迥乎不同。举其大较来说，元稹深于男女之情，切于仕进之心，非遇人生极大挫折，断不肯借参禅诵经向宗教寻求慰藉；白居易则敦于朋友之情，常怀止足之心，政治上虽以直闻，生活中却特有诗人的脆弱和敏感，一喜一忧都企图通过问道禅师和躬行佛事求得解脱。即就上揭"梦游

---

① （唐）白居易：《代书诗一百韵寄微之》，载《白氏长庆集》卷一三，第289—290页。
② （唐）白居易：《和梦游春诗一百韵》，载《白氏长庆集》卷一四，第346页。
③ （唐）白居易：《和梦游春诗一百韵》，载《白氏长庆集》卷一四，第342页。

春"唱和而言，也存在这种区别。元氏原唱《梦游春七十韵》乃谪宦中咀嚼痛苦之作，其所未能释怀者有三，即白氏所点出的"梦""婚""仕"诸方面新愁旧恨。"梦"即早岁风流往事，"所遇"诚可谓铭心刻骨，无奈与少日情人（莺莺原型）终不能相守以婚姻；"婚"则缔结当世望族，所谓"韦门正全盛"是也，岂料外舅韦夏卿一逝而家道中衰，发妻韦丛虽贤，亦舜华早谢；"仕"则"宠荣非不早，遭回亦云屡"，因前后忤执政、中贵，一出为河南尉，再贬为江陵士曹参军。① 白氏酬和之时"三复其旨"，以为元氏"大抵悔既往而悟将来也"。将来怎么办呢？白氏以为只有依信佛教才能找到真正的解脱法门："而今而后，非觉路之返也，非空门之归也，将安反乎？将安归乎？"于是，他在和诗中将元氏"梦游之中""婚仕之际"的种种"感"全都归结为虚妄，并以佛经中的种种譬喻相比附，所谓"亦犹《法华经》序火宅、偈化城，《维摩经》入淫舍、过酒肆之义也"②。问题在于，元氏是否认同这种解脱呢？白氏将"艳色""嘉偶"比为空花泡影，认为过分执着于此，只能令爱欲之火将"浮生"焚化为"焦谷"。可是对于元氏而言，情人嘉偶在之日，他善于捕捉并享受生活中的每一处画境；情感既逝、嘉偶既亡以后，他又每每纵身回忆之中，惬意于烈火的炙烤。设非如此，他的闺情诗、艳情诗、悼亡诗又怎能够名垂千古呢？至于宦途方面，白诗第九十韵说："入仕欲荣身，须臾成黜辱。"接下来又直指事物本质，反复诠说"欢荣"的短促虚幻，不足留恋。③ 可是，元稹对此显然做的是技术层面的反思，所谓"曩意自未精，此行何所诉"是也。由此不难推想，他内心深处想要汲汲改善的，乃是从政的手段和斗争的谋略，以期"时来""若飞"，再度崛起。④

---

① （唐）元稹：《梦游春七十韵》，载（五代）韦縠编《才调集》卷五，《四部丛刊初编》影印本，上海书店，1989。
② （唐）白居易：《和梦游春诗一百韵》，载《白氏长庆集》卷一四，第342页。
③ （唐）白居易：《和梦游春诗一百韵》，载《白氏长庆集》卷一四，第346页。
④ （唐）元稹：《梦游春七十韵》，载（五代）韦縠编《才调集》卷五，《四部丛刊初编》影印本。

元稹、白居易为人事佛上的区别，不仅见于"梦游春"唱和，在其他若干主题（自然也包括本文所论的"恒寂师"）的酬赠中，也可以寻出类似端倪。接下来不妨再以"思归乐"为例，略做进一步说明。元氏在元和五年（810）写过一首名为《思归乐》的谪诗，大约与《梦游春七十韵》同时。这首诗面对政治上的挫败，表现出的依然是守志俟时以图再起的执着。他在诗中以比自己年长近五十岁的长寿同僚赵昌为榜样来激励自己，自思"况我三十二，百年未半程"，卷土重来大有可期。又表明心志说："我可俘为囚，我可刃为兵。我心终不死，金石贯以诚。"[1] 然而，白氏在《和思归乐》中却处处以不执着相劝慰，希望元稹能依循佛经训导，勘破宦海沉浮、得失荣辱，故诗末有云："身委逍遥篇，心付头陀经。尚达死生观，宁为宠辱惊。"[2] 尽管元稹也提到佛经，但他只是说："闲穷四声韵，闷阅九部经。"[3] 仅将参佛视为一种消遣方式而已。要之，佛经对元稹而言，更多的是知识性玩赏；对白居易而言，则已扩展到价值观的日用践行。这种区别当然也体现在"恒寂师"的唱和中。

二 白诗中的火喻及其消解之方

白居易在上揭《和梦游春诗一百韵》中，提到《法华经》的"火宅"喻。这个譬喻将三界众生之苦，比作唯有一门而又"四面被火"的豪宅，宅中诸幼子耽于嬉戏，全然不知灾难临头。经文通过寓言故事反复申言此意，又在偈子中回归主旨说："三界无安，犹如火宅。众苦充满，甚可畏怖。"[4]

"火宅"之为辞，当然是纯就喻体而言。如果夹缠着本体说，又往

---

[1] （唐）元稹：《思归乐》，载《新刊元微之文集》卷一，北京图书馆出版社影印本，2004。此本即后注解释文字所说的《中华再造善本》影印中国国家图书馆藏宋蜀刻本。
[2] （唐）白居易：《和思归乐》，载《白氏长庆集》卷二，第55页。
[3] （唐）元稹：《思归乐》，载《新刊元微之文集》卷一。
[4] （后秦）鸠摩罗什译《妙法莲华经》卷二《譬喻品第三》，载《影印宋碛砂藏经》第130册，上海影印宋版藏经会，1933，第32页A、35页B。

往称为"三界火宅"①、"三界之火"(见后文引)。若把三界之苦细化，又可以像《法华经》那样陈述为"生老病死、忧悲、苦恼、愚痴、暗蔽、三毒之火"②。其中的忧悲、苦恼、愚痴等，皆由心生，故又可变易之而谓为"心火"。

三界众生，如何逃离火的焚烧炙烤呢？《法华经》假托佛言，自谓"世间之父"，"一切众生，皆是吾子"，"众苦所烧，我皆济拔"③，故愿开示教法，普度有缘。简言之，佛陀的指示才是唯一的逃生之门。既然将世间之苦比喻为火，那么救苦之方自可取譬为灭火之物，如"云""雨""露""津""霖""水"等。用"澍甘露""雨法雨"来状佛陀说法，这在佛教经典中极为常见，不必赘论。接下来，且看一看包括白氏在内的世俗人涉佛诗文对这些譬喻的征引情况。

先看雨灭火。梁武帝《为亮法师制涅槃经疏序》云："救烧灼于火宅，拯沉溺于浪海。故法雨降而燋种更荣，慧日升而长夜蒙晓。"陈文帝《无碍会舍身忏文》云："放三昧之净光，流一味之法雨。引愚痴于火井，拔烦恼于棘林。"唐高宗《述三藏圣教序》云："岂谓重昏之夜，烛慧炬之光；火宅之朝，降法雨之泽。"④ 所谓"油然作云，沛然下雨"，雨降必自云生，故又有兼言云雨或单言云以灭火者。譬如陈文帝《娑罗斋忏文》云："愿法雨法云清凉三界之火，慧灯慧炬照朗百年之室。"唐太宗《三藏圣教序》云："引慈云于西极，注法雨于东陲……湿火宅之干焰，共拔迷途；朗爱水之昏波，同臻彼岸。"释法琳《对傅奕废佛僧表》云："布慈云于鹫岭，则火宅焰销；扇慧风于鸡峰，则幽

---

① （后秦）鸠摩罗什译《妙法莲华经》卷二《譬喻品第三》，载《影印宋碛砂藏经》第130册，第33页B、35页B。
② （后秦）鸠摩罗什译《妙法莲华经》卷二《譬喻品第三》，载《影印宋碛砂藏经》第130册，第33页A。
③ （后秦）鸠摩罗什译《妙法莲华经》卷二《譬喻品第三》，载《影印宋碛砂藏经》第130册，第35页B。
④ 依次见（唐）释道宣《广弘明集》卷二〇、卷二八下、卷二二，《四部丛刊初编》影印本，上海书店，1989。

途雾卷。"①

白居易自谓"欲界凡夫"（凡人的确属于欲界众生），当然免不了三界之火的炙烤。他在《感春》中说："忧喜皆心火，荣枯是眼尘。"又在《因沐感发寄朗上人二首》中说："应是烦恼多，心焦血不足。"这种煎熬推衍到极致，便如《赠昙禅师》所云："欲知火宅焚烧苦，方寸如今化作灰。"如何了却炙烤之苦呢？白氏选择依信佛教以求解脱。其《客路感秋寄明准上人》云："借问空门子，何法易修行。使我忘得心，不教烦恼生。"诗中的疑惑当然不是一个真正的问题，因为他遇到烦恼总是在问，而实际上内心深处早已有肯定的回答。比如《自觉二首》云："我闻浮图教，中有解脱门。……誓以智惠水，永洗烦恼尘。"《和晨霞》又云："慈氏发真念，念此阎浮人。……抉开生盲眼，摆去烦恼尘。烛以智慧日，洒之甘露津。"②

在《恒寂师》一诗写作时，白居易又被各种烦恼所炙烤。这首诗所属的《重到城七绝句》全部作于元和十年（815）春。之前的冬天，他刚刚结束因丁忧去职而带来的长达四年之久的离群索居状态，得到一个无所事事的东宫闲职。本年初春，谪宦经年的好友元稹奉诏返京，但朝中的人事布局并没有为他赢来仕途转机。因此，重逢的喜悦并没有消解掉元、白二人内心深处的迷茫和隐忧。忧喜皆心火，白氏遂又打算从恒寂禅师那里寻求心灵解脱。元氏自然了解他的想法，故而在和诗中有相慰兼调侃之辞。

三 元诗中的"云师"系调侃性质的譬喻之辞

元稹诗中的"云师"，实际上是一种调侃性质的譬喻之辞。关于这

---

① 依次见（唐）释道宣《广弘明集》卷二八下、卷二二、卷一一，《四部丛刊初编》影印本。
② 以上六首依次见《白氏长庆集》第 454、239、425、208—209、228、548—549 页。"智慧"或作"智惠"，悉从原书。

个问题，有两点可以断言。其一，就字面来看，它不是恒寂（云寂）师的省文敬称。其二，就意义来看，它又紧承白氏原唱，所指与佛教有关，是对"浮图""解脱门"的世俗化比喻。

字面上如此判断，主要依据有二。一是元稹、白居易对僧人法号省文敬称的称谓习惯。关于法号省文敬称，最常见的模式是用法号下字连接"师""公""禅师""上人"等敬辞，元、白二人惯于使用的正是这种主流模式。比如，白居易称呼僧人清闲为"闲禅师""闲上人"，自远为"远师""远禅师""远上人"，智满为"满公""满上人"①；其诗题所谓"照密闲实四上人"，用的皆是僧人神照、宗密、清闲、宗实的法号下字②。元稹交往僧人相对较少，诗中例证远不如白集之多，但其中多次提及的僧人如展，元氏屡称之为"展公"，亦是用法号下字。③根据上述习惯来推，对恒寂（云寂）禅师如用省文敬称的话，当谓之"寂师"，而非"恒师"，更非"云师"。二是恒寂禅师在元稹集中还有另一条线索可寻。元稹曾作《寄昙嵩寂三上人》一诗，其中的"昙上人"，应当就是驻锡西京长安慈恩寺的"昙禅师"。白氏《赠昙禅师》云："五年不入慈恩寺，今日寻师始一来。"④当初，元、白二人常到慈恩寺寻幽览胜，皆与寺僧相熟。其中的"寂上人"，应当就是前揭元、白诗中的恒寂禅师。白居易重到长安任东宫闲职以后，始与恒寂相见赋诗，并欲随之坐禅，可见后者的驻锡之处也当在西京长安。至于白集所见以"嵩"命号的友僧，一为圣善寺的"怀嵩"，一为长寿寺的

---

① "清闲"，见《白氏长庆集》第572—573、716、783页；"自远"，见《白氏长庆集》第484、595、595、716页；"自满"，见《白氏长庆集》第386、468、1071页。
② （唐）白居易：《喜照密闲实四上人见过》，载《白氏长庆集》卷三一，第796页。本注及前注所涉诸僧，朱金城、谢思炜二先生考证颇翔实，参见朱金城《白居易集笺校》，上海古籍出版社，1988；谢思炜《白居易诗集校注》，中华书局，2006；谢思炜《白居易文集校注》，中华书局，2011。
③ （唐）元稹：《僧如展及韦载同游碧涧寺各赋诗予落句云他生莫忘灵山座满壁人名后会稀展共吟他生之句因话释氏缘会所以莫不凄然久之不十日而展公长逝惊悼返覆则他生岂有兆耶其间展公仍赋黄字五十韵飞札相示予方属和未毕自此不复撰成徒以四韵为识》《公安县远安寺水亭见展公题壁飘然泪流因书四韵》，载《新刊元微之文集》卷一二。前题"后会稀"，原本作"后复稀"，误，今据他本改。
④ （唐）白居易：《赠昙禅师》，载《白氏长庆集》卷一七，第425页。

"道嵩",两僧虽不能确指而两寺皆在东都洛阳。① 综此以观,元稹本首寄僧诗,应当是专赠恒寂等两京沙门旧友之作。考虑到地域因素,以及元、白"交友""率同"的因素,上述诸推断当大致不谬。

要之,就习惯而言,元、白称呼僧人惯于用法号下字连接敬辞;就实例而言,元氏又确曾取"恒寂"下字连接敬辞而谓为"寂上人"。前揭元诗中的"云师"之"云",既非"恒寂"上字,又非"恒寂"下字,而研究者又以上字"恒"的特殊变体视之,如此称呼不特不符合元、白的习惯与元集的实例,解释起来也太过穿凿迂曲。这一切,都是受今本诗题"云寂僧"的影响,把"云师"理解为法号省称所致。实际上,如果跳出这个思维定式,对诗句中的"云师"做出独立诠说,进而据之倒推诗题"云寂僧"的致误缘由,事情可能并不复杂。

元诗中的"云师"并不是僧人敬称,从字面上说,它就是文学典籍中常见的那个兴云致雨的云师,只不过在元稹这里多了一点调侃的性质和取譬的意味。自来说神话"云师"者,往往追溯到《楚辞》,但它在《楚辞》中的别名到底是"丰隆"还是"屏翳",注家颇有分歧。② 何剑熏先生认为,"丰隆"是对雷的听觉描述,"当为雷师";"屏翳"是对云的视觉描述,"当为云师";又"因雨为云所兴,故又或以屏翳为雨师"。③ 马茂元先生也指出,"云和雨有着分不开的概念","在神话中,云师和雨师也是连结纠缠在一起的","云行雨施,祀云也就是祀雨"。④ 何、马两先生所言甚是。"云师"别名上的混淆纷乱姑且不论,它的神话功能倒容易确定,那就是兴云致雨。故张衡《思玄赋》

---

① (唐)白居易:《如信大师功德幢记》《画弥勒上生帧赞》,载《白氏长庆集》卷六八、卷七〇,第1672、1732页。
② 东汉王逸注《楚辞》之《思美人》《远游》诸篇,主"丰隆"说;唐代《文选》注家刘良注《云中君》,张铣注《羽猎赋》,主"屏翳"说。见(汉)王逸《楚辞章句》卷四、卷五,《景印文渊阁四库全书》第1062册,台湾商务印书馆,1986,第42、50页;(唐)李善等注《六臣注文选》卷三二、卷八,《四部丛刊初编》影印本,上海书店,1989。
③ 何剑熏:《楚辞拾沈》,四川人民出版社,1984,第19页。
④ 马茂元:《论"九歌"》,载《文学遗产增刊》第5辑,作家出版社,1957,第82页。

云:"云师霮以交集兮,冻雨沛其洒途。"① 说的就是云师布密云、降沛雨。一旦雨涝伤农,人们也会归咎于云师,故杜甫《九日寄岑参》云:"安得诛云师,畴能补天漏。"② 元稹在和诗中赋及此神以寄意,实际上与白氏原唱中的烦恼,以及两人事佛态度上的异同关系至密。

前文已经提及,《法华经》把三界众生之苦比为"火宅"。要逃离火宅焚烧之苦,只能靠佛教播撒的"慈云""法雨"。世俗人怎样才能步入"慈云""法雨"的清凉世界呢?从途径上来看不外乎读佛经、遵教戒、听宣讲,理论上当然也包括慧能那种不识文字、心下顿悟的特别情形。文人们选择何种途径,一方面和态度有关,比如敬信或不甚敬信;另一方面则可能和性格有关,比如白氏的性格富于群居型、倾诉型色彩,总是喜欢和一群僧人往还,总是不断地向禅师寻求精神开导,而元氏的性格则富于鸷鸟型、坚忍型色彩,比起僧人的智慧,他可能更相信自己的智慧。在某些方面,元氏恐怕和刘禹锡更为相似,比如对禅僧,往往是一种平视或知识上的俯视态度;对佛教,尊敬则有之,教徒式的虔信则谈不上。所以元、刘二人对白氏事佛活动的某些善意调侃,也有几分相似。在某次白氏广延僧侣持长斋时,刘禹锡曾戏言道:"不知何次道,作佛几时成?"③ 这是对学佛终极目的的调侃。元稹所说"心火自生还自灭,云师无路与君销",则是对解脱方式的调侃。因为白氏总是吟叹"烦恼""心火""火宅焚烧苦",又每每去禅师那里寻求佛法的"智慧水""甘露津",所以在他这次又遇到"伤心事",打算去禅师那里寻求解脱时,元氏忍不住以戏谑的口吻劝解说:如果不从本心上求自觉而向外求,那么即便有云师兴繁云、洒冻雨也无济于事。元氏如此劝解,除了性格使然、敬信不如白氏之甚使然外,在佛学思想上倒也和禅宗大师的某些说教相契合,如神秀有一偈文说"一切佛法,

---

① (汉)张衡:《思玄赋》,载(唐)李善等《六臣注文选》卷一五,《四部丛刊初编》影印本。
② (唐)杜甫:《九日寄岑参》,载《杜工部集》卷一,北京图书馆出版社影印本,2004。
③ (唐)刘禹锡:《乐天少傅五月长斋广延缁徒谢绝文友坐成睽间因以戏之》,载《刘梦得外集》卷四,《四部丛刊初编》影印本,上海书店,1989。

自心本有。将心外求,舍父逃走"①,意味颇相通。

文人赋诗言志之时,通常从一个领域的概念或意象,跳跃到另一个领域的概念或意象,意思却又连绵相继,是一种饶有兴味的艺术处理。我们可援引白诗为例,以与元诗并观。白氏《感春》云:"忧喜皆心火,荣枯是眼尘。除非一杯酒,何物更关身。"② 前两句皆是能激起佛理共鸣的字眼,而指向答案的后两句却又陡然转到魏晋名士那里,所谓"使我有身后名,不如即时一杯酒"③。字面上的名士"一杯酒",当然不是佛教用来沃"心火"的妙方,但它所隐含的功名虚妄不足恋的思想,却是与前两句一脉相通的。元氏《和乐天赠云寂僧》一诗,由前面的"禅门"佛教表述,跳跃到后面的"云师"神话表述,也是如此。因为佛法的宗教功能是布慈云、注法雨,而云师的神话功能则是兴层云、降沛雨,抛却宗教、神话之别,其功能也是一脉相通的。元诗中宗教与神话的跳跃与相通,简直可以用《西游记》"心猿遭火败"的故事加以说明。悟空欲灭三昧真火,先是求龙王(可比云师)降雨相助,后方知须用南海菩萨宝珠净瓶中的甘露水浆。④ 效果如何是"事后视角",从悟空前后两次"瞬时视角"来看,龙王所降凡雨与菩萨所撒法雨都是用来灭真火的,这就是二者的相通之处。元氏在这里自然是明说"龙王",暗喻"菩萨"——字面说的是"云师",实际譬喻的则是白氏所"将心外求"的佛法,亦即禅师们所开示演说的"浮图""解脱门"。元稹以"云师"作譬,除了讲究平仄与诗律合,用典与诗意合,用字与原唱"禅师"(下字)合,独立词义与原唱相殊而在特定语境中所表深意又与原唱有应答之合以外,还有另一种奇妙功效,那就是用字面上的神话"云师",回避了对佛法及禅师的不敬。

综上所述可知,元稹诗句中的"云师"就字面而言,指的就是神话中能够兴云致雨的云师,与僧人法号敬称毫无关系。

---

① (宋)普济:《五灯会元》卷二,中华书局,1984,第72页。
② (唐)白居易:《感春》,载《白氏长庆集》卷一八,第454页。
③ (南朝宋)刘义庆:《世说新语》卷下《任诞第二十三》,中华书局影印本,1962。
④ (明)吴承恩:《西游记》第四一、四二回,人民文学出版社,1980,第499、513页。

四　应用倒推法解释诗题"云寂僧"的致误缘由

论者往往用顺推法来解释元氏诗题中的"云寂僧"和诗句中的"云师",其思路大致如下:先把"云寂僧"视为"恒寂僧"的避讳改称,再把"云师"视为"云寂师"的省文敬称。这种顺推思路并不可取。笔者在前文已经述及,改"恒"为"云"不符合避讳常识,诗句中的"云师"在字面上指的就是神话中能够兴云致雨的云师,与僧人称号毫无关系。这里其实应该用逆推法。

诗题与诗句相比较的话,诗题的表达较为独立,受到的外界约束较少;诗句的表达则要受格律、表意等方面的限制,如果是唱和诗,还要受主客交流应答的限制。反过来看,一个词语置于诗句之中,它的含义要比置于诗题中更容易确定,这也是因为它受到的限制较多,判断上的参照物也较多。即就元氏本诗《和乐天赠云寂僧》而言,诗题中的"云寂"从形式上看只是一个僧人法号,没有更多的可诠说处,只是与白氏原唱以及白集中的其他作品对照而言,原唱作"恒寂"更为可取;而诗句中的"云师",通过前文的解读可以判定,它就是神话中的"云师","云"是一个无疑义的用字。这种情况显然倒过来推更为合理,换言之,论者更应该追问的是,诗题误将"恒寂"书为"云寂",是否受了诗句"云师"的影响?

先看元集诗题存在的问题。据四库馆臣考察,到北宋刘麟父子先后手自抄写、募工刊刻之际,世所传《元氏长庆集》早已是残缺不全之本[①];况据刘麟之言,此集久不显行于世,"唯嗜书者时时传录"[②]。由上述缺憾导致的种种问题,自然会体现到刘氏宣和刊本及其所衍生的传世诸本中,《和乐天赠云寂僧》诸诗便是其中较为明显的一例。与之相

---

① (清)永瑢、纪昀等:《四库全书总目》卷一五一,《景印文渊阁四库全书》第4册,第67页。
② (宋)刘麟:《元微之文集序》,载(唐)元稹《新刊元微之文集》卷首。

关的白氏原唱《重到城七绝句》，本是一组同时创作完成的组诗，七首分题依次为《见元九》《高相宅》《张十八》《刘家花》《裴五》《仇家酒》《恒寂师》。① 在传世白集中，这七首绝句依然鱼贯而处于同卷同大题下，保存了较为完整而原始的结集状态。元氏的酬答之作自然也有七首，但命运迥乎不同：其一，七首和诗仅存四首，佚失三首；其二，所存四首散落于不同卷次，《和乐天刘家花》在一卷，《和乐天高相宅》《和乐天仇家酒》《和乐天赠云寂僧》在另一卷②；其三，四首存诗之中，有一首诗诗题极为异常，前三首除"和乐天"三字外，余字皆与白氏原题相同，唯有《和乐天赠云寂僧》一首出现增字和改字现象。上述三者显然都是在传抄过程中发生的变化。其中，诗作的佚失与组诗的散落姑置不论，且看诗题异常问题。这首诗的诗题，依照其余三首所遵循的以"和乐天"三字冠白氏原题的模式，应写为"和乐天恒寂师"。今题在法号前妄增一"赠"字，法号中妄改一"恒"字，敬称"师"又降格为常称"僧"，凡此种种皆当系传抄者所为。

次看上揭今本诗题何以如此。推测之一，元集古本在传抄过程中，本诗诗题处出现字迹漫灭或缺损现象，故刘麟父子或更早的抄写者有不尽妥当的补字行为。钱曾《读书敏求记》在探讨元集抄本时曾说："弘治元年，杨君谦抄微之集，行间多空字。盖以宋本藏久漫灭，而不敢益之也。"③ 杨氏虽"不敢益"，但后来的钱谦益终于按捺不住补字的冲动。上引杨、钱之事为古例，接下来再看一桩今例。元稹和诗佚去三首，其诗题与诗句今俱无存，吴伟斌先生纂次《新编元稹集》时，一一为之补诗题，立目笺校，爱元之心了然可见。所补诗题一为《和乐

---

① 参见（唐）白居易《白氏长庆集》卷一五，第354—355页；朱金城《白居易集笺校》，第892页。
② 《和乐天刘家花》一诗，《中华再造善本》影印的中国国家图书馆藏宋蜀刻本《新刊元微之文集》编在卷一二，文学古籍刊行社影印的影宋抄本以及《四部丛刊初编》影印的明嘉靖董氏翻雕本所共同源出的宋浙刻本《元氏长庆集》编在卷八；其余三诗，蜀刻本编在卷二三（卷缺，据目录），浙刻本编在卷一九。
③ （清）钱曾：《读书敏求记》，《丛书集成初编》排印本，商务印书馆，1936，第134页。

天见元九》，符合以"和乐天"三字冠原题的模式，大体近之；另外两首分别为《和乐天叹张十八》《和乐天感裴五》，在白氏原题之前一加"叹"字，一加"感"字。① 然何以加字？何以必加彼字？均恐稍有未安。合上揭古今两例以观，刘麟父子之辈在抄写刊刻之时也当面临过类似情境，采取过类似行为。若上述推测成立，其《和乐天赠云寂僧》诗题中的"赠"字当是据己意补，"僧"字当是据诗意补，"云"字当是据其所误会的"云师"之义补。推测之二，在推测一成立的情况下，个别字之所以出现异常变化还有如下可能，那就是因某种深刻印象而导致的潜意识笔误。我们可以白居易为例，略做推敲。白氏交往的著名僧人中，有一位驻锡嵩山佛光寺，俗姓陆，法号如满，会昌五年（845）犹在世②；另有一位驻锡洛阳圣善寺钵塔院，俗姓吉，法号智如，自长庆四年（824）任院主，直至大和八年（834）逝世③。但作于开成元年（836）的《圣善寺白氏文集记》却自陈"与东都圣善寺钵塔院故长老如满大师有斋戒之因，与今长老振大士为香火之社"④。从驻锡处和生卒年来看，这里面的"故长老"实际上指的是智如和尚，而白文的初貌则应当是用法号下字连敬辞写为"如大师"，但抄写者显然对如满禅师印象深刻，因而在抄写本文"如大师"时不自觉衍一"满"字。元诗诗题中的"恒寂"讹变为"云寂"，也可能是出于类似原因，换言之，诗句中的"云师"给抄写者留下了深刻印象，或者勾起了他的某种深刻印象，因而在补校诗题时出现潜意识笔误。

上文所述，是结合与元、白集有关的若干实例，对《和乐天赠

---

① 所补三题分别见吴伟斌辑佚编年笺注《新编元稹集》，三秦出版社，2015，第3660、3664—3665、3668—3669页。

② 参见（唐）白居易《山下留别佛光和尚》《佛光和尚真赞》《九老图诗并序》诸篇，相关考证见朱金城《白居易集笺校》，第2434、3814、3861页；谢思炜《白居易诗集校注》，第2680、2911页；谢思炜《白居易文集校注》，第2029—2030页。

③ 参见（唐）白居易《东都十律大德长圣善寺钵塔院主智如和尚茶毗幢记》，载《白氏长庆集》卷六九，第1715—1717页；（唐）白居易《如信大师功德幢记》，载《白氏长庆集》卷六八，第1671—1672页。

④ （唐）白居易：《圣善寺白氏文集记》，载《白氏长庆集》卷七〇，第1738页。

云寂僧》一诗诗题的致误缘由做出可能性推测。我们当然无法起微之于地下加以质证，关键是要申明"云寂僧"的"云"字非由避讳而起，而是由诗句中的神话"云师"引发的校补失误或潜意识笔误。今天整理元集，如果一定要校改的话，也只能将诗题中的僧号"云寂"改正为"恒寂"，而不能将诗句中的神话"云师"误改为"恒师"。

范仲淹《唐异诗序》的价值与地位[*]
——基于北宋诗学发展过程的考察

◇宋皓琨[**]

摘　要：范仲淹《唐异诗序》是北宋中期诗学的一部分。其确定了诗学的儒学立场，提出了"抗心于三代"的诗学主张，表现出鲜明的时代意识和自立意识；其给诗歌设定了"明达""英逸""清苦""愤怒"等情感空间，突破了宋初诗学一味平和的创作局限；其立足于复古诗学本位关照宋初诗学，展现出北宋诗学的延续性及丰富内涵。北宋中期诗学就是沿着《唐异诗序》的路径向前发展的，称其为北宋中期诗学的"开山纲领"或许并不为过。

关键词：北宋诗学　范仲淹　唐异诗序

在批评史上，范仲淹《唐异诗序》没有受到太多关注。然而从横向看，它创作于宋仁宗即位初期，当时"三体"创作方兴未艾，尤其是西昆体正处于鼎盛阶段，还没有人像范仲淹这样表现出对诗学发展清醒的历史认知。从纵向看，范仲淹及其《唐异诗序》处于北宋中期诸大家未起之先，它所呈现出的中期诗学体系的完整性，超出当时和稍后欧阳修等人的论述，代表了北宋中期诗学发展的历史方向，是诗文革新的先声，放在诗学发展史的维度上，它堪称北宋中期诗学的纲领性论述。

一　时代背景

范仲淹是北宋中期社会的代表人物，比后来活跃在政坛、诗坛上的

---

[*]　[基金项目] 国家社科基金后期资助项目"北宋诗学思想史论"，项目编号：15FZW040。
[**]　宋皓琨，天津师范大学文学院副教授，主要从事唐宋文学及批评研究。

中坚力量均年长,他长梅尧臣13岁,长富弼15岁,长石介16岁,长文彦博17岁,长欧阳修18岁,长苏舜钦、韩琦19岁。在欧阳修等人步入人们政治视野的时候,范仲淹已俨然是政坛前辈,并成为当时独具魅力的核心人物,他的重要贡献在于对北宋中期社会的塑造及影响,因此他虽然经历宋初,但在历史上仍归于北宋中期。在文学史上,人们常将宋太祖、宋太宗、宋真宗三朝及宋仁宗统治前期划分为宋初,但这还可以再细化。石介作为北宋中期诗文革新的代表人物,他在《赠张绩禹功》中曾说:"卒能霸斯文,河东柳开氏。嗟吁河东没,斯文乃屯否。汩汩三十年,淫哇满人耳。粤从景祐后,大儒复倡始。文人如麻立,枞枞攒战骑。"[1] 柳开卒于咸平四年(1001),此后则是"淫哇"的西昆体盛行的时期,其间虽然尹洙于天圣元年(1023)开始追随穆修学习古文,天圣六年(1028)苏舜钦也开始与穆修交游,但这只是他们接触古文的开始,从古文角度说,他们与柳开、穆修处于同一发展阶段,当时在社会上尚未形成"文人如麻立"的景况。我们通过石介的叙述可知,在景祐时期,即柳开去世的三十多年后,北宋社会迎来了诗文革新。从社会发展的角度看,景祐以后北宋进入风起云涌的时期。景祐三年(1036)范仲淹因上《百官图》被贬,余靖、尹洙、欧阳修等人为营救他而首次集体出现在政治舞台上,革新派阵容初步显露;宝元元年(1038)西夏建国,并于康定元年(1040)发动了对北宋的进攻,边防形势趋紧;宝元二年(1039)宋祁针对北宋军事、财政吃紧的情况写下了著名的《上三冗三费疏》;再往后就是庆历革新。因此景祐元年(1034)前后无疑是北宋社会与文学发展的一个分水岭。

《唐异诗序》作于天圣四年(1026),此时距离杨亿去世仅六年,刘筠、钱惟演尚在人世,晚唐体诗人林逋与白体诗人晁迥等人也都活跃在诗坛上,因此严格地说,《唐异诗序》作于宋初,然而它所提出的诗学思想及其所蕴含的诗学体系则属于北宋中期,代表了诗学发展的历史方向,这在当时可谓"孤篇横绝",其历史地位不容抹杀。

---

[1] 北京大学古文献研究所编《全宋诗》第五册,北京大学出版社,1998,第3408页。

二 情感内涵的拓展及对宋初诗学的批评

《唐异诗序》是北宋中期诗学的一部分,然而对于它具有怎样的诗学地位,人们始终缺少专门的探讨,以至于常常忽视它的重要性。对此,我们需要在诗学发展的开阔视野下进行解读。《唐异诗序》首先说:"诗之为意也,范围乎一气,出入乎万物,卷舒变化,其体甚大。故夫喜焉如春,悲焉如秋,徘徊如云,峥嵘如山,高乎如日星,远乎如神仙,森如武库,锵如乐府,羽翰乎教化之声,献酬乎仁义之醇。上以德于君,下以风于民。不然,何以动天地而感鬼神哉!"① 这是范仲淹诗学儒学立场的表达,下文则开始表述与这种儒学立场相应的诗学观点,并表现出他对诗学的深见与卓识。

第一,范仲淹为诗歌拓展出开阔的情感空间,他指出:"诗家者流,厥情非一:失志之人其辞苦,得意之人其辞逸,乐天之人其辞达,覩闵之人其辞怒。如孟东野之清苦,薛许昌之英逸,白乐天之明达,罗江东之愤怒。此皆与时消息,不失其正者也!"他所谓"诗家者流,厥情非一"指出作家因个性不同,在诗中表现出来的情感倾向也会有所不同。这是符合创作实际的,即使同一个作家在不同的人生境遇中也会表现出不同的情绪,若要求作品情感整齐划一,既违背人之常情,也无法实现儒家"诗言志"的追求,诗歌的情感取向应是多元的。所以无论是"孟东野之清苦,薛许昌之英逸"还是"白乐天之明达,罗江东之愤怒",范仲淹认为它们都"与时消息,不失其正"。

对于这一观点,我们需要放置在宋初诗学背景中来判断。宋初诗学可大体分为两个阵营,一是"三体"诗学,一是复古诗学。"三体"诗学的情感取向非常狭窄。西昆体诗人杨亿就旗帜鲜明地反对诗歌表达"怨怒"的情绪,他认为"风刺之所生,忧思之所积,犹防

---

① (宋)范仲淹:《唐异诗序》,载曾枣庄、刘琳主编《宋全文》第十八册,上海辞书出版社、安徽教育出版社,2006,第394—395页。本文所引《唐异诗序》中文字皆出此书,下不另注。

决川泄流,荡而忘返"①(《温州聂从事云堂集序》)。晚唐体诗人赵湘也在《王象支使甬上诗集序》中把章句分为"君子"与"小人"。何谓君子?"美而不淫,刺而不怒,非君子乎!"② 他也排除了对"怒"的表达,而是强调诗要像《春秋》那样"婉而成章"。白体更是以表达人生闲适之态为旨趣。因此从整体上来说,在宋初占主流地位的"三体"诗学牢牢把诗人的情感限定在平和雍容这一路径上。复古诗学则强调关注现实,主张"善善,恶恶",并推崇豪健的风格③,但这在宋初并不占主流。在《唐异诗序》出现前,宋初诗学始终处于"三体"诗学与复古诗学的"分裂"状态,未能很好整合。

很显然,《唐异诗序》属于复古诗学的范畴,它强调"与时消息",主张"规谏""劝诫",推崇"薛许昌之英逸",这些都与宋初复古士人"善善,恶恶"及对豪健诗风的推崇有关,同时范仲淹也吸收了"白乐天之明达",表现出对"三体"诗学的容纳,从这个角度说,《唐异诗序》可谓对宋初诗学的整合。但在宋初复古诗人中,田锡也创作白体,释智圆的创作则倾向晚唐体,而张咏也参加过西昆唱和,因此若仅止于"整合",只可以说《唐异诗序》是宋初诗学的集大成者,因此我们还要把《唐异诗序》放在北宋中期诗学这个广阔的背景下进行考察。《唐异诗序》在宋初诗学之外,还提出了"罗江东之愤怒""孟东野之清苦"这两种范畴,它们是穷愁愤激的体现,这就与宋初诗学明显区别开来,而与北宋中期诗学息息相通。

如前所述,宋初杨亿明确表达过对"风刺之所生,忧思之所积"的排斥,赵湘则强调要"刺而不怒",这基本符合宋初创作的总体倾向。而北宋中期基于变革的需要,诗学普遍强调"有补于世",人们创作了大量愤激讽谏的作品,同时也大量用诗表达穷愁之感。实际上范仲

---

① 曾枣庄、刘琳主编《全宋文》第十四册,第376页。
② 曾枣庄、刘琳主编《全宋文》第八册卷一七〇,第356—357页。
③ 曾枣庄、刘琳主编《全宋文》第十五册卷三一〇,第233—234页。关于"三体"诗学及复古诗学的具体倾向,详见拙文《宋初复古士人诗学思想管窥》,《西南交通大学学报》(社会科学版)2010年第6期。

淹、富弼、欧阳修等人或由于抱负不得施展而自请外任，或在险恶的政治环境中采取权宜之计，都无一例外地要面对"穷"的处境。苏舜钦就感慨说："在嫌疑之地，不能决然早自引去，致不测之祸，捽去下吏，无人敢言，友雠一波，共起谤议；被废之后，喧然未已，更欲置之死地然后为快；来者往往钩赜言语，欲与传播好意相存恤者几希矣！故闭户或密出，不敢与相见，如避兵寇，惴惴然惟恐累及亲戚耳。"①（《答韩持国书》）从中我们看到他不但对自己不能早自引去感到悔恨，而且罢官后也面临友朋零落的孤独处境，同时他也担心自己的遭遇会累及亲戚，于是每日只能"闭户或密出，不敢与相见，如避兵寇"，真切地说出了贬谪官员遭受政治打击后的现实境况。苏舜钦还在《上执政启》中说："素承清白之训，枉被盗贼之名，近戚当途，陈冤无路，徊徨去国，举动畏人。偣尔羁旅之囚，漂然江海之上，出则鬼揶揄而见笑，居则鹏闲暇以相窥，不及虫鼠之生，仅与草木为伍。"②他感到"出则鬼揶揄而见笑，居则鹏闲暇以相窥"，这深刻地揭示出他在罢官后几近病态的心理。同时在这一时期，也会有诗人因无法参与到如火如荼的变革大潮中而产生穷戚之感，如梅尧臣，欧阳修说他的诗"穷而后工"，其"穷"就产生在这种时代背景中。

总的来说，"穷戚"之感是北宋中期士人相对于宋初人精神内涵的重要新变。"穷戚"心理体现在诗学上，就是诗人对穷苦深有体会。余靖曾说："世谓诗人必经穷愁，乃能抉造化之幽蕴，写凄辛之景象。盖以其孤愤郁结，触怀成感，其言必精，于理必诣也。"③（《孙工部诗集序》）他认为诗人"经穷愁"后往往会"触怀成感"，其诗因此会"其言必精，于理必诣"。尹洙也曾说："若夫废放之人，其心思以深，故其言或窘或迂，或激或哀。异此则非本于情，矫为之也。"④（《答邓州通判韩宗彦寺丞书》）他认为"废放之人"写出"或窘或迂，或激或

---

① （宋）苏舜钦撰，沈文倬点校《苏舜钦集》卷十，上海古籍出版社，2011，第109页。
② （宋）苏舜钦撰，沈文倬点校《苏舜钦集》卷十二，第145页。
③ 曾枣庄、刘琳主编《全宋文》第二七册，第17—18页。
④ 曾枣庄、刘琳主编《全宋文》第二七册，第367页。

"哀"的言辞是自然的,是人正常情绪的反应,如果与此相反,那就是"矫为之"了。苏舜钦在《石曼卿诗集序》中则说:"诗之作,与人生偕者也。人函愉乐悲郁之气,必舒于言,能者述之传于律,故其流行无穷,可以播管弦而交鬼神也。"① 他认为诗歌与人生相映照,人在生活中所遭遇的事情及所产生的情感,无论是"愉乐"还是"悲郁",都是诗歌中所要表现的内容,而且作品会因此"流行无穷""播管弦而交鬼神",所以在他看来,诗中的"愉乐"或"悲郁"都是有价值的。在唐诗接受上,北宋中期推崇杜甫,而杜诗中的悲郁之气则比比皆是,苏舜钦在《题杜子美别集后》中就说"(杜诗)皆豪迈哀顿,非昔之攻诗者所能依倚"②,我们结合杜诗,就可知其所谓"哀顿"实际上就是穷愁。强至在《庚子岁除辇下作》中说:"京华犹旅食,世态益吾悲。四十明朝是,愁吟杜子诗。"③ 四十岁之际,杜甫曾在《杜位宅守岁》中说:"四十明朝过,飞腾暮景斜。"④ 强至则以悲愁之心低吟杜诗,对杜甫的落寞穷愁产生了共鸣。除了杜甫,孟郊、贾岛的穷苦之辞也常成为人们讨论的对象,如强至在《前日以诗赠贾麟进士继蒙和答而杨蟠从事亦随次元韵鄙思不休辄复自和二篇》中说:"江河饮肺吞阮刘,风月吟肠笑郊岛。"⑤ 他显然是以不屑和嘲笑的态度对待郊、岛的清苦情态的,并以"江河饮肺吞阮刘"的豪迈、旷达加以排斥,但这只是一个方面,强至在《寄辟疆》中则对友人"首飞诗人蓬,肠苦孟郊荠"⑥ 的穷苦之态予以了同情与接纳。王令在《还萧几道诗卷》中也曾说:"高似君平于市隐,穷如东野以诗鸣。"⑦ 他也是以孟郊相比拟,除了同情和哀悯外,也有以"穷如东野以诗鸣"相标榜的意味。宋祁曾在《淮海丛编集序》中对唐代诗人的窘况做了一个总结,他说:"予略记其

---

① (宋)苏舜钦撰,沈文倬点校《苏舜钦集》卷十三,第165页。
② (宋)苏舜钦撰,沈文倬点校《苏舜钦集》卷十三,第172页。
③ 北京大学古文献研究所编《全宋诗》第十册,第6941页。
④ (唐)杜甫撰,(清)仇兆鳌注《杜诗详注》卷二,中华书局,2004,第109页。
⑤ 北京大学古文献研究所编《全宋诗》第十册,第6918页。
⑥ 北京大学古文献研究所编《全宋诗》第十册,第6902页。
⑦ (宋)王令:《王令集》卷十一,上海古籍出版社,1980,第198页。

近者，王摩诘颠于盗，愁苦仅脱死。杜子美客巴蜀，入沅湘，寒饥不自存。李太白蹈于贬。白乐天偃蹇不得志，五十余分司。元微之为众排诋，终身恨望。刘梦得流摈，抵老弗见容。是皆章章信验也。"① 他普遍搜罗唐人的"穷"困之状，无论是王维迫于伪署、杜甫之漂泊，还是李白的放逐、元稹之被斥等，都说明宋祁内心对此有深刻的情感体察。强至也曾说："诗人古亦少达者，非特徐子如寒灰。孟郊老独张籍瞽，李杜落魄皆何哉。"②（《赠徐君强》）同样展现了唐代"诗人例穷"的情形，由此可以看出北宋中期对"穷"的思考是非常普遍的。

随着时代的发展，宋初诗学已经无法承载多元化的情感表达需要，难以适应日渐复杂的社会现实，更无法表达士大夫在跌宕起伏的仕途生涯中复杂的内心感受，《唐异诗序》对"愤怒""清苦"的拈出，正顺应了这一发展趋势。因此《唐异诗序》除了整合宋初诗学外，还顺应了时代的需求。这篇序文创作时间较早，无疑具有承上启下的意义，在革新思潮到来前已经提出了诗歌情感表达的基本类型，故可谓北宋中期诗学的先声。

第二，《唐异诗序》对宋初诗学进行了全面的总结与反思，这一点我们仍然要放在北宋诗学的发展历程中加以审视。宋初人用诗歌粉饰升平，也用诗来表现个人感怀，宋初李昉曾在《二李唱和集序》中说："篇章和答，仅无虚日，缘情遣兴，何乐如之？"③ 杨亿《温州聂从事永嘉集序》也描述说："起居饮食之际，不废咏歌；门庭藩溷之间，悉施刀笔。鸟兽草木之情状，风云霜露之变态，登山涉水之怨慕，游童下里之歌谣……其或良辰美景，宾朋宴集之盛；名园别墅，轩车游览之适。公堂退食，蹈泳无何之乡；王泽及人，赓载中和之什。寓物必赋，援笔而成。"④ 无论是"篇章和答，仅无虚日"，还是"起居饮食之际，不

---

① 曾枣庄、刘琳主编《全宋文》第二四册，第 328 页。
② 北京大学古文献研究所编《全宋诗》第十册，第 6921 页。
③ 曾枣庄、刘琳主编《全宋文》第三册，第 161 页。
④ 曾枣庄、刘琳主编《全宋文》第十四册，第 379—380 页。

废咏歌",这种频繁的创作必然造成内容上的单薄与重复,甚至不惜为文造情,故而"虚美""苟怨"成为宋初诗的主要弊端。对于白体而言,中唐白居易诗虽以平易旷达为特征,但其乐观放达实际上是出于对现实的无奈,而宋初白体的兴盛则契合了安乐平和的社会氛围,成为人们表现安乐情怀的手段,作品内涵已与白居易诗有很大不同。在时代的裹挟下,人们忽略了自身情绪的表达和对现实应有的关注,一味追求平和的诗境与人生姿态,这显然偏离了"诗言志"的传统。西昆体更是白体闲适情怀与李商隐华辞丽藻结合的产物。李商隐诗华丽的辞藻、精致的技巧与宋真宗时人日益追求精美的诗歌艺术是契合的,但如果说义山诗是对生活的"模仿",那么西昆诗人则是对"模仿"的"模仿",而西昆体的追随者又"跟风"进行创作,就已经是第三度"模仿"了,其诗只能是"虚美""苟怨",很难再表现出像李商隐一样独具个性的创作风采。因此宋初诗无法实现对现实的反映,更因为脱离实际而难以实现宋诗的自立。

对此,范仲淹批评说:"其或不知而作,影响前辈,因人之尚,忘己之实,吟咏性情而不顾其分,风赋比兴而不观其时。故有非穷途而悲,非乱世而怨,华车有寒苦之述,白社为骄奢之语。学步不至,效颦则多。以至靡靡增华,愔愔相滥,仰不主乎规谏,俯不主乎劝诫,抱郑卫之奏,责夔旷之赏,游西北之流,望江海之宗者有矣。"他所批评的核心就是宋初诗创作的盲目性,他指出人们在前人或他人的影响之下进行创作,忽略了自己的真实性情,于是出现了"吟咏性情而不顾其分,风赋比兴而不观其时"的现象,甚至"非穷途而悲,非乱世而怨,华车有寒苦之述,白社为骄奢之语""学步不至,效颦则多。以至靡靡增华,愔愔相滥"等脱离现实的创作情形,这正道出了宋初诗坛的创作本质。

到北宋中期,出于诗文革新的时代需求,也出于对宋初诗学的反拨,求"实"成为诗学的普遍追求。苏舜钦在《石曼卿诗集序》中就说:"国家祥符中,民风豫而泰,操笔之士,率以藻丽为胜。惟秘阁石曼卿与穆参军伯长,自任以古道,作之文,必经实不放于世。"[①] 他指

---

① (宋)苏舜钦撰,沈文倬点校《苏舜钦集》卷十三,第165页。

出石延年（曼卿）和穆修的特立之处，就在于其文章能在当时"以藻丽为胜"之外，"必经实不放于世"。余靖在《孙工部诗集序》中也赞赏说："托情讽谕，目之所经，迹之所接，一事一物，亡虚闻览。"① 他所说的"亡虚闻览"就是"实"，这与孙复对"目之所经，迹之所接"的现实观照是紧密相关的。与此相应，北宋中期诗学突出强调"有感而作"，这也是求"实"的重要体现。孙复在《答张洞书》中说："（诗）或则扬贤人之声烈，或则写下民之愤叹，或则陈天人之去就，或则述国家之安危，必皆临事摭实，有感而作。"② 他主张"摭实""有感而作"，强调在现实中受到感发而进行创作，这样"虚美""苟怨"就无从产生了。欧阳修论及梅尧臣的创作时也说："其体长于本人情，状风物，英华雅正，变态百出。"③（《书梅圣俞稿后》）他所谓"本人情"就是善于体察内心的情绪，强调对现实情感的表达。文莹《湘山野录》记载了一则有趣的故事：

> 夏英公竦每作诗，举笔无虚致。镇襄阳时，胡秘监旦丧明居襄，性多狷躁，讥毁郡政。英公昔尝师焉，至贵达，尚以青衿待之，而不免时一造焉。一日，谓公曰："读书乎？"曰："郡事鲜暇，但时得意则为绝句。"胡曰："试诵之。"公曰："近有《燕雀诗》，云：燕雀纷纷出乱麻，汉江西畔使君家。空堂自恨无金弹，任尔啾啾到日斜。"胡颇觉，因少戢。④（卷上）

文莹以夏竦作诗"笔无虚致"立论，并举夏竦与胡旦之间的一段往事为例。胡旦曾因患眼疾，脾气暴躁，常讥毁官府，而当时主政襄阳的是他的学生夏竦，此时夏竦已贵达，但胡旦对他仍像对青年学子一样，加之胡旦平日常讥毁郡政，故夏竦以"空堂自恨无金弹，任尔啾啾到日

---

① 曾枣庄、刘琳主编《全宋文》第二七册，第 17 页。
② 曾枣庄、刘琳主编《全宋文》第一九册，第 294 页。
③ （宋）欧阳修：《欧阳修全集》卷七十二，中华书局，2001，第 1048 页。
④ （宋）文莹：《湘山野录 续录 玉壶清话》，中华书局，1984，第 3 页。

斜"含蓄地批评了胡旦。对这一记载的真实性,我们暂且不予考论,我们看重的是其中所表现出的文莹"笔无虚致"的诗学倾向。欧阳修曾对韦应物《滁州西涧》诗质疑说:"今州城之西乃是丰山,无所谓西涧者。独城之北有一涧,水极浅,遇夏潦涨溢,恒为州人之患,其水亦不胜舟,又江潮不至。此岂诗家务作佳句,而实无此耶?"①(《书韦应物西涧诗后》)韦诗云:"独怜幽草涧边生,上有黄鹂深树鸣。春潮带雨晚来急,野渡无人舟自横。"②然而欧阳修通过实地考察,发现韦应物诗中所写的景象与现实反差极大,"西涧"并不存在,北涧亦不胜舟,诗中何来"野渡"?因此他认为这或许是诗人"务作佳句"的缘故。这种"求实"的诗学倾向或许偏颇,但它真实地反映出当时普遍的诗学追求。孙复曾说"为论,为议,为书、疏、歌、诗……若肆意构虚,无状而作,非文也,乃无用之謽言尔"③(《答张洞书》),就出于实用目的而指出了文学从现实出发的创作方向。

可见,范仲淹"无虚美,无苟怨""与时消息"的主张,体现了复古士人瞩目现实的诗学眼光,这与北宋中期诗学息息相通,他评价唐异诗说:"观乎处士之作也,孑然弗伦,洗然无尘。意必以淳,语必以真。乐则歌之,忧则怀之。"这正代表了北宋中期诗学的发展方向。

三 鲜明的时代意识与开阔的诗学空间

《唐异诗序》中鲜明地表现出"自成一家"的时代意识。范仲淹说:"五代以还,斯文大剥。悲哀为主,风流不归。皇朝龙兴,颂声来复,大雅君子,当抗心于三代。"这与宋初诗学形成了鲜明的对比。宋初王禹偁初步反映出宋人的时代意识,他在《中条山》诗序中说:"薛许昌赋《中条山》十四韵,且自云:'两京之间,巨题不愧不负。'至今百年,人亦不敢继者。禹偁量移解梁,日与山接,苟默而无述,后之

---

① (宋)欧阳修:《欧阳修全集》卷七十二,第1051页。
② 孙望编著《韦应物诗集系年校笺》卷六,中华书局,2002,第304页。
③ 曾枣庄、刘琳主编《全宋文》第十九册,第294页。

览吾集者，谓宋无人。因赋二十韵……"① 薛许昌，即晚唐诗人薛能，他的诗肤廓浅薄，大而无当，其人亦自高自大，常发表一些惊人之论，但他在晚唐和北宋早、中期一度享有盛名，宋初孙仅就在《读杜工部诗集序》中说："公（杜甫）之诗，支而为六家……杜牧、薛能得其豪健，陆龟蒙得其赡博，皆出公之奇偏尔，尚轩轩然自号一家，赫世煊俗。"② 他把"豪健"作为薛能诗的标签，并将他作为承袭杜诗衣钵的人物。张咏也曾说："许昌薛侯，诗人之雄乎？观夫所尚，率以治世为本，随事刺美，直在其中；放言既奇，意在言外。"③（《许昌诗集序》）从创作上看，薛能的一些诗确实能体现出不同于一般中晚唐诗人的"英逸"之处，如其《赠出塞客》云："出郊征骑逐飞埃，此别惟愁春未回。寒叶夕阳投宿意，芦关门向远河开。"④ 前两句写友人深秋出塞，表达思念之情，在诗的结尾处，夕阳投宿，门开远河，显露出开阔之意。再如《题后集》云："诗源何代失澄清，处处狂波污后生。常感道孤吟有泪，却缘风坏语无情。难甘恶少欺韩信，枉被诸侯杀祢衡。纵到猴山也无益，四方联络尽蛙声。"⑤ 包含着诗道维艰、道孤无援的愤恨，体现出难得的责任意识。又如《分水岭望灵宝峰》云："千寻万仞峰，灵宝号何从。盛立同吾道，贪程阻圣踪。岭奇应有药，壁峭尽无松。那得休于是，蹉跎亦卧龙。"⑥ 他着眼于灵宝峰的高大奇峭，在诗的结尾处表达了自信与豪迈之情。或许因为这种豪情，他表现出不同于一般晚唐诗人的气度，故在宋初及中期总能被复古人士发现，范仲淹在《唐异诗序》中就以"薛许昌之英逸"作为"诗人之正"的代表，可知薛能在当时的诗学地位。对此，王禹偁也曾说："许昌遗唐律，人口尚传颂。"⑦（《寄题陕府南溪兼简孙何兄弟》）但王禹偁在这位"偶像"面

---

① 北京大学古文献研究所编《全宋诗》第二册，第 741 页。
② 曾枣庄、刘琳主编《全宋文》第一三册，第 307 页。
③ 曾枣庄、刘琳主编《全宋文》第六册，第 124 页。
④（清）彭定求等编《全唐诗》卷五百六十一，中华书局，1979，第 6512 页。
⑤（清）彭定求等编《全唐诗》卷五百六十，第 6505 页。
⑥（清）彭定求等编《全唐诗》卷五百六十，第 6500 页。
⑦ 曾枣庄、刘琳主编《全宋文》第二册，第 656 页。

前，如他在序中所说"苟默而无述，后之览吾集者，谓宋无人"，在《中条山》诗中所说"许昌休自负，吾什亦铭镌"，显示出与唐人比肩、为宋诗正名的时代意识。然而王禹偁只是就这一首诗而言，并没能在理论上有所阐述。范仲淹则明确提出"当抗心于三代"的主张。对于"自成一家"的思想，我们最熟悉的莫过于宋祁，他曾说："夫文章必自名一家，然后可以传不朽。若体规画圆，准方作矩，终为人之臣仆。"①（《宋景文公笔记》卷上）据此段上文所说"年过五十被诏作《唐书》，精思十余年，尽见前世诸著，乃悟文章之难也"，知此文作于嘉祐二年（1057）以后，而且只是就创作意识而言，并非以时代为出发点。宋祁在《南阳集序》中则说："大抵近世之诗，多师祖前人，不丐奇博于少陵，萧散于摩诘，则肖貌乐天，祖长江而摹许昌也。故陈言旧辞，未读而先厌。若叔灵不傍古，不缘今，独行太虚，探出新意。其无谢一家者欤！"②在宋祁看来，宋初创作"师祖前人"，其诗皆"陈言旧辞"，令人"未读而先厌"，所以提出了"无谢一家"的提法，体现出鲜明的时代意识，然而据序，此文作于益州，宋祁知益州则是在嘉祐初，比范仲淹整整晚了约三十年。

到北宋中期，这种自立意识成为宋人的共识与诗学自觉，人们普遍喜欢创新，如宋祁在韩、柳古文间，就更加喜爱韩文之戛然独造，他说："柳柳州为文，或取前人陈语用之，不及韩吏部卓然不丐于古，而一出诸己。"③（《宋景文公笔记》卷上）跟宋祁一样，李觏也反思说："今人往往号能文，意熟辞陈未足云。"④（《论文二首》其一）而当余靖游览大峒山时，他希望能补前人描写之"空白"，他说："予尝恨游观山川，皆前贤所称、图籍所著者耳，未能索幽访异，舆音马迹之外，得古人所遗绝境一寓其目，状其名物，与好事者传之无穷也。"⑤（《游

---

① 朱易安等主编《全宋笔记》第一编，大象出版社，2006，第47页。
② 曾枣庄、刘琳主编《全宋文》第二四册，第321页。
③ 朱易安等主编《全宋笔记》第一编，第48页。
④ （宋）李觏撰，王国轩点校《李觏集》卷三十六，中华书局，2011，第435页。
⑤ 北京大学古文献研究所编《全宋诗》第四册，第2664页。

大峒山·序》）这些都表现出与宋初不同的诗学气象，说明随着时代和诗学的发展，人们已经不再满足于对前人的无谓重复，而是表现出勇于创新的气魄，这些都证明范仲淹"抗心于三代"的诗学命题在北宋中期已经有了深刻的体现，因此具有重要的价值和意义。

同时，《唐异诗序》不但接受了"白乐天之明达"，还欣赏唐异的晚唐体之作，将宋初诗学融入复古诗学的轨道，表现出诗学发展的延续性。唐异留存至今的诗歌只有两首：

《塞上作》
防秋人不到，万里绝妖氛。马牧降来地，雕闲战后云。月依孤垒没，烧逐远荒分。未省为边客，宵笳懒欲闻。①

《闲居书事》
幽居经宿雨，屐齿遍林塘。一境无过客，千山自夕阳。昼禽多独语，夏木有余凉。招隐诗慵寄，时清谁肯忘。②

据欧阳修《六一诗话》，第一首《塞上作》是九僧的作品③，因此我们姑且不论。第二首诗写的是山野风光，意境静谧怡然，对仗精工，尤其是中间两联尤为工巧，具有明显的晚唐体特色，同时这首诗蕴含对现实生活的满足感，有优游的闲适格调。透过这首诗，我们可以感受到诗人安乐的心境，若采之以贡宫阙，自然可资皇帝体察天下之用，故范仲淹认为它体现了"国风之正"。他赞赏唐异"隐居求志，多优游之咏。天下有道，无愤惋之作"，又说："《骚》《雅》之际，此无愧焉！"这就将这首"优游之咏"纳入复古诗学的轨道，为平淡诗学找到了合理的

---

① 北京大学古文献研究所编《全宋诗》第三册，第1921页。
② 北京大学古文献研究所编《全宋诗》第三册，第1921页。
③ 欧阳修《六一诗话》载："国朝浮图，以诗名于世者九人，故时有集号《九僧诗》，今不复传矣。余少时闻人多称之，其一曰惠崇，余八人者，忘其名字也。余亦略记其诗，有云：'马放降来地，雕盘战后云。'又云：'春生桂岭外，人在海门西。'其佳句多类此。"（见何文焕辑《历代诗话》，中华书局，1981，第266页）不过"牧"作"放"，"闲"作"盘"。

存在空间，而不至于与士人积极有为的现实情怀相冲突，这与北宋中后期士人接受晚唐体的倾向是一致的。

我们以北宋诗坛对林逋的接受为例。在北宋中后期众多赞赏林逋的诗人里，梅尧臣最为典型。他生于咸平五年（1002），在中期诗人中年辈较早，曾在天圣年间亲至西湖拜访林逋，并有较长时间的交谈，深受林逋人格魅力的感染。在梅尧臣的心目中，林逋不但有"若高峰瀑泉，望之可爱，即之逾清，挹之甘洁而不厌"的高卓气质和令人感叹的个人魅力，而且有儒者的思想气度，他说林逋："其谈道，孔、孟也；其语近世之文，韩、李也。"①（《林和靖先生诗集序》）梅尧臣用诗记录了他拜访林逋的历程。他在《对雪忆往岁钱塘西湖访林逋三首》其一中说："昔乘野艇向湖上，泊岸去寻高士初。折竹压篱曾碍过，却寻松下到茅庐。"可见路途较为艰难。其二说："旋烧枯栗衣犹湿，去爱峰前有径开。日暮更寒归欲懒，无端撩乱入船来。"说明在拜访途中，他忍受着衣湿苦寒的艰辛，傍晚才到达林逋的居所。其三说："樵童野犬迎人后，山葛棠梨案酒时。不畏尖风吹入牖，更教床畔觅鸥夷。"② 可知林逋用"山葛棠梨"热情地接待了他，而梅尧臣也感受到这次拜访的愉悦，因此他"不畏尖风"之凛冽而享受着此次行程。梅尧臣的这次亲身经历，是其他年辈较晚的中晚期士人所无法复制的。在创作上，梅尧臣没有明确说过林逋对他的影响，但他曾作过三首梅花诗，或许就与他受林逋的感染有关。其诗云：

> 江南腊月前溪上，照水野梅多少株。艳薄自将同鹄羽，粉寒曾不逐蜂须。桃根有妹犹含冻，杏树为邻尚带枯。楚客且休吹玉笛，清香飘尽更应无。③（《梅花》）

---

① （宋）梅尧臣著，朱东润编年校注《梅尧臣集编年校注·拾遗》，上海古籍出版社，2006，第1150页。
② （宋）梅尧臣著，朱东润编年校注《梅尧臣集编年校注》卷十七，第421页。
③ （宋）梅尧臣著，朱东润编年校注《梅尧臣集编年校注》卷十八，第494页。

已先群木得春色，不与杏花为比红。薄薄远香来涧谷，疏疏寒影近房栊。全枝恶折憎邻女，短笛横吹怨楚童。坠萼谁将呵在须，蕊残金粟上眉虫。①（《梅花》）

时时不甘春著力，年年能占蜡前芳。水边攀折此中女，马上嗅寻何处郎。山舍更清栽作援，凤楼偏巧学成妆。团枝密密都如雪，野雀飞来翅合香。②（《和梅花》）

在与桃树、杏树的对比中，梅尧臣咏叹了梅花的高卓气质，他说："桃根有妹犹含冻，杏树为邻尚带枯。"又说："已先群木得春色，不与杏花为比红。"更说："时时不甘春著力，年年能占蜡前芳。"同时他也描绘了梅花的香气，如云"薄薄远香来涧谷，疏疏寒影近房栊""团枝密密都如雪，野雀飞来翅合香"。诗中针对梅花之"暗香""疏影"进行描写，让人感受到梅花清幽的香气与横斜的姿态，受林逋的影响隐约可见。除了推崇晚唐体，梅尧臣的不少诗也颇具晚唐体风味，如云："宿云未全敛，微雨入船疏。问伴失前后，暝行随疾徐。相亲沙上雁，自乐水中鱼。亭午日光透，远分林际居。"③（《淮上杂诗六首》）再如："轻舟晚投处，聒聒渚禽嘶。橡子随薪束，蔬科带土携。岸幽云满石，潮落蚌生泥。客思无憀极，惟将鲁酒迷。"（同上）又如："昭亭万仞山，古庙半山间。赛雨使君去，钓潭渔父闲。蕨肥岩向日，竹暗垄连关。北望高楼上，南飞鸟自还。"④（《宣州杂诗二十首》其一）把这些诗掺入宋初晚唐体作品中恐怕很难分辨出来。在宋人的创作实践中，平淡闲适的旨趣远比美刺更加凸显，很多士人面临困顿的人生处境时不是表现为怨愤，而是以平淡优游的情态出之，故宋诗中平淡风格的作品延绵不绝，范仲淹对白体、晚唐体的态度无疑反映了这种时代需求。

---

① （宋）梅尧臣著，朱东润编年校注《梅尧臣集编年校注》卷十八，第496页。
② （宋）梅尧臣著，朱东润编年校注《梅尧臣集编年校注》卷十八，第497页。
③ （宋）梅尧臣著，朱东润编年校注《梅尧臣集编年校注》卷十一，第189页。
④ （宋）梅尧臣著，朱东润编年校注《梅尧臣集编年校注》卷十一，第768页。

总的来说，《唐异诗序》体现了鲜明的体系性。首先，它确定了诗学的儒学立场，即"上以德于君，下以风于民"的诗学定位。其次，它提出了"抗心于三代"的诗学主张，表现出鲜明的时代意识和自立意识。再次，它给诗歌设定了开阔的情感空间，并用"明达""英逸""清苦""愤怒"加以涵盖，突破了宋初诗学一味平和的创作局限。最后，它立足于复古诗学本位关照宋初诗学，并对其进行批判、吸收，从而展现出北宋诗学的延续性及丰富内涵。事实证明，北宋中期诗学就是沿着范仲淹《唐异诗序》的诗学路径向前发展的，因此虽然当时诗学在整体上还处于宋初，但《唐异诗序》已经突破了时代的局限，率先表现出向北宋中期转变的趋势。因此范仲淹的诗学思想不但属于北宋中期，而且处于先觉先行的地位，称其《唐异诗序》为"开山纲领"并不为过，而这常为人们所忽视。

余 论

对范仲淹而言，《唐异诗序》并不是灵光一现偶然出现的。天圣三年（1025），他就在《奏上时务书》中指出"国之文章，应于风化；风化厚薄，见乎文章。……文弊则救之以质，质弊则救之以文。……前代之季，不能自救，以至于大乱，乃有来者，起而救之。……况我圣朝千载而会，惜乎不追三代之高，而尚六朝之细。"① 他认为圣明的时代应"追三代之高"，而非"尚六朝之细"，体现出对宋初文学深刻的反思意识。在《唐异诗序》写作后的第四年即天圣八年（1030），范仲淹在《上时相议制举书》中更加明确地指出："今文庠不振，师道久缺，为学者不根乎经籍，从政者罕议乎教化，故文章柔靡，风俗巧伪，选用之际，常患才难。"② 对当时文章写作"柔靡""巧伪"的风气提出了批评，可见他对文学的反思和期待是始终如一的。《唐异诗序》正是他对诗学反思的体现和成果，也使其成为时代的先觉者。

---

① 曾枣庄、刘琳主编《全宋文》第十八册，第 207 页。
② 曾枣庄、刘琳主编《全宋文》第十八册，第 293—294 页。

北狩词考论[*]

◇王建生^{**}

摘　要：宋徽宗、宋钦宗北狩期间所作的五首北狩词，或著录于词选，或见于杂史、讲史底本。通过北狩词的流播过程，既可以看出南宋朝野对北狩的态度，也可以考探包括诗词在内的北狩信息南传的途径。《燕山亭》是北狩词中最负盛名的一篇，它的署名经历了从仲殊到宋徽宗的变化，《朝野遗记》《烬余录》等杂史的记载最终占据上风，这是该词经典化的第一环节；宋徽宗乃李后主投胎转世的说法，在笔记杂史、各类词话、词评中被反复论及，构成了《燕山亭》经典化的第二环节；又经王国维、梁启超等的推介，《燕山亭》作为经典的地位最终得以确立。

关键词：北狩词　宋徽宗　宋钦宗　燕山亭　宋代文学

北宋靖康二年（1127）三、四月间，宋徽宗、宋钦宗二帝连同后宫妃嫔、皇子王孙、伎艺匠人等，被金人俘虏北上，史称"靖康之变"。在汉语词汇中，"狩"乃帝王出奔或被俘之婉辞，二帝被掳至金国，位于宋朝的北方。这样，一个表方位、方向的"北"与表示帝王被俘的婉辞"狩"组合而成的"北狩"，便成了南宋朝野对徽、钦二帝被俘遭际的惯用说法。宋徽宗、宋钦宗北狩期间所作的词（宋徽宗《燕山亭》一首、《眼儿媚》一首；宋钦宗《西江月》两首、《眼儿媚》一首）不单单是帝王的心灵写照，其在南宋朝野对北狩的态度、宋金信息流通、通俗文艺勃兴中各种素材的融通等层面亦有不容忽视的价值。二帝北狩词中，《燕山亭》进入文学史的书写框架，成

---

*　[基金项目] 国家社科基金项目"靖康文史交叉研究"，项目编号：17BZW093。
**　王建生，郑州大学文学院副教授，研究方向为唐宋文学。

为帝王作品经典化的例证。那么,《燕山亭》经典化的历程有哪些关键环节?其动机、经验何在?

一 北狩的历史语境

靖康之难后,金国扶植的张邦昌伪楚政权存在三十余日,便由宋哲宗孟后(即元祐皇后)垂帘听政;四月中下旬,张邦昌、元祐皇后派遣使者来往于汴京与济州(宋徽宗第九子赵构的元帅府所在地)之间,商讨即位事宜。五月初一,赵构在南京(今河南商丘)嗣位。赵宋王朝灭而不亡、国祚断而复续的现实,使"北狩"有了赖以存在的语境。宋高宗即位册文中开头便说:"嗣天子臣构,敢昭告于昊天上帝:金人内侵,二帝北狩。天支戚属,混于穷居。宗社罔所依凭,华夷罔知攸主。"[1] 金国废宋帝、掳宋室,颠覆宋朝政权后造成了万民无"首"的局面,赵构绍继大统后首先要结束这种无首无序的状态。此后,"北狩"多次出现在诏令、制文中。[2]

建炎元年(1127)十月,即位不久的宋高宗为避开金人的侵扰,逃离南京,仓皇南下,经淮甸(实际上经过亳州、宿州)、泗州、楚州、高邮军,最后到达扬州。[3] 建炎三年二月,金兵侵掠扬州,宋高宗被迫渡江,到达镇江府,从此转徙于太湖流域。自建炎元年十月至建炎三年二月,南宋政权逐步离开中原,移跸江南。那么,驻跸扬州与渡江南来,何时才称南渡?

---

[1] (宋)李心传:《建炎以来系年要录》卷五"建炎元年五月庚寅"条,中华书局,1956,第116页。

[2] 与北狩具有相同意义的词语,还有"北迁""两宫"等。建炎元年五月初九,尚书省赠李若水官职札子告词中有"念国难之非常,骇虏情之不测。二圣遭北迁之厄,大统有中绝之危"。见(宋)徐梦莘《三朝北盟会编》卷八十二,上海古籍出版社,1987,第615页下。

[3] (元)脱脱等:《宋史》卷二十四《高宗纪一》,中华书局,1985,第449—450页;(宋)李心传:《建炎以来系年要录》卷十"建炎元年十月丁巳"条,第229页。

今之论者皆以宋高宗所建立的南渡政权笼统言之或代指南宋①，并未深究南渡的起始时间和地点。身处历史时空的宋人，是否关注这一关系家国命运前程的大问题？就目力所及，明确回应这一问题的是李清照。她亲身经历了北宋亡国之难，流亡奔波中对赵宋皇权、子民的前途保持着很大程度的关注，忧心如焚。庄绰《鸡肋编》卷中记载：

> 靖康初，罢舒王王安石配享宣圣，复置《春秋》博士，又禁销金。时皇弟肃王使虏，为其拘留未归。种师道欲击虏，而议和既定，纵其去，遂不讲防御之备。太学轻薄子为之语曰："不救肃王废舒王，不御大金禁销金，不议防秋治《春秋》。"其后胡人连年以深秋弓劲马肥入寇，薄暑乃归。远至湖湘、二浙，兵戈扰攘，所在未有乐土也。自是越人至秋亦隐山间，逾春乃出。人又以《千字文》为戏曰："彼则寒来暑往，我乃秋收冬藏。"时赵明诚妻李氏清照，亦作诗以诋士大夫云："南渡衣冠欠王导，北来消息少刘琨。"又云："南游尚觉江冷，北狩应悲易水寒。"②

《鸡肋编》自序署绍兴三年（1133），书中记李光忤秦桧事件发生在绍

---

① 冯友兰撰《国立西南联合大学纪念碑碑文》曰："稽之往史，我民族若不能立足于中原、偏安江表，称曰南渡。南渡之人，未有能北返者。晋人南渡，其例一也；宋人南渡，其例二也；明人南渡，其例三也。"（《三松堂全集》第十四卷，河南人民出版社，2001，第154页）黄文吉《宋南渡词人》中总结了两次具有特别意义的南渡，第一次是晋朝司马氏政权政治中心从洛阳移至建业；第二次是北宋"靖康之难"后，赵宋政权政治中心从汴京移到临安。又云"所谓的南渡，是以靖康二年，亦即建炎元年（西元1127）为准"（台湾学生书局，1985，第5—6页）。王兆鹏在《宋南渡词人群体研究》中认为南渡词人群体处于战乱时代（1110—1162），活动的地域由中原转移到江南，集中在江浙、闽中、江西三地（凤凰出版社，2009，第4—5页），并未言明南渡的起讫点。作为一个历史概念，"南渡"经常作为"南宋"部分时段或整体之代称，如宋人刘克庄宝祐四年（1256）所作《中兴绝句续选》曾说"南渡诗尤盛于东都"（《后村先生大全集》卷九十七，《四部丛刊》本），所举诗人从陈与义、吕本中直至晚近的"永嘉四灵"，此"南渡"显然涵盖了南宋的大部分时段；又如《宋史》卷三十五《孝宗纪·赞》云"……乃得孝宗之贤，聪明英毅，卓然为南渡诸帝之称首"（第692页），则指南宋。

② （宋）庄绰：《鸡肋编》卷中，中华书局，1983，第43页。"南游尚觉吴江冷，北狩应悲易水寒"联，《诗说隽永》记载略有不同："南来尚怯吴江冷，北狩应悲易水寒。"转引自（宋）胡仔《苕溪渔隐丛话·后集》卷四十，人民文学出版社，1962，第335页。

兴九年（1139）十二月，书中所记宋代史料颇资参考。此段所记的核心议题，便是宋政权自靖康至南宋初年对待金国入侵的对策。靖康初，和战不定；南宋初年，金兵突破长江天堑，深入湖湘、两浙等地，而朝廷采取的对策是避其锋芒，逃避为上。这段材料的记述起自靖康元年（1126），文中已明确交代；南宋初年的记载只用了"其后"二字紧承上文的"靖康初"。以《建炎以来系年要录》《宋史·高宗纪》《金史》等稍加核证，可知灭宋之后金兵大规模渡江南侵有两次。第一次，建炎二年（1128）冬始，建炎三年二月攻陷扬州。第二次，建炎三年十月渡江，一路深入吉州、湖州、潭州等地，追赶的对象是隆祐太后；另一路攻陷建康、临安府、越州等地，追赶的对象是宋高宗。至建炎四年二、三月开始撤退。庄绰所说"远至湖湘、二浙"，分明指的是金兵第二次南侵。至于"胡人连年以深秋弓劲马肥入寇，薄暑乃归"，则指出金兵发动攻宋战争的特点：秋冬开战，至来年春夏撤退。除了上文已胪列的两次南侵外，加上靖康元年（1126）秋冬开始、靖康二年（1127）春结束的灭宋战争，确实可以称得上战争频仍，从"连年"二字中，可以看出庄绰本人的愤恨与无奈。

上面所引庄绰之解说只是李清照发表时事评论的背景。李清照诗句"南渡衣冠欠王导，北来消息少刘琨"，批评士大夫苟安一时、昏聩无能。与历史上五胡乱华、司马氏衣冠南渡相比，缺少像王导、刘琨那样救焚拯溺、扶危济颠的人物，在平定南方局面、改善北方战局方面立下不朽功勋。[①] 放眼当下，朝廷中有谁能担当起重整山河之任？故而下面的一句"南游尚觉吴江冷，北狩应悲易水寒"，描述的正是有识之士的心理感受。自建炎元年至建炎三年，北狩的客观现实并未改变，宋高宗政权重大的变化便是行在所不断南移。旧政权被金人釜底抽薪、一网打

---

① 关于王导对东晋立国的贡献，参见陈寅恪《述东晋王导之功业》（载《金明馆丛稿初编》，上海古籍出版社，1980，第48—68页）；关于刘琨抗敌之功，参见《晋书》卷六十二《刘琨传》；明代张溥《汉魏六朝百三家集·刘中山集题辞》说"夫汉贼不灭，诸葛出师；二圣未还，武穆鞠旅。二臣忠贞，表悬天壤。上下其间，中有越石"（殷孟伦注《汉魏六朝百三家集题辞注》，中华书局，2007，第184页），把刘琨的忠贞与诸葛亮、岳飞并提。

尽，一路北上；新政权岌岌可危，仓皇南逃。这一北一南的现状，能否给赵家子民带来一线希望？国家前途何在？官家赵构心里没底，李清照同样没底，焦灼、无奈煎熬着她。

上引"南游尚觉吴江冷"，《师说隽永》作"南来尚怯吴江冷"①，对仗更为工整，"怯"字所表达的情感更为激越。建炎三年，宋高宗确曾在吴江（今江苏苏州）暂留；李清照诗中的"吴江"，并非单指吴江一地，而是代指宋高宗行在所流徙的太湖流域，与北迁二帝流离异域的"易水"相对。李清照的两联残句，一处用了"南渡"，一处用了"南游"或"南来"，两处用语有些微区别：第一处固然是借古讽今，用东晋"衣冠南渡"之典实，说赵构政权之南移，但在李清照心底，并不认为朝廷偏安东南局势已定，而是形成了如同东晋南渡偏安的政局，故第二处"南游"或"南来"，更符合她的心理期待——朝廷包括追随朝廷的士民只是暂来东南一游，迟早会返归故土。

联系绍兴三年李清照所作《上枢密韩公工部尚书胡公并序》，可知她心理、认知的微妙变化。诗前小序交代了写诗的缘由：绍兴三年五月，韩肖胄、胡松年出使金国，通问两宫。易安见此号令，作诗以寄意。其一："三年夏六月，天子视朝久。凝旒望南云，垂衣思北狩。……子孙南渡今几年，漂流遂与流人伍。欲将血泪寄山河，去洒东山一抔土。"②诗句中"垂衣思北狩"对应序中主旨——韩、胡二公出使金国，通问二帝消息；诗歌主体部分则申述现况，尽管李清照满腔热血欲重整山河，可现实却让她只能忠愤气填膺。

从绍兴三年所作诗歌中，可看出李清照所用"南渡"已非历史典故，而是客观实情。是年，宋高宗行在所从绍兴移至临安，无论是绍兴还是临安，"南渡"政权都有相对稳定的处所。李清照残句中所云"南游"或"南来"，就时间来讲，当在建炎三年、四年，是时李清照随赵构政权漂泊流转，所用语汇符合当时的历史情境。同样是评论时事，使

---

① 转引自（宋）胡仔《苕溪渔隐丛话·后集》卷四十，第335页。
② （宋）李清照撰，徐培均笺注《李清照集笺注》卷二，上海古籍出版社，2002，第221—222页。

用词汇却如此精准、讲究。

《直斋书录解题》卷十八为许景衡《横塘集》所作提要云："建炎初为执政，与黄、汪不合罢。建议渡江幸建康，言者以为非是，及下还京之诏，景衡以忧卒于瓜洲。未几，敌骑奄至淮扬，仓卒南渡。"① 陈振孙此处所用"南渡"，指的是从扬州渡长江而南。南渡的时间节点并不是建炎初年驻跸扬州时，更非应天府即位之日。陈振孙的例证，可以和李清照有关"南渡"的时事评述形成前后呼应。

李清照残句之价值，在于其对家国前程的关怀，忧虑中透着炽热和执着。除了关注"南渡"，李清照还惦念北狩的皇帝以及侍从的文人士大夫。在她的意识中，南来、北上都是国朝命运的持续，凡我华夏子民，都应义无反顾地投入中兴赵宋王朝的大业中，不分南北。李清照兼重南北的全局意识，正是她的远见卓识。

翻阅两宋之际文人的作品，发现有此意识者并非只有李清照一人。刘子翚、李光、张元干、江端友等人诗词中都体现了南北并重的思想。

刘子翚的《望京谣》同样涉及对京洛的想象，而且其内容更为丰富，诗歌对当下形势有非常深入的分析，对南宋政治军事策略也有批评。诗云：

> 双銮北狩淹归毂，寂寞梁园春草绿。犹传故老守孤城，官军不到黄河曲。连云楼橹已灰烬，更倚窗扉防箭镞。招兵大半出群盗，绣裀蒙衣屡翻覆。前宗后社力诛锄，白刃如霜挂人肉。州桥灯火夜无光，夹道狐狸昼相逐。往时汴泗绝行舟，市枲十千尘满斛。衣冠避胡多在南，胡马却食江南粟。谋臣武士力俱困，海角飘摇转黄屋。盘庚五迁方择利，昆阳一战何当卜。宁闻强虏乱中华，汉祚承天终必复。夕烽明处望千门，孤臣只欲吞声哭。②

---

① （宋）陈振孙：《直斋书录解题》卷十八，上海古籍出版社，1987，第524页。
② （宋）刘子翚：《屏山集》卷十一，《宋集珍本丛刊》本。

李光过桐江、经严陵濑时所作《水调歌头》上片云：

> 兵气暗吴楚，江汉久凄凉。当年俊杰安在，酌酒酹严光。南顾豺狼吞噬，北望中原板荡，矫首讯穹苍。归去谢宾友，客路饱风霜。①

张元干《石州慢·己酉秋吴兴舟中作》下阕云：

> 心折。长庚光怒，群盗纵横，逆胡猖獗。欲挽天河，一洗中原膏血。两宫何处？塞垣祗隔长江，唾壶空击悲歌缺。万里想龙沙，泣孤臣吴越。②

刘克庄《后村诗话》记载：

> 江端友，字子我，邻几之孙，靖康间以布衣召用。同时诗人感慨北狩南渡之作多矣。子我云："楚欲图周鼎，汤犹系夏台。"又云："比年荧惑犯南斗，何日燕人祭北门。"事的切而语回互。③

南宋初年文学中，以恢复雪耻为基调的作品数量众多的原因，在于抗金雪耻乃情理之事。诚如赵翼所言："宋遭金人之害，掳二帝，陷中原，为臣子者固当日夜以复仇雪耻为念，此义理之说也。"④ 二帝北狩，宋室南迁，这是南渡文学发生的历史语境，同样也是北狩词创作的历史语境。

---

① （宋）李光：《水调歌头》，载唐圭璋编《全宋词》第二册，中华书局，1965，第785页。
② （宋）张元干：《石州慢·己酉秋吴兴舟中作》，载（宋）张元干撰，曹济平笺注《芦川词笺注》卷上，上海古籍出版社，2010，第30页。
③ （宋）刘克庄：《后村诗话·前集》卷二，中华书局，1983，第28页。
④ （清）赵翼撰，王树民校证《廿二史札记校证》，中华书局，1984，第552页。

二 北狩词的著录

（一）宋徽宗《燕山亭》

五首北狩词中，《燕山亭》（裁剪冰绡）最为有名。《全宋词》所录该词文本如下：

> 裁剪冰绡，打叠数重，冷淡燕脂匀注。新样靓妆，艳溢香融，羞杀蕊珠宫女。易得凋零，更多少、无情风雨！愁苦。闲院落凄凉，几番春暮？　凭寄离恨重重，这双燕，何曾会人言语！天遥地远，万水千山，知他故宫何处？怎不思量，除梦里、有时曾去。无据。和梦也、有时不做。①

南宋佚名编《朝野遗记》，记述了《燕山亭》下片中三分之二的内容。《朝野遗记》"徽宗词"条云：

> 徽庙在韩州，会虏传至书，一小使始至，见上登屋，自正菱舍，急下顾笑曰："尧舜茅茨不剪。"方取械视。又有感怀小词，末云："天遥地阔，万水千山，知它故宫何处？怎不思量，除梦里有时曾去。无据，和梦也有时不做。"真似李主"别时容易见时难"声调也。后显仁归銮，云此为绝笔。②

显仁太后即宋高宗生母韦氏，"靖康之难"时被金人俘虏，绍兴十二年（1142）八月还朝。韦氏拘执虏地期间对宋徽宗行实当有一定了

---

① （宋）宋徽宗：《燕山亭》，载唐圭璋编《全宋词》第二册，第898页。
② （宋）佚名：《朝野遗记》，载朱易安、傅璇琮等主编《全宋笔记》第七编第二册，大象出版社，2016，第280页。

解，即便当时了解不多，还朝启程前后必多方打听宋徽宗消息，以符合金地归来的国母身份。父已崩而母安在的实况，使韦后成为代替宋徽宗棺椁诉说遭际的不二人选。《朝野遗记》中这段材料，所记仅为宋徽宗北迁一段历程中的两个生活片段：在韩州时亲自修整茅舍，作绝命词。从材料来看，感怀小词必韦后亲闻或目见，故云乃徽宗绝笔。它是否作于韩州，从上下文语义看，不宜遽下结论。

张端义《贵耳集》卷下记载："道君北狩，在五国城，或在韩州，凡有小小凶吉丧祭节序，北房必有赐赍，一赐必有一谢表。北房集成一帙，刊在榷场中博易，四五十年，士大夫皆有之。余曾见一本。更有《李师师小传》，同行于时。"① 据张端义所记，金人已将宋徽宗北狩谢表结集出版，在宋金边界榷场中售卖，南宋士大夫极易获览。《朝野遗记》所记金主传书至韩州条，与《贵耳集》所载有某些关合之处：前者选取了宋帝北狩生活的片段，为金主传书的小使到达时，他正在修整屋顶；后者则综括宋徽宗的政治遭际，一旦归为臣虏，遇到吉凶丧祭节序，凡有赐赍，必有谢表，也就是说金主赐赍乃名，要挟宋徽宗辱身恭谢才是实。若据《贵耳集》的叙事逻辑，《朝野遗记》中的生活片段似乎还未结束，传书的小使还在一旁等候宋徽宗挥墨写谢表呢！这样的场景着实被编排在了《南烬纪闻》中：

或日，过一城，不知是何州县，止有番兵二千余，并无居民。其首领见绎利再拜，以怀中文字呈上，绎利呼左右，令易帝后衣服冠帻裳衣，皆如罪囚状，坐小室。久，又有一人持文字示帝曰："依式作表达燕京，两三日就到矣。"其文引孙皓、刘禅及晋愍怀、石少故事，尊称金主为汤武唐太宗，先灭契丹，又灭南宋，功德巍峨，并请罪免死之意。持文字者呼左右取纸笔，促帝速写，内云"亡国俘赵某及妇妾郑氏、朱氏，谨稽首再拜上大金国辅天佐运应

---

① （宋）张端义：《贵耳集》卷下，载《宋元笔记小说大观》第四册，上海古籍出版社，2001，第4305页。

> 道法古至德皇帝陛下：重念某乘祖宗基业，上不能顺天命，下不能抚人民；听谀佞之语，结怨外国；询凶逆之求，积衅华夏。致上国兴伐罪之师，下吊民之令，一家被掳，百口分飞；父子姑媳，听命几上。惟陛下德过尧舜，威胜汤武，既已灭国，应立异姓。父子微命，尚祈赦原"等语。其文难以备录，末句云："愍怀幽懑，未如前日之怨；汤武文高，曷遇此时之举！"是日因写表，仅行三十余里，深夜月明而止。①

就来源而言，《全宋词》从《烬余录》乙编辑录《燕山亭》，其中"打叠数重"，《宋词纪事》作"轻叠数重"②。《烬余录》为南宋遗民徐大焯所辑，其中"宋徽宗北狩诗词"条翔实生动，现过录于此：

> 道君北狩后，曾倚声云："玉京曾忆旧繁华，万里帝王家。琼楼玉殿，朝喧弦管，暮列筝琶。　花城人去今萧索，春梦绕胡沙。家山何处？忍听羌笛，吹彻梅花。"又尝在五国城题壁云："彻夜西风撼破屏，萧条客馆一灯微。家山回首三千里，目断山南无雁飞。"又谱长短句云："裁剪冰绡，打叠数重，冷淡燕脂注。新样靓妆，艳溢香融，羞杀蕊珠宫女。易得凋零，更多少、无情风雨！愁苦。闲院落凄凉，几番春暮？　凭寄离恨重重，这双燕，何曾会人言语！天遥地远，万水千山，知他故宫何处？怎不思量，除梦里有时曾去。无据。和梦也、有时不做。"在韩州日，清明客感云："葺母初生认禁烟，无家对景倍凄然。帝城春色谁为主，遥指乡关涕泪连。"③

《烬余录》所载五国城题壁诗，又见于元代蒋子正《山房随笔》：

---

① （宋）黄冀之：《南烬纪闻》，复旦大学图书馆藏民国三年（1914）都门书局铅印本。
② 唐圭璋编著《宋词纪事》，中华书局，2008，第170页。
③ （宋）徐大焯：《烬余录》，载《中国野史集成》第10册，巴蜀书社，1993，第265页。

"直北某州有道君题壁诗云:'彻夜西风撼破屏,萧条孤馆一灯微。家山回首三千里,目断山南无雁飞。'"① 宋徽宗"家山回首三千里",自称宋钦宗第二子的题诗中也有类似的句子:"三千里地孤寒客,十七年前富贵家。泛海玉龙惊雪浪,权藏头角混泥沙。"②

南宋后期赵闻礼选编的《阳春白雪》收《燕山亭·杏花》词。词曰:

> 裁剪冰绡,轻叠数重,淡著胭脂匀注。新样靓妆,艳溢香融,羞杀蕊珠宫女。易得凋零,更多少、无情风雨!愁苦。闲院落凄凉,几番春暮? 凭寄离恨重重,这双燕,何曾会人言语!天遥地远,万水千山,知他故宫何处?怎不思量,除梦里有时曾去。无据。和梦也、新来不做。③

吴曾《能改斋词话》卷一"御词"条:

> 徽宗天才甚高,于诗文之外,尤工长短句。尝为《探春令》云:"帘旌微动,峭寒天气,龙池冰泮。杏花笑吐香红浅。又还是、春将半。 清歌妙舞从头按。等芳时开宴。况去年对着东风,曾许不负莺花愿。"《聒龙谣》云:"紫阙岧峣,绀宇邃深,望极绛河清浅。皓月流天,锁穹隆光满。水晶宫金锁龙盘,玳瑁帘玉钩云卷。动深思,秋籁萧萧,比人世,倍清燕。 瑶阶迥,玉签鸣,渐秘省引水,辘轳声转。鸡人唱晓,促铜壶银箭。拂晨光、宫柳烟微,荡瑞色、御炉香散。从宸游、前后争趋,向金銮殿。"宣和乙巳冬,幸亳州途次,御制《临江仙》云:"过水穿山前去也,吟诗

---

① (元)蒋子正:《山房随笔》,载《宋元笔记小说大观》第六册,第6538页。
② (宋)徐梦莘:《三朝北盟会编》卷一百九十九绍兴十年(1140)二月"刘遇僧称皇侄勘实决脊琼州牢城"条,第1437—1438页。
③ (宋)宋徽宗:《燕山亭·杏花》,载(宋)赵闻礼选编《阳春白雪》,唐圭璋编《唐宋人选唐宋词》,上海古籍出版社,2004,第882页。

约句千余。淮波寒重雨疏疏。烟笼滩上鹭,人买就船鱼。 古寺幽房权且住,夜深宿在僧居。梦魂惊起转嗟吁。愁牵心上虑,和泪写回书。"①

清代王奕清等撰《历代词话》卷六"赵佶词"条引《能改斋漫录》:

> 徽宗天才甚高,诗文而外,尤工长短句。尝作《探春令》云:"帘旌微动,峭寒天气,龙池冰泮。杏花笑吐香犹浅。又还是、春将半。 清歌妙舞从头按。等芳时开宴。记去年、对着东风,曾许不负莺花愿。"又有《聒龙谣》《临江仙》《燕山亭》等篇,皆清丽凄惋。②

王奕清等《历代词话》只是撮录了《能改斋词话》的内容,删去了《聒龙谣》《临江仙》的正文,只存其目,最大的变化,就是在列举部分加入了《燕山亭》的词目,这在《能改斋词话》中是没有的。冯金伯辑《词苑萃编》卷四"徽宗工长短句"条,照录了王奕清等《历代词话》的内容。此外,冯金伯辑《词苑萃编》卷四"徽宗燕山亭"条引《古今词话》:"徽宗北辕后,赋《燕山亭·杏花》一阕,哀情哽咽,仿佛南唐李后主,令人不忍多听。词曰……"③但查《词话丛编》本《古今词话》,并无宋徽宗《燕山亭》的相关内容。

(二)宋徽宗、宋钦宗《眼儿媚》唱和

宋徽宗《眼儿媚》:"玉京曾忆旧繁华,万里帝王家。琼林玉殿,

---

① (宋)吴曾:《能改斋词话》卷一,载唐圭璋编《词话丛编》第一册,中华书局,1986,第140页。
② (清)王奕清等:《历代词话》,载唐圭璋编《词话丛编》第二册,第1198页。
③ (清)冯金伯:《词苑萃编》,载唐圭璋编《词话丛编》第二册,第1828页。

朝喧弦管，暮列笙琶。　花城人去今萧索，春梦绕胡沙。家山何处？忍听羌笛，吹彻梅花。"① 宋钦宗《眼儿媚》："宸传三百旧京华，仁孝自名家。一旦奸邪，倾天拆地，忍听琵琶。　如今在外多萧索，迤逦近胡沙。家邦万里，伶仃父子，向晓霜花。"②

　　宋徽宗、宋钦宗《眼儿媚》唱和词，较早著录于《南烬纪闻》或《宣和遗事》等杂史或说话底本中。《全宋词》收录《眼儿媚》二词，云采自《南烬纪闻》卷下。《南烬纪闻》内容如下：

　　是夕，宿树林下，月色微明，闻番人吹笛声，呜咽如哭，盖奚国兵后队也。帝与太上太后闻之曰："与化成乐何如？"时太上口占一词曰："玉京曾忆旧京华，万国帝王家。金殿琼楼，朝吟凤管，暮弄龙琶。　化城人去今萧索，春梦绕胡沙。向晚不堪，回首坡头，吹彻梅花。"少帝唱其词，复和之曰："宸传百战旧京华，仁孝自名家。一旦奸邪，天倾地坼，忍听琵琶。　如今塞外多离索，迤逦绕胡沙。万里邦家，伶仃父子，向晚宿霜花。"歌不成曲，三人大哭而止。③

《宣和遗事》利集记载：

　　是夕宿一林下，时月微明，有番首吹笛，其声呜咽特甚。太上口占一词曰："玉京曾忆旧繁华，万里帝王家。琼林玉殿，朝喧弦管，暮列笙琶。　花城人去今萧索，春梦绕胡沙。家山何处？忍听羌笛，吹彻《梅花》。"太上谓帝曰："汝能赓乎？"帝乃继韵曰："宸传四百旧京华，仁孝自名家。一旦奸邪，倾天拆地，忍听挡琶。　如今塞外多离索，迤逦远胡沙。家邦万里，伶仃父子，向晓

---

① （宋）宋徽宗：《眼儿媚》，载唐圭璋编《全宋词》第二册，第898页。
② （宋）宋钦宗：《眼儿媚》，载唐圭璋编《全宋词》第二册，第1241页。
③ （宋）黄冀之：《南烬纪闻》。

霜花。"歌成,三人相执大哭。①

比勘文字发现,《全宋词》中宋徽宗、宋钦宗二帝的《眼儿媚》文字,应当辑自《宣和遗事》,而不是《南烬纪闻》。明人陈霆《渚山堂词话》采用了《宣和遗事》而非《南烬纪闻》的文字,断定宋徽宗、宋钦宗《眼儿媚》唱和实有其事。文字引录于下:

> 宋二帝北狩,金人徙之云州。一日,夜宿林下,时碛月微明,有胡雏吹笛,其声呜咽。太上因口占《眼儿媚》云:"玉京曾记旧繁华,万里帝王家。琼林玉殿,朝喧箫管,暮列琵琶。 花城人去今萧索,春梦绕龙沙。家山何处,忍听羌笛,吹彻梅花。"此词少帝有和篇,意更凄怆,不欲并载,吾谓其父子至此,虽噬脐无及矣,每一披阅,为酸鼻焉。②

《渚山堂词话》序作于嘉靖九年(1530),据此可断定陈霆看过《宣和遗事》。今虽未有《宣和遗事》或《南烬纪闻》的元刻本传世,但从陈霆转引的内容来看,《宣和遗事》或《南烬纪闻》的刻本或抄本在明嘉靖九年之前是存在的。

同样在《宣和遗事》中,有关于宋徽宗称赏宋齐愈《眼儿媚》的记述。清代王奕清等撰《历代词话》卷六"宋齐愈咏梅"条引《宣和遗事》:

> 宣和中,宋齐愈为太学官,徽宗召对曰:"卿文章新奇,可作梅词进呈,须是不经人道语。"齐愈立进《眼儿媚》云:"霏霏疏影,转征鸿。人语暗香中。小桥斜渡,曲屏深院,水月蒙蒙。 人间不是藏春处,玉笛晓霜空。江南处处,黄垂密雨,绿涨薰风。"

---

① 《新刊大宋宣和遗事》,中国古典文学出版社,1954,第111页。
② (明)陈霆:《渚山堂词话》卷三"徽宗《眼儿媚》"条,载唐圭璋编《词话丛编》第一册,第375页。

徽宗称善。次日谕近臣曰:"宋齐愈梅词,非惟不经人道,且自开花说至结子黄熟,并天气亦言之,可谓尽致矣。"①

冯金伯辑《词苑萃编》卷四"宋齐愈梅词"条,亦录自《宣和遗事》,与《历代词话》内容完全相同。南宋遗民徐大焯所辑《烬余录》较早记载了宋徽宗的这首《眼儿媚》,文字与通行本《宣和遗事》略同:"道君北狩后,曾倚声云:'玉京曾忆旧繁华,万里帝王家。琼楼玉殿,朝喧弦管,暮列笙琶。 花城人去今萧索,春梦绕胡沙。家山何处?忍听羌笛,吹彻梅花。'"②

此段记述的对象是宋徽宗,故不涉及宋钦宗和作的任何信息。《烬余录》的真实性若不存在问题③,那将是笔者所见最早汇总宋徽宗北狩诗词的文献。《宣和遗事》采择宋徽宗称赞宋齐愈《眼儿媚》词,与后之徽、钦二帝的《眼儿媚》唱和,构成了前后内容的串联:既然对《眼儿媚》如此熟识,北狩时口占一首也就顺理成章了。

(三)宋钦宗《西江月》二首

《全宋词》辑录宋钦宗《西江月》二首,源自张知甫《可书》。引录于下:

渊圣皇帝幸沙漠,作《西江月》之曲,书赐一卫士。"历代恢文偃武,四方晏粲无虞。奸臣招致北匈奴。边境年年侵侮。 一旦金汤失守,万邦不救銮舆。我今父子在穹庐。壮士忠臣何处?""塞雁嗷嗷南去,高飞难寄音书。只应宗社已丘墟。愿有真人为主。 岭外云藏晓日,眼前路忆平芜。寒沙风紧泪盈裾。难望燕山归路。"④

---

① (清)王奕清等:《历代词话》卷六,载唐圭璋编《词话丛编》第二册,第1205页。
② (宋)徐大焯:《烬余录》,载《中国野史集成》第10册,第265页。
③ 此书被怀疑是晚清革命党人所撰的伪书,光绪十七年(1891)始有刻本传世。
④ (宋)张知甫:《可书》,《丛书集成初编》本,中华书局,1985。

《可书》一卷，或著录为《张氏可书》，作者张知甫。原书已佚，今传本为四库馆臣辑自《永乐大典》。《四库提要》之张知甫《可书》提要载：

> 中间复有绍兴丁巳、戊午纪年，及刘豫僭号中原事，则入南渡后二十余年矣。盖其人生于北宋末年，犹及见汴梁全盛之日，故都遗事，目击颇详。迨其晚岁追述为书，不无沧桑今昔之感。故于徽宗时朝廷故实，纪录尤多，往往意存鉴戒。其余琐闻佚事，为他说家所不载者，亦多有益谈资。虽诙谐神怪之说，杂厕其间，不免失于冗杂，而按其本旨，实亦孟元老《东京梦华录》之流，未尝不可存备考核也。[1]

张知甫生活于南北宋之交，能获悉徽、钦二帝北狩消息，殊为难得。毕竟，当时士大夫包括使金者在内，很少能真正了解金方实况。宋钦宗的两首《西江月》，能如此快速地传至宋方，并被张知甫记录下来，诸多环节中，所赐卫士恐怕是信息传播的关键。《可书》还著录了宋徽宗的《醉落魄》词："徽宗预赏景龙门，追悼明节词曰：'无言哽咽，看灯记得年时节。行行指月行行说。愿月常圆，休要暂时缺。 今年华市灯罗列，好灯争奈人心别。人前不敢分明说。不忍抬头，羞见旧时月。'暨北狩，人谓末句有谶。"[2]

《可书》提到，宋徽宗北狩后，人们以为"不忍抬头，羞见旧时月"一语成谶。很简单的一句话，却道出北宋亡后宋人对宋徽宗词的新解读——缠绵凄恻的词作中隐含着帝王身份陡转的痛苦。

历代词话著述宋钦宗词者较少。谭献《箧中词序》云："论具卷中，不缕缕也。李白、温岐，文士为之。昇元、靖康，君王为之。将相大臣范仲淹、辛弃疾为之。文学侍从苏轼、周邦彦为之。志士遗民王沂

---

[1] （清）纪昀等：《钦定四库全书总目》，中华书局，1997，第1861页。
[2] （宋）张知甫：《可书》。所引乃宋徽宗《醉落魄》，见唐圭璋编《全宋词》第二册第897页。

孙、唐珏之徒，皆作者也。"① 昇元、靖康本为帝王年号，指南唐烈主李昇、宋钦宗赵桓。唐圭璋《读词札记》"宋人父子能词"条总结道："赵顼有词见《能改斋漫录》；顼十一子佶，有《徽宗词》；佶长子桓，有词见《可书》。"② 《全宋词》共辑录宋钦宗词三首，他能进入词作者行列，《可书》所载的这二首《西江月》是首要原因。

三 北狩词之流播

如果说前一部分侧重探源的话，本部分则着重考察北狩词的流播。集中反映帝王身份变化的北狩词，是北宋王朝的影子，也是历史的一面镜子。后世的转录、评述或演绎，都从不同层面展示着北狩词的历史价值。北宋虽亡，而国之余烬未熄，北狩词犹如薪尽火不灭的王朝余晖。

（一）《燕山亭》署名变化

《燕山亭》（裁剪冰绡）属宋人作品毋庸置疑。较早著录该词的有两个系统：一是《朝野遗记》《烬余录》等杂史类文献；二是南宋后期赵闻礼选编的《阳春白雪》等词选类著作。《阳春白雪》与《烬余录》（因《朝野遗记》仅录"天遥地远"以下文字，故不以之为据）文字之不同，见表1。

表1 《烬余录》《阳春白雪》所载《燕山亭》录异

	《烬余录》	《阳春白雪》
1	打叠数重	轻叠数重
2	冷淡燕脂匀注	淡著胭脂匀注
3	和梦也、有时不做	和梦也、新来不做

---

① （清）谭献：《箧中词序》，载唐圭璋编《词话丛编》第四册，第3988页。
② 唐圭璋：《词学论丛》，上海古籍出版社，1986，第676页。

特别值得注意的是,《阳春白雪》系统的词选中,《燕山亭》的作者存在争议。《宛委别藏》本《阳春白雪》,署名仲殊①;《词学丛书》本、《粤雅堂丛书》本、《丛书集成初编》本《阳春白雪》,署名"仲殊,一作宋徽宗"②。

既然在各版本《阳春白雪》中,《燕山亭》作者署名有争议,或为仲殊,或为"仲殊,一作宋徽宗",那么,为何《燕山亭》最终署名却从仲殊变成了宋徽宗赵佶呢?

翻阅《全宋词》仲殊词,知其乃宋代僧人中擅词者,小令最工。《燕山亭》中"淡著胭脂匀注"句,与仲殊词《念奴娇·荷花》"偷把胭脂匀注"③语汇相同,但不能由此遽断《燕山亭》便为仲殊词作。

在《阳春白雪》版本系统中,《燕山亭》的署名,经过明显的变化:最初皆署名仲殊;后增添"一作宋徽宗"五字,《燕山亭》著作权开始存在争议,如清代《词学丛书》本、《粤雅堂丛书》本《阳春白雪》,署名皆作"仲殊,一作宋徽宗"。非常有意思的是,明清的词选、词话中,《燕山亭》作者清一色地署宋徽宗,仲殊与此词撇清了关系。

明代杨慎《词品》引录了宋徽宗《燕山亭》词、《在北遇清明日》诗及"孟婆"小词,引录于下:

> 宋徽宗北随金虏,后见杏花,作《燕山亭》一词(词从略)。词极凄惋,亦可怜矣。又《在北遇清明日》诗曰:"茸母初生认禁烟(小注:草名),无家对景倍凄然。帝城春色谁为主,遥指乡关涕泪连。"又戏作小词云:"孟婆,孟婆,你做些方便。吹个船儿倒转(小注:孟婆,宋京勾栏语,谓风也)。""茸母""孟婆",

---

① (清)阮元辑《宛委别藏》,《续修四库全书》第1728册,上海古籍出版社,2002,第305页。

② 三个版本属同一系统,《粤雅堂丛书》本据《词学丛书》本刊刻,而《丛书集成初编》本又据《粤雅堂丛书》本排印。今上海古籍出版社校点本《阳春白雪》,《燕山亭》下有一注:"诸钞刊本皆作仲殊,注'一作宋徽宗',兹据《朝野遗记》《烬余录》诸书改署。"(唐圭璋编《唐宋人选唐宋词》,第882页)此段校记,当出自校点者葛渭君之手。据所见《宛委别藏》本署名来看,这一校记并不准确,可能会给人以误导。

③ (宋)黄昇:《唐宋诸贤绝妙词选》,载唐圭璋编《唐宋人选唐宋词》,第672页。

正是的对。①

明人陈耀文编《花草粹编》卷十九著录宋徽宗《燕山亭·杏花》。明代卓人月《古今词统》卷十三著录宋徽宗《燕山亭·见杏花作》，汇评中信息量巨大，除引述杨慎《词品》中的内容（见上文）外，还撮录了宋徽宗的题壁诗、谢克家《忆君王》、郭浩陇口鹦鹉诗、洪皓祭徽宗文等有关北狩的诗词，现摘录如下：

《词品》曰此词极凄惋，亦可怜矣。又《在北遇清明日》诗曰："茸母初生认禁烟（小注：草名），无家对景倍凄然。帝城春色谁为主，遥指乡关涕泪连。"又戏作小词云："孟婆，孟婆，你做些方便。吹个船儿倒转。""茸母"，草也；"孟婆"，风也，正是的对。又，直北某州有道君题壁诗云："彻夜西风撼破屏，萧条孤馆一灯微。家山回首三千里，目断山南无雁飞。"又，徽宗北行，谢克家作《忆君王》词云："依依宫柳拂宫墙。宫殿无人春昼长。燕子归来依旧忙。 忆君王。月破黄昏人断肠。"又，郭浩按边，至陇口见红白二鹦鹉在树间，问上皇安否，浩曰崩矣，鹦鹉悲鸣不已。浩赋诗曰："陇口山深草木荒，行人到此断肝肠。耳边不忍听鹦鹉，犹在枝头说上皇。"又，洪皓祭徽宗文云："叹马角之不生，魂消雪窖。攀龙髯而莫逮，泪雨冰天。"②忠愤之气，勃然俱宜表出。又，《外史》徽宗前身是玉堂天子，不听玉皇说法，谪降人间，水火葬之。绍兴间，金人以梓宫来归。元僧杨琏真伽发其冢，止朽木一段。③

---

① （明）杨慎：《词品》卷五，上海古籍出版社，2009，第106—107页。
② 另说祭文乃朱弁作，《宋史》卷三百七十三《朱弁传》："其后，（王）伦复归，又以弁奉送徽宗大行之文为献，其辞有曰：'叹马角之未生，魂消雪窖；攀龙髯而莫逮，泪洒冰天。'帝读之感泣，官其亲属五人，赐吴兴田五顷。"（中华书局，1985，第11552页）
③ （明）卓人月汇选，（明）徐士俊参评《古今词统》卷十三，明崇祯年间刻本。

《古今词统》所谓的"外史",即《宣和遗事》贞集。明人将署名为宋徽宗的诗词、野史、笔记融汇起来,不辨真伪地汇合在了宋徽宗身上。

清代朱彝尊《词综》卷四选录宋徽宗《探春令》(帘旌微动)、《燕山亭·见杏花作》,其中《燕山亭》尾句"有时不做",另出所校异文"一作新来"。《御选历代诗余》、词谱类著作如万树《词律》①等,也都认定《燕山亭》(裁剪冰绡)乃宋徽宗作品。

著录《燕山亭》的两个系统,在署名问题上,杂史的观点影响了词选、词话:确定《燕山亭》乃宋徽宗作品的关键证据,正是前述《朝野遗记》《烬余录》等杂史著作,《燕山亭》作者为宋徽宗的观点最终胜出。

(二) 北狩信息的南传

身处江南的赵宋臣民对二帝北狩持何态度?二帝北狩信息是否传入了南宋?通过何种途径传入的?这些问题有待我们进一步探索、回答。

从当时臣僚书策、诗词来看,朝野对二帝现况极为关注。陈与义《有感再赋》:"忆昔甲辰重九日,天恩曾预宴城东。龙沙此日西风冷,谁折黄花寿两宫?"② 宣和六年(1124)重阳,宋徽宗赐宴宜春苑,陈与义有幸与宴,君臣欢聚一堂,其乐融融;如今又是重阳佳节,自己流寓异乡,身陷敌国的徽、钦二帝,该如何度此佳节呢?两相比较,更突出悲怆、感伤的情怀。类似主题的诗歌,在陈与义诗集中有很多,罗大经曾评价他"遭值靖康之乱,崎岖流落,感时恨别,颇有一饭不忘君之意"③。两宫一去不复返,竟成中原遗恨。刘一止《傅子骏右司见和雪句且有两宫北狩之感复用韵二首》其一:"万里胡沙惊毳幕,北望旄头天际

---

① (清)沈辰垣等编纂《御选历代诗余》卷六十六《燕山亭·见杏花作》,《景印文渊阁四库全书》第1492册,台湾商务印书馆,第509页;(清)万树《词律》卷十五"燕山亭"体,选录的是曾觌之词,订注部分举宋徽宗的《燕山亭》之例(上海古籍出版社,1984,第353页)。

② (宋)陈与义:《陈与义集》卷十七,中华书局,2007,第268页。

③ (宋)罗大经:《鹤林玉露》,中华书局,1983,第105页。

落。向来官军如路人,受甲逡巡惟指鹤。宁知竟屈銮辂尊,问天火令何当炖。落雪如絮不我温,九关梦想血面论。"① 想象徽、钦二帝在金国所受的非礼待遇,南渡文人深感为奇耻大辱,思君报国之意溢于言表。

两宫冷暖不仅是南渡文人关心的热门话题,也是他们抒发家国悲恨的有效途径。刘子翚《四不忍》诗想象二帝在北方的饮食、起居诸般不便,突出本朝君王所受的非礼遭遇,在臣子看来,实在是痛彻心扉的国耻遗恨。其一:"草边飞骑如烟灭,拉兽摧斑食其血。此时疾首念銮舆,玉体能胜饥渴无?危城屑曲惊云扰,簜簜无光天座杳。奋戈倘未雪深雠,我食虽甘何忍饱。"其二:"黄河凿凿冰成路,人语寒空气成雾。此时泣血念銮舆,玉体能胜凛冽无?苍黄天步蒙尘去,画衮飘零伤岁暮。飞书倘未伐奸谋,我服虽华何忍御。"其三:"平沙月转旌旗影,擐甲为衾戈作枕。此时饮恨念銮舆,玉体能胜暴露无?问安使者空相继,清跸不回宫殿闭。请缨倘未缚酋渠,我榻虽安何忍寐。"其四:"渔阳叠鼓风沙战,泼水淋漓舞胡旋。此时太息念銮舆,玉体能胜寂寞无?六宫遭乱多奔迸,不复梨园歌舞盛。著鞭倘未蹂龙庭,我瑟虽调何忍听。"② 在刘子翚的认识世界中,徽、钦二帝理当在汴京的皇宫内过着锦衣玉食、高枕无忧、歌舞佐欢的帝王生活,如今却落得个凄凄惨惨、飘零异域的下场,这让宋朝的臣子们怎生消得?"我食虽甘何忍饱""我服虽华何忍御""我榻虽安何忍寐""我瑟虽调何忍听",极写寝食难安的生活状态,虽是夸张性、文学化的描述,现实中未必如此,两宫冷暖却是文人士大夫念兹在兹者,其间渗透着强烈的耻辱感。

张九成在绍兴二年(1132)《状元策》中有一段话,以春夏秋冬两宫的冷暖忧乐为题,极度铺陈徽、钦二帝在北方的生活,云:"方当春阳昼敷,行宫别殿,花气纷纷,想陛下念两宫之在北边,尘沙漠漠,不得共此融和也,其何安乎?盛夏之际,风窗水院,凉气凄清,窃想陛下念两宫之在北边,蛮毡拥蔽,不得共此疏畅也,亦何安乎?澄江泻练,

---

① (宋)刘一止:《苕溪集》卷四,《宋集珍本丛刊》本,线装书局,2004。
② (宋)刘子翚:《屏山集》卷十一,《宋集珍本丛刊》本,线装书局,2004。

夜桂飘香，陛下享此乐时，必曰西风凄劲，两宫得无忧乎？狐裘温暖，兽炭春红，陛下享此乐时，必曰朔雪袤丈，两宫得无寒乎？……每岁时遇物，想惟圣心雷厉，天泪雨流，抚剑长吁，思欲扫清蛮帐，以还二圣之车，此臣心之所以知陛下者。"① 张九成的策论有强烈的现实指向，他以两宫冷暖来激励宋高宗励精图治、报仇雪耻。

绍兴五年（1135）向子諲所作《阮郎归》下阕云："天可老，海能翻。消除此恨难。频闻遣使问平安。几时鸾辂还？"② 国耻遗恨难以忘怀，而宋高宗却不停地派遣使者与金人议和，名义上是向两宫问安，可是，何时能将二帝营救回来呢？正如胡寅在是年上奏时所言："自建炎丁未至于绍兴甲寅，所谓卑辞厚礼，以问安迎请为名而遣使者不知几人矣，知二帝所在者谁欤？见二帝之面者谁欤？得女真之要领者谁欤？因讲和而能息敌兵者谁欤？"③

绍兴和议后，文人很识趣地回避两宫北狩话题，但建炎、绍兴间关于北狩的诗词作品，并没有被作者、编选者刊落。向子諲的《阮郎归》词，后收入黄升《唐宋诸贤绝妙词选》④，这从一个侧面反映出：南宋朝廷禁野史包括二帝北狩信息的决心很大，在官方正史或杂史中都有所体现，但在某些领域并不能得到很好的执行，譬如诗词。宋徽宗北狩，谢克家作《忆君王》词云："依依宫柳拂宫墙。宫殿无人春昼长。燕子归来依旧忙。　忆君王。月破黄昏人断肠。"该词见于《避戎夜话》《鼠璞》《三朝北盟会编》《涧泉日记》等著作，可见追忆二帝北狩的诗词并没有被完全禁绝。署名陈参政的《木兰花慢》，也是为二帝北狩所作，亦得以流传，词云："北归人未老，喜依旧，著南冠。正雪暗滹沱，云迷芒砀，梦落邯郸。乡心促、日行万里，幸此身生入玉门关。多少秦烟陇雾，西湖净洗征衫。　燕山。望不见吴山。回首一征鞍。慨故宫离黍，故家乔木，那忍重看。钧天紫薇何处，问瑶池、八骏几时还。

---

① （宋）张九成：《横浦先生文集》卷十二，《中华再造善本》影印宋刻本。
② （宋）向子諲：《阮郎归》，载唐圭璋编《全宋词》第二册，第958页。
③ （宋）李心传：《建炎以来系年要录》，第1487页。
④ （宋）黄升：《唐宋诸贤绝妙词选》，载唐圭璋编《唐宋人选唐宋词》，第664页。

谁在天津桥上，杜鹃声里阑干。"①

宋金对峙期间，双方信息并不畅通。在此情况下，包括诗词在内的北狩信息南传的途径主要有以下几种。

第一，榷场流通的北方出版物。张端义《贵耳集》卷下："道君北狩，在五国城，或在韩州，凡有小小凶吉丧祭节序，北虏必有赐赉，一赐必有一谢表。北虏集成一帙，刊在榷场中博易，四五十年，士大夫皆有之。余曾见一本。更有《李师师小传》，同行于时。"② 据张端义所记，金人已将宋徽宗北狩谢表结集出版，在宋金边界榷场中售卖，南宋士大夫极易获览。

第二，自金国逃归者或归朝人的见闻。他们耳闻目见北狩信息，在一传十、十传百的信息传递中，受众及信息的记录者确信来源确凿，不加质疑。《鸡肋编》所载宋徽宗题燕山僧寺绝句便是突出的例证："有人自虏中逃归云，过燕山道间僧寺，有上皇书绝句云：'九叶鸿基一旦休，猖狂不听直臣谋！甘心万里为降虏，故国悲凉玉殿秋。'天下闻而伤之。使尚在位，岂止祭曲江而已乎？"③ 宋徽宗的这首北狩绝句，来源于自金国逃归者的亲眼所见；庄绰记录下来，有以诗存史的意思。"天下闻而伤之"，虽带有夸张的成分，却能看出北狩诗词传播的效果——哀悼故国、感伤旧主。材料的结尾，庄绰以假设的方式表述他对北宋晚期历史的认识，北宋若不灭亡，宋徽宗定能悔过改悟，起用或追赠那些忠心耿耿的忠臣良将，就像唐玄宗深悔未听张九龄谏言一样④。《直斋书录解题》卷五著录归朝人的著作，如张棣《金国志》二卷、不

---

① （清）沈雄：《古今词话》"陈参政木兰花慢"条，载唐圭璋编《词话丛编》第一册，第762页。
② （宋）张端义：《贵耳集》卷下，载《宋元笔记小说大观》第四册，第4305页。
③ （宋）庄绰：《鸡肋编》卷中，第81页。
④ 唐玄宗祭曲江事，见《新唐书·张九龄传》："安禄山初以范阳偏校入奏，气骄蹇，九龄谓裴光庭曰：'乱幽州者，此胡雏也。'及讨奚、契丹败，张守珪执如京师，九龄署其状曰：'穰苴出师而诛庄贾，孙武习战犹戮宫嫔，守珪法行于军，禄山不容免死。'帝不许，赦之。九龄曰：'禄山狼子野心，有逆相，宜即事诛之，以绝后患。'帝曰：'卿无以王衍知石勒而害忠良。'卒不用。帝后在蜀，思其忠，为泣下，且遣使祭于韶州，厚币恤其家。"（中华书局，1975，第4429—4430页）《资治通鉴》卷二百一十九载，至德二载（757）三月，"上皇思张九龄之先见，为之流涕，遣中使至曲江祭之，后恤其家"（中华书局，1956，第7022页）。

著名氏《金国志》一卷、张汇《金国节要》三卷。① 归朝人有金国生活阅历，如张汇宣和中随父官保州，陷金十五年，至绍兴十年（1140）归朝，因此他们将熟知的金国情况写成著作，以便宋人知己知彼。

第三，使金者的文字记录。洪皓所记吴激词，见洪迈《容斋随笔》卷十三"吴激小词"条："先公在燕山，赴北人张总侍御家集。出侍儿佐酒，中有一人，意状摧抑可怜，扣其故，乃宣和殿小宫姬也。坐客翰林直学士吴激赋长短句纪之，闻者挥涕。其词曰：'南朝千古伤心地，还唱《后庭花》。旧时王谢，堂前燕子，飞向谁家？恍然相遇，仙姿胜雪，宫髻堆鸦。江州司马，青衫湿泪，同是天涯。'激字彦高，米元章婿也。"②《独醒杂志》卷八载，洪皓派邵武人李微传递韦太后书信，详情如下："叔谦为余言，绍兴十一年夏客临安，一日有客垢衣破笈，若远至者来同邸。即一室闭之，遽诣尚书省，自言明日召见。已而命之官，后询其人姓李名微，邵武人。是时尚书洪公留绝域，得皇太后书，遂遣微以蜡丸致之。上得书大喜，谓侍臣曰：'朕不得皇太后安问且十五年，虽遣使百辈，不如此一书。'遂命微以官。尚书公以使命见执于金，其间遭罹危辱者屡矣，而能仗汉节誓死不变，间关万里，遣致皇太后书，以宽天子孝思，可不为忠乎！"③《直斋书录解题》卷五著录洪皓"《松漠记闻》二卷"④，卷十五著录"《輶轩集》一卷"，云："鄱阳洪皓、历阳张邵、新安朱弁使金得归，道间唱酬。邵为之序。"⑤

第四，金国灭亡前后，南宋士大夫尽力搜集北方信息。如周密搜访金国文献资料，其中包括靖康后滞金的人物滕茂实、何宏中等英烈事迹，补史之缺，并据实交代史源："后董诜自拔归南，上所为诗，赠直龙图阁。国史虽有本传，甚略，且无其（笔者注：滕茂实）诗并叙，与此亦少异。余访之北方记录，得其实焉。"⑥

---

① （宋）陈振孙：《直斋书录解题》卷五，第141页。
② （宋）洪迈：《容斋随笔》卷十三，中华书局，2005，第168页。
③ （宋）曾敏行：《独醒杂志》卷八，载《宋元笔记小说大观》第三册，第3269页。
④ （宋）陈振孙：《直斋书录解题》卷五，第140页。
⑤ （宋）陈振孙：《直斋书录解题》卷十五，第449页。
⑥ （宋）周密：《齐东野语》卷十一"滕茂实"条，中华书局，1983，第192—193页。

事实上，宋金之间的信息，是双向流动的，不仅有北狩信息南传，南方信息也被传到金国。据《桯史》记载，宋徽宗在五国城时，看到外边出售《日录》者，"亟辍衣易之"①。北宋的文献书籍在金国公然出售，宋徽宗辍衣换购，足见他对中原音信的珍视。这一事件又通过曹勋记载，传到南方，从而为岳珂《桯史》收录，"羹墙之念，本无一日忘"等评论，可见岳珂对北狩的宋徽宗之了解与同情。

不独《日录》类书籍，连宋高宗建炎即位赦书也被传至金国，恰被宋徽宗看到。《铁围山丛谈》卷一记载：

> 太上皇既北狩，久不得中原音问，以宗社为念。久之，一旦命皇族之从行者食，御手亲将调羹，呼左右俾出市茴香。左右偶持一黄纸以包茴香来，太上就视之，乃中兴赦书也，始知其事，于是天意大喜。又谓："夫茴香，回乡也。岂非天乎？"于是从行者咸拜舞称庆。②

这段有关宋徽宗北狩的史实，得之于韦后侄子韦许，连韦许告诉作者蔡绦的时间都记录得很清楚："中兴岁戊辰冬十有一月得之于韦侯许者，慈宁皇太后之犹子也。"蔡绦补述的目的是，将此北狩史实传于后世，并证明该信息确凿无疑。

四 《燕山亭》的经典化

徽、钦二帝北狩词中，最负盛名的当属《燕山亭》。上文已论及，《燕山亭》的作者署名，最终确定为宋徽宗。此过程实乃经典化的第一环节，没有它作为基础，经典地位的确立无从谈起。

在宋徽宗《燕山亭》经典化的过程中，词人身份的凸显放大、多

---

① （宋）岳珂：《桯史》卷十一"尊尧集表"条，中华书局，1981，第130页。
② （宋）蔡绦：《铁围山丛谈》，载《宋元笔记小说大观》第三册，第3037页。

情天子的塑造都有共同的向度：词家、天子身份之错位。所以宋徽宗乃李后主投胎转世的说法，在各类词话、词评中被反复论及，这些构成了《燕山亭》经典化的第二环节。

南唐后主李煜的身份更是如此，经过北宋文人递相塑造、接受，有关李后主错位人生的认知已牢不可破。用人们熟悉的人物事例比拟当下人物，称宋徽宗乃李后主后身，既省却复杂的论证，讲述时又形象、便利。《朝野遗记》已将宋徽宗《燕山亭》与李后主《浪淘沙令》相提并论，即为一显例。

宋徽宗精湛的词艺，置身词林之中，格外醒目。这一点，宋代以来的词话多有评述，如吴曾《能改斋词话》卷二"烛影摇红词"条：

> 王都尉有《忆故人》词云："烛影摇红，向夜阑，乍酒醒，心情懒。尊前谁为唱《阳关》，离恨天涯远。　无奈云沉雨散。凭阑干，东风泪眼。海棠开后，燕子来时，黄昏庭院。"徽宗喜其词意，犹以不丰容宛转为恨，遂令大晟别撰腔。周美成增损其词，而以首句为名，谓之《烛影摇红》云："芳脸匀红，黛眉巧画宫妆浅。风流天付与精神，全在娇波眼。早是萦心可惯。向尊前、频频顾盼。几回相见，见了还休，争如不见。烛影摇红，夜阑饮散春宵短。当时谁会唱《阳关》？离恨天涯远。争奈云收雨散。凭阑干，东风泪满。海棠开后，燕子来时，黄昏深院。"①

从宋徽宗对王诜《忆故人》的欣赏角度来看，他更青睐雍容流转、言尽而意无穷的词作。词话中亦有宋徽宗潜心揣摩词法的例子，清代沈雄《古今词话》载："宋无名氏《眉峰碧》词云：'蹙损眉峰碧。纤手还重执。镇日相看未足时，便忍使鸳鸯只。　薄暮投村驿。风雨愁通夕。

---

① （宋）吴曾：《能改斋词话》，载唐圭璋编《词话丛编》第一册，第151页。

窗外芭蕉窗里声，分明叶上心头滴。'宋徽宗手书此词以问曹组，组亦未详。徽宗曰，朕粘于屏以悟作法。"① 另据张德瀛《词征》考证，《月上海棠》是宋徽宗所创词调。② 从这些评述可看出，宋徽宗作为词人是相当出色的。

在有关宋徽宗多情天子的事例中，他与李师师的恋情故事为后世文人津津乐道。张端义《贵耳集》卷下记述宋徽宗、李师师、周邦彦三角恋情，结尾有一议论："吁！君臣遇合于倡优下贱之家，国之安危治乱可想而知矣！"③ 叶申芗《本事词》卷上"周邦彦词"条撮述《贵耳集》的内容，在结尾有一番评述："嗟乎！君人者举动若此，宜其相传为李重光后身，似不诬也。"④

清人贺赏《皱水轩词筌》"后主与徽宗词"条："南唐后主《浪淘沙》曰：'梦里不知身是客，一晌贪欢。'至宣和帝《燕山亭》则曰：'无据。和梦也有时不做。'其情更惨矣。呜呼！此犹《麦秀》之后有《黍离》也。"⑤ 徐釚《词苑丛谈》卷四则转录了贺赏《皱水轩词筌》之说；卷六又云："徽宗北辕后，赋《燕山亭·杏花》一阕，哀情哽咽，仿佛南唐李主，令人不忍多听。"⑥

清人孙兆溎《片玉山房词话》"南唐后主围城中词"条："南唐后主于围城中尚作长短句，未终阕而城破。词云：'樱桃落尽春归去，蝶翻金粉双飞。子规啼月小楼西。曲栏金箔，惆怅卷金泥。门巷寂寥人去后，望残阳烟草低迷。'艺祖曰：'李煜若以作词手去治国事，岂为吾虏。'又，徽宗亦工长短句，方北去，在舟中作小词云：'孟婆孟婆，你做些方便，吹个船儿倒转。'或曰：徽宗即李煜后身。其然乎，其然乎。"⑦

---

① （清）沈雄：《古今词话》"眉峰碧"条，载唐圭璋编《词话丛编》第一册，第911页。
② （清）张德瀛：《词征》，载唐圭璋编《词话丛编》第五册，第4088页。
③ （宋）张端义：《贵耳集》卷下，载《宋元笔记小说大观》第四册，第4304页。
④ （清）叶申芗：《本事词》卷上，载唐圭璋编《词话丛编》第三册，第2321—2322页。
⑤ （清）贺裳：《皱水轩词筌》，载唐圭璋编《词话丛编》第一册，第702页。
⑥ （清）徐釚著，王百里校笺《词苑丛谈校笺》，人民文学出版社，1988，第219、325页。
⑦ （清）孙兆溎：《片玉山房词话》，载唐圭璋编《词话丛编》第二册，第1663—1664页。

从上举词话可看出，宋徽宗是李后主的后身这种说法获得广泛认同，成为词话类著作评述宋徽宗时的惯用表述方式。不独词话，宋代杂史中亦有宋徽宗乃李煜投胎转世的说法，张端义《贵耳集》有生动的记述："徽宗即江南李王，神宗幸秘书省，阅《江南李王图》，见其人物俨雅，再三叹讶，继时徽宗生，所以文彩风流，过李王百倍。及北狩，女真用江南李王见艺祖时典故。"① 宋徽宗乃李后主后身的传闻，与北狩降金的史实混合在一起。这种虚实混搭的叙述模式，可谓13世纪叙事文学的显著特点，《宣和遗事》便是显著的例证。

近代学术名家也极力推介《燕山亭》，如王国维《人间词话》："尼采谓：'一切文学，余爱以血书者。'后主之词，真所谓以血书者。宋道君皇帝《燕山亭》词亦略似之。然道君不过自道身世之感，后主则俨有释迦、基督担荷人类罪恶之意，其大小固不同矣。"② 梁启超《饮冰室评词》乙卷"徽宗皇帝"条记《燕山亭》（裁剪冰绡）："昔人言宋徽宗为李后主后身，此词感均顽艳，亦不减'帘外雨潺潺'诸作。"③ 王国维、梁启超评词时，都注意到宋徽宗的《燕山亭》，他们的叙述逻辑也极其相似：将宋徽宗与李后主连类举之，像梁启超就直接提到"宋徽宗为李后主后身"。王国维、梁启超等人对宋徽宗《燕山亭》的推介，极大地推动了作品的经典化进程。此后，《燕山亭》渐次进入文学史的叙述框架。

小结　由北狩词反思南宋史

北狩词是赵宋王室凄惨遭遇的血泪文字，凝结着痛苦、懊悔、反思和警诫。经历过此番遭际的族群，自当卧薪尝胆、励精图治、持盈保泰，自觉远离声色犬马和骄奢淫逸，唯如此，才说明该族群真正从历史中醒来。否则，将陷入"后人哀之而不鉴之，亦使后人而复哀后人"

---

① （宋）张端义：《贵耳集》卷中，载《宋元笔记小说大观》第四册，第4283页。
② 王国维：《人间词话》，上海古籍出版社，1998，第5页。
③ 梁启超：《饮冰室评词》，载唐圭璋编《词话丛编》第五册，第4305页。

的循环中。此论不分中外,正如朝鲜李朝国王遗德在《靖康稗史》的题跋中所言:"中土祸患,至宋徽、钦而极,子息蕃衍,耻辱亦大,前史未有也。……披览事变,终始咸悉,宋金所为,皆有国者金鉴。正史隔越两朝,卷帙繁博,无此融会贯通。暇当考征芟补,命儒臣勒为一书,为万世子孙戒。"① 为万世子孙戒,多数情况下是史家的一厢情愿。德祐二年(1276),宋恭帝降元,三宫北迁大都,历史上的靖康一幕近乎重演。

---

① (宋)确庵、耐庵编,崔文印笺证《靖康稗史笺证》,中华书局,1988,第1页。

《升庵诗话》中的"文话"管窥[*]

◇冯晓玲[**]

摘　要：《升庵诗话》是明代诗话中的一部重要著作。《升庵诗话》不仅包含大量的诗歌研究资料，也包含一些散文研究资料，可称为《升庵诗话》中的"文话"。《升庵诗话》的"文话"，既包括对散文字、词、句、名物、典故的分析考证，也包括对散文艺术、散文美感的批评鉴赏，其中可反映出作者的一些文学主张、文学思想。《升庵诗话》中的"文话"，是《升庵诗话》内容构成的一部分，对其进行辑录整理，可为古代散文研究提供相关资料。

关键词：杨慎　升庵诗话　文话

《升庵诗话》，明人杨慎著。杨慎（1488—1559），字用修，号升庵，四川新都人，大学士杨廷和之子，正德六年（1511）状元及第，嘉靖三年（1524）因"大礼议"事件谪戍云南，嘉靖三十八年卒于戍所。《升庵诗话》是杨慎谪戍云南三十多年间陆续所作，历来版本众多。《升庵诗话》的具体条目中，不仅有大量诗歌研究的资料，也包含不少散文研究的资料，本文称其为《升庵诗话》中的"文话"。

一　《升庵诗话》的版本情况及其"文话"

现存单行本中，以嘉靖二十年（1541）程启充所编四卷本《升庵诗话》为最早，收录诗话二百零二条。又有《诗话补遗》本，为嘉靖

---

[*] ［基金项目］国家社科基金重大项目"中国古代散文研究文献集成"，项目编号：14ZDB066。

[**] 冯晓玲，北京师范大学文学院博士研究生，研究方向为明清文学与文献。

三十五年门人曹命复编，共三卷（其中卷二分上、下两卷，实为四卷），收录诗话一百零一条。据此本末附张含序言，升庵尚有《诗话续集》《诗话别录》两部著作，但二书早佚。《升庵诗话》刻入别集者，在明代有四卷本、八卷本、十二卷本。嘉靖三十三年门人梁佐所编《丹铅总录》中，卷十八至二十一为"诗话类"，共四卷三百三十一条。万历十年（1582）杨慎从子有仁所编《升庵先生文集》中，卷五十四至卷六十一为"诗品"，共八卷四百九十六条。万历四十四年焦竑所编《升庵外集》中，卷六十七至七十八亦为"诗品"，共十二卷五百九十九条。万历本为明人所编杨慎诗话卷帙最浩大者，除汇集以上诸编并有所删定外，《千里面谭》《绝句衍义》等升庵论诗之作几乎全部采入，《艺林伐山》《谭苑醍醐》亦采录不少。

后世《升庵诗话》编刊颇为复杂。清乾隆年间，李调元辑《函海》，以外集十二卷本为基础，刻为《升庵诗话》，又取《诗话补遗》二卷删去重复并刻于后。民国四年（1915），丁福保辑《历代诗话续编》时，以《函海》本为基础，汇综诸本，重新编次为十四卷七百五十三条。1983年中华书局排印本《历代诗话续编》对丁本又有所订正，并在篇末附录补辑十八条。今人王仲镛的《升庵诗话笺证》①、王大厚的《升庵诗话新笺证》②均以十二卷本为基础。王仲镛本收录条目为六百一十八条。王大厚本在乃父基础上增删为六百二十三条，予以笺证，并从丁氏本及中华本新辑条目中去其重复，得一百四十六条加以笺证，书后附录从升庵其他书目中所辑诗话三百零九条，该本收升庵论诗条目共一千零七十八条。

上述诸本中，最为常见者当为《历代诗话续编》本，收录条目最多者则为王大厚新笺证本，但最接近《升庵诗话》原貌者则为嘉靖辛丑本、嘉靖丙辰本。今人陈广宏、侯荣川编《明人诗话要籍汇编》③本即以台湾图书馆所藏嘉靖本《升庵诗话》《诗话补遗》为底本，并从日

---

① 王仲镛笺证《升庵诗话笺证》，上海古籍出版社，1987。
② 王大厚笺证《升庵诗话新笺证》，中华书局，2008。
③ 陈广宏、侯荣川编校《明人诗话要籍汇编》，复旦大学出版社，2017。本文内容引自此书者，均不再出注，仅在文后标注页码。

本内阁文库所藏万历四十四年顾起元序刊本《升庵外集》"诗品"（卷六十七至七十八）、中国国家图书馆所藏《太史升庵文集》"诗类"（卷五十四至六十一）中去其重，辑出为《升庵诗话辑录》。其中，从《升庵外集》中辑录四百二十五条，从《太史升庵文集》中辑录九十八条，共辑录五百二十三条，各依其原本次序，不复分卷。该本中，《升庵诗话》《诗话补遗》《升庵诗话辑录》三者合计共收八百二十六条。《明人诗话要籍汇编》本所据底本均为明人编刻本，应当是现行刊本中最能反映《升庵诗话》明代原貌的版本，故本文相关分析主要以此本为据展开。

在条目众多且以论诗为主的《升庵诗话》中，不仅有大量与诗歌研究相关的条目，也有相当一部分与散文研究相关的条目。笔者在参与国家社科基金重大项目"中国古代散文研究文献集成"的过程中，即以《明人诗话要籍汇编》本为据对《升庵诗话》中的散文研究资料进行辑录。① 根据笔者的初步辑录情况，《明人诗话要籍汇编》本《升庵诗话辑录》各部分所含散文资料条目数见表1。

表1 《明人诗话要籍汇编》本《升庵诗话辑录》各部分所含散文资料条目数

单位：条

出处	诗话条目	所含"文话"条目
嘉靖辛丑本《升庵诗话》	202	47
嘉靖丙辰本《诗话补遗》	101	24
《升庵外集》"诗品"	425	54
《太史升庵文集》"诗类"	98	27
合计	826	152

由表1可见，嘉靖辛丑本《升庵诗话》、嘉靖丙辰本《诗话补遗》中包含的散文研究资料条目数约占到总条目数的四分之一，明人编刻本《升庵外集》"诗品"、《太史升庵文集》"诗类"中包含的散文资料条目亦不在少数。在《明人诗话要籍汇编》本收录的《升庵诗话辑录》

---

① "散文"，采用"大散文"观念，即将一切非诗、非小说、非戏曲的资料都纳入其中，包括古文、时文、骈文、赋等。关于"散文"的具体含义以及散文研究资料的辑录标准，参见郭英德《论〈中国古代散文研究文献集成〉的编纂宗旨》，《文艺研究》2015年第8期。

中，散文资料共一百五十二条，其篇幅规模，几乎相当于一部单行本的"文话"著作。

二 《升庵诗话》中的"文话"概况

《升庵诗话》以考证博识见长，可称为明代考据之学的一部代表性著作。①《升庵诗话》中的论文条目，亦以考证博识见长。笔者在辑录过程中，凡论及散文字词、语句的条目均作为散文研究资料。照此标准，笔者所辑录的一百五十二条"文话"中，数量最多的是与考证相关的条目，其次则是品评类、史料类、文法类条目。笔者从《明人诗话要籍汇编》各部分所辑录的"文话"分类见表2。

表2 《明人诗话要籍汇编》各部分所辑"文话"各类条目数

单位：条，%

出处	总条目	考证类	品评类	文法类	史料类	零散条目	重复条目
嘉靖辛丑本《升庵诗话》	47	41	7	0	2	2	5
嘉靖丙辰本《诗话补遗》	24	18	3	0	3	1	1
《升庵外集》"诗品"	54	40	7	6	3	6	8
《太史升庵文集》"诗类"	27	24	1	0	0	2	0
合计	152	123	18	6	8	11	14
占总数的百分比		81	12	4	5	7	9

从表2可见，在一百五十二条"文话"中，数量最多的是考证类条目，占《升庵诗话》中"文话"的绝对数量；其次是品评类条目，占《升庵诗话》中"文话"的十分之一以上；再次是史料类、文法类条目；此外，还有一些零散条目。其中，包含两种类型在内的条目为十四条。以下依次说明。

---

① 关于《升庵诗话》中考据之学的情况，参见高小慧《杨慎〈升庵诗话〉及其考据诗学》，《郑州大学学报》（哲学社会科学版）2013年第4期。

（一）考证类"文话"

《升庵诗话》的"文话"中，考证类条目共计一百二十三条，其所考证的范围丰富多样、包罗广泛。首先，在《升庵诗话》的考证类"文话"中，有不少内容涉及散文所用字词音、形、义的辨析与考证。例如以下诸条：

> 江蒲　《周礼》"汧浦"作"弦浦"，《左传》"萑浦"作"萑蒲"，杜诗"侧生野岸及江蒲"，江蒲，江浦也（第433页）。

> 丹的　潘岳《芙蓉赋》："丹辉拂红，飞须垂的。斐披韶赫，散焕熠爚。"的，子药切，妇人以丹注面也。吴才老解为"指的"，非（第454页）。

> 吴趍趍非平声　《庄子》有"不任其声而趍举其诗焉"，崔注云："不任其声，愈也；趍举其诗，无音曲也。"刘会孟曰："趍者，情惬而词迫也。"与吴趍之"趍"当，音七注切（第552页）。

上述"江蒲"条中，升庵对"汧浦""萑浦""江蒲"等的字形做了考证；"丹的"条中，对"的"的字音、字义做了辨析与考证；"吴趍趍非平声"条中，对"趍"的字义、字音做了考证。这种对散文字词音、形、义的考证，在《升庵诗话》的"文话"中数量众多，除上述三例外，尚有"彫苁""裕眠""银铛""哀曼""古字窥作阕""桓褐"（分别见第415、423、466、552、636、637页）等。

其次，在《升庵诗话》的"考证类"文话中，还有不少条目与散文所涉之典故、名物等的考证相关。例如以下三条：

> 凤林　《水经》："河水又东，历凤林北。"注：凤林，山名，

五蛮俱峙。杜诗:"凤林戈不息,鱼海路常难。"张籍诗:"凤林关里水长流,白草黄榆六十秋。边将皆承主恩泽,无人解道取凉州。"(第451页)

公冶长通鸟音　世传公冶长通鸟语,不见于书。惟沈佺期《燕》诗云:"不如黄雀语,能免冶长灾。"白乐天《鸟雀赠答诗序》云:"余非冶长,不能通其意。"似实有其事,或在亡逸书中,如《冲波传》《鲁定公记》之类,今无所考耳(第669页)。

泔鱼　王半山文:"梁王坠马,贾傅自伤。门人泔鱼,曾子垂涕。"又诗曰:"泔鱼已悔当年事,搏虎方惊此日身。"泔鱼事出《荀子》,云:"曾子食鱼,有余,曰:'泔之。'门人曰:'泔之伤不若奥之。'曾子泣涕曰:'有异心乎哉!'伤其闻之晚也。"(第742页)

上述"凤林"条中,升庵对《水经》中"凤林"一词进行考释注解,文中还引了相关诗句加以说明;"公冶长通鸟音"条中,升庵引用相关诗文,对"公冶长通鸟音"一事进行考证,不过该条未考出切实结论;"泔鱼"条中,升庵对王半山诗文中的"泔鱼"的来源进行了考释。在《升庵诗话》的"文话"中,这类与典故、名物等相关的考证条目还有不少,如"黄云""颠当""紫濛""口脂面药""朱鹭""阴火""应真"(分别见第479、486—487、488、530—531、554、749、754—755页)等。

最后,《升庵诗话》的考证类"文话"还对语意、句意之渊源与影响进行分析考证。例如:

张继诗　《国语》:"室无悬耜,野无奥草。"《尉缭子兵法》:"耕有春悬耜,织有日断机。"言用兵之妨于耕织也。唐张继诗:"女停襄邑杼,农废汶阳耕。"盖祖尉子之语(第395页)。

  行道迟迟　《诗》："行道迟迟，中心有违。"思致微婉，《紫玉歌》所谓"身远心迩"，《洛神赋》所谓"足往神留"，皆祖其意（第436页）。

上引"张继诗"条中，升庵从《国语》《尉缭子兵法》的语句中考证张继诗句的语意来源；"行道迟迟"条中，升庵考证《紫玉歌》《洛神赋》中的相关语句来自《诗经》。在《升庵诗话》的"文话"中，这种与散文句意、语意相关的考证还有"树如荠""陈陶陇西行""云府"（分别见第574、679、740页）等。

（二）品评类"文话"与文法类"文话"

《升庵诗话》的"文话"除考证类条目外，其他条目中数量最多的是品评类条目，即与散文艺术美感、审美风貌相关的条目，此类条目共计十八条。例如：

  佛经似诗句　佛经有云："乐行不如苦住，富客不如贫主。"又见《洞山语录》："破镜不重照，落花难上枝。"绝似唐人乐府也（第397页）。

  四言诗自然句　江淹《别赋》："春草碧色，春水绿波。送君南浦，伤如之何。"取诸目前，不雕琢而自工，可谓天然之句。他如梁元帝"秋水文波，秋云似罗"，唐罗昭谏《蟋蟀赋》"美人在何？夜影流波。与子伫立，徘徊思多"，抑其次也。近世知学六朝、初唐，而以馁饤生涩为工，渐流于不通，有改"莺啼"曰"莺呼"、"猿啸"曰"猿唉"，为士林传笑，安知此趣耶（第545页）？

上引"佛经似诗句"条中，升庵摘录两条佛经语录，认为"绝似唐人乐府"，这是对佛经语句美学风貌的鉴赏；"四言诗自然句"条中，升庵对江淹《别赋》、梁元帝文、唐罗昭谏《蟋蟀赋》等作品中的语句做了分析品评，表现出对自然之美的欣赏。在《升庵诗话》中，这种对散文语句进行品评鉴赏的条目还有一些，其中篇幅最长的一条是"子书传记语似诗者"（第482—486页）。该条中，升庵从各类子书、史书、传记类书籍等如《论衡》、《列子》、《战国策》、《吴越春秋》、佛经中摘录了五十七则五言句式，并认为其"似诗"，这也表现出升庵对散文语句的审美品鉴。

按照笔者的统计分类，《升庵诗话》的"文话"还有六条文法类"文话"，这些条目主要是升庵对散文字词用法的分析。例如：

> 古诗文宜改定字　颜延年《赭白马赋》："戒出豕之败驾，惕飞鸟之跱衡。""出"字不如"突"字。白居易诗："千呼万唤始出来。""始"字不如"才"字。诗文有作者未工而后人改定者胜，如此类多有之。使作者复生，亦必心服也（第604页）。

上引条目中，升庵比较"出"与"突"、"始"与"才"等字的艺术表现力，认为"古诗文宜改定字"。这便属于笔者所说的文法类"文话"。

需要指出的是，在《升庵诗话》的"文话"中，不少品评类"文话"、文法类"文话"也包含考证在内。例如：

> 夺胎换骨　汉贾捐之《议罢珠崖疏》云："父战死于前，子斗伤于后。女子乘亭鄣，孤儿号于道。老母寡妇，饮泣巷哭，遥设虚祭，想魂乎万里之外。"《后汉·南匈奴传》、唐李华《吊古战场文》全用其语意，总不若陈陶诗云："誓扫匈奴不顾身，五千貂锦丧胡尘。可怜无定河边骨，犹是春闺梦里人。"一变而妙，真夺胎换骨矣（第598页）。

上引"夺胎换骨"条中，升庵认为陈陶诗句表现力要胜过前人的相关诗文，所谓"一变而妙，真夺胎换骨矣"，这就属于艺术品评类鉴赏；同时，该条也包含了语意方面的考证，即认为《后汉书·南匈奴传》、唐李华《吊古战场文》的文字来源于贾捐之《议罢珠崖疏》。该条目同时包含了考证、品评两种因素。本文表2所统计的"重复条目",便指此类包含两种元素的"文话"。笔者统计的十四条重复条目中,有九条既包含考证又包含审美品评,另有五条既包含考证又包含文法分析。

除了考证类、品评类、文法类"文话"之外,在笔者所辑录的文话中,还有八条载录了一些作家生平资料或散文文本资料,笔者称其为史料类"文话"。例如:

> 间丘均　成都间丘均,在唐初与杜审言齐名,杜子美赠其孙间丘师诗云:"凤藏丹霄暮,龙去白水浑。"盖称均之文也。均亦曾至云南,有《刺史王仁求碑文》、《爨王墓碑文》,皆均笔也。爨墓碑,洛阳贾余绚书。予修《云南志》以均与余绚入《流寓志》中(第448页)。

上引条目记载了间丘均的一些生平经历以及散文创作活动,虽然不包含作者的文学主张、文学观点,但仍然与散文相关。此类条目笔者亦将其作为散文研究资料辑录。

此外,另有十一条与散文相关的零散条目,笔者也将其作为研究资料辑录。因不太具有代表性,暂不分析。

三　与《历代文话》本升庵"文话"的比较——兼论《升庵诗话》中"文话"的特点

笔者从《明人诗话要籍汇编》本《升庵诗话辑录》中辑录的"文话"为一百五十二条,可作为参照的是王水照先生主编的《历代文话》[①]所收升庵"文话"。该书收录"文话"一卷七十六条,据文前叙录,该本"文话"辑录自万历十年(1582)张士佩所刊《升庵集》卷五十二。

---

① 王水照编《历代文话》,复旦大学出版社,2007。

笔者将《历代文话》本所收的升庵"文话"各条目做了分类统计，并将其与《升庵诗话》中辑录出的"文话"做了对比（见表3）。

表3 《升庵诗话》中"文话"与《历代文话》本所收升庵"文话"情况对比

单位：条，%

	从《升庵诗话》中辑录出的"文话"	《历代文话》本所收升庵"文话"
总条目数	152	76
考证类条目数及占总数的百分比	123(81)	34(45)
品评类条目数及占总数的百分比	18(12)	14(18)
文法类条目数及占总数的百分比	6(4)	10(13)
史料类条目数及占总数的百分比	8(5)	11(14)
零散条目数及占总数的百分比	11(7)	10(13)
重复条目数及占总数的百分比	14(9)	3(4)

从表3可见，在《历代文话》本升庵"文话"中，数量较多的几类依次为考证类、品评类、史料类、文法类，分别是三十四条、十四条、十一条、十条。在从《升庵诗话》辑录的"文话"中，条目数量的次序也依次是考证类、品评类、史料类、文法类。这或许有些巧合的成分在内，但也能说明升庵论文的一些特点。以下分别论述之。

其一，考证博识始终是《升庵诗话》以及升庵"文话"的最大特点。考证博识是升庵文学主张以及学术主张中最重要的观点之一。这一点，升庵自己亦曾明确提及，如：

探情以华 《文选》王仲宣诗"探情以华，睹著知微"，本于《史记·律书》"情核其华，道著明矣"之语。华者，貌也。然《史记》之语观仲宣之诗而益明，仲宣之诗得李善之解而始白，观书所以贵乎博证也（第431页）。

古《蜡祝》《丁零威歌》遗句 《礼记》蜡祝辞云："土反其宅，水归其壑。昆虫无作，草木归其泽。"而蔡邕《独断》又有

"丰年若土,岁取千百"。增此二句,义始足。《丁零威歌》:"城郭是,人民非,何不学仙冢累累!"而《修文御览》所引云:"何不学仙去,空伴冢累累!"增此三字,文义始明。书所以贯乎博考也。①

在"探情以华"条中,升庵对"探情以华"的相关诗文进行考证,最后提出"观书所以贵乎博证也";在"古《蜡祝》《丁零威歌》遗句"条中,升庵也对相关诗文做了考证,最后提出"书所以贯乎博考也"。这两则条目的具体内容虽然不同,但提倡考证、博识的观点是一致的。

其二,笔者从《明人诗话要籍汇编》本辑录出的"文话",与《历代文话》本升庵"文话"所收条目有些是重复的。例如,"古诗文宜改定字""古书不可妄改""雪赞书纨扇"等条目,既见于《历代文话》②,也见于《明人诗话要籍汇编》(分别见于第604、600、546页)。同时,"李耆卿评文""余知古论退之文"两条既见于《历代文话》③,也见于《历代诗话续编》本《升庵诗话》④。这些条目既可收于升庵之"诗话",亦可收于升庵之"文话",说明升庵论诗论文的不少条目本就是诗文混杂、难以截然分开的。升庵之"诗话"与升庵之"文话"存在一些交叉论述的部分,这些交叉论述的内容,称之为"诗文话"或许更名副其实。

诗文混论的现象,既存在于《历代文话》本升庵"文话"中,也存在于各个版本的《升庵诗话》中。笔者所辑录的"诗话"中的"文话",因其本身就存在于诗话中,诗文混论的特征便更为明显。在所辑录的条目中,无论是考证字词、典故、名物,还是考证诗文用语、用意的渊源、影响等,通常都是诗文混杂、既论诗又论文的。

其三,《升庵诗话》中的"文话",与《历代文话》所收升庵之"文话",在一些具体的文学主张与文学观点上是一致的。如前文所举

---

① 王水照编《历代文话》,第1683页。
② 王水照编《历代文话》,第1659、1663、1676页。
③ 王水照编《历代文话》,第1656页。
④ 丁福保辑《历代诗话续编》,中华书局,1983,第728、711页。

的"探情以华""古《蜡祝》《丁零威歌》遗句"这两条中都提出观书贵乎博证的观点。又如，前文所举《升庵诗话》的"夺胎换骨"条，在《历代文话》本"文话"中也有类似条目：

> 柳文苏文　郭象《庄子注》曰："工人无为于刻木，而有为于运矩；主上无为于亲事，而有为于用臣。"柳子厚演之为《梓人传》一篇，凡数百言。毛苌《诗传》云："涟，风行水成文也。"苏老泉演之为《苏文甫字说》一篇，亦数百言。得夺胎换骨之三昧矣。①

上条中，升庵也是在考证的基础上展开论述的，他认为柳子厚的《梓人传》来源于郭象《庄子注》中的文句，苏洵的《苏文甫字说》来源于毛苌《诗传》中的文句，并认为柳文、苏文"得夺胎换骨之三昧"。此条与前文所举的"夺胎换骨"条在具体的批评对象、批评文本上虽然不同，其中包含的批评方法、理论观点却是一以贯之的，即都是在考证文本渊源的基础上认为后人之作超过前人，表现出升庵主张在继承的基础上超越前人的文学观点。

再如，在升庵之"诗话"与升庵之"文话"中，都收入"古诗文宜改定字""古书不可妄改"等条，这表现出升庵论诗论文对字词使用与对保存古书原貌的重视。这些文学主张，也是既适用于"诗"也适用于"文"的。

其四，与《历代文话》本升庵"文话"相比，《升庵诗话》中的"文话"，在具体的批评内容上，往往更重视散文的诗性特征。例如，前文所举的"佛经似诗句""子书传记语似诗者"等条，都是从散文中摘录相关语句进行品评与鉴赏，这表现出《升庵诗话》中的"文话"重审美、重艺术的特征。这也是《升庵诗话》作为诗学著作的一个特征。

---

① 王水照编《历代文话》，第1657页。

同时,《升庵诗话》中"文话"的一些观点,也是升庵诗学观点在散文领域中的衍生和投射。例如:

> 古赋形容丽情　《九歌》"满堂兮美人,忽独与予兮目成",宋玉《招魂》"嫭光眇视目曾波",相如赋"色授魂与,心愉于侧",枚乘《菟园赋》"神连未结,已诺不分",陶渊明《闲情赋》"瞬美目以流盼,含言笑而不分",曲尽丽情,深入冶态,裴硎《传奇》,元氏《会真》,又瞠乎其后矣,所谓"词人之赋丽以淫"也。①

上条中,升庵摘录楚辞、赋等的语句进行分析,认为其"曲尽丽情,深入冶态",表现出升庵对"丽情"之美的追求。一般认为,升庵属于六朝派,其论诗多主张学习六朝,此一条目便表现出升庵作为六朝派文人的文学主张与文学追求。②

综上所述,《升庵诗话》中的"文话",是《升庵诗话》中的一部分内容,亦是升庵论文的组成部分。《升庵诗话》的这部分"文话"与升庵的其他"文话",都体现出升庵重博识、重考证、重字词使用等文学主张。这部分"文话"因存在于《升庵诗话》中,还具有重审美、重艺术的倾向。对《升庵诗话》中的"文话"进行辑录整理,可为古代散文研究提供相关资料。

---

① 丁福保辑《历代诗话续编》,第694页。
② 关于杨慎的文学主张和文学观点,参见黄磊《杨慎诗学研究》,中国社会科学出版社,2006。

孙枝蔚与徽籍汪姓文人交游考*
——兼论清初扬州文坛"士商互动"

◇马铭明**

摘 要：扬州因地处江淮之间，为运河枢纽又兼"盐""漕"之利，明代中晚期大批西贾徽商云聚于此。清初诗人孙枝蔚就出身陕西盐商家庭，流寓扬州时，周边有很多出身徽籍商人家庭的汪姓友人，共同在扬州完成了"商而为士"的转型。孙枝蔚与几位徽籍汪姓文人的交游，彰显了清初扬州文坛"士商互动"中的士商转型，也揭示出扬州乃至整个清初文坛一些隐形因素之于文坛生态的影响。

关键词：清初 扬州文坛 孙枝蔚 徽商 士商互动

清初有一干汪姓文人，皆祖籍徽州府，流寓、占籍于广陵。孙枝蔚顺治三年（1646）到扬州后，同样作为盐商后代和流寓于此的"外籍"人士，先后与这些徽籍汪姓文人结识交往。他们宴饮交游，创作了一篇篇诗文，这些诗文如一幅幅快照，记录下清初扬州文坛的一幕幕场景，由此可窥察清初扬州文坛的显象。这些出身徽商家庭的汪姓文人与孙枝蔚一样，或先或后都经历了从商人到文士的转型。他们已经不再仅仅满足于贾而好儒，还要"商而为士"。而这"真正的原因在于当时衡量社会名声最重要的标准不是钱，而是政治和文学的名声，盐商家庭的社会流动也就遵循着这种单一而且几乎是固定的管道"①。随着这些人应试、

---

* ［基金项目］国家社会科学基金重大项目"清代诗人别集丛刊"，项目编号：14ZDB076；国家社会科学基金一般项目"清代乾嘉时期京师诗坛研究"，项目编号：16BZW093。

** 马铭明，黑龙江大学文学院博士研究生，黑龙江大学明清文学与文化研究中心研究人员，研究方向为明清文学与文化。

① 何炳棣：《扬州盐商：十八世纪中国商业资本的研究》，巫仁恕译，《中国社会经济史研究》1999年第2期。

做官、游幕四方，细究他们与当时已经成功"商而为士"的孙枝蔚间的交游，能为我们提供清初扬州文坛"士商互动"中的士商转型案例，使我们以此探究整个清初文坛的一些隐形心态。

一 汪姓友人考

孙枝蔚（1620—1687），字豹人，又字叔发，号溉堂。陕西三原人，累世盐商大贾。因家乡附近有焦获泽，时人又以"焦获"称之。明末曾散家财，组乡勇抗李自成农民军于陕西，事不成，明亡后至扬州承继祖业，经商为生，所得颇丰。后闭户读书，家道日落而不悔。康熙十七年（1678）被荐博学鸿词，以年老求免试不许，虽至京，但"不终幅而出"①。赐中书舍人而还，隐逸终老。今存《溉堂集》二十八卷，中有《溉堂前集》九卷、《续集》六卷、《后集》六卷、《文集》五卷、《诗余》二卷，并辑有《四杰诗选》二十二卷存世。此外尚编著有《诗志》、《溉堂隅说》四卷、《经书广义》四卷、《古今称谓汇编》等，佚失不传。

顺治二年（1645）年底，孙枝蔚因避乱离开家乡关中，再次回到他少年时代的乐土——扬州，此时距他第一次来这个地方已经过去了十七年。② 从此他除了短期游幕及出行外，再也没有离开过扬州，也再也没有回到过家乡。在他的家乡，有不少人从明初实行食盐"开中制"始，就往返于陕西和扬州之间业盐为生。到了明中叶，随着"开中折色制"的实施，越来越多的陕西盐商定居扬州。对于这种盐商来往寓居扬州的情况，明清以来的地方志多有记载："明中盐法行，山、陕之商麇至。……兼籍故土，实皆居扬，往往父子兄弟分属两地。此外如歙

---

① （清）郑方坤：《溉堂诗钞小传》，《名家诗钞小传》卷一，《清代传记丛刊》学林类第24册，明文书局，1985，第107页。
② （清）孙枝蔚：《忆昔篇寄示燕、谷、仪三子》："……十岁到江都，趋庭意潇洒。"见《溉堂续集》卷二，《溉堂集》，上海古籍出版社，1979。

之程、汪、方、吴诸大姓,累世居扬而终贯本籍者,尤不可胜数。"①对照嘉庆年间《江都县志》的描述可知,孙枝蔚就出生在这样一个典型的在扬州业盐为生的陕籍盐商家庭。孙枝蔚父亲在扬州有自己的别墅花园,长兄伯发常年驻于扬州。他在这里成为著名诗人,"声震江淮"②,"名噪海内"③。可以说是清初寓居广陵文人中的代表性人物之一。交游遍南北的孙枝蔚,和各路友朋来往、唱和、酬赠之作占据了《溉堂集》的大量篇幅。在这些诗文中,频繁出现一些汪姓友人,他们都是谁?是何身份?厘清这些,不仅对了解孙枝蔚大有裨益,对整个清初扬州文坛也能有更深刻的认识。

清初扬州文坛在战火硝烟后迅速恢复并更胜往昔。康熙三年(1664),孙枝蔚与王士禛等一众名士修禊红桥,一时大江南北共和"冶春"诗,成为清初扬州文坛繁盛的标志之一。也是在这样的大环境下,孙枝蔚迎来了自己的第一个创作高峰,就他明崇祯十四年至清康熙四年(1641—1665)的作品编年分体诗集《溉堂前集》来看,康熙四年他创作的诗歌数量为历年之首。这一年,扬州城内的各种山水园林宴集有很多,当然,其中绝少不了孙枝蔚和他的朋友们的身影。这年夏天,孙枝蔚写下一首七言古诗《汪左岩招同尔止、湛若、次功、令弟舟次、叔定、季用泛舟城西,值河水初涨》④,仅就诗题而言,参加这次城西泛舟的文士中,就有四位汪姓友人。其中的季用,即名列"金台十子"的清初著名诗人汪懋麟(1639—1688),字季用,号蛟门,祖籍休宁,江都人,康熙二年举人,康熙六年进士,康熙二十四年被罢官。他的《百尺梧桐阁诗集》卷三"乙巳"(1665)也有一首关于这次宴游的诗作,题为《城西陂观涨与方尔止、豹人、次功、家湛若、左岩、叔定、舟次作》,由这首诗诗题来看,参加这次宴游的汪姓友人

---

① (嘉庆)《江都县续志》卷十二,光绪六年(1880)重刻本。
② (清)李因笃:《艾悔斋诗集序》,(清)吴怀清《关中三李年谱》卷八,陕西师范大学出版社,1992。
③ (雍正)《扬州府志》卷三十三,雍正十一年(1733)刻本。
④ (清)孙枝蔚:《汪左岩招同尔止、湛若、次功、令弟舟次、叔定、季用泛舟城西,值河水初涨》,《溉堂前集》卷三,《溉堂集》。

更准确地说是五位，根据大致年齿排列，分别是汪濬、汪士裕、汪耀麟、汪楫、汪懋麟，加上没参加这次聚会的汪玠，这六位是孙枝蔚在扬州交游的主要汪姓文人。

六人中，与孙枝蔚结识最早的应为汪濬。早在顺治五年（1648）孙枝蔚到扬州不久，所作七绝《漫兴》中就有诗句"宗生善学西昆体，汪仲能临祭侄文。他日广陵传二妙，我虽饮者弃无闻"①，在"汪仲"后，作者自注：湛若，即汪濬。这六人年龄居长的也应该是汪濬，（道光）《休宁县志》载："汪濬，字湛若，号秋涧，一名应星，富昨②人。工诗歌善书画，少从董思白游，得钟王笔妙，倪黄诸家画意摹写，皆臻神品。中岁侨寓邗沟，杜于皇、周栗原、孙豹人、汪舟次诸名流时相过从。读书征歌，雅相推重，每片楮出，人争购之，晚归故里，自构精舍……所著有《山响斋诗》《山响斋集》。"③亦有一说其"勇武有力，以家破，复仇未果，流寓江都，寄情笔墨，工诗画"④。但二人是如何结识的，现无法可考，不过孙枝蔚给汪濬写的其他几首诗，不仅多次提到汪濬善临帖，书法妙绝，而且在相应诗句后特意加以注释点睛。如《上巳梅花》中说"兰亭甫临罢湛若善临帖"⑤，《柬汪湛若》则用王羲之的典故"剥啄几番惊稚子，笼鹅道士误敲扇。湛若善临摹古帖"⑥来渲染朋友汪濬书法的精到。汪濬入清后流寓扬州，与扬州当地具有较为成熟的书画市场不无关系，"每片楮出，人争购之"，才能维持生计。另据《休宁县志》载，汪濬有诗集，应也能为诗，惜今已不传。

以在孙枝蔚诗集中出现次序来说，汪楫应该是六人中第二个与孙枝蔚结识的。汪楫（1636—1699），字舟次，号耻人，祖籍休宁西门，占籍仪征，长居郡城。贡生，屡试不第，举康熙十八年（1679）博学鸿词一等，曾出使中山琉球，官至福建布政使。而在康熙元年汪

---

① （清）孙枝蔚：《漫兴》，《溉堂前集》卷八，《溉堂集》。
② 村名，现为安徽省休宁县富溪村。
③ （道光）《休宁县志》卷十四，嘉庆二十年（1815）刻本。
④ 李圣华：《方文年谱》，人民文学出版社，2007，第435页。
⑤ （清）孙枝蔚：《上巳梅花》，《溉堂前集》卷五，《溉堂集》。
⑥ （清）孙枝蔚：《柬汪湛若》，《溉堂前集》卷九，《溉堂集》。

楫第一次出现在孙枝蔚诗集之前，就已经结识了孙枝蔚的好友吴嘉纪，顺治十六年（1659）汪楫为避乱到东台场与吴嘉纪订交，自此结为知己。孙枝蔚与汪楫结识很有可能就是通过吴嘉纪介绍。孙枝蔚与汪濬曾是邻居，亦有可能是由汪濬结交。汪玠是汪楫之长兄，中国国家图书馆藏《休宁西门汪氏宗谱》称其字长玉，府庠生，生于崇祯甲戌年（1634）[1]，"喜读书，与弟楫讨论古今，耽吟忘倦，有《概庵集》行世"[2]。

汪士裕、汪耀麟、汪懋麟三人于孙枝蔚的诗集中在同一年——康熙四年出现。汪士裕（生卒年不详），字左岩，祖籍休宁，占籍江都，康熙二年举人，后任太湖、沛县两地教谕。"有《适园诗钞》二卷，卷中多与叔定、蛟门、舟次相唱和。一姓兄弟，并以诗名，一时称盛"[3]，今诗集已不传。汪耀麟（1640—1688），字叔定，号北阜，贡生，汪懋麟四兄，与其"并负时望"[4]，有《抱耒堂集》存世。

以上六人，除都与孙枝蔚交游外，还有一个共同特征就是祖籍徽州，流寓或占籍扬州。汪玠、汪楫为兄弟，汪耀麟、汪懋麟为兄弟，汪士裕、汪濬与他们皆是同里同姓。除却汪濬算是流寓，其他五人均已占籍扬州，也就是入了扬州籍，但入籍世代均不算久远，因为在扬州的方志和徽州的方志中都能找到有关他们的记录。虽不排除给地方增辉之举，但记载了汪士裕、汪楫、汪懋麟三人功名和事迹的（康熙）《徽州府志》在"凡例"中明确说明"若科第迁徙年远，彼地已成大族者不书"[5]。根据方志，这占籍扬州的五人，不仅都来自同府，而且来自同县。汪士裕为休宁金村人[6]，汪玠、汪楫为休宁西门人[7]，汪耀麟、汪懋麟亦来自休宁[8]。当然占籍也有先后，其中汪耀麟、汪懋麟兄弟一家

---

[1] 《休宁西门汪氏宗谱》卷十二"承奉支"，顺治九年（1652）刻本。
[2] （乾隆）《两淮盐法志》卷三十三，乾隆十三年（1748）刻本。
[3] （清）阮元：《广陵诗事》卷七，广陵书社，2005，第107页。
[4] （乾隆）《江都县志》卷二十三，乾隆八年（1743）刻本。
[5] （康熙）《徽州府志·凡例》，康熙三十八年（1699）刻本。
[6] （康熙）《徽州府志》卷九。
[7] （康熙）《徽州府志》卷十。
[8] （道光）《休宁县志》卷九。

迁来扬州最久，汪懋麟去世后，友朋为他写的传记和墓志铭中，都提到他先世新安，屡迁至江都。① 除了扬、徽两地的府县地方志，还有一种区域性的官修志书收录了汪士裕、汪玠、汪楫、汪懋麟、汪耀麟五人功名和事迹，那就是清代康熙、雍正、乾隆、嘉庆、光绪五朝编纂的《两淮盐法志》。这确证了与孙枝蔚交游的扬州汪姓文人（除汪濋外）的另一个身份，即不仅都来自徽州休宁，而且都出自盐商家庭。"淮海之间，商灶浩衍"，他们的家庭和孙家一样都是因盐而来，在扬州侨聚而居。"富而后教，劳则思善。英奇兼出，芬扬名显。"② 富而好文、贾而好儒的徽籍文人在整个清代扬州文坛都占据着相当重要的地位。徽商不仅是明清两代社会经济史不可忽略的现象之一，其对明清文学的作用也不可小视。"研究明清文学，特别是清代前中期文学，无视东南以扬州、杭州、苏州三地域为中心的盐商儒贾的贡献……（是）不可能清顺并整合其现象，抉示其规律的。"③

二　交游缘起、方式及影响

随着明中叶"开中折色制"的实施，徽籍商人因靠近江淮的地利之便，后来者居上，在扬州的流寓占籍人数超过陕籍商人，万历时的扬州，已经是"聚四方之民，新都最，关以西、山右次之"④。入清之后，扬州更被认为是徽商的"殖民地"，"故徽郡大姓，如汪、程、江、洪、潘、郑、黄、许诸氏，扬州莫不有之，大略皆因流寓而著籍贯者也"⑤。大批陕商先徽商经商定居于扬州，其中的一些商人家庭出身的文人，也较早地完成了"商而为士"的转型。对于而后纷至沓来的徽籍商人来

---

① 见王士禛《比部汪蛟门传》、冯溥《汪君蛟门传》、徐乾学《刑部主事季用汪君墓志铭》、方象瑛《汪蛟门墓志铭》。
② （雍正）《两淮盐法志》卷十三，雍正年间刻本。
③ 严迪昌：《心态与生态——也谈怎样读古诗》，《古典文学知识》1999年第2期。
④ （万历）《扬州府志序》，载《北京图书馆古籍珍本丛刊》第25册，北京图书馆出版社，2000，第6页。
⑤ 陈去病：《五石脂》，江苏古籍出版社，1985，第309页。

说，先期转型成功的陕籍文人，因相同的家庭出身和背景，成为他们最便于接触和学习的"榜样"。

1. 秦、徽商人，同气共类

孙枝蔚与这些徽籍汪姓友人是如何结识的，具体已不可考。但是细究之下，能发现来自相同家庭职业背景的他们，人际网上有很多交叉点。孙枝蔚在康熙二年（1663）写了《赠门人王仔园举于乡》，贺自己的学生王宾乡试高中。王宾，字宾王，号仔园。陕西泾阳人，先世业盐，遂家于扬州，又是一位来自陕西的盐商子弟。可能也正是因为同乡之谊，才成为孙枝蔚的学生。查阅方志，康熙二年癸卯乡试同时中举的还有汪懋麟和汪士裕。在明清，同年是社会关系网中很重要的一环。所以王宾得以常常和汪懋麟、汪士裕同时出现在《溉堂集》的诸多首诗中，汪懋麟更在其亡故后，写下一篇充满感情的《仔园王君墓志铭》。也可据此推测为什么汪懋麟康熙六年（1667）第一次出现在《溉堂集》中，就表现出与孙枝蔚很熟络的样子。孙枝蔚与汪懋麟兄弟的古文老师王岩也是同乡好友。汪懋麟"幼颖异殊常儿，与兄耀麟同授经长安王岩筑夫之门，筑夫宿儒，工古文，通经学，君得其指授为多"[①]。方志上说"王岩，字筑夫。初名天佑，字平格，陕西长安人，后籍扬州"[②]，与孙枝蔚、雷士俊辈最契合[③]。正是因为有同乡、师生、同年这三种传统社会除血缘外最牢固的关系，孙枝蔚才得以与徽籍汪姓文人迅速走近。

2. 比邻而居、通家之好

孙枝蔚在顺治十六年（1659）因贫典卖父亲所留园地，搬至新城北柳巷的董子祠旁居住，"船头懒看桃花水，为与汪伦是对门"[④]，与老

---

① （清）王士禛：《比部汪蛟门传》，载《清代诗文集汇编》第151册，上海古籍出版社，2010，第549页。
② （康熙）《扬州府志》卷二十五，康熙年间刻本。
③ （乾隆）《江都县志》卷二十六。
④ （清）孙枝蔚：《柬汪湛若》，《溉堂前集》卷九，《溉堂集》。

友汪瀹成了邻居，并且颇得照应，诗中曾说"不眠永夜老偏能，风雨贫家兴转增。多事匡衡还凿壁，开门借得读书灯。风雨之夕，灯火不继，湛若为余伤之。嗟乎！凿壁拾萤，古人且然，独孙子哉"①，自嘲家贫风雨之夜无照明之灯火，多亏邻居汪瀹相助。而与徽籍流寓至此的汪瀹成为朋友和邻居，也使他能与更多的徽籍俊彦相知相识。如与汪楫，虽然可能是好友吴嘉纪介绍结识，但在与汪瀹成为邻居后，对汪楫这个"善笑骂今一切为诗文者"，就已经"常闻之邻寓汪湛若"，因为"湛若其族人"。②

孙枝蔚康熙六年再次搬家，从董子祠搬到怀远坊，又与徽籍汪姓友人之一的汪懋麟成为邻居。"旧宅曾依董相祠，新居亦近蕃釐观。……陆机兄弟若友朋，陶潜邻舍胜里闾。日持此事夸向人，更引诸儿楼下看。为指上头读书客，下酒寻尝惟史汉。汝曹非农复非商，胡不辛勤守几案。少当努力壮成名，无效白头苦嗟叹。"③ 虽然孙枝蔚与汪懋麟在成为邻居前就已相识，但比邻而居使他们的感情更为深厚，就像汪懋麟所说："先生自董子祠旁移居怀远坊，与余兄弟望衡咫尺，文酒过从，二十有一年。自予归耕，以诗文相质，尤晨夕无间。"④ 而且此时的汪懋麟已经于当年春闱高中，不仅成功从商人转型为文士，而且进士及第，可以说是文士中的中高阶层。此时因心怀故国、甘为遗民，仅能"商而为士"，但无法"商而为仕"身陷"老且贫"的孙枝蔚，在诗中将汪耀麟、汪懋麟兄弟比作陆机、陆云，并且将他二人作为自家子弟学习的榜样。而他对自家的定位是很准的"非农复非商"，在一个农业文明的专制社会，这是十分尴尬且难以生存的。这样也能理解遗民往往允许自家子弟出试或出仕清朝实乃生活所迫。

孙枝蔚与汪瀹和汪懋麟分别在不同时期比邻而居，究其原因，想来

---

① （清）孙枝蔚：《即事赠湛若》，《溉堂前集》卷九，《溉堂集》。
② （清）孙枝蔚：《汪舟次山闻集序》，《溉堂文集》卷一，《溉堂集》。
③ （清）孙枝蔚：《移居怀远坊喜与汪叔定季甪爱园相近》，《溉堂续集》卷二，《溉堂集》。
④ （清）汪懋麟：《征君孙豹人先生行状》，《百尺梧桐阁文集》卷八，《百尺梧桐阁集》，上海古籍出版社，1980。

大致是明中后期,为防贼寇,于嘉靖三十五年(1556)在扬州旧城东边至运河边新筑一新城,新城成为各地盐商居住之地。孙枝蔚与徽籍诸汪皆出身盐商家庭,择地居住时选自己熟悉的区域,也就很好理解了。

与孙枝蔚交往的这些徽籍汪姓文人,除汪濬外,其他几人均已占籍扬州,家人父母在焉。特别是两对汪氏兄弟,孙枝蔚与他们的来往不仅仅局限在兄弟二人,更是有通家之好,也更显亲厚。

如与汪玢、汪楫兄弟,虽然不曾做过邻居,但"梅落桃复开,来往即君家",在对方家中也是"茗粥随意设,坐忘日已斜"①。这种舒适自在、长谈忘时,显然不是一日两日能有的交情。除此之外,更有"婚嫁能妨聚会频,高谈岂肯厌通晨。黄花近烛香生席,白兔当阶走避人。把盏每令僮仆倦,连床倍觉弟兄亲。也知书幌蕉窗好,惭愧东西南北身"② 这种秉烛夜谈的经历。当然汪楫也是孙枝蔚家的常客,不仅在孙豹人斋中听雨③,而且也毫不客气地讨要在朋友家看中的花草,受赠后写下《雨中移蕉谢孙八豹人》④。汪玢、汪楫的父亲汪汝藩,字生伯。曾于崇祯十七年(1644)高杰围困扬州时,出城慷慨陈词,高杰为之怒解,扬州民众遂免于劫掠,盐商推之为"祭酒"。乙酉(1645)"扬州十日"后,出资"赎屯营妇女归其家,埋骴掩骼,二十年内榇椟千余具"⑤。孙枝蔚不仅在汪汝藩的六十寿辰、七十寿辰都曾写诗文祝寿,也曾为汪玢、汪楫兄弟母亲闵氏的寿辰写诗介寿⑥。而且在康熙三年(1664)正月汪汝藩六十寿辰前夕,孙枝蔚联合扬州的朋友们给周亮工写信,请周为汪汝藩写寿序,使得本"生平不为寿人文"的周亮工,面对"豹人孙子……三十四人公函"和"谨致江以南北诸君子孙枝蔚

---

① (清)孙枝蔚:《再生诗为汪长玉赋》,《溉堂前集》卷二,《溉堂集》。
② (清)孙枝蔚:《宿汪舟次斋中》,《溉堂前集》卷七,《溉堂集》。
③ (清)汪楫:《孙豹人斋中喜雨》,《悔斋集·五律》,载《清代诗文集汇编》第140册,第669页。
④ (清)汪楫:《雨中移蕉谢孙八豹人》,《悔斋集·五律》,载《清代诗文集汇编》第140册,第670页。
⑤ (光绪)《重修安徽通志》卷二百四十九,光绪四年(1878)刻本。
⑥ (清)孙枝蔚:《寿汪生伯先生闵老夫人有序》,《溉堂前集》卷二,《溉堂集》。

等拜"① 的盛情，破例为文，成为可以写入文学史的一段士商互动之典型案例。除此之外，孙枝蔚还曾为汪玠、汪楫的五弟作《汪南珍屏斋诗序》②。

比之与汪玠、汪楫兄弟，孙枝蔚与汪耀麟、汪懋麟兄弟的交往程度毫不逊色，"汪氏好兄弟，往还情最亲。有园即吾园，到门无逡巡"③。虽不能说不分彼此，但已经可以说出"有园即吾园"。汪耀麟、汪懋麟的父亲汪如江，县志载其"先世新安，后家江都，少慕交游，重然诺，负干济才，屡征不出。……有长德之风，乡里咸尊尚志，举乡饮宾"④。孙枝蔚也曾为汪如江九十寿辰写过《为汪封君观澜先生九十岁征诗奉贺启》⑤，并且有诗《九十翁歌赠汪观澜先生四首》⑥。而且在康熙十二年（1673）从京城回到扬州，得知汪懋麟母亲去世，汪懋麟从北京奔丧回家后，怕其哀伤过度，修书一封《寄慰汪季甪》。文中先为自己"仅一吊之后即有泰兴之游"告罪，说明理由是"盖饥躯之故，席不暇暖"。接着说希望汪懋麟节哀，因为"尊大人幸体健，齿尊耳聪而目明。聪则号声易闻，明则毁状易睹。岂可增其忧虑，加其哀悼"⑦，痛惜之情跃然纸上。如果说为尊者作寿序，不过是普通朋友间的往来应酬，那么，在朋友母亲去世时，劝朋友不要哀伤过度，则非关系亲密者不能为也。

可能由于汪懋麟在康熙二十四年被夺官放回，而汪楫在康熙十七年入京赴博学鸿词取一等后，一直在外宦游，在孙枝蔚生命中最后几年，其与汪耀麟、汪懋麟兄弟走得更近一些。

---

① （清）周亮工：《寿汪生伯六十序》，《赖古堂集》卷十六，载《清代诗文集汇编》第39册，第163页。
② （清）孙枝蔚：《汪南珍屏斋诗序》，《溉堂文集》卷一，《溉堂集》。
③ （清）孙枝蔚：《上巳日同于皇宾贤湛若龙眉舟次仔园左岩诸子集汪叔定季甪爱园登见山楼》，《溉堂前集》卷二，《溉堂集》。
④ （乾隆）《江都县志》卷二十二。
⑤ （清）孙枝蔚：《为汪封君观澜先生九十岁征诗奉贺启》，《溉堂文集》卷二，《溉堂集》。
⑥ （清）孙枝蔚：《九十翁歌赠汪观澜先生四首》，《溉堂续集》卷五，《溉堂集》。
⑦ （清）孙枝蔚：《寄慰汪季甪》，《溉堂文集》卷二，《溉堂集》。

3. 互学共学、互推互赞

孙枝蔚与扬州徽籍汪姓文人之间的交往，一方面缘由是相同的家庭出身，另一方面当然少不了共同的志趣爱好。顺治六年（1649）就正式弃商从文的孙枝蔚，成名较早，有资格受邀参加康熙三年王士禛组织、众多名士参加的"红桥唱和"，可为确证。彼时一众徽籍汪姓友人，不管取得功名与否，都才在文坛崭露头角。他们通过孙枝蔚得以认识诗坛名宿，在诗酒会饮中一展才华。而且往来扬州的诗坛名家，有时也会被请"设坛讲学"。

康熙二年方文在孙枝蔚的引荐下，读到汪楫的诗与之订交，并作诗自叙结识经过，是"因携同心人（句后自注：豹人）"，才能"步趾过兰室"。方文在诗中不仅盛赞汪楫等三人的诗，且许诺"以后过邗关，寻君定非一"①。果然康熙四年六月方文游历至扬，孙枝蔚与诸位汪姓友人与方文连日宴游，分韵作诗。孙枝蔚有《溽暑，同方尔止、王正子过汪舟次园中留饮，值令弟左岩、季甪偕至，分得鸦字、萝字》："（一）主人方避暑，相对紫薇花。有客寻三径，因君破五车。谈深挥白羽，坐久噪乌鸦。止饮身衰后，惟贪陆羽茶。（二）岂但樽能满，弟兄贤且多。飞腾俱不后，放荡幸无诃。老友频年别余与舟次别尔止两年矣，长江六月波。淹留莫相负，归路想藤萝。"②汪楫有《方盋山至自白门，同孙豹人、王麟友、家左岩、季甪集斋中，即席限"鸦""萝"二字》："（一）扣门愁襓襫，忽到故人车。别讶三年久，衰看两鬓华。清樽浮绿蚁，红树隐乌鸦。坐待凉风起，当檐赏落花。（二）举世嫌吾懒，诸君肯见过。虚怀名士少，高论老人多。花气传篱落，虫生在薜萝。不知良宴会，何苦杂笙歌。"③方文在当时以长于注杜闻名。大好机会，诸友怎肯放过？孙枝蔚有诗《同尔止饮仔园宜楼下，值龙眉、叔定、蛟

---

① （清）方文：《喜晤吴宾贤、郝羽吉、汪舟次三子有赠》，《嵞山续集》卷一，载《清代诗文集汇编》第38册，第571页。
② （清）孙枝蔚：《溽暑，同方尔止、王正子过汪舟次园中留饮，值令弟左岩、季甪偕至，分得鸦字、萝字》，《溉堂前集》卷六，《溉堂集》。
③ （清）汪楫：《方盋山至自白门，同孙豹人、王麟友、家左岩、季甪集斋中，即席限"鸦""萝"二字》，《悔斋集·五律》，载《清代诗文集汇编》第140册，第672页。

门继至,诸子因请尔止说杜诗,赋得听诗静夜分》:"入座谁非静者流,炎天爱客倍绸缪。预因倦态铺青簟,转为高谈讶白头。多事旧嫌虞赵注,开怀忽与郑何游尔止细说《游何将军山林》十首,举座解颐。竹西入夜骄歌舞,肯信诗名万古留。"①(时方文讲的《游何将军山林》十首被认为是园林诗之冠)可见当时围坐听讲之场景。方文对这次讲诗是这样说的:"旧京风雅萧条甚,忽睹芜城气象新。日日水边多省事,家家楼上有诗人。客来长夏尊偏满,话到中宵意转亲。敢谓知言似匡鼎,群公亦觉解颐频。"②不仅描写了讲诗听诗的场面,而且肯定了扬州文坛繁荣已经远胜南京。从现存有关这几次聚会的诗作中,能看出其多聚在友朋的家宅园林之中,而徽州诸汪因多出自盐商家庭,家境优渥,多有私家园林。这也正是在清初,多地文坛如旧京"风雅萧条甚",独"芜城气象新"的原因之一,所谓"乱后诗人在,春来酒伴闲"③,扬州这些私家园林,给文人宴饮创作提供了相应的场所。

也正是方文这次来,才有了孙枝蔚同五位汪姓诗人一起的聚会,本文开头的那首诗《汪左岩招同尔止、湛若、次功、令弟舟次、叔定、季甪泛舟城西,值河水初涨》④,说的正是方文抵扬后诸多聚会中的一次,因徽籍诸汪几乎全体出场,故录全诗如下。

(一)汪生高趣尝自许,一见胜流忘尔汝。不言月下喜开樽,但道船中堪避暑。雨声半月不曾无,今朝欢喜到群兔。丹青况有倪黄手,便可相烦作画图湛若善画。

(二)六月荷花香复鲜,楼台何处不可怜。近岸忽添水一丈,

---

① (清)孙枝蔚:《同尔止饮仔园宜楼下,值龙眉、叔定、蛟门继至,诸子因请尔止说杜诗,赋得听诗静夜分》,《溉堂前集》卷八,《溉堂集》。
② (清)方文:《六月十七夜社集王仔园斋头赋得分诗静夜分》,《嵞山续集》卷四,载《清代诗文集汇编》第38册,第625页。
③ (清)孙枝蔚:《春日游平山堂》,《溉堂前集》卷四,《溉堂集》。
④ (清)孙枝蔚:《汪左岩招同尔止、湛若、次功、令弟舟次、叔定、季甪泛舟城西,值河水初涨》,《溉堂前集》卷三,《溉堂集》。

渔翁失色蛟龙前。老夫旧作江湖客，笑听风涛意洒然。座中岂少谢安石，便轻开口劝回船。

（三）故乡风景亦不恶，平生未得见湨陂。一卧江城岁复岁，变化头毛如鹭鹚。暮景但愁减酒盏，家山谁能无别离。况遇主人能作达，岑参兄弟未为奇。

（四）方老久家桃叶渡，劝人只合芜城住。李白杜牧皆奇才，斗鸡台望凤凰台。君言邢顾归地下，旧京来往少风雅。俊人今日满维扬，我独何幸客此乡。

（五）扬州女儿意态多，日日中流采芰荷。箫声将发待明月，风急船回奈尔何。片时惆怅复无益，诸君笑我头全白。苦遭丧乱喜繁华，此地当年厌金革。

诗中再次提到"旧京来往少风雅。俊人今日满维扬"，扬州文坛的繁盛一方面始于这样一次次小规模的宴游雅集，一方面也表现于此。

天下没有不散的宴席，孙枝蔚与诸位汪姓友人的齐聚，随着孙枝蔚不断在外做幕坐馆，汪士裕、汪楫任教谕于各地，汪懋麟入京为官，很少能像康熙三年、四年这样频繁了。但谈诗论文除了面对面外，还有尺牍邮筒。《溉堂文集》中有给汪楫、汪懋麟的数封书信，除了日常问候，无一不是围绕文学创作，或见示新作，或评点旧文。康熙三年孙枝蔚做幕于句容，手书一封《寄汪舟次》，虽然"二十年不曾策蹇，及抵句容腰膝都痛，非枸杞之类所能济事也"，腰膝酸痛异常，补药也无济于事，而且"奈此间但有喜客泉，无喜客主人，游况殊苦"，但马上话锋一转，"惟长吟疾书日无停晷，为青元观中道士所笑，何其酷似赶考试秀才。新作录成一册呈览幸教之"。[①] 即使身上疼痛不已，药石乏力，

---

① （清）孙枝蔚：《寄汪舟次》，《溉堂文集》卷二，《溉堂集》。

情况殊苦，但谈诗论文之心仍然不减，有新作就迫不及待想听听朋友的意见。一旦一方远游而归，双方碰面的第一件事也是将未见面时写的新作拿出来，以供评点赏鉴。孙枝蔚一次远游而归给汪懋麟的手札《与汪季角》，即这种情况的实录："远归同日，方欣披衣扣门，从此可数晨夕而有用之身……见示新诗数十首，精进乃尔，使诸同人读之皆当气尽。"①

清初扬州"文人寄迹，半于海内……广陵为天下之逆旅，凡怀才抱艺者，莫不寓居广陵，盖如百工之居肆焉"②，是时扬州，正是这样一个地方，为这些从四面八方而来的怀才抱艺者提供了一个空间，供他们在这里施展才艺，或维持生存或换取名利，可以说既是文坛也是名利场。如何在人才济济的扬州脱颖而出，崭露头角，文友间的互推互赞、互相引荐，在信息不发达的古代社会，几乎是最主要的渠道。孙枝蔚好友吴嘉纪的出名，大概可以作为最鲜明也最成功的例子。前文已经说过，顺治十六年，汪楫避乱于东台场时，与吴嘉纪订交，回到扬州就把吴嘉纪的诗推荐给了当时文坛伯乐之一周亮工，周亮工一见倾心，虑其死不得见，为其赋诗一首，嘱汪楫急招之。两人寻即相见。周亮工在为吴嘉纪《陋轩诗》所作序中，是这样描述的："予己丑过广陵，与汪子舟次交。……越十三年，予复至广陵，见舟次诗而诗又工。予惊询之，舟次曰：'东淘有吴宾贤者，善为诗，予为之游，同学诗，愧不逮也。'……因出其手录《陋轩诗》一帙示予，予读之心怦怦动。……今乃有不及见宾贤之感矣，急赋一诗寄之。"③ 吴嘉纪从偏居扬州东台盐场的一介布衣，到一时闻名天下，虽说有周亮工和王士禛的推介，但一切都根源于汪楫的力推。

孙枝蔚和他的汪姓友人们，应该也知此理，故无论作诗作文作序，

---

① （清）孙枝蔚：《与汪季角》，《溉堂文集》卷二，《溉堂集》。
② （清）孔尚任：《广陵听雨诗序》，《湖海集》卷八，载《清代诗文集汇编》第174册，第632页。
③ （清）周亮工：《陋轩诗序》，《赖古堂集》卷十四，载《清代诗文集汇编》第39册，第140页。

如孙枝蔚为汪楫《山闻集》作序，汪懋麟为孙枝蔚《溉堂文集》作序，都对自己的朋友不乏溢美之言辞，而且在与他人相处时，对自己朋友的诗文更是一力推崇。

孙枝蔚在康熙二年写下一组绝句《春日怀友》，其中有一首是写汪楫的："闭门何异卧林丘，世上风波剧可愁。好我新诗曾不倦，逢人切莫说神州汪舟次楫极称予《神州诗》。"① 诗中说汪楫喜欢自己的新诗，但是可别再逢人就夸我《神州诗》做得好了。一来汪楫的确像赞赏吴嘉纪一样，逢人就说孙枝蔚《神州诗》做得好；二来其实也不乏自矜之意；三来是不是还包含着对汪楫这么做的一种肯定呢？同是在这一年，孙枝蔚离开扬州去南京拜访周亮工的儿子周在浚，汪楫写了一首《送孙焦获之金陵兼柬周雪客》，从诗题中就可以看出，此诗在送孙枝蔚的同时，也捎口信给自己的朋友周在浚："头白老人孙焦获，刺船去作金陵客。……渡江莫虑知音稀，入城须问周生第。周生好客如好酒，海内友生不离口。……更有小轩曰瓯室，入轩直呼周雪客。老人自昔拙言辞，相逢不用哀颜赤。"② 诗中劝慰孙枝蔚到了周家不要局促和客气，因为周在浚是个热情好客的人。一来汪楫如果和周在浚不熟，不可能说出这样的话；二来向周在浚介绍自己的朋友，为孙枝蔚在周家做客暖场。

康熙七年，汪懋麟三十初度，孙枝蔚赠诗《汪季用生日》为贺："（一）关门几度负晴春，对宇相过不厌频。懒见轻裘肥马者，难逢进士即诗人。（二）海水西头江水北，醉乡田地阔如斯。当筵可少能歌女，为付新成锦瑟词。"③ 汪懋麟答以《生日答豸人见赠二首》，其一："花飞满院值芳晨，飘洒南邻与北邻。回算从前好风景，乱书堆里过青春。"其二："溉堂门与山楼接，多谢逢人说项斯。岂有尊前好词句，

---

① （清）孙枝蔚：《春日怀友》，《溉堂前集》卷九，《溉堂集》。
② （清）汪楫：《送孙焦获之金陵兼柬周雪客》，《悔斋集·七古》，载《清代诗文集汇编》第140册，第657页。
③ （清）孙枝蔚：《汪季用生日》，《溉堂续集》卷二，《溉堂集》。

漫张锦瑟唱花枝。"① 从汪懋麟的诗中用了"逢人说项斯"这个典故看，孙枝蔚对朋友也在做一样的事情，即逢人即夸汪懋麟诗做得好。

至于孙枝蔚为汪楫《山闻集》作序，汪懋麟为孙枝蔚《溉堂文集》作序，则是朋友间互相推荐的另一种方式。

三 从与"二汪"的交游看"士商互动"下代际文人心态

"江都之诗人，群推二汪。"② 汪楫与汪懋麟作为江都徽籍文人中的突出代表，不仅成功从商人转型为文人，"商而为士"，而且都进一步"商而为仕"。比二人更早转型为文士，并在大江南北获得盛名的孙枝蔚，却因为坚守夷齐之志而最终止步于布衣文人。从他们之间的交往既可以看出士商互动中转型早晚之分，更能看出代际文人心态之不同。

孙枝蔚刚到扬州时来往的主要是家乡来往于扬州的故友乡党，除陕籍之外就是遗民居多，从其诗作可以看出，当时三十岁左右的孙枝蔚，相交的对象或是比他年长者，或是和他年龄相仿者。此后，随着时事变迁，很多年轻的非陕籍、非遗民的朋友也加入进来。汪楫和汪懋麟就是孙枝蔚四十岁之后交游的年轻朋友中之典型代表。孙枝蔚出生于泰昌元年（1620），入清时已经二十四岁。汪楫出生于崇祯九年（1636），入清时不过八岁。汪懋麟生于崇祯十二年（1639），入清时仅仅五岁。孙枝蔚那一代人，鼎革之乱，异族入主中原，带给每个读书人的都是不可磨灭的印象。即使应考出仕新朝，也难掩笔下的禾黍之感。遗民心怀故国，终日愤懑，即使是贰臣，心里也都套着无形的枷锁。那一代的汉族士人，笔下自然带着沉重与家国。对他们来说，心里最难突破的是"出处"二字，无论是坚守"夷齐之志"的遗民，还是身仕新朝的贰

---

① （清）汪懋麟：《生日答豹人见赠二首》，《百尺梧桐阁诗集》卷六，《百尺梧桐阁集》。
② （清）康发祥：《伯山诗话》卷一，载《清诗话三编》第八册，上海古籍出版社，2014。

臣，抑或是"中道改行""失身暮年"①的"两截人"，莫不为"出处"二字或生计困顿，或身心煎熬，进退维谷。而也恰是这二字，带给了易代之际无数文人理想和现实、道德和物质上的种种冲突，这些冲突带给文人们的愤懑、痛苦，又需要文学来作为宣泄渠道，清初文学的繁荣不得不说亦由此而来。而比孙枝蔚分别小十六岁和十九岁的二汪代表的是清初文学的一个新时代，他们这一代人，除了那些极少数坚定的"遗民二代"，都不再有"出处"这一心理包袱。萦绕在他们笔下的也不再是国仇家恨，易代的苦难对他们来说更像是"白头宫女在，闲坐说玄宗"②的传说。

从孙枝蔚与汪楫、汪懋麟的诗文及交游中，可以看出清初代际文人心态之不同。再回到文章开头所提在康熙三年举行的那次"红桥修禊"，众人共唱"冶春"诗。同样是就梅花岭上史可法墓作诗，孙枝蔚是"故相坟头少白杨，举杯欲饮心茫茫。人生几何经丧乱，二十年前此战场"③。当此草长莺飞的暮春时节，在故相坟头，诗人眼中只有寥寥几棵笔直白杨，一扫同人诗中"日暖红桃，风吹绿柳"的暖色，冷暖色调对比，凄凉之感油然而生。国破家亡，二十年来的丧乱一时涌上心头，此情此景，再美味的佳酿，也是手中那难以下咽的杯中酒，沉郁之痛，仍是耿耿。汪楫虽然没有参加这次盛会，但是也同大江南北文士一样，和了这次清明修禊的"冶春"绝句，眼中同样的景物，在他的笔下是这样的："相国当季死报君，梅花岭下葬孤魂。纸钱知是谁人挂，乱入松楸作白云。"④没有了亲历的情感，已然完全是旁观者的讲述态度。因为没有记忆，所以就没有苦痛。前文全录了孙枝蔚《汪左岩招同尔止、湛若、次功、令弟舟次、叔定、季角泛舟城西，值河水初涨》一诗，在和一众朋友泛舟玩乐时，孙枝蔚仍不忘"片时惆怅复无益，诸君笑我头全白。苦遭丧乱喜繁华，此地当年厌金革"，欢乐时国

---

① （清）顾炎武：《顾亭林诗文集》，中华书局，1983，第33页。
② （唐）元稹：《行宫》，《元稹集》，中华书局，1892，第169页。
③ （清）孙枝蔚：《清明王阮亭招同林茂之张祖望程穆倩许力臣师六家无言，泛舟城西，酒间同赋冶春绝句二十四首》，《溉堂前集》卷九，《溉堂集》。
④ （清）汪楫：《春郊绝句甲辰清明同吴野人作》，《悔斋集·七绝》，载《清代诗文集汇编》第140册，第679页。

破家亡的苦痛也难免涌上心头。而同行的汪懋麟所作《城西陂观涨与方尔止、豹人、次功、家湛若、左岩、叔定、舟次作》一诗中，有的只是"莲花采尽西风起，泽国稻苗半欲死。纷纷扬州轻薄儿，犹道城西看秋水"，在这一代人笔下，不过是一次普通的朋友聚会，全然没有抚今追昔、忧思难忘的基调。

新朝初建相对清明的政治生态，战乱之后的百废待兴，再加上历代盐商家庭对读书和出仕的期待，展现在他们二人身上的是积极用世之心。如果说孙枝蔚的坚守气节和流离艰辛代表着遗民一代的精神状态和物质生活，那他们二人的人生履历，也代表了他们那一代读书人的精神状态。二汪虽然都本籍休宁，却又各有身世。汪楫年少才高，却科场失意，最终四十三岁举博学鸿词，官场得意；汪懋麟年少得名，科场得意，但又官场蹭蹬，四十六岁盛年罢官归乡。因此在孙枝蔚感叹国破家亡二十年，复国无望，自己老之将至时，汪楫感叹的是屡上秋闱不售，久困科场之苦，汪懋麟感叹的是盛年罢官，赋闲归乡之苦。后两者可以说是清初新一代文人两种困苦心态的代表。从他们之间的交游还可见在代际文人心态的显象下，更有士商互动中转型文人的隐形心态。

汪楫虽然"少富于学问，名公卿咸折节愿交"[①]，"好古力学，名沸大江南北，户外履常满"[②]，但在举博学鸿词之前，所作的《悔斋集》《山闻集》《山闻续集》却充斥着怀才不遇和秋闱每每落第之愁苦。如在送汪士裕归里时，与自己同里同宗的兄弟本来境况相近，但因为汪士裕于康熙二年举乡试，而自己屡试不售，相形之下，感慨"与君同占广陵籍，君领贤书我落魄。与君同忆旧家园，君驱高车我伏辕"[③]，满腹自怜自嘲自艾。孙枝蔚对自己朋友"感物念同心，有才独无命"的境遇和内心苦楚，直指"弊自宋世来，科目操权柄"，虽"我身从局

[①] （清）汪懋麟：《送兄舟次之任赣榆序》，《百尺梧桐阁文集》卷三，《百尺梧桐阁集》。
[②] （清）周亮工：《寿汪生伯六十序》，《赖古堂集》卷十六，载《清代诗文集汇编》第39册，第163页。
[③] （清）汪楫：《送左岩兄归里》，《悔斋集·七古》，载《清代诗文集汇编》第140册，第664页。

外,心如秋水净",但"未免因汪生,气结忧复盛"。① 诗后有汪楫的点评:"每读一过,泪下一斗。"也是被知己说到伤心处的点睛之笔。而他的诗中也一再称自己参加科举,一再求"爵禄",是为了"养亲"。孙枝蔚虽然对朋友科场蹭蹬一再赋予最大的同情,在《春木四章》中的劝慰却侧面点破了汪楫的"不实之词"。诗云:"四十始仕,闻诸礼经。如何我友,长守柴荆。退亦何辱,进亦何荣。曰有老亲,爵禄难轻。区区爵禄,而翁不然。翁昔辞赏,曾慕鲁连。凡百事亲,养志为先。愿崇明德,以娱高年。"② 诗中主要劝汪楫不要过于焦虑老亲待养,称他父亲汪汝藩是个高义能比鲁仲连的人,并不看重爵禄,劝汪楫养志养德为先。

与才高位卑、二十余年科场不售的汪楫相比,汪懋麟的科场际遇像是硬币的另一面,二十四岁中举人,二十八岁中进士的他可谓青春得意,但命运的车轮下一步向哪个方向转动谁也预测不了。就在康熙十八年(1679)四十三岁的汪楫终于如愿以偿,以博学鸿词一等入直史馆时,汪懋麟也在接连丁母忧、丁父忧七年后,重新入京。而在汪楫出使琉球,仕途一帆风顺的时候,汪懋麟在康熙二十四年四十六岁的时候,因"好生事"被夺官罢归。从"难逢进士即诗人"③ 的青春得意到壮年被免,罢官归乡,怎能不"胸怀郁盘,纡结逼塞"④,所以"其抑菑无聊之衷,遇物振触往往见之歌诗"⑤。康熙二十五年孙枝蔚生日,汪懋麟作诗为友祝寿时,仍可见郁郁之气:"少壮同居履道坊,先生鬓发已先霜。两人踪迹分南北,一样飘蓬合退藏。"⑥ 孙枝蔚回诗酬赠,安慰友人:"性同任懒爱深坊,自喜双眉满雪霜。我是匏瓜宜不食,君如美玉岂终藏?"⑦

---

① (清)孙枝蔚:《怀汪舟次》,《溉堂续集》卷三,《溉堂集》。
② (清)孙枝蔚:《春木四章》,《溉堂续集》卷五,《溉堂集》。
③ (清)孙枝蔚:《汪季甪生日》,《溉堂续集》卷二,《溉堂集》。
④ (清)冯溥:《汪君蛟门传》,载(清)阮元《广陵诗事》,广陵书社,2005。
⑤ (清)徐乾学:《刑部主事季甪汪君墓志铭》,《憺园文集》卷二十九,载《清代诗文集汇编》第124册,第632页。
⑥ (清)汪懋麟:《八载不为豹翁上寿,今年生日,两人在家都暇,口占为祝》,《百尺梧桐阁遗稿》卷八,上海古籍出版社,1980。
⑦ (清)孙枝蔚:《生日酬汪季甪见赠诗次韵》,《溉堂后集》卷六,《溉堂集》。

汪懋麟也曾在康熙三年春闱不售，离京前作诗《出都咏怀三首》，其二中说自己"献策为禄养，两亲发皤然"①。然而，汪懋麟家即使在明清之际"既遭流寇之震惊，再罹南渡之屠掠，荡家破产"，仍能"艰难再造，以长以育。而复即于温饱"，达到"产仅中人"。② 如果说孙枝蔚在"士商互动"中商人向文人的转型，是国破家亡下的不妥协，那么出身徽商家庭的年轻一代人，真正让他们汲汲于科场的并不是家贫到白发双亲亟待奉养，而是"商而为士"阶层上升和转型要求的激励。关于士商互动，有些研究者认为，明代中后期开始，商人已经可以具有"自足"的世界，即不再积极求仕，甚至有"弃儒就贾"③的现象。笔者认为这种情况有，但不是主流，因为在"明清社会，则只能经由科举考试的成功才能达到唯一的终极目标"④。因此，清初扬州文坛的"士商互动"，更多的是依旧"商而为士"，是商人向文人转型。汪楫、汪懋麟这两个徽商家庭出身的人正是如此，而他们与孙枝蔚包括其他众多陕籍在扬文人交往，可能更重要的一个原因是，这些陕籍文人，因为随着家庭更早地来到扬州，提前完成了"士商互动"中商人向文人的转型，比较而言，其是徽籍文人最容易模仿和接近的榜样。在与他们的交往中，他们未完全转型时，孙枝蔚是早享盛名的文坛宿将，对他们有提携之力；他们完成跨越式转型后，有的如汪楫，不仅交往上疏远了，连诗风都因自己的跨越式转型而发生了变化。孙枝蔚面对曾经的同行、现在的达官新贵，创作心态上也不无变化。如前文所言，他一方面守夷齐之志，另一方面在面对成功"商而为士"乃至"为仕"的汪懋麟时，又希望自己的子弟能视他为榜样，"少当努力壮成名，无效白头苦嗟叹"⑤。

---

① （清）汪懋麟：《出都咏怀三首》，《百尺梧桐阁诗集》卷二，《百尺梧桐阁集》。
② （清）汪懋麟：《告先考文》，《百尺梧桐阁文集》卷七，《百尺梧桐阁集》。
③ 余英时：《士商互动与儒学转向——明清社会史与思想史之一面相》，余英时《士与中国文化》，上海人民出版社，2003，第528页。
④ 何炳棣：《明清社会史论》，台北：联经出版事业股份有限公司，2013，第112页。
⑤ （清）孙枝蔚：《移居怀远坊喜与汪叔定季用爱园相近》，《溉堂续集》卷二，《溉堂集》。

《儒林外史》中的假冒群体书写

◇冯 瑾 延保全*

摘 要：《儒林外史》中的假冒群体，全然不顾"文行出处"，采取多种多样的冒充手段追逐功名富贵。假冒群体道德的滑坡，揭示了八股取士制的实质是封建统治者禁锢人民思想的工具，其造成的恶劣风气已浸透整个社会，反映了晚期封建社会不可逆转的衰败趋势。《儒林外史》如此密集的假冒群体书写，不仅具有充实、丰富小说内容的文本意义和与史料相互佐证的现实意义，在中国讽刺小说书写中也具有重要价值。

关键词：儒林外史 假冒群体 八股取士制

《儒林外史》中有一个特殊的人物群体，他们或因自身条件限制，或因科场蹭蹬，无法取得功名富贵进入仕途，但不论何故，都不可遏制地艳羡他人的功名富贵，以至于采取冒充手段来慰藉自己的功利心理，本文姑且称其为"假冒群体"。《儒林外史》涉及假冒群体的叙写，大多从回目即可看出，譬如，第九回"刘守备冒姓打船家"，第二十一回"冒姓字小子求名"，第四十九、五十回"中书冒占凤凰池""假官员当街出丑"，等等。他们的冒充方式各不相同，有窃取著作权、假冒秀才的，也有冒籍考试、做枪手、假冒官员的，还有假官衔、假侠士、假神仙等，不一而足，后文将一一叙及。

---

* 冯瑾，山西师范大学戏剧与影视学院博士研究生，研究方向为明清小说、戏曲；延保全，山西师范大学戏剧与影视学院院长，文学院教授、博士生导师，研究方向为中国古代文学、戏曲文学和戏曲文物。

一 剽窃著作权、假冒秀才者

在科举制的催生下，社会上涌现出许多科举名士，他们凭借富贵、风流得到世人的崇拜。"只是近日吴下有一种恶习，若是文崇到，不得一名科举；花前月下，不做两首歪诗，就道是膏粱子弟，不许入名士场中。"① 实际上，走八股求仕这条道路取得科举功名又能诗酒风流的真名士毕竟有限，一些无法获取科举功名的人，认为诗名也是一种功名，致力于诗酒风流，正如闲斋老人谓："斗方名士，自己不能富贵而慕人之富贵，自己绝无功名而羡人之功名，大则为鸡鸣狗吠之徒，小则受残杯冷炙之苦，人间有个活地狱正此辈当之，而尤欣欣然自命为名士，岂不悲哉。"② 斗方名士想诗酒风流，但限于学问虚夸很难创作出有水平的诗作，为博取好的社会声誉，不惜抄袭他人作品。当时社会上的诗歌抄袭之风盛行："今世多诗人，裨贩数十联排偶，设坛立埠，作大词宗；又多禅人，剽掠数十则公案，铺眉苦眼，号善知识。"③ 更有甚者，索性剽窃他人诗作并刊印出版，这在《儒林外史》中有两处详细叙写。

一处是蘧公孙刊刻《高青丘集诗话》附骥尾。"举业也不曾十分讲究"④ 的蘧公孙，从钦犯王惠手中收下《高青丘集诗话》。当从曾为朝廷命官的祖父蘧祐处得知"这本书多年藏之大内，数十年来多少才人求见一面不能，天下并没有第二本"时，求名心切的蘧公孙便萌生了剽窃著作权的念头，居然添上自己的名字"刷印了几百部，遍送亲戚朋友"，与诸名士交游，成为乡邦"少年名士"，打进名士圈，从此，写斗方、交名士，不择手段追逐虚名。

另一处是牛浦窃诗稿事。"蘧公孙刊刻《高青丘集诗话》，虽'站'

---

① （清）孙郁：《双鱼佩》（上卷），载《古本戏曲丛刊三集》，文学古籍刊行社，1957，第3页。
② 李汉秋、张国风、周月亮：《儒林外史鉴赏辞典》，上海辞书出版社，2011，第384页。
③ （清）钱谦益：《有学集》卷二十一，上海古籍出版社，1996，第884页。
④ （清）吴敬梓：《儒林外史》，人民文学出版社，1977，第111页。其引文出自该书者，不再另注。

了封面，然起始也仅'补辑'，以附骥尾而已；牛浦郎则径直冒名顶替，攫为己有。"① 牛浦撬门捵锁窃得《牛布衣诗稿》，从诗稿中与官员的应酬之作得到启迪——自己做不了官，"相与"几个官也是好的——利用诗稿上"只写了牛布衣，并不曾有个名字"，索性刻来"牛浦之印"和"布衣"两方假章印上，欣欣然冒名顶替。牛布衣已死，老和尚离开后，牛浦渴望改变自身地位、跻身上流社会的愿望更强烈，迫不及待把一张写有"牛布衣寓内"的白纸贴在庵门上，果然有新知县董瑛前来拜望，于是他开始了梦寐以求的与老爷交往的生活。

伴随骗术得逞，牛浦的灵魂更趋卑劣。对曾热心替他张罗婚事的舅丈以怨报德；离开卜家后，与年过五旬的牛玉圃联宗认亲，互相帮衬，出入衙门府第，奔走于盐商之家，"老牛对小牛亦有恩矣，与其旧方巾一顶，小牛从此成秀才矣"②，奈何"小子无良，弄得老生扫兴"；投靠董瑛后，以"讲诗"为名经常去县衙门"走走"，名利双收；又停妻再娶，入赘黄姓人家，在门口贴上"牛布衣代做诗文"的帖子，公开亮明诗人身份。但"牛浦郎的冒名牛布衣，是一颗定时炸弹"③，当牛布衣之妻来寻夫时，他的真面目就暴露了，最终被逐出衙门。

东窗事发后，牛浦是否仍在行骗，结局又如何，吴敬梓采取了不了了之的冷处理办法，即使牛浦偃旗息鼓了，尚有千千万万个牛浦在到处生长，喻示在当时的社会环境中，牛浦之流不会绝迹，但作者也不愿他们永远得逞，所以在牛浦的叙事中，安排了石老鼠和牛布衣之妻戳穿真相，安置了善理讼、判案明的正面人物知县向鼎，用意深远。

此外，与牛浦冒充秀才身份同出一辙的，还有几人：匡超人一考中秀才也急于为父做"方巾"；"乌龟"王义安也违反倡优隶卒不准参加科举考试的"名教"，戴方巾冒充秀才，被两个真秀才辱打；更有甚者，杭州盐务巡商支剑峰和扬州大盐商万雪斋也戴方巾冒充秀才；等

---

① （清）吴敬梓著，陈美林批评校注《清凉布褐批评儒林外史》，新世界出版社，2009，第 255 页。
② （清）吴敬梓著，陈美林批评校注《清凉布褐批评儒林外史》，第 282 页。
③ 李汉秋、张国风、周月亮：《儒林外史鉴赏辞典》，第 213 页。

等。"方巾"之泛滥如一面镜子,折射了当时秀才贬值的社会现实。两个真秀才表面上疾恶如仇,实则自恃身份、地位优越,以打假秀才、敲竹杠为能事,不愿假秀才与他们利益一体均沾,正呈现了真假秀才在"文行出处"上并无高下之分的事实,这亦是秀才不自尊自重的表现,科举末流的种种丑相于此可见一斑。

究其冒充秀才的深刻原因,一般来讲,中了秀才,经济上可解决基本生活问题,至少可教书,工资也比童生高。第三回范进中了秀才,胡屠户说:"明年在我们行事里替你寻一个馆,每年寻几两银子。"第七回荀玫中了秀才,其母欢喜道:"而今得你进个学,将来可以教书过日子。"在政治上,开始享有一点特权,可免掉一些差役,有了接近官府的资格,可到县衙门见官、说事等,见知县可不跪,甚至可与之分庭抗礼,如第十七回:"匡超人又进城去谢知县。知县此番便和他分庭抗礼,留着吃了酒饭,叫他拜做老师。"

二 考场和官场的假冒者

其实,秀才身份并不高,第四十九回施御史道:"若说他做身分,一个秀才的身分到那里去?"但秀才身份总高普通人一等,可戴方巾,有资格到贡院参加乡试应考举人。因秀才身份可带来经济和政治地位的改善,应试者便千方百计钻考试制度的空子以提高考取率,枪替和冒籍是当时科举考试中"技术含量"较高、操作难度较大的两种舞弊手段,《儒林外史》有对这一社会现象的深刻反映。

清代"童试大弊稽查之尤难者,则为枪手代倩之风"[1],吴敬梓选取清代科举考试中规模最大、舞弊行为最严重的童试为抓手,于《儒林外史》第十九回详细叙写金东崖花五百两银子买通匡超人替其子金跃考秀才的过程,具有强烈讽刺意味。这个由潘三一手导演、匡超人负责执行的枪替事件居然成功了,给科举制一记响亮的耳光。值得注意的

---

[1] 商衍鎏:《清代科举考试述录》,三联书店,1983,第3页。

是，吴敬梓仅仅在拘捕潘三的官府款单中使用"枪手"① 一词，文中还有许多关于替考的间接描写，如第二十六回向知府委托鲍文卿父子去考场巡视遏制"代笔"现象。

明清时期，鉴于全国各地的人口多寡、文化教育水平参差，考试竞争程度不一，为平衡各地的科名数额，合理分配政治权力，科举制规定，在院试、乡试和会试的三个录取环节实行分区定额制，根据各地教育水平高低、钱粮丁口多寡确定录取名额，如清康熙九年（1670）特别规定生员的录取名额：定府学 20 名，大州县学 15 名，中等县学 12 名，小县学 7—8 名。② 各省乡试录取名额，亦有定制，且有等差，如《钦定礼部则例》规定：山东 69 名；山西 60 名；河南 71 名；江南 114 名，其中江苏 69 名，安徽 45 名；浙江、江西各 94 名；福建 85 名；湖北 48 名或 47 名；湖南 45 名或 46 名；陕西 61 名；四川 60 名；广东 71 名；广西 45 名；云南 54 名；贵州 40 名。③ 如此规定，貌似公平，实则各县、府、省参加科举考试的人员多寡不等，考试的竞争程度不同，录取名额并不成比例分配，这造成不同地区的考生录取机会不平等。主试者趁机公然收受贿赂、出卖录取名额，如绍兴秀才值一千两银子，庐州秀才值三百两银子。

科举制还规定，除会试外，一般士人只能在本地应试，外籍人谎填本地籍贯应试，称为"冒籍"，一经发现则取消其应试资格。即便如此，为增加考取率，一些士子纷纷想方设法到竞争相对较弱、录取率较高的地区冒籍考试，尤其是吴敬梓所处的康雍乾时期，冒籍现象更加猖獗，《儒林外史》中对此也有揭露。第三十二回张铁臂原在浙江湖州，

---

① 用"枪手"指称"科举考试中的替考者"最早见于昆冈等修《钦定大清会典事例》（民国抄本）卷 116，第 10—11 页，原文载："十三年覆准：枪手入场，经学政饬发鞫审，倘该提调官不实力严缉，照军犯脱逃例，初参罚俸六月，再限一年缉拿，限满不获，罚俸一年，照案缉拿。至枪手日久潜归，而原籍地方官，漫无觉察，仍听应考；或再经作弊事发者，照军犯私回不行查出例，将原籍地方官罚俸一年。"此处的十三年，即雍正十三年（1735），《儒林外史》大约成书于 1748—1750 年。

② 《清史纪事本末》，载《续修四库全书》，上海古籍出版社，1995，第 165 页。

③ 故宫博物院《钦定礼部则例》，载《故宫珍本丛刊》第 288 册，海南出版社，2000，第 856 页。

后到安徽天长，想让其子参加当地的院试，杜少卿出一百二十两银子送其冒籍考秀才，正是当时社会科举考试中冒籍现象的真实缩影。

通过枪替、冒籍等舞弊手段产生的官吏，难免成为一批昏聩的禄蠹。考场有假冒现象，官场也不缺乏，第四十九、五十回"中书冒占凤凰池""假官员当街出丑"，吴敬梓于客观叙述中融入对官场的无情讽刺，使人们看清了科举制和官僚制的败落。万青云本是一穷秀才，为稻粱谋伪装成中书招摇撞骗，不幸被官差缉拿，将被押解问罪时，买得中书职衔的秦中书明哲保身，听从凤鸣岐安排，拿出两千两银子替万青云周旋，居然把官衔弄假成真。这透露出当时的吏治系统存在很大的漏洞，无法吸收真才俊。权、钱相通之实况，是当时统治者实行捐纳制度的必然副产品。唐《通典·选举五》云："入试非正身，十有三四；赴官非正身，十有二三。"① 由此可窥知，至封建末期的清朝，假官员公然在士绅之家招摇，正是官场日益腐败的真实写照。

吴敬梓让官员在戏池子里"采"了万中书去，"梨园子弟，从今笑煞乡绅"。他匠心独运地将戏曲引入小说，使戏曲故事与小说情节发展步调一致，昭示出人物命运变化。万青云在宴席上点的《请宴》和《饯别》两出戏，均出自《南西厢记》第十七出《东阁邀宾》，《请宴》中张生赴宴时欢天喜地，宴后却怨天尤地②，恰映衬了万青云赴宴时意气洋洋，被缉拿后垂头丧气；《饯别》中"笑吟吟，一处来；哭啼啼，独自归"③，正是秦、施、高和万欢聚悲散的写照。历史的形象和现实的形象相对照，是历史讽刺了现实，还是现实嘲弄了历史，值得深思。

施御史、高翰林平素自夸科第正途，目空一切，遇事却一筹莫展，任一介乡民武夫凤鸣岐指派，暴露了封建官僚的短浅见识和无能。"趋炎虽暖，暖后更觉寒威"④，万青云却不知"寒威"，只知加倍"取

---

① （唐）杜佑：《通典》，中华书局，1988，第421页。
② （明）李日华：《南西厢记》，中华书局，1982，第65页。
③ （元）王实甫：《西厢记》，上海古籍出版社，1978，第112页。
④ （明）洪应明：《菜根谭》，天津古籍出版社，2003，第84页。

暖",成为真中书后,更加肆无忌惮,这正是对凤鸣岐"行侠"效果最有力的注脚。假亦真矣,真亦假也,充分说明封建社会晚期道德建设日益瓦解。

三 假官衔、假侠士、假神仙

八股取士制利用"功名富贵"做诱饵吸纳人才,不仅培养不出真正的贤才能官,还在营造社会风气方面起了推波助澜的作用。《儒林外史》中多处提到灯笼,官用灯笼主要用以显示官衔和等级,既如此,就有被冒充的可能,如第九回"刘守备冒姓打船家"。

刘守备乃乡绅,他的运租米船为避免河道拥挤,巧借"刘""娄"音近,冒充娄府官衔在船头高挂两对写有"相府"和"通政司大堂"字样的灯笼,狐假虎威,船上的仆人如狼似虎地拿鞭子抽打挤河道的船。官衔可假借,借了又能吓人,真官衔的威慑力量就可想而知了,可见当时乡绅势力、朝廷大宦的势焰何等嚣张,这真实反映了当时官绅商勾结的现实状况。

吴敬梓生活的时代,正值封建社会晚期,已有资本主义经济萌芽,尤其是东南沿海地区,手工业和商业都很繁荣,巨商大贾如雨后春笋般涌现,无形中提高了商人的地位,甚至出现"一品官,二品商"这样的谚语。"商人在经济和政治上与朝廷官僚、地主士绅有着相互依存的千丝万缕的联系"①,这也是当时社会现实的真实摹写。据记载,乾隆南巡至扬州,当地盐商竭尽心力奉承,"大构架、兴宫室、建园池、营台榭,屋宇相连,蠹似长云"②,"凡有可悦上意者,无不力致之",连弘历自己"亦谓行在以来,莫若扬州适意者"③。此外,一些商人也频

---

① 徐谦芳:《扬州风土小记》,载朱正海主编《盐商与扬州》,江苏古籍出版社,2001,第385页。
② 徐谦芳:《扬州风土小记》,载朱正海主编《盐商与扬州》,第338页。
③ (清)汤捷南:《高宗南巡遗事五则》,载《国朝遗事纪闻》第一册,民兴报馆铅印本,1910,第16页。

繁用大量财物贿赂封建官僚，反过来，封建官僚则采取对商人欺压百姓的种种恶行予以包庇的方式来"反哺"他们。

无独有偶，第二十二回中，会写两句歪诗、全靠仰仗盐商讨点残羹冷炙的斗方名士牛玉圃，因在舱口挂了"两淮公务"的假灯笼，才敢在船家面前作威作福；第六回中，乡绅严贡生为子娶亲，为铺排场面、显示威风，特意"借了一副'巢县正堂'的金字牌，一副'肃静'、'回避'的白粉牌，四根门枪，插在船上"，其与灯笼的功能异曲同工。

与上述假借官衔相比，更有甚者，直接"赋予"自己能带来名利的身份。在吴敬梓笔下，假侠士张铁臂令娄公子"虚设人头会"遍请宾客，骗取五百两银子逃之夭夭。其后，作者运用延宕的笔法让张在第三十一回出现，成了杜少卿的门客，化名"张俊民"，改行"行医"，其自吹自擂"临症多"，不幸在南京被蘧公孙识破。作者笔锋指向社会上许多和张铁臂一样不学无术、自命清高、靠招摇撞骗过日子的"假托无意功名富贵自以为高，被人看破耻笑者"[①]。

在华夏文化的长期影响下，人们已形成侠与清官一样是民间信仰的民族心理，这一方面体现了人渴望和平安定的心理，希望侠作为正义的化身，有除暴安良、扶危济困的责任感和能力；另一方面，寄托了对侠的崇拜赞赏，以为这类人凛然有生气。但封建末世侠士已土匪、流氓化了，张铁臂骗娄公子即标准的流氓行径。吴敬梓希望用侠义精神来振作颓风，救人济厄，所以在虞博士等真儒名贤消逝后，特写一个真侠士凤鸣岐，与假侠士张铁臂形成鲜明对比，其中蕴含不少寄托，并非如胡适指斥的"说到凤四老爹，已忘了张铁臂了"[②]。

此外，吴敬梓还塑造了一个假托神仙之名招摇撞骗的人物洪憨仙。第十四、十五回"马秀才山洞遇神仙""葬神仙马秀才送丧"中，洪憨仙首先窥知马二先生的姓名和身份，再装扮得有神仙仪表，又谎称已三百多岁，让马二先生相信他是神仙。接着，他施展丹客的"黄白之

---

① （清）吴敬梓著，李汉秋辑校《儒林外史汇校汇评》，上海古籍出版社，2010，第687页。

② 胡适：《五十年来之中国文学》，新民国书局，1929，第82页。

术",两次赠送给马二先生"黑煤"并烧出银子,令马二先生对其人其事深信不疑,至此,洪憨仙设计借马二先生诈取胡三公子钱财之骗局的准备工作已就绪,岂料骗局因洪憨仙病故未遂。

黄白之术,即道家所谓炼丹药化成金银的法术,应是汉代方术的一种,在《汉书补注》中有记载,"中篇八卷,言神仙黄白之术,亦二十余万言"①,汉人应劭《风俗通义·淮南王安·神仙》也提到"招募方伎怪迂之人,述神仙黄白之术"②,生活于后世的八股文选家马二先生却对此深信不疑,吴敬梓巧用"洪憨仙"谐音——"哄憨钱",批判在当时追名逐利的社会浪潮中,人们精神空虚,不由自主地被裹挟着谋求功名富贵的现象。

四 塑造假冒群体之动因

《儒林外史》中的假冒群体,冒充方式多样,冒充者涉及多阶层、多行业,不仅儒林士人舍生忘死追求功名富贵,"把那文行出处都看得轻了",儒林外的市井小民、官僚、乡绅、商人及侠士,也争先恐后"蠕动"在功名富贵圈里,使尽浑身解数招摇撞骗。这种恶劣风气在年龄上覆盖了从青少年到老年的所有人生阶段,在空间上亦涉及甚广(笔者另撰文论述),浸透了一代又一代人的身心和社会的每个角落,制造了许多啼笑皆非的悲喜剧。吴敬梓塑造假冒人物群体,绝非偶然为之,究其深层原因,笔者择要归纳如下。

其一,秉承《史记》"实录"精神,反映社会现实。吴敬梓曾祖吴国对和叔曾祖吴国龙都曾与司马迁一样,担任皇帝的近臣、言官,吴国龙还曾撰《吴给谏奏稿》八卷,"言官"和"史家"家风必然影响到吴敬梓。据平步青《霞外捃屑》卷九载,吴敬梓曾撰"《史汉纪疑》,未成书"③,这并不影响《儒林外史》的创作效仿《史记》。《儒林外

---

① (清)王先谦:《汉书补注》,中华书局,1983,第1025页。
② (汉)应劭撰,王利器校注《风俗通义校注》,中华书局,2010,第116页。
③ (清)平步青:《霞外捃屑》,中华书局,1959,第362页。

史》许多故事情节都源于《史记》,如娄公子"访贤"事源自《史记》卷六十二《管晏列传》,娄焕文烧"借券"事源自冯谖为孟尝君"焚券市义"事等。天目山樵第四十六回总评曰:"正如太史公作《史记》,至《货殖传》放笔发挥淋漓尽致。"① 卧本第五十六回批语云:"一上谕、一奏疏、一祭文,三篇鼎峙,以结全部大书。缀以词句,如太史公自序。"② 鲁迅先生也用"实录"概括《儒林外史》的创作方法,他提到《官场现形记》时说:"与《儒林外史》略同,然臆说颇多,难云实录……殊不足望文木老人后尘。"③

儒林内外人士道德的腐败堕落,正是由封建末世的经济基础决定的,反之,"现实生活中的公民道德,总是反映着特定的政治、经济制度的需要,并为其服务"④,吴敬梓所处的康雍乾"盛世",毕竟已是封建社会晚期,衰败和僵死的趋势不可逆转。在腐朽的封建经济体制内,已有初步的资本主义经济萌芽,在这种新旧交杂的经济环境中生存的人们,不免彷徨迷惘,易受不良因素诱导,致使社会道德滑坡,礼法松弛。

吴敬梓秉承史家"实录"精神,发展了写实的现实主义艺术。《儒林外史》中的人物、故事情节多有原型可考:"《儒林外史》所传人物,大都实有其人,而以象形谐声或庾词隐语寓其姓名,若参以雍乾间诸家文集,往往十得八九。"⑤ 吴敬梓从现实生活中撷取创作素材,经加工改造,使作品中的人物形象符合生活的真实和艺术的真实。

其二,继承《诗经》"美刺"传统,抒写人生失意之忧愤,实现挽救、警醒世人之目的。"治《诗经》,是全椒吴氏世代相传的学问"⑥,《全椒县文物志》载,吴敬梓先祖辈曾著有《诗经心解》六卷、《诗经讲义》、《诗韵正》五卷,其"治诗"家风或多或少都会影响吴敬梓。

---

① (清)吴敬梓著,李汉秋辑校《儒林外史汇校汇评》,第571页。
② (清)吴敬梓著,李汉秋辑校《儒林外史汇校汇评》,第685页。
③ 鲁迅:《中国小说史略》,上海古籍出版社,2006,第188页。
④ 田秀云:《社会道德与个体道德》,人民文学出版社,2004,第45页。
⑤ 鲁迅:《中国小说史略》,第143页。
⑥ 陈美林:《吴敬梓研究》,南京师范大学出版社,2006,第162页。

与吴敬梓有交游的沈大成曰,吴敬梓"少治毛诗,于郑氏孔氏之笺疏,朱子之集传,以及宋元明诸儒之绪论,莫不抉其奥,解其症结,猎其菁英,著为《诗说》数万言,醇正可传"①,可知,吴敬梓治诗主毛郑,博采今文三家,调和宋元明,旨在"醇正可传",符合孔子"兴观群怨"和《诗大序》"经夫妇,成孝敬,厚人伦,美教化,移风俗""上以风化下,下以风刺上"的诗教。挚友程廷祚对《诗经》"刺诗"的精到看法,亦会影响《儒林外史》的创作。

吴敬梓二十三岁前生父、嗣父相继过世,他目睹了族人为争夺财产和权力而展开的倾轧斗殴,"淳于恭之自棰不见,陈太丘之家法难寻","若敖之鬼馁而,广平之风衰矣"。②此外,父母双亡、发妻去世、功名不遂,都促使他深切感受到八股取士制如何颠倒黑白、压抑贤才,却将许多不学无术的无赖和骗子捧上高位,他把这种思想渗透到《儒林外史》创作中。假冒群体与娄公子、权勿用等假名士相比,更等而下之矣,作者的讽刺分寸无疑更深,但并非无节制:"并没有采取抨击性的和愤怒的讥笑,而是采取了无伤大雅的戏谑和幽默,作者好像和我们读者一道在一种感情默契中,共同陷入对人生哲理的深长思索。"③

其三,与真名士形成鲜明对比,立足真善美,抨击假恶丑。八股取士制把读书、考试和做官结合起来,在这根指挥棒的导引下,社会各阶层人士都沉浸在追名逐利的风气里,心理防范意识薄弱,此即滋生假冒群体的土壤。假冒群体希望能浑水摸鱼,轻取荣华富贵,这便是冒充行为的主要动机。八股取士制培养出一批不中用的书生,正如顾炎武所说,"一举于乡,则无人非势豪,适四方则无地非游客"④,不仅不能造福社会,还给人民带来许多灾难:"一捧书本,便想中举人进士做官,

---

① (清)沈大成:《全椒吴征君诗集序》,载《学福斋集》卷五,乾隆三十六年(1771)刻本,第59页。
② 朱一玄、刘毓忱编《儒林外史资料汇编》,南开大学出版社,2012,第120—121页。
③ 宁宗一:《世情图卷·读懂古典小说》,天津教育出版社,2013,第189页。
④ (清)顾炎武著,(清)黄汝成集释《日知录集释·明经》,上海古籍出版社,1985,第1228页。

如何攫取金钱造大房屋，置多田产……其不能发达者，乡里作恶、小头锐面，更不可当。"① 虽有一些真名士倡导礼乐兵农，讲究文行出处，如杜少卿、庄绍光和迟衡山等，却不能力挽狂澜，真名士于假名士中湮没、悄然而逝，假名士仍恣意妄行，充斥整个社会，功名富贵继续侵蚀人心，作者塑造假冒群体，实质是立足真善美抨击假恶丑。

假冒群体的大量涌现，是个人悲剧。《孟子·滕文公章句上》曰："民之为道也，有恒产者有恒心，无恒产者无恒心。苟无恒心，放辟邪侈，无不为已。"② 吴敬梓已意识到假冒群体的悲剧，从个人来讲，是由于缺乏稳固的物质基础——假冒群体脱离生产，无一技之长谋生——所以，在文末塑造了市井四奇人，从剥削集团中游离出来，为知识分子探索了一条自食其力、洁身自好以摆脱八股取士制迫害的出路，这与蒲松龄"自食其力不为贪，贩花为业不为俗"③ 颇一致。

同时，假冒群体的悲剧，更是时代悲剧，他们"与体制周旋，利用规则获取他们能够捞到的一切好处。因此，他们的堕落并非个人现象，而是暗示了他们身在其中的那个体制允许甚至鼓励他们往哪个方向走，以及最终可以走多远"④。此外，于幽榜中叙写皇帝下诏旌贤，寄希望于统治者变革科举制，这种思想在当时无疑是进步的，但也体现了吴敬梓思想的时代局限性，他没意识到八股取士制实质上是封建统治集团禁锢人民思想的工具，假冒群体正是封建社会衰败这一必然趋势的表征之一。

《儒林外史》中如此密集的假冒群体书写，不仅具有充实、丰富小说内容的文本意义，而且具有与史料相互佐证的现实意义，能够反映现实，揭示人性的弱点，以唤起人们疗救自身愚昧的注意和对真、善、美的追求，正如陈美林先生在《论〈儒林外史〉的讽刺艺术》一文所说：

---

① （清）郑板桥著，于春海、李青华、刘烨疃注《郑板桥诗词文选》，中华工商联合出版社，2016，第395页。
② （宋）朱熹：《四书章句集注》，中华书局，1983，第254页。
③ （清）蒲松龄：《聊斋志异》，人民文学出版社，2016，第258页。
④ 商伟：《礼与十八世纪的文化转折：〈儒林外史〉研究》，严蓓雯译，三联书店，2012，第86—87页。

"《儒林外史》的讽刺的目的，也在于挽救被作者所嘲讽的一群。"① 此外，假冒群体的书写在中国讽刺小说书写中也具有重要价值和特殊意义，譬如，《儒林外史》对枪替现象的揭露，就对晚清谴责小说的创作产生了深远影响，《官场现形记》和《二十年目睹之怪现状》使用"枪手"一词指称"科举考试中的替考者"分别达18次和1次。前者大胆地在小说回目中直接使用"枪手"一词②，作为解剖封建社会崩溃前夕官僚体制的力作，可谓对《儒林外史》批判科举制选拔不出有作为官员的有力注脚；后者仅使用1例，与吴敬梓有所忌惮不同，吴沃尧或许认为枪替现象在日益半殖民地化的中国封建社会已非"怪现象"了。

假冒群体并非吴敬梓生活时代的专利，刻画假冒群体对当时和其后乃至今天社会生活中的许多假冒伪劣现象，尤其是教育界和学术界的剽窃、舞弊现象，仍有不朽的讽喻意义和教化力量，因此，对假冒群体予以探讨有不可忽视的意义。

---

① 陈美林：《吴敬梓研究》，第464页。
② 见（清）李宝嘉《官场现形记》第五十六回回目"制造厂假札赚优差，仕学院冒名作枪手"，人民文学出版社，1982，第962页。

由"贴补"现象论《忠义璇图》的编写演化过程[*]

◇孙 琳[**]

摘 要:《忠义璇图》现存三个版本,分别代表了三个不同的改编阶段,残第一本贴补现象的发现使此三阶段界限更为明显。第一阶段模仿已有水浒戏和小说《水浒传》,明传奇遗存色彩较浓;第二阶段是在清初戏曲理论的指导下进行的情节和曲词修改,将绝大多数"前腔"改为"又一体",将四字标题统一改为七字标题;第三阶段是统一整合阶段,进一步贯彻了清初的戏曲理论,曲白改编较大,为适应舞台演出调整了部分情节的前后顺序,并对某些人名、用字不一致的地方进行了统一,但仍有个别未曾修改之处。

关键词:忠义璇图 贴补 宫廷戏曲 水浒戏

《忠义璇图》作为宫廷大戏,流传不多,传播不广。赵景深先生曾于1942年在《小说月报》发表《〈忠义璇图〉与〈虎囊弹〉》一文,所据版本为署名"蓝畹"等编的残本;1980年赵先生又在《艺谭》发表《谈清宫大戏〈忠义璇图〉》一文,所谈版本为未署名的全本即二百四十出本。陈芳在《乾隆时期北京剧坛研究》中指出《忠义璇图》的版本有:一为清升平署抄本,二为《清宫大戏》本(台北天一出版社据清内府抄本影印),三为精写残本二十出。所指前二种为同

---

[*] [基金项目] 教育部人文社会科学研究青年基金项目"水浒戏汇辑整理与研究",项目编号:18YJCZH157;山东省社会科学规划项目"《水浒传》的叙事伦理与文化传播",项目编号:13CWXJ01;菏泽学院科学研究重点项目"水浒戏曲叙录研究",项目编号:XY18ZD03。

[**] 孙琳,山东大学文学院博士,菏泽学院人文与新闻传播学院副教授,研究方向为中国文学史。

一版本。① 除这两种之外，尚有残第四本十八出存世。笔者认为，《忠义璇图》现存差别较大的版本有三，皆为清抄本，其中一种为全本，另两种为分属不同编写阶段且不同本次的残本②。在残第一本中，笔者发现了前辈学者从未提及的大量贴补现象，通过此一发现，再结合不同版本之间的对勘，可以探佚《忠义璇图》的演化过程及编写意图，并对前辈学者的某些论点进行修正。

一 草创的残第四本

《忠义璇图》版本之一为未题编者名姓的二十出本（中缺六、七二出，实存十八出），现藏中国国家图书馆，另有一抄本藏首都图书馆，两本大体相同，均缺二出，区别在于国图藏本有圈点而首图藏本没有，当为同一版本的不同复本。每页十行，每行二十二字，每出有四字标题，与二百四十出本对勘，当为第四本③，收入《明清孤本抄本戏曲丛刊》第七册。里面情节实为两条线索同时演进，一是宋江清风寨观灯被刘高所擒又被救上清风山，后汇聚众人共投梁山，中途收家书探父被捉，在二百四十出本中对应为第四本第六出至第四本第二十出；二是武大捉奸中毒而亡、武松发配恩州至醉打蒋忠，在全本中为第三本第十九出至第五本第二出。详细对应目次见表1。

经简单对勘，可知此残本十八出《忠义璇图》当为第四本的较早形式，主要是宋江在清风山的故事和武松故事，因第三出"截救上山"与第九出"诱敌秦明"故事衔接连贯，可知残缺的第六出、第七出内容应在"武大服毒"与"公堂刺配"之间，当为武松故事中的杀嫂情节。

---

① 康小芬：《论清代宫廷大戏〈忠义璇图〉》，福建师范大学硕士学位论文，2012。此论文认为《忠义璇图》现存只有这两种版本。其他涉及《忠义璇图》的研究论文亦多注意到残第一本和全本两种版本，未及残十八出本，且皆未注意到残第一本中存在的贴补现象。
② 其实二种"残本"相对还是比较完整的，但分属不同编写阶段中"第一本"和"第四本"。推想当时，在每一编写阶段皆为十本俱全，因现存仅余一本，故称之为"残本"。
③ 亦有个别出归在第三本和第五本当中。

表1 残本与全体详细对应目次

残本目次	小标题	二百四十出本对应目次	小标题
第一出	被纵复擒	第四本第六出 第七出 第八出 第九出	灯棚平地又生波 花荣义夺伤弓鸟 熊氏潜勾脱饵鱼 诡谋复获虎张三
第二出	当筵计赚	第四本第十出	狡计并擒小李广
第三出	截救上山	第四本第十一出 第十二出	议救援暗离虎寨 明打劫计释槛车
第四出	捉奸被伤	第三本第十九出前半	抛梨篮武大拿奸
第五出	武大服毒	第三本第十九出后半	抛梨篮武大拿奸
第八出	公堂刺配	第三本第二十二出	武都头孟州遗戍
第九出	诱敌秦明	第四本第十三出 第十四出	霹雳火兴师搦战 清风山骗甲行权
第十出	横遭兵火	第四本第十五出	假秦明耀威纵火
第十一出	负冤入伙	第四本第十六出	真统制负屈归巢
第十二出	剑诛负义	第四本第十七出 第十八出	黄信来投除旧恨 宋江作伐缔新姻
第十三出	武松打店	第四本第十九出	母夜叉当垆焗客
第十四出	恩结英雄	第四本第二十一出	老管营惜士免刑
第十五出	人前显武	无	
第十六出	中途闻讣	第四本第二十出	小李广飞箭解围
第十七出	醉打蒋忠	第五本第二出	醉打蒋忠还旧业
第十八出	还家遇捕	第四本第二十二出	新都头获凶刺配
第十九出	收揽群雄	第四本第二十三出	两处人雄归虎寨
第二十出	互显雄威	第四本第二十四出	全彪骁杰展龙韬

全本《忠义璇图》在对应的第三本第十九出与二十二出之间,恰有两出"泉台冤梦惊同气""灵桌霜锋献并头",残本所缺的两出甚有可能即为此二出。

此版本每出前皆有"第×出"字样,排列整齐,可推知编写时此二十出是情节连贯完整的,其中空缺两出应为装订时遗漏所致,原本当为二十出。每出均为四字标题,未有编写者与出处信息,亦未见明显的涂改痕迹,情节与明传奇《义侠记》《水浒记》有一定相似之处,甚至有整出完全抄录者,但也有的进行了大量的修改,大部分曲文、对白不同,曲词部分修改更多。

在重复前一曲调时均写作"前腔",未见"又一体"的使用,这一点当是辨别《忠义璇图》编写过程的重要例证,后文将详述。

此版本中手写字体有很多不同于后来的版本,如"军徤""且謾""押觧",还有"跄瘥"的"瘥"写作"瑲","公廨"的"廨"字写作"䢼","邂逅"的"邂"写作"邂","攒"写作"挍","嚎"写作"嘘"等。除此之外,还有数处误写,如将"俺"写作"掩",将"怒"写作"恕"等,疑为抄写者习惯性手误所致。此版本当为《忠义璇图》的较早编写本,未经细致的文字校对。

二 贴补修改的残第一本

《忠义璇图》版本之二是标为"第一本"的二十出抄本,因其中有情节连贯的两个"第十一出",在第二个十一出注明"删去不用四篇",故此版本实为二十一出本。每页十行,每行二十二字,首页标明"第一本""蓝畹编",每出均有七字标题,且有编者姓名。此版本现藏中国国家图书馆,首有"越然过眼"印,末有"周越然"印,第十二出有"义乌朱氏馆经楼书画珍藏印",未有影印本传世。周越然(1885—1962),浙江吴兴人,南社社员,藏书家,喜爱收藏小说、弹词和评话之类图书,藏书楼名为"言言斋",内中有为数不少的宋元旧版、明清精抄。此版本曾为周氏藏书,亦为义乌朱氏收藏过。

细看此版本,可见每出皆有后来贴补的七字标题遮盖了初抄时的四字标题,且以贴补的形式注明为"蓝畹""三元官"编,七字标题与二百四十出本有相似之处,但亦有不少变化。文中曲白多以贴补的形式调整,由曲改为白的更是几乎每页皆有。此版本曾据《虎囊弹》改编情节,为赵景深先生写作《〈忠义璇图〉与〈虎囊弹〉》时所据版本,庄一拂《古典戏曲存目汇考》卷十一周祥钰《忠义璇图》处称仅存署名"蓝畹"的精抄本二十出,亦当指此残本。此本遍布纸条贴补的痕迹,且贴补用纸颜色泛黄,与原初纸质发灰区别明显,当是在初编本基础上直接进行修改的,尚未经再次誊抄。经与其他两个版本比较(见表2),

知此版本实可代表两个相应的编写阶段,恰可据贴补前后的对比探查《忠义璇图》创作过程中的某些编改方法与内容。

表2 残第一本与初始版本、全本比较

贴补后出数	初始出数	贴补后标题	初始标题	编者信息	对应二百四十出本标题
第一出	原无出数	宣诸神发明衷旨	三教会议	蓝畹编	第一出 宣诸神发明衷旨
第二出	第一出	建大醮酬答升平	宋帝设朝	蓝畹编	第二出 建大醮酬答升平
第三出	第二出	驾鹤朝天征法力	天师预闻	蓝畹编	第三出 骑牛对使露真言
第四出	第三出	鸣驺载道肃威仪	■*迎天使	蓝畹编	第二出后半与第四出前半
第五出	第四出	上清宫受惊太尉	历试坚心	蓝畹编	第三出 骑牛对使露真言
第六出	第五出	齐云社遇主端王	端王宴乐	蓝畹编	第六出 肆华筵端王称庆
第七出	第六出	洪信放魔前数定	误放妖魔	蓝畹编	第四出 洪信放魔惊龘贔
第八出	第七出	高俅上任积嫌伸	太尉作威	三元官编	第八出 高俅上任积嫌伸
第九出	第八出	教头抵暮因投宿	投宿山庄	三元官编	第九出 史进留宾新义洽
第十出	第九出	庄客流言又送行	集众防御	三元官编	第十出 闻缉捕王进遁行
第十一出	第十出	保村坊陈达被捉	义释陈达	三元官编	第十一出 保村庄陈达被捉
第十一出	第十一出	闻狮吼郑屠遭妾	逼离翠莲	三元官编	无
第十二出	第十二出	漏消息史进入林	群雄拒捕	三元官编	第十二出 守友谊史进结恩 第十四出 赏中秋溃园聚义
第十三出	第十三出	店打宰夫伤毕命	怒打郑屠	无落款**	第十五出 鲁达挥拳除市虎
第十四出	第十四出	路逢员外指安身	鲁达逃难	旧有,蓝畹增改	第十七出 七宝村留宾构祸
第十五出	第十五出	五台山智深剃度	五台削发	旧有	第十八出 鲁提辖避难被缁
第十六出	第十六出	七宝村赵恺株连	诬陷善良	旧有,蓝畹增改	无
第十七出	第十七出	金翠莲探监诉控	■***盟分别	旧有,蓝畹增改	无
第十八出	第十八出	荷叶包写状鸣冤	翠莲写状	旧有,蓝畹改	无
第十九出	第十九出	制府廉明施惠露	受弹鸣冤	旧有	无
第二十出	第二十出	瑶坛洁静瑞祥云	罗天大醮	蓝畹编	无

* 因被贴补遮挡,此字无法辨识,或为"恭"。
** 原应有贴补落款,日久掉落。赵景深先生文章称此出亦署为"三元官编"。
*** 因被贴补遮挡,此字无法辨识,或为"订"。

赵景深先生在《〈忠义璇图〉与〈虎囊弹〉》一文虽曾详列二十出的标题与编者信息,但未列第一个十一出"保村坊陈达被捉",亦未指出标题更改及贴补现象。而此版本的独特价值便在于贴补现象的存在,这些编写者修改的原始记录不但清晰地表明了两次修改的异同,亦透露出不少修改的原则与方法。

一是删改较大。最典型的是将原四字标题皆改为七字标题，并新增第一出"宣诸神发明衷旨"，第二个"第十一出"标明"删去不用四篇"。然与二百四十出本对比，至少有"闻狮吼郑屠遣妾""七宝村赵恺株连""金翠莲探监诉控""荷叶包写状鸣冤""制府廉明施惠露""瑶坛洁静瑞祥云"六出未有收录，其中"鲁达逃难"至"受弹鸣冤"应为《虎囊弹》旧有，由蓝畹增改。现存整本二百四十出的《忠义璇图》大部分与鲁达事迹无关情节均已删去不用，由这些删去的文字可以发现贴补修改较为明显的有：原编本中太原统制为宿元景，贴补改为种师道。《虎囊弹》旧有情节，像金翠莲甘受虎囊告状等当是与整体情节关联不大，且无法与后文顺畅衔接，故予以删去。将宿元景改为种师道恐怕与全本的整体设计有关，在二百四十出本中宿元景是皇帝的近臣，直至要招安梁山时才出场，而种师道镇守边关，在王进、鲁达出场时一笔带过，参照历史和小说，太原统制调整为种师道相对更为合理。另外，此版本第十九出有一页误装入第二十出，当是贴补修改完成之后装订失误所致。

另为将情节理顺，整页重写。如第十二出"漏消息史进入林"，原文一开始就是史进上场唱与陈达等人交往过程，并督促庄客整备宴席迎接少华山一众，未交代李吉拾书、出首情节。修改者新贴补了一整页内容，由李吉之口详述故事经过，令前后情节衔接更为顺畅。此整页添加的文字见于二百四十出本第十四出，基本未做大的修改，由此可见此贴补本早于全本。

二是将"前腔"大部分改为"又一体"。简单统计之下，至少有二十六处明显的贴补痕迹。第七出第一页上方有"又一体"贴补纸条，本页中"前腔"未被贴补，疑为纸条掉落或忘记贴补所致。第十出有二处"前腔"仅用白纸贴补，纸上未写"又一体"字样。《琵琶记》《连环记》《玉簪记》《浣纱记》等戏曲作品亦多用"前腔"表示曲牌与前相同者，用"又一体"者相对不多。

"前腔""又一体"一开始被用于描述词牌的异同，如元仇远撰《无弦琴谱》将词牌名相同者皆用"前调"或"前腔"表示，前后词牌虽同，字数或韵脚大同小异者，则称为"又一体"。清沈辰垣等辑《历代诗余》用"又一体"达八百一十一次，多不重复前面的词牌名，而作"前调又一体"，以示词牌名同而字数、用韵、平仄等有小异者。清万树撰《词律》用"又一体"达五百二十五次，清徐本立撰《词律拾遗》用"又一体"达一百二十三次。清丁绍仪《听秋声馆词话》出现"又一体"十七次，多表述为"此调多一字，《词律》失收，又一体"，或调不同，或韵不同，或字数不同。清褚人获《坚瓠集·补集》卷五《扑蝴蝶词》称："按《扑蝴蝶》正格，后段'怨春短'下该上四下五，今比前调多二字，又一体也。或作上六字下三字，误。"① 清蒋敦复《芬陀利室词集》出现"又一体"七次，对不明衬字、慢声等情况而轻易归之于"又一体"者进行了一定的批评。

缘于词、曲之间的相似性，曲牌相同者亦多用"前腔""又一体"，如明程明善辑《啸余谱·南曲谱卷》中用"前腔"六十五次，用"又一体"一百零二次。汤显祖在《玉茗堂尺牍·答孙俟居》中言：

> 周伯琦作《中原韵》，而伯琦于伯辉、致远中无词名。沈伯时指乐府迷，而伯时于花庵、玉林间非词手。词之为词，九调四声而已哉！且所引腔证，不云未知出何调、犯何调，则云又一体、又一体。彼所引曲未满十，然已如是，复何能纵观而定其字句音韵耶？弟在此自谓知曲意者，笔懒韵落，时时有之，正不妨拗折天下嗓子。②

此段文字中，汤显祖对"又一体"的多用现象进行了一定的批评。

清梁廷枏《曲话》卷四载：

---

① （清）褚人获：《坚瓠集·补集》卷五《扑蝴蝶词》，上海古籍出版社，2012，第1095页。
② （明）汤显祖著，徐朔方笺校《汤显祖集》，中华书局，1962，第1299页。

庄亲王博综典籍，尤精通音律，能穷其变而会其通，所著《九宫大成南北宫谱》，多至数十卷，前此未有也……又旧谱俱限七字为句，无论文义如何，皆截为衬字，几不成文理；今谱中多留一二正字，全其文义，除去正文中间作读，章句益觉完美。又谱中有一牌名同、字异者，以至先者为正体，余为又一体，亦洗《啸余谱》第一体、第二体之陋，确为有见，凡此皆创例也。①

清刘熙载《艺概》卷四《词曲概》："风雅篇必数章，后章亦多用前调，其或前后小异者，殆犹词同调之又一体耳。"②

清李渔《闲情偶寄·音律第三·合韵易重》载：

句末一字之当叶者，名为韵脚。一曲之中，有几韵脚，前后各别，不可犯重。此理谁不知之？谁其犯之？所不尽知而易犯者，惟有"合前"数句。兹请先言"合前"之故。同一牌名而为数曲者，止于首只列名，其后在南曲则曰【前腔】，在北曲则曰【幺篇】。犹诗题之有其二、其三、其四也。末后数语，有前后各别者；有前后相同，不复另作，名为"合前"者。此虽词人躲懒法，然付之优人，实有二便：初学之时，少读数句新词，省费几番记忆，一便也；登场之际，前曲各人分唱，"合前"之曲必通场合唱，既省精神，又不寂寞，二便也。然"合前"之韵脚最易犯重。何也？大凡作首曲，则知查韵，用过之字不肯复用，迨做到第二、三曲，则止图省力，但做前词，不顾后语，置"合前"数句于度外，谓前曲已有，不必费心，而乌知此数句之韵脚在前曲则语语各别，凑入此曲，焉知不有偶合者乎？故作"前腔"之曲，而有"合前"之句者，必将末后数句之韵脚紧记在心，不可复用；作完之后，又必

---

① （清）梁廷枏：《曲话》卷四，载俞为民、孙蓉蓉编《历代曲话汇编：新编中国古典戏曲论著集成·清代编》第四集，黄山书社，2009，第51—52页。
② （清）刘熙载：《艺概》卷四《词曲概》，上海古籍出版社，1978，第106页。

再查，始能不犯此病。此就韵脚而言也。①

李俊勇《"前腔"与"又一体"考辨》一文通过几个不同时期的曲谱如沈自晋《南词新谱》、张大复《寒山堂曲谱》、清初《南词定律》《九宫大成南北词宫谱》等就这两个概念进行辨析，认为："在具体的作品中，曲牌重复使用时，皆称'前腔'，而'又一体'多是曲谱中进行曲律辨析的产物，但因为曲谱的指导作用，后来的部分作品也采用了'又一体'的概念，其实不一定相宜。"②

古典戏曲中，牌句相同者乐谱亦没有完全相同的两支曲子，即同一曲牌填上不同的文词，四声阴阳各异，旋律也要相应做出调整，但主腔不变，能保持曲牌的特性，使之区别于别种曲牌。有时两支曲子四声阴阳皆同，曲词的内容与表达情感亦有不同，其工尺谱也要根据曲情重新调整。《九宫大成》十分强调同一曲牌不同变格之间的"异"，以其意来看"前腔"者，必要完全符合前曲之腔调，不但句韵同，乐谱也须一致，但天下并没有两个在乐谱上完全相同的曲牌，故改称"又一体"。而在其他曲家看来，"前腔"只是用来表示仍用前面的曲牌，袭用这个曲牌的腔调，而不是别种曲牌，作曲者当然亦明了内容不同的曲子乐谱不会完全相同，"前腔"只是表示不失曲牌大致特性，允许存在一定的变化而已。

《鼎峙春秋》中亦皆用"又一体"，甚少用"前腔"，可见在《九宫大成南北词宫谱》的影响下，周祥钰等人对曲律要求甚高。而《忠义璇图》等的最初编撰者，则多借鉴了前代戏曲，用"前腔"者多。

三是曲白变换较多。不少原来的曲词用贴补的形式改为小号的衬字，亦有原来的衬字改为曲词，此类现象颇多，兹不赘述。比较明显的还有曲牌名称的修改，如第二出中原"好事乐"改为"好子乐"套曲，

---

① （清）李渔撰，章立注《闲情偶寄·音律第三·合韵易重》，陕西人民出版社，1998，第34—35页。
② 李俊勇：《"前腔"与"又一体"考辨》，《中国曲学研究》第二辑，河北大学出版社，2013，第258页。

包括"好事近""普天乐""刷子序"三个曲调；第十四出"泣颜回"改为"好事近"等。

三 全二百四十出本

《忠义璇图》版本之三为二百四十出本，计十本，每本二十四出，现藏中国国家图书馆，收入《古本戏曲丛刊》九集之十影印出版，台湾天一阁亦有影印出版，现有《清代宫廷大戏丛刊初编》点校本。此版本首尾齐全，每出均有七字题目，每页八行，每行二十字，较为工整。

此版本情节大体上按照《水浒传》顺序编排，中间添加"金主亲征伐契丹""金国主草地行围""幽燕路祗迓王师""大金朝解甲赏功"等出加叙故事背景，实则与整体戏曲情节相脱节，且对"金"之立朝、征战多方褒扬，结合对征辽情节的刻意删略，更可明晰其对"金"朝之态度；第十本又有"留车驾李纲守死""李若水喷血尽忠""张叔夜白沟致命"等所谓"真忠真义"的演绎，以从反面映衬宋江等人的"伪忠伪义"。

此版本基本延续《水浒传》而来，戏剧本身相对完整，既有对以往水浒戏的继承，更有独特的清代宫廷特色。既要对水浒人物不褒之过甚，又要兼具水浒特色，如何为实为盗贼的人物立传成为《忠义璇图》面临的最大问题，这也是清代水浒戏创作与演出时经常碰到的问题。

此版本虽经至少二次以上的修改，但仍有不统一之处，如大多数说白为官话，但涉及武大郎和张文远的几出中则有不少地方方言，这与其来源和最初编写者不同有关。最典型的例子是人名问题，如"穆弘""穆宏"有混用情况，考虑到避讳乾隆帝"弘历"的"弘"字，修订者甚有可能统一修改为"穆宏"，但因时间仓促等原因，未能全部修改完成。"同""仝"二字亦均有使用，可知该版本修订尚不完善。

四　《忠义璇图》的创编过程与意图

（一）《忠义璇图》的编写过程

赵景深先生未见残十八出本的《忠义璇图》，亦未能对不同版本进行同时阅读和比对，所以认为蓝畹等为《忠义璇图》的最早编写者，且较多地继承了以前水浒戏的反抗精神，在此基础上得出对周祥钰等人及全本《忠义璇图》的批判意见。通过对勘，可知《忠义璇图》的改编至少经过三个过程，基本上可以对应三个版本，以此可对赵先生的某些意见进行修正。

1. 最初的版本

《忠义璇图》因篇幅较长，而编写时间又不能太长，只能由不同的编写者分头进行。现存残十八出本当为最初改编的版本，再结合其他两个现存抄本来看，甚有可能先大体定下十本，每本均交不同的人进行编写。最初的版本就此具有以下几个特点。

一是初时每本各二十出，每出均有四字小标题。由残十八出本和残二十一出本（未贴补之前）可清楚地看出此点。

二是初时改编者较多地参考了已有的水浒戏曲，亦根据一定的标准对许多唱词和说白进行了改编，总体上与已有的水浒戏曲风格相似。最典型的标志是重复已有曲牌时用"前腔"表示，而未用"又一体"。

三是初时改编者用字不甚严谨，错字、别字相对较多一些。

2. 贴补改编本

在分别完成各本的编写之后，蓝畹、三元官等人在原稿上进行了修改，采用的主要方式是贴补和删改。此次修改仍定为十本，每本还是二十出，修订者将自己的名字贴补在每出标题之下，既可表示不同的分工，又可体现出修订者付出的劳动。此版本的特点有以下几个。

一是将各出小标题统一改为七字，并标明改编者姓名。

二是因十本已经完成，故对情节、框架进行了较大的调整。其一，将与整体情节不符的旁枝大量删减，如《虎囊弹》多出以金翠莲告状为主，就此直接删掉五整出，仅留关涉鲁达的几出。其二，在情节不连贯处以添加曲词的方式进行了弥合。其三，为了适合舞台演出，考虑到连场演出可能会劳累，对原本连贯的情节进行间隔、穿插，如武松、宋江故事交叉进行，虽说阅读起来令人感觉文气不贯通，但演出时演员可以做到劳逸结合。

三是以《九宫大成南北词宫谱》等曲律要求为标准，对唱词进行了较大修改。其一，将绝大部分的"前腔"改为"又一体"，以示与前面曲牌不同。其二，调整了曲、白的位置，以适应曲律。由现存残二十一出本中遍布各处的曲白贴补现象可见修订者较为严格的曲律标准。

3. 最终整合本

在各本修订完成之后，周祥钰等人为与《升平宝筏》《鼎峙春秋》等其他宫廷大戏统一规格，对全十本进行了统一的再次修订。现存二百四十出本当为最终修订版本，其特点有以下几个。

一是每本统一为二十四出篇幅，各小标题均为七字，虽有各出篇幅长短不一、个别小标题文不对题等问题，但整体看上去甚为工整。

二是为符合每本二十四出的要求，将不少原属各本的内容进行再次调整，比如全本第一本中第二十出"长老修书遣醉客"在残二十一出本中未见，而此情节又甚为重要，有极大可能原来是属于第二本的内容，在最后修订时因第一本删去了原《虎囊弹》的数出，不得不将原第二本中的数出内容提前。另为迎合清统治者的立场，周祥钰等人又创作了数出，如金的崛起与辉煌，李若水、张叔夜等人的所谓"真忠真义"等，新创各出大多与整体情节有一定的隔膜，有无皆不影响大旨，且唱词相对较少，篇幅相对较短，这些特点亦可证明早期编写版本中是没有这些内容的。赵景深先生对《忠义璇图》的批评在涉及"冥谴"时将罪责直接指向周祥钰等最终修订者,但因未有前期第十本的对照,无法确定"冥审"等出是否为最终修订时后加,此种批评尚有可供商榷之处。

三是对唱词和说白文字进行了再次修改。现存二百四十出本绝大多数没有"前腔",曲、白与前二版本相比调整幅度较大。另对人名和避讳字进行了统一修订,以适合于上呈御览,但因各种原因,有个别字未能做到完全统一。

(二) 由现存版本看编写者的意图

在《西游戏》、《三国演义》以及目连故事等皆已改编成为宫廷大戏并上演的情况下,《忠义璇图》的编写应是在皇帝的御令下进行的。清昭梿《啸亭杂录·啸亭续录》卷一《大戏节戏》有载:

> 又谱宋政和间梁山诸盗及宋、金交兵,徽、钦北狩诸事,谓之《忠义璇图》。其词皆出日华游客之手,惟能敷衍成章,又抄袭元、明《水浒》《义侠》《西川图》诸院本曲文,远不逮文敏多矣。①

此段叙述被俞樾引入《茶香室丛钞·茶香室三钞》卷二十二《内廷杂剧》,由此可略知《鼎峙春秋》《忠义璇图》对元、明《西川图》《水浒记》《义侠记》等戏曲的沿袭。周祥钰号日华游客,字南珍,常熟人,乾隆十一年(1746)曾参与编纂《九宫大成南北词宫谱》,应该非常熟悉戏曲的唱腔与表演。《忠义璇图》作为连台大戏,延续了前几本宫廷大戏的规格并且更为严谨,分十本二百四十出,虽如评论所言是在抄袭元明曲文的基础上敷衍成章,情节方面亦多有疏漏之处,但亦属难得。作为宫廷大戏,《忠义璇图》人物多,场次繁,场面大,兼且较为完整地改编了整本《水浒传》,在规模方面堪为水浒戏曲之最。需要注

---

① (清)昭梿:《啸亭杂录·啸亭续录》卷一,上海古籍出版社,2012,第267—268页。

意的是，《忠义璇图》改编依据的《水浒传》版本并非清代流行的金圣叹评点七十回本，而是一百二十回本，虽然所占篇幅不多，但征田虎、王庆、方腊情节俱有，只是省略了征辽一节。

为宫廷而作是《忠义璇图》创作及改编的最初意图，更是最终意图。既然编写是为了上呈御览，便会不计成本，让场面宏大以迎合上意。此外对于"匪寇"这一独特题材的把握，实实令编写者费尽心思，不照《水浒传》搬演，会令人觉得不合题意，在清初文字狱盛行的时代，照小说搬演又有砍头之患。时间紧，任务重，压力大，应是周祥钰等人的最大感受。分头编写是为了节省时间，数次修订是为了避免后患，可见赵景深先生所批评的"抄袭"，并非他们的大错，他们的任务本就是在汇辑前人戏曲的基础上进行加工、整合，汇百戏以成一戏，况且早于《忠义璇图》的其他宫廷大戏的编写亦是此种操作方式。阎婆惜、潘金莲、潘巧云等人的故事无论在元明时期，还是在清、民国时期，展演频度均为水浒戏之首，其为人们喜闻乐见的程度远胜于后期的征辽、征方腊等情节。直至当下的水浒影视剧，二潘一阎的故事仍受观众的诸多关注。"冥谴"内容的添加，肯定会令当今的读者大生反感，但考虑到宫廷戏曲的特殊性，亦是可以理解的。

两种思想革命：鲁迅与高长虹之争

◇邱焕星[*]

摘　要：由于鲁迅和高长虹都想借助对方发起一场以自身为主体的"思想革命"，来应对后五四时代的社会变迁，因而其合作随着理念分歧和派系矛盾而日渐决裂。鲁迅开始将扶持的重心转向安徽作家群，并有意压制狂飙社的稿件；高长虹则不满于神化鲁迅以及其过度介入学潮和革命，于是到上海另立门户发展狂飙运动，最终双方因压稿问题而公开决裂。高、鲁冲突实际上是两种思想革命的分歧，它给鲁迅以沉重的打击，从内部瓦解了他的思想革命运动，这并非私人意气之争，而是后五四革命转向背景下知识阶层分裂和思想革命困境的一个组成部分。

关键词：鲁迅　高长虹　思想革命　莽原　狂飙

鲁迅与高长虹之争，一直是鲁迅研究史上一个富有争议的公案，大家的关注点"集中在三个问题上，一是'退稿事件'，二是对'思想界之权威者'的认知分歧，三是高长虹是否跟鲁迅'争夺许广平'，即所谓'月亮诗'问题"[①]。从既往研究来看，早期多是站在鲁迅的立场上，对高长虹持否定批判的态度，近些年来一些学者则又反向而行，替高长虹辩诬翻案，并极力肯定其成就。[②] 这两种做法的结论虽然迥异，但二元对立的思维方式其实是相同的，由此导致批判者始终陷在被批判者的

---

[*] 邱焕星，南京大学文学博士，江苏师范大学文学院副教授，主要从事鲁迅研究和中国现代文学研究。

① 董大中：《高鲁冲突》，中国工人出版社，2007，第1页。

② 张建瑞主编《高长虹研究文选》，北岳文艺出版社，1991；言行：《一生落寞，一生辉煌——高长虹评传》，百花文艺出版社，1996；言行：《造神的祭品——高长虹冤案探秘》，中国文史出版社，2003；董大中：《鲁迅与高长虹》，河北人民出版社，1999；廖久明：《一群被惊醒的人——狂飙社研究》，武汉出版社，2011。

逻辑错误之中。事实上，高鲁冲突并非一个简单的是非对错问题，双方的复杂关系需要超越就事论事的私人意气之争，从更大的后五四思想革命的视野来加以重新讨论。

一 狂飙运动的受挫

鲁迅和高长虹的决裂，从合作伊始就能看出端倪，他们能走在一起，和狂飙运动的受挫有很大关系。

1924年8月，高长虹和高沐鸿、段复生等六人效仿歌德，在太原成立"平民艺术团"，试图发起中国的狂飙运动，来改变后五四时代的思想形势。不久之后，高长虹让高沐鸿负责《狂飙》月刊，他独自一人赴京发展，想依附父亲的朋友、著名无政府主义者景梅九所办《国风日报》出版《狂飙》周刊，但因该报此时已被查封而落空。其后他又希望通过孙伏园的赞助出国深造，但因孙伏园突然从《晨报》辞职而告吹。

正当走投无路之时，冯玉祥发动政变，宣布拥护中山主义，这样景梅九的日报就复活了，于是高长虹以此为依托，雄心勃勃地想在北京掀起一场狂飙运动。1924年11月9日《狂飙》周刊出版，高长虹提出"本刊宗旨，在发表强的精神之文艺"①，为此"我们要做强者，打倒障碍或者被障碍打倒。我们并不惧怯，也不躲避"②。不难看出，高长虹的狂飙运动一方面延续了《新青年》的思想革命和文学革命宗旨，另一方面，他这个"无名的小卒"试图挑战五四老一代的权威，所以不惮于公开亮出战旗。

这种心态的出现，和狂飙同人的经历有直接关系。高长虹生于1898年，高歌和高沐鸿1900年出生，属于《新青年》群体之后的一代人，但又无法和北大新潮社这些青年人相比。他们多数就读于山西省立

---

① 《本刊启事》，北京《狂飙》周刊，1925年3月8日。
② 《本刊宣言》，北京《狂飙》周刊，1925年3月1日。

第一中学,既没有读过大学,更没有出国经历,同时身处外省边缘地带,只是精神上倾慕五四新文化。这种悖论性的生存状态,让狂飙社的这些边缘知识青年既渴望成功,又不得其门径,而"以白话文运动为核心的文学革命无疑适应了他们的需要。……这等于就是说,一个人只要会写字并且胆子大就能作文"①。

高长虹由于缺少高等教育和留学背景,既学问空疏,又缺少在社会立足的资本,他对西方的狂飙运动和五四运动的思想精神了解有限,鲁迅后来就批评他"满身挂着什么并不懂得的科学,空壳的人类同情,广告式的自由批评,新闻式的记载,复制铜版的新艺术"②,"我以为长虹是泼辣有余,可惜空虚。他除掉我译的《绥惠略夫》和郭译的尼采小半部而外,一无所有。所以偶然作一点格言式的小文,似乎还可观,一到长篇,便不行了,如那一篇《论杂交》,直是笑话"③。虽然这些话是两人翻脸之后说的,但鲁迅的评价并不尖刻,譬如高长虹在《狂飙》上发表的《A,A,A……》,开头几段这样写:

> a,a,a……
> c……
>
> 我刚才在M的屋里坐着,坐不住了,我被逼迫着走了回来。笔在我的手中了。我想写a,我又想写a,我想写无穷的a,便把它们做了题目吧。接着,我便想起了c,c便成了我的署名。署名呵,我暂且不反抗你了!接着还是a,a,a……c……,为什么只有这几个名字呢?别的名字都死光了吗?不然,多着,多着;然而多着也正等于一个也没有。④

---

① 罗志田:《近代中国社会权势的转移:知识分子的边缘化与边缘知识分子的兴起》,《开放时代》1999年第4期。
② 鲁迅:《新的世故》,《语丝》第114期,1927年1月15日。
③ 鲁迅:《261205 致韦素园》,载《鲁迅全集》第十一卷,人民文学出版社,2005,第644页。
④ C(高长虹):《A,A,A……》,北京《狂飙》周刊,1925年10月16日。

这种文章强写强凑、晦涩而空洞，但高长虹自视甚高，甚至在《题拜伦像》中自称"君前无古人，我后无来者"①。在他看来，自己的不得志是社会的不公和老人当道造成的，他公开在文章里宣称"社会同我们，已处在势不两立的境地，社会不容我们的存在，我们也在一息不忘地要把它置于死地"②。所以他特别强调代际冲突，认为"老人"的"成见"阻碍了青年的发展，为此他写了一首《永久的青年》，诗中提到"真理是永久的青年，真理永久是新鲜的，但在老人看来，那是一种可恶的疯癫"③。

正是因为当时有大量与高长虹类似的谋求成功的文学青年，《狂飙》周刊创刊后，吸引了向培良、尚钺、黄鹏基、吕蕴儒、阎宗临等一批在校学生，但是高长虹很快发现，仅仅靠年轻人的理想和冲劲很难在文坛立足。《狂飙》周刊出到1925年3月时，本就不多的销量逐期下降，景梅九离京后，印刷更随之出现了问题，高长虹自言"终于《狂飙》到17期受到报馆的压迫，便停刊了"④。其实从销量下降来看，《狂飙》停刊的关键是刊物自身的问题，这点也可以从他们后来在上海的失败中再次得到验证。但自负的高长虹并不这么看，他首先归之于外力的压迫，其次归之于观者不赏，他后来曾因此表达对鲁迅的感激之情："回忆当时情况，'普天下'能赏识《狂飙》者，只有你，郁达夫先生，日本友人伊东干夫，与开封的欲擒而已。"⑤从这句话不难看出，《狂飙》在当时的北京思想界乏人关注。

二 思想革命的差异

在高长虹渐入困境的时候，鲁迅也正陷于苦闷焦虑的状态。五四运

---

① 《狂飙》月刊第1期（1924年9月1日）封面。
② 高长虹：《致籍雨农》，北京《狂飙》周刊，1924年11月9日。
③ 高仰愚（高长虹）：《永久的青年》，《晨报副镌》1923年9月10日。
④ 高长虹：《1925，北京出版界形势指掌图》，上海《狂飙》周刊，1926年11月7日。
⑤ 高长虹：《通讯》，上海《狂飙》周刊，1926年10月17日。

动之后,《新青年》阵营分裂,陈独秀、李大钊搞起了共产革命,胡适忙于整理国故,一度还支持北洋军阀办"好人政府",周作人则想"在十字街头造起塔来住",虽然他后来创办了《语丝》,但在《发刊辞》中公开宣布:"我们并没有什么主义要宣传,对于政治经济问题也没有什么兴趣……我们并不期望这于中国的生活或思想上会有什么影响,不过姑且发表自己所要说的话,聊以消遣罢了。"①

只有鲁迅还想继续五四思想革命的社会批判之路,他发现20世纪20年代前期的中国社会正在陷入"轮回把戏","民国的来源,实在已经失传了",要想解决这种复古倒退的问题,必须"什么都要从新做过"。②为此鲁迅在1925年初提出:

> 我想,现在的办法,首先还得用那几年以前《新青年》上已经说过的"思想革命"。还是这一句话,虽然未免可悲,但我以为除此没有别的法。而且还是准备"思想革命"的战士,和目下的社会无关。待到战士养成了,于是再决胜负。③

但是,鲁迅同时也感觉自己"成了游勇,布不成阵了……而战斗的意气却冷得不少。新的战友在那里呢?"④。虽然鲁迅在1924年年底加入了《语丝》,但刊物的实际负责人是周作人,成员也多是他当年在北大新潮社做主任编辑时的学生,鲁迅不但只是一个投稿人,而且一直认为其宗旨太消极:

> 北京的印刷品现在虽然比先前多,但好的却少。《猛进》很勇,而论一时的政象的文字太多。《现代评论》的作者固然多是名人,看去却很显得灰色,《语丝》虽总想有反抗精神,而时时有疲

---

① 周作人:《发刊辞》,《语丝》第1期,1924年11月17日。
② 鲁迅:《忽然想到》(三),《京报副刊》1925年2月14日。
③ 鲁迅:《通讯》,《猛进》第3期,1925年3月20日。
④ 鲁迅:《〈自选集〉自序》,载《鲁迅全集》第四卷,第469页。

劳的颜色，大约因为看得中国的内情太清楚，所以不免有些失望之故罢。……我现在还要找寻生力军，加多破坏论者。①

鲁迅的目的是重启五四思想革命，办一个《新青年》式的、专注于思想文化的批判性刊物，所以他只能寻觅"新的战友"，最终将目光转向了高长虹这些年轻的一代。1924 年 12 月 10 日双方第一次见面，高长虹回忆说，"鲁迅的精神特别奋发，态度特别诚恳，言谈特别坦率"，"鲁迅谓我可常来谈谈"，其有意结纳的态度是非常明显的。② 而鲁迅也在私信中高兴地说："我总还想对于根深蒂固的所谓旧文明，施行袭击，令其动摇，冀于将来有万一之希望。而且留心看看，居然也有几个不问成败而要战斗的人，虽然意见和我并不尽同，但这是前几年所没有遇到的。"③

但是，高长虹最初并没有合作的愿望，此时《狂飙》周刊刚刚创刊，他意气风发地来拜访鲁迅，是赠送刊物宣传自己，而不是来投诚的。不仅如此，狂飙社成员其实根本看不上周氏兄弟以及《语丝》，高长虹直言：

> 那时候最前进的青年作家们，对于《语丝》是不很满意的。首先是因为《语丝》缺乏正面战斗的态度。而在这一点上，也正是大家对于鲁迅所感到的一种缺点。他自己当然把这个知道得很清楚。④

正如高长虹强调的，"我们思想上的差异本来很甚"⑤。鲁迅的口号

---

① 鲁迅：《致许广平》（八），载鲁迅、景宋《两地书全编》，浙江文艺出版社，1998，第 406 页。
② 高长虹：《1925，北京出版界形势指掌图》，上海《狂飙》周刊，1926 年 11 月 7 日。
③ 鲁迅：《致许广平》（八），载鲁迅、景宋《两地书全编》，第 406 页。
④ 高长虹：《一点回忆——关于鲁迅和我》，载《高长虹全集》第四卷，中央编译出版社，2010，第 355 页。
⑤ 高长虹：《通讯》，上海《狂飙》周刊，1926 年 10 月 17 日。

是回到《新青年》时期的"思想革命",在他看来,20世纪20年代初期思想界的复古现象是由胡适派的"整理国故"导致的,因而将批判的对象对准了英美派"特殊智识阶级";同时由于对语丝群体的不满,他更多依靠的是狂飙社这些边缘青年知识分子;而在方式上,虽然还是借重文艺,但已偏于"批评"而非小说、诗歌。但是,"狂飙社对于中国新旧文化都取否定的态度"①,高长虹一直"想开始批评从新青年所沿袭下来的思想"②。在他看来,"新青年时期的思想运动最大的缺点便是这不求实际","思想没有经过科学的工作,没有认识了实际的生活,而都凭了空想去估计实际,所以从同样的实际运动而分出不同的派别"③。所以高长虹虽然将"科学和艺术"并举,但其实更推崇"科学"的作用,而且他理解的"文艺"重点还在小说和诗歌这些纯文艺。

对比二者的理念,可以看到一个有意思的悖论:鲁迅的思想革命看似复古实则是新变,其内核和《新青年》时期已经大不相同,批判对象从旧转新,批判方式"是已从文艺而扩张到批评"④;狂飙社虽然思想上否定《新青年》,但仍旧重视科学和文学,实际上是在其延长线上前进,只是在组织关系上,他们认为鲁迅这些五四一代已经落伍,充满了各种顾忌和妥协性,已经成为新思想革命的绊脚石:

> 如想再来一次思想革命,我以为非得由几个青年来做这件工作不可:他们的思想是新的,他们是没有什么顾忌的,他们是不妥协的,他们的小环境是单纯而没有什么纠葛的。已经成名的人,我想能够得到他们的帮助便是最好的了。⑤

---

① 《狂飙社出版物预告》,《北新周刊》,1926年9月18日。
② 高长虹:《1925,北京出版界形势指掌图》,上海《狂飙》周刊,1926年11月7日。
③ 高长虹:《思想上的新青年时期》,上海《狂飙》周刊,1926年12月5日。
④ 高长虹:《1925,北京出版界形势指掌图》,上海《狂飙》周刊,1926年11月7日。
⑤ 高长虹:《1925,北京出版界形势指掌图》,上海《狂飙》周刊,1926年11月7日。

显然，高长虹的这些想法和鲁迅恰好相反，双方都想以自己为中心、对方为辅助，这注定了他们的关系是暂时性和工具性的。

三 "煽动青年冒险"

双方第一次见面虽然愉快，但因为各有想法，合作是谈不上了，但不久之后情况就起了变化，由于《狂飙》周刊在3月停刊，高长虹陷入了走投无路的窘境。

恰在此时，新的机遇来了。由于1924年年底《京报》创办人邵飘萍聘任孙伏园做副刊编辑后，报纸销量剧增，他看到了文化的力量，于是约荆有麟去为他办副刊，计划一周出七种。荆有麟先去找高长虹商量，表示愿意介绍"狂飙"到《京报》做一个副刊，但荆有麟提出一个附加条件，要求加入狂飙社。高长虹和高歌商量后拒绝了，因为他们觉得和荆有麟合不来，而且也吃尽了附属的苦头。无奈之下，荆有麟转而向自己的老师鲁迅求助，鲁迅当即表示赞成，并力邀高长虹入伙，创办新刊物《莽原》。1925年4月11日夜，鲁迅买酒并邀请高长虹、向培良、荆有麟、章衣萍"五人吃酒"，莽原社就此成立，鲁迅喝得大醉，不难想见他当时的兴奋。4月24日《莽原》正式创刊。

但是高长虹很快发现，由于鲁迅在文坛的巨大影响力，外人普遍将《莽原》视为鲁迅所办的个人刊物，这让高长虹极为不爽。在他看来，"《莽原》实只是大家的工作"[①]，"它的发生，与《狂飙》周刊的停刊显有关联，或者还可以说是主要的原因"[②]。参与创办《莽原》对高长虹来说，不过是以个人名义"被邀入伙"，这是狂飙运动受挫后的暂时栖身行为。所以他坚持认为《莽原》是联合办刊，而非鲁迅的个人刊物，后来在上海刊登的狂飙社广告中他也宣称"去年春天本社同人与思想界先驱者鲁迅及少数最进步的青年文学家合办《莽原》"[③]。正是因

---

① 高长虹：《1925，北京出版界形势指掌图》，上海《狂飙》周刊，1926年11月7日。
② 高长虹：《通讯》，上海《狂飙》周刊，1926年10月17日。
③ 《狂飙社启事》，《新女性》，1926年8月1日。

为创刊伊始就各有各的打算,所以双方精神和组织上的裂痕,不久即随着形势的发展而逐渐扩大。

鲁迅对《莽原》的定位是以文明批评、社会批评为中心,明显看低小说和诗歌的作用,更重视"批评"和"破坏论者",所以他积极"煽动青年冒险"①,他跟高长虹说自己"不能做批评",因为"不能冷静""党同伐异"。高长虹相信了鲁迅的这些话,也认为"鲁迅是一个直觉力很好的人,但不能持论。如他对自己不主张批评,我不反对"②。鲁迅的鼓动收到了比较好的效果,章衣萍在《莽原》创刊不久,就致信鲁迅:"听说《莽原》的投稿很丰富,这是我所闻而心慰的。我万想不到荒凉的北京城竟会有这么多而且硬的打手!"③

在高长虹看来,批评是"认作品不认人"④,"顺我者死,逆我者生"⑤。基于自己的认识,高长虹表现得极为激进和富于攻击性,他特别强调分清"思想上的战线",不但攻击敌对阵营,对自己的阵营也毫不客气。他说:"我是不懂什么党派的,如有不认识的人攻击我的朋友,如其攻击得对,我也赞成。我自己呢,如其我今天的思想不攻击我昨天的思想,那我也便没有进步了。如有人攻击我,我倒是非常感激呢!"⑥

狂飙社成员和鲁迅在一起时,经常直言无忌地抨击文坛和思想界的现状,他们把骂人看成一个极为神圣的事业。高长虹说:"最先对于当时的刊物提出抗议的人却仍然是狂飙社的人物,我们攻击胡适,攻击周作人,而漠视《现代评论》与《猛进》。我们同鲁迅谈话时也时常说《语丝》不好,周作人无聊,钱玄同没有思想,非攻击不可。鲁迅是赞成我们的意见的。"⑦ 在高长虹心目中,"不装腔作势而说心腹话的文

---

① 鲁迅:《致许广平》(十二),载鲁迅、景宋《两地书全编》,第415页。
② 高长虹:《1925,北京出版界形势指掌图》,上海《狂飙》周刊,1926年11月7日。
③ 章衣萍:《章衣萍致鲁迅》,载周海婴编,北京鲁迅博物馆鲁迅研究室注释《鲁迅、许广平所藏书信选》,湖南文艺出版社,1987,第67页。
④ 高长虹:《批评工作的开始》,上海《狂飙》周刊,1926年11月14日。
⑤ 高长虹:《弦上·序言》,《莽原》周刊,1925年6月19日。
⑥ 高长虹:《1925,北京出版界形势指掌图》,上海《狂飙》周刊,1926年11月7日。
⑦ 高长虹:《1925,北京出版界形势指掌图》,上海《狂飙》周刊,1926年11月7日。

体,是从《语丝》《莽原》开始的,《语丝》多讽刺,《莽原》则多漫骂"①。不过,虽然狂飙社成员写的骂人文字不少,但鲁迅还时常表示不满,他对高长虹说"一个人不可以像上帝一样面目有时像一个无赖"②。鲁迅还几次写信给《豫报副刊》的狂飙社成员,赞扬他们在开封掀起的新风潮:"我极快慰于开封将有许多骂人的嘴张开来,并且祝你们'打将前去'的胜利。"③

但是,这种做法后果也很严重,高长虹很快尝到了苦头,他先是感觉到鲁迅并不是不能做批评,而更像是有意借自己之刀杀人。关于这一点,鲁迅后来有过这样的自白:"凡有人要我代说他所要说的话,攻击他所敌视的人的时候,我常说,我不会批评,我只能说自己的话,我是党同伐异的。"④ 在高长虹看来,这是鲁迅"世故"的典型反映,而他更致命的发现是:

> 我的批评,无形之间惹来许多人对于我的敌意不算外,它并且自己造作出一种敌意,一种对于我自己的创作的敌意,它无形之间毁灭了我自己的创作!这便是我做批评对于我的报酬!⑤

不过,高长虹的激进好斗虽有鲁迅鼓动的一面,但这更是他的本性,在发觉鲁迅"世故"的同时,他其实也在利用鲁迅和莽原社,时刻不忘自己的狂飙运动,用鲁迅的话就是"那草案其实是早藏在长虹的衣袋里面的,常要乘机而出"⑥。1925年夏天,高长虹以狂飙社的名义出版了诗集《闪光》,并借重鲁迅的力量,在孙伏园主编的《京报副刊》上发表。高长虹告诉鲁迅付印的消息时,鲁迅的反应是"这样太快了",他没想到高长虹这么快就利用自己另立山头。而在高长虹看

---

① 高长虹:《不装腔作态》,上海《狂飙》周刊,1926年10月10日。
② 高长虹:《一点回忆——关于鲁迅和我》,载《高长虹全集》第四卷,第355页。
③ 鲁迅:《通讯(复吕蕴儒)》,《豫报副刊》1925年5月6日。
④ 鲁迅:《新的世故》,《语丝》第114期,1927年1月15日。
⑤ 高长虹:《批评工作的开始》,上海《狂飙》周刊,1926年11月14日。
⑥ 鲁迅:《〈中国新文学大系〉小说二集序》,载《鲁迅全集》第六卷,第259页。

来，这只是鲁迅派别意识过强的反映。不仅如此，高长虹还偷偷在做挖墙脚的工作：

> 培良本来是同鲁迅很接近的，但从同我认识后参加到《狂飙》这面来了，尚钺是他的学生，也参加到这面。他们因为对未名社诸人的不满，同鲁迅的感情也越来越疏远。后来朋其也参加了《狂飙》。北京一时有希望的青年作家都被《狂飙》席卷了去。鲁迅精神上不觉显得孤立。①

从这段话不难读出高长虹的得意来，不光这三个人，王鲁彦本来先跟台静农友善，鲁迅常以"吾家彦弟"相称，但他后来也加入了狂飙社。不过，鲁迅对高长虹的这些小动作很清楚，他逐渐将自己的扶持重心转向了安徽作家群。

四　莽原社内部的派别

本来莽原社的核心成员是最初参与吃酒的五个人，后来向培良南下，章衣萍又不大做文章，就只剩下鲁迅、高长虹、荆有麟三个人。除此之外，韦素园、韦丛芜、李霁野、台静农这些安徽作家也加入了莽原社，但他们最初地位较低，原因一是与鲁迅相交要晚，二是以翻译为主，创作能力较弱，所以在莽原社中的地位远不如狂飙社成员，这也可以从北京《莽原》周刊上发表文章的数量上明显看出来。对于莽原社的派系和鲁迅最初对己方的倚重，高长虹是很清楚的：

> 《莽原》内部的派别无可讳言，当初是鲁迅、有麟、尚钺同我算是一派，素园、霁野、丛芜又是一派。当暑假将到的时候，尚钺

---

① 高长虹：《一点回忆——关于鲁迅和我》，载《高长虹全集》第四卷，第363页。

走了,有麟听说素园等不来稿了,因为我有稿费,他们没有。这桩事既因我而起,遂同鲁迅商量也给他们一些稿费,鲁迅说,无须,我又说,那我便去找他们一次,鲁迅也说,无须。①

但是,安徽作家群实际上也在积极地寻找机会来提升自己的影响力。1925年7月,冯玉祥联合国民党创办《民报》,此事被韦素园等人注意到了,于是由台静农出面,要求鲁迅写介绍信,同时找到主编《猛进》的北大教授徐旭生,让他也写介绍信,接编了《民报副刊》。为了扩大影响,韦素园特意登出广告宣传"特约中国思想界之权威者鲁迅、钱玄同、周作人、徐旭生、李玄伯诸先生随时为副刊撰著"②。

高长虹看后,"真觉瘟臭、痛惋而且呕吐"。在他看来,韦素园此举无疑是"以权威献人",取媚于鲁迅,既违背了青年人的自由精神,也会引起别人对鲁迅的反感,于是他当面质问鲁迅,鲁迅默然不应,然后说在国外称人是权威者很平常。高长虹听后觉得鲁迅是一个心口不一的人,表面看似淡泊名利,实则功利心很重,"鲁迅遂戴其纸糊的权威者的假冠入于心身交病之状况矣!此后,我们便再没有能谈坦白的话"③。

高长虹对"思想界之权威者"广告的不满,自然是基于反专制神化的思想,但里面也有很大的嫉妒成分。事实上,高长虹自己也称鲁迅为"思想界先驱",之前之后也没少写捧鲁文章,譬如他在《今昔》中称"我于中国负时望者之文字,最喜欢看者,只吴稚晖、鲁迅两人"④,在《革革革命及其他》中赞扬"鲁迅是一个深刻的思想家,同时代的人没有能及得上他的"⑤。这也就难怪鲁迅后来讽刺说:"先驱云者,鞭

---

① 高长虹:《1925,北京出版界形势指掌图》,上海《狂飙》周刊,1926年11月7日。
② 《民报十二大特色》,《晨报》1925年8月5日。
③ 高长虹:《1925,北京出版界形势指掌图》,上海《狂飙》周刊,1926年11月7日。
④ 高长虹:《今昔》,《北新》周刊第1卷第5期,1926年9月18日。
⑤ 高长虹:《革革革命及其他》,上海《狂飙》周刊,1926年10月10日。

之使冲锋,所谓'他是受了人的帮助'也。不受'帮助',于是'绊'矣。"①

1925年8月"思想界之权威者"的广告,成了高鲁关系以及狂飙社、安徽作家地位转变的分水岭。由于地位上升,安徽作家的态度也起了变化,韦素园以高长虹看来傲慢的态度约稿,这让高长虹极为不满,并且韦素园总是把自己的稿子放在前面,把高长虹的稿子放在最后。更关键的是,8月30日李霁野、韦素园、韦丛芜、台静农等在鲁迅家聚会,鲁迅发起成立未名社,这是他将扶持重心从狂飙社转向安徽作家群的标志,也反映出他开始将翻译视作思想革命的重要工作。因为之前他已表露出对狂飙社成员给《莽原》稿件的不满,他批评说:"我所要多登的是议论,而寄来的偏多小说、诗。先前是虚伪的'花呀'、'爱呀'的诗,现在是虚伪的'死呀'、'血呀'的诗。呜呼,头痛极了!"②

但是,鲁迅发现韦素园等安徽作家虽然态度积极,但"小心有余,泼辣不足",不光能力有限,做事还有些疏懒,相比之下,高长虹虽然傲慢有心计,但很能写文章,做事更是不惜力。③所以当《莽原》因《京报》削减副刊而停刊改组时,鲁迅还是希望高长虹能负责编辑工作。但高长虹拒绝了,他的理由是:"盖不特无以应付外界,亦无以应付自己,不特无以应付素园诸君,亦无以应付日夕过从之好友钟吾(即尚钺)。"④

此话可以看出高长虹的三点考虑:第一,如果接替鲁迅担任编辑,无疑表示自己的关系隶属于莽原,这种丧失独立性的举动,显然违背了自己的本意;第二,安徽作家群肯定无法接受高长虹担任编辑;第三,尚钺此前在开封参与《豫报副刊》编辑时,和"安徽帮"产生了矛盾,

---

① 鲁迅:《新的世故》,《语丝》第114期,1927年1月15日。
② 鲁迅:《致许广平》(三十五),载鲁迅、景宋《两地书全编》,第453页。
③ 参见鲁迅《〈中国新文学大系〉小说二集序》与致韦素园的信件。
④ 高长虹:《通讯》,上海《狂飙》周刊,1926年10月17日。

曹靖华甚至有"打倒《豫报》社，骂死尚钺"①的说法，双方已经公开决裂。

不仅仅是这些派别的考虑，更关键的是高长虹对鲁迅参与政治活动极为不满。他之所以和鲁迅合作，是被鲁迅的"思想革命"所吸引，但《莽原》创办不久，鲁迅就参与了女师大风潮。对参与现实政治缺乏兴趣的高长虹，决定离开北京前往上海，继续推行自己的狂飙运动，他非常不满地说：

> 当时虽然是打着思想革命的招牌，然而工作却已偏重到事实方面，而且大有被节外生枝的另一些琐碎事实所混乱了的趋势。到暑假中，我觉得《狂飙》月刊不可以不进行了。也已经同鲁迅、徐旭生担任稿件，但后来却都没有做。我又想暂且停止了这个工作，退出北京的出版界，到上海游逛一次。②

五 反对"合办"《狂飙》

综合考虑之后，高长虹拒绝编辑《莽原》，但他很快发现了两个严重的后果：一是《莽原》半月刊的编辑工作，在由鲁迅担任了一段时间后，最终落到了"安徽帮"手里，这就潜伏下了狂飙社与鲁迅决裂的最后原因；二是鲁迅和狂飙社的矛盾开始公开化，高长虹发现"《狂飙》不定期刊在一九二五年冬间的出版，鲁迅本说要写篇小说，后来又说翻译，但最后连译稿都没有。《狂飙》朋友都攻击起鲁迅来"③。恰在此时，尚钺发现自己的小说《斧背》迟迟不能在鲁迅主编的《乌合丛书》出版，他觉得这是鲁迅受到了"安徽帮"的挑拨离间，一怒之

---

① 尚钺：《尚钺致鲁迅》，载周海婴编，北京鲁迅博物馆鲁迅研究室注释《鲁迅、许广平所藏书信选》，第46页。
② 高长虹：《1925，北京出版界形势指掌图》，上海《狂飙》周刊，1926年11月7日。
③ 高长虹：《一点回忆——关于鲁迅和我》，载《高长虹全集》第四卷，第364页。

下抽出稿子，转给了上海泰东图书局出版，并给上海的报刊写了一封信攻击鲁迅，这是双方公开反目的开始。①

其他狂飙社成员也还有投稿，但数量逐渐减少，鲁迅知道他们的不满，但为了继续合作下去，都及时编发了。而高长虹的重心，已经转向了自己的狂飙运动，1926年2月14日《弦上》周刊问世，但鲁迅拒不提供支持，高长虹对此极为不满：

> 鲁迅仍然惜墨如金，不给一点稿子，我只得把他说的一句诗（即"春秋两季骂西滢"）登了，以和缓中间的感情。很可惜的，鲁迅对《狂飙》的这种中立主义成了我们友谊上隔离的第三个原因了。当时的《狂飙》朋友们，越是年少的，也越是对鲁迅不能谅解的。②

然而为了推广自家刊物，狂飙社必须借重鲁迅的影响力。为了缓和紧张关系，高长虹动员尚钺赶赴上海，将攻击鲁迅的文章收回，并且给鲁迅写了一封长信，解释自己的误会，但效果不佳，从此尚钺和鲁迅"断了音问"③。

随着双方矛盾的加深，以及1926年中期北京政治形势的恶化，高长虹向鲁迅辞行，决定到上海开展狂飙运动。对于高长虹的举动，鲁迅不置可否，不过他答应了高长虹的请求，表示会支持上海《狂飙》的工作。但是，他到上海后寄给了鲁迅两篇稿子，是关于郭沫若和周作人的批评文字，但是好久没有发表出来。高长虹于是托人到鲁迅那里去问怎么回事，鲁迅说是早已交给韦素园了。于是又去问韦素园，韦素园说鲁迅交给他的时候，明确指示以他们的名义反

---

① 尚钺：《怀念鲁迅先生》，载《鲁迅回忆录》（上册），北京出版社，1999，第144—145页。

② 高长虹：《一点回忆——关于鲁迅和我》，载《高长虹全集》第四卷，第364页。另两个原因是《闪光》的出版及他和许广平的通信。

③ 尚钺：《怀念鲁迅先生》，载《鲁迅回忆录》（上册），第144—145页。

对发表，显然，这是鲁迅在借韦素园来压高长虹的稿子。①

知道消息后的高长虹怒不可遏，不过他知道此时不能公开发作，毕竟自己是文坛后辈，要想在人生地不熟的上海打开局面，鲁迅这面大旗还是要举的。8月1日，上海开明书店出版的《新女性》登出《狂飙社启事》，宣称狂飙运动是和鲁迅及《莽原》合办的产物。高长虹随后同开明书店经理章锡琛讲好了长期出版《狂飙》季刊的事，就在快交稿子的时候，鲁迅南下路过上海，8月31日高长虹和章锡琛一起去拜访了鲁迅，然而第二天章锡琛态度大变，不久高长虹知道了章、鲁谈话的内容。鲁迅说："长虹不该擅登广告，将《乌合》《未名》都拉入什么'狂飙运动'去，我不能将这些作者都暗暗卖给他。"② 无奈之下，高长虹只好在光华书局出版了《狂飙》周刊，而正在此时他接到来信，说向培良和高歌给《莽原》的稿子都被韦素园拒绝，这样一来双方关系就彻底僵化了。

愤怒之下的狂飙社，开始发表文章挑战鲁迅的权威。10月10日上海《狂飙》周刊创刊，高长虹当天作了两封致鲁迅、韦素园的信，详细回顾《莽原》周刊的始末，认为自己对《莽原》有过问的权力，被退稿是"刀搁头上""兔死狗烹"的行为。高长虹随后以《通讯》为题，将信件发表在《狂飙》周刊第2期上，要求鲁迅出来主持公道，这显然是一个逼宫行为。

鲁迅最初打算置之不理，事实上他也没法公开表态，按照同人文章必须发表的惯例，鲁迅其实是理亏的，更何况他的确授意韦素园压稿了。极其窝火的鲁迅私下发牢骚："想至二十四期止，便将《莽原》停刊，没有了刊物，看他们再争夺什么。"③ 但这么做虽能避免纠纷，毕竟不是办法，在给韦素园的信中，鲁迅还是建议："《莽原》只要稿、款两样不缺，便管自己办下去。对于长虹，印一张夹在里面也好，索性置之不理也好，不成什么问题。他的种种话，也不足与辩，《莽原》收

---

① 高长虹：《一点回忆——关于鲁迅和我》，载《高长虹全集》第四卷，第366页。
② 鲁迅：《261205致韦素园》，载《鲁迅全集》第十一卷，第645页。
③ 鲁迅：《致许广平》（七十三），载鲁迅、景宋《两地书全编》，第517页。

不到，也不能算一种罪状的。"①

可以看出，鲁迅直到此时也不想和高长虹公开决裂，他不满意的只是高长虹写公开信向人说这些内幕。但高长虹看到鲁迅迟迟不替自己说话，11月7日发表了《1925，北京出版界形势指掌图》，将大量莽原社的内幕，如鲁迅想做权威、利用青年人、骂同一阵线的人等揭露了出来。这封信是双方关系决裂的真正转折点，此举让鲁迅极为被动，只能"拳来拳对"，他写了《所谓"思想界先驱者"鲁迅启事》，送登多个刊物，公开声明双方不存在"合办"，"所用稿件，皆系以个人名义送来"②。之后鲁迅又作《〈走到出版界〉的"战略"》《新的世故》，讽刺高长虹首鼠两端利用自己，抢夺《莽原》的地盘，同时继续声明自己没有想发起什么主义和运动。更火上浇油的是，韦素园12月20日写信告知鲁迅，高长虹之前发表的爱情诗《给——》和许广平有关，至此，双方的关系再也没有了缓和的余地。

六　思想革命的内外交困

推究鲁迅与高长虹之争的根源，实际上是理念分歧引发了派系矛盾造成的。虽然双方对后五四时代的社会形势有相似的判断，也都有意通过思想革命的方式来加以改变，但高长虹的狂飙运动和鲁迅的思想革命实则有很大的差异。高长虹的观念总体停留在五四时代，既不愿放弃文学运动，更不愿文化和政治结合；而鲁迅却是以复古为新变，通过"文明批评和社会批评"的方式来应对时变，更能在思想革命遭遇国民革命之际，出了象牙之塔与其他阶级和政治集团合作，沟通了"文化政治"，创造了超越五四运动的新的知识阶层参

---

① 鲁迅：《261109致韦素园》，载《鲁迅全集》第十一卷，第610页。
② 鲁迅：《所谓"思想界先驱者"鲁迅启事》，《莽原》半月刊第23期，1926年12月10日。

与方式,逐渐成为"绅士阶级的贰臣"和"革命家的诤友"①。正因为这是两种不同的思想革命理念,导致双方的合作是暂时性的,而决裂是必然的。

随着鲁迅与高长虹的决裂,一系列后续结果也产生了。

首先,鲁迅阵营的分裂直接导致其思想革命的内部解体。没了狂飙社的合作,鲁迅此后只能转而鼓励安徽作家们,希望"以你们为中坚","你们青年且上一年阵试试看"②,但他们长于翻译,短于创作,"小心有余,泼辣不足"③,最终《莽原》半月刊和未名社迟迟不见壮大。不仅如此,这场代际之争还致使鲁迅对青年人产生了怀疑,他发现自己的努力结出的"都是苦果子","我对于他们不大敢有希望,我觉得特出者很少,或者竟没有"④,"我想有希望的青年似乎大抵打仗去了,至于弄弄笔墨的,却还未看见一个真有几分为社会的,他们多是挂新招牌的利己主义者"⑤。

其次,思想革命的"联合战线"也因为高鲁冲突而破裂。高长虹在《1925,北京出版界形势指掌图》中揭露鲁迅支持他们抨击《语丝》《猛进》等联合战线成员,使鲁迅和北京思想界的老朋友产生了隔阂和对立,尽管鲁迅极力否认,但被批者心知肚明,很多朋友从此和他断交。鲁迅后来在上海接编《语丝》后,"所余的几个较久的撰稿者"越来越少,导致《语丝》影响渐弱,在分析它消沉的原因时,他自责"恐怕是其咎在我的"。失去了支持的鲁迅,再也无力掀起一场思想革命运动来,他知道"这力是属于往昔的了"⑥。

最后,鲁迅公开否认自己曾经发起过"思想革命"的事。在宣布自己和狂飙社决裂后,鲁迅多次声明"既没有主义要宣传,也不想发

---

① 瞿秋白:《〈鲁迅杂感选集〉序言》,载中国社会科学院文学研究所鲁迅研究室编《1913—1983鲁迅研究学术论著资料汇编》第一卷,中国文联出版公司,1985,第819页。
② 鲁迅:《261123致李霁野》,载《鲁迅全集》第十一卷,第629页。
③ 鲁迅:《261205致韦素园》,载《鲁迅全集》第十一卷,第644页。
④ 鲁迅:《致许广平》(九十),载鲁迅、景宋《两地书全编》,第552页。
⑤ 鲁迅:《致许广平》(九十八),载鲁迅、景宋《两地书全编》,第566页。
⑥ 鲁迅:《我和〈语丝〉的始终》,载《鲁迅全集》第四卷,第174页。

起一种什么运动"①,"并没有作什么'运动'的豪兴,不过是有人做,有人译,便印出来,给要看的人看,不要看的自然会不看它"②。此事甚至让高长虹都觉得惋惜,他说:"去年的出版界是有过一次运动的,大致由对外而转为对内,由反章而转为反现代评论社,对内与对外,是号称全国一致的。"③ 在他看来,"这个运动,虽然没有那样普遍,但比新青年运动却深刻得多",所以高长虹颇为可惜地说:"一般读者都难于认识它的真象。从事运动的人呢,大抵自己又都不明说,所以直到现在世间还像没有什么也者。"④ 要不是这场轰动一时的师徒闹剧,鲁迅如何会"不明说"自己发起过思想革命呢?

如果从更大的历史背景来看,鲁迅和高长虹的决裂其实是后五四时代新知识阶层大分裂的一部分,正如瞿秋白指出的:"'五四'到'五卅'前后,中国思想界里逐步的准备着第二次的'伟大的分裂'。这一次已经不是国故和新文化的分别,而是新文化内部的分裂。"⑤ 在五四时共同斗倒了旧派之后,新知识阶层却在后五四时代逐渐分裂,最初是基于文化理念的差异,后来则因为政治态度的不同,最终走向了20世纪30年代的左右对立。所以莽原和狂飙的分裂,并非鲁迅和高长虹的私人意气之争,而是从启蒙时代到革命时代大潮转换的一个组成部分。

也正因此,即使没有鲁迅和高长虹的内部冲突,这场思想革命也很难持续下去。时代大潮正在"从思想的革命到政治的革命,从政治的革命到经济的革命","三四年来,社会科学的书籍,特别是关于社会革命的,销场渐渐地增广了,文学,哲学反倒被压下去了"⑥。随着政治革命的时代再度到来,反帝反军阀成为时代的新主

---

① 鲁迅:《写在〈坟〉后面》,《语丝》第108期,1926年12月4日。
② 鲁迅:《新的世故》,《语丝》第114期,1927年1月15日。
③ 高长虹:《旧事重提》,上海《狂飙》周刊,1926年10月17日。
④ 高长虹:《今昔》,《北新》周刊第1卷第5期,1926年9月18日。
⑤ 瞿秋白:《〈鲁迅杂感选集〉序言》,载中国社会科学院文学研究所鲁迅教研室编《1913—1983鲁迅研究学术论著资料汇编》第一卷,第819页。
⑥ 自清:《那里走》,《一般》第4卷第3期,1928年3月。

题，新一代的兴趣已经从文化转向了政治，从启蒙主义转向了民族主义，更热心于行动和指导行动的社会科学，而无论是鲁迅还是高长虹，本质上都没有跳出"思想革命"的理念，还在用五四时代的方式来应对后五四时代的革命转向，因而其生存困境就不可避免了。

躁动的社会阶层与绵延的再造文明之梦*
——《子夜》新论

◇罗维斯**

摘 要：《子夜》展现了中国现代化进程中传统绅士演变分化所引发的社会阶层重构。其中，居乡绅士曾沧海、冯云卿全然丧失文化精英属性，沦为依靠土地和高利贷的剥削者，诱发了农民暴动的风潮；绅士家庭的子弟屠维岳转型为现代职员，在工商冲突的夹缝中艰难谋生；残废衰竭的维新派绅士吴老太爷和年富力强的民族资产阶级代表吴荪甫则代表了中国社会精英阶层绵延的再造文明之梦。《子夜》对社会格局的剖析包含了某些既定的社会科学理论，却又带入了茅盾鲜明的个人情感偏向。二者之间的龃龉体现为《子夜》文本内部的分裂，也构成了小说审美性与政治性的撕扯。

关键词：阶层重构 茅盾 子夜 绅士阶层

新文学史上或许很难找到一部长篇小说如《子夜》一般大起大落。小说问世之初，因"抓住巨大的题目反映当时的时代与社会"[①]而备受赞誉。之后，《子夜》更是被视为20世纪30年代左翼文学的重要收获而拥有极高的文学地位。不过，在海外汉学家夏志清先生看来，茅盾的《子夜》"仅是按照马克思主义的观点给上海画张社会百态图而已"[②]。新时期以后，《子夜》也被指"主题先行"，受到不少批评，甚至被贬

---

* [基金项目] 天津市哲学社会科学研究规划项目"绅士阶层的演化与茅盾的文学创作"，项目编号：TJZW16-001Q；中央高校基本科研业务费专项资金资助项目"'反绅'与新文学的革命转向"，项目编号：63172031。
** 罗维斯，南开大学文学院讲师，主要从事中国现代文学研究。
① 吴组缃：《新书介绍〈子夜〉》，《文艺月报》1933年第1卷。
② 夏志清：《中国现代小说史》，刘绍铭等译，香港中文大学出版社，2001，第136页。

斥为"一份高级形式的社会文件"①。《子夜》成了茅盾小说创作过于倚重社会科学理论、疏于感性体认的例证。虽然有学者试图从海派文化、都市感等视角挖掘《子夜》的文学趣味,但社会科学分析的色彩无疑仍旧是《子夜》最鲜明的印记。

茅盾以《子夜》介入当时关于中国社会性质论战的创作意图虽在小说问世之初即为文艺批评界所公认,但是,茅盾在《子夜》中颇为暧昧的立场使当时各方对小说主题有不同的理解。从这种暧昧的立场出发,结合当时的社会历史情境,我们会发现在《子夜》中,茅盾既采用了带有政治倾向的社会科学理论,又在有意无意中裹挟了其个人对当时中国社会现实的理解。这种潜在的社会剖析框架也在较大程度上构成了《子夜》的文学趣味。

《子夜》在阶级划分之外嵌套了另一重身份属性设置,并通过由乡村到都市的空间转换、代际流动和家族传承的时间纵深描摹出阶层动荡带来的社会秩序的混乱与重构。这种身份属性即中国社会本身所固有的"绅士"。绅士又有"士绅""乡绅"等称呼,是帝制时代科举制度下的产物。具有科举功名(包括文科举和武科举)而又尚未出仕者、卸任(丁忧、退休或被罢黜等情况)的官员、依靠军功或蒙荫取得功名的一类人、清季接受新式教育或出国留学又被朝廷赐予功名者都具有绅士身份。绅士的声望与特权能与家人分享。②绅士及其亲族形成了一个特权阶层。帝制时代的乡土中国,社会管理通过自上而下的皇权和自下而上的绅权形成一种双轨政治模式。在基层社会中,绅士阶层是社会事务的实际操控者。③作为帝制时代的产物,绅士阶层搁浅在民国时期社会、政治、经济的转型中,发生了激烈的分化。《子夜》所展现的正是这种分化引发的社会阶层躁动。绅士阶层是《子夜》中的地主阶级、民族资产阶级、小资产阶级等人物形象共同的属性,是他们人生轨迹的原点。这个原点不在都市,而在乡镇这样的基层社会。

---

① 蓝棣之:《一份高级形式的社会文件——重评〈子夜〉》,《上海文论》1989年第3期。
② 瞿同祖:《清代地方政府》,范忠信、何鹏、晏锋译,法律出版社,2003,第301页。
③ 费孝通:《乡土重建》,岳麓书社,2012,第45—49页。

在茅盾最初创作《子夜》的构思中，是打算把乡镇社会也融入其中的，但由于种种原因，不得不作罢。不过，茅盾对乡镇与都市之间关系的把握却在小说中贯穿始终。乡镇基层社会成了《子夜》叙述的某种起点。小说中主要人物绅士阶层的身份属性及演变分化串联起了城与乡这两个看似迥异的空间，使传统农耕文明与现代商业文明在文本中建立起一种独特的勾连。《子夜》中，部分身处乡村的绅士阶层不仅在政治上失势，在经济上也变为以高利贷和土地经营为手段的残酷剥削者。这一变化使乡村成为暴动的温床，不仅挤对了仍旧保持知识精英身份的绅士阶层的生存空间，也阻碍了乡村的现代化进程。而失去帝制时代庇护的绅士阶层中更年轻的一代，又由乡村进入都市，展开一个全然有别于先辈的人生格局。在这个过程中，旧有的社会阶层衰落甚至消亡，新兴的社会阶层产生。《子夜》这种由旧式社会精英阶层演变而引发的社会格局的新旧更迭既构成了茅盾进行社会剖析的潜在框架，也与他尝试要使用的社会科学理论互相撕扯。这撕扯的缝隙也暴露了茅盾内心的某种情感偏向。

一

《子夜》中主人公吴荪甫的家乡双桥镇原本就是绅士所掌控的基层乡土社会。茅盾在舍弃了不少内容后，依旧用不少篇幅叙述了双桥镇的故事。

开篇吴老太爷进城病故后，随即引出了吴荪甫在双桥镇的舅舅曾沧海——"五十多岁的老乡绅，在本地是有名的'土皇帝'"[①]。曾沧海有一个不成器的儿子、一个年轻风骚的小妾。《子夜》中关于曾沧海父子的叙述令人感到似曾相识。在许多研究者看来，这段只不过是把《动摇》中劣绅胡国光和儿子胡炳的故事再讲了一遍，是有些多余和偏题的情节。然而，茅盾在删去大量创作构想后，仍旧留下了这个老绅士

---

① 茅盾：《子夜》，开明书店，1947，第92页。

的故事,绝非《动摇》的简单复制,而是《动摇》中地方绅士故事的延续和补充。声光电化的大都市并没有能吸引乡绅曾沧海。国民革命落潮以后,他回到了老家双桥镇,希望继续做一方的"土皇帝"。尽管那些喊着"打倒土豪劣绅"的"嚷嚷闹闹的年青人逃走了,或是被捕了,双桥镇上依然满眼熙和太平之盛……另一批并不呐喊着要'打倒土豪劣绅'的年青人已经成了'新贵'"。① 现代知识分子在国民革命时期和之后的政治体制变革中,取代了传统绅士在基层社会的管理职能。"曾沧海的地位降落到他自己也难以相信:镇上的'新贵'们不但和他比肩而南面共治,甚至还时时排挤他呢!"②

国民革命期间的激进政策只是暂时把乡绅们赶到了城市。暴力革命与政治体制之外,经济发展却无声而深刻地改变着地方社会的格局。双桥镇已经有了"新发达的市面"和"种种都市化的娱乐",浮动着日益浓厚的商业气息。一些在新局面下获得较高经济收入的人,社会地位也在上升。土贩李四就"跟着双桥镇的日渐都市化","潜势力也在一天一天膨涨"。③"挣钱的法门比起他做'土皇帝'的当年来,真是不可同日而语。"但曾沧海并没有做好经济收入方式的转型。昔日的"土皇帝"老乡绅曾沧海在经济上成了单纯的高利贷者——"放印子钱"盘剥农民的土地——靠着仅有的一点余威压榨乡里。

政治和经济上的现代化进程逐渐挤压地方绅士的政治权利、经济水平和社会地位。《子夜》中的老乡绅曾沧海在政治和经济上均已失势,但他仍旧自矜自己的身份地位,以鼎鼎望族自居。当土贩李四在大街上"拉拉扯扯直呼曰'你',简直好像已经和曾沧海平等"时会让他觉得"委实是太难堪了"。④ 在传统四民社会中,"即使最低微的生员,也会在社会生活中拥有普通人没有的威慑力。士绅与平民不断在日常生活的

---

① 茅盾:《子夜》,第92页。
② 茅盾:《子夜》,第93页。
③ 茅盾:《子夜》,第104页。
④ 茅盾:《子夜》,第104页。

各种细节中区分彼此,从而共同维护各自在权力关系中的身份"①。政治经济形态的变化,却在瓦解着传统社会中"绅"与"民"的等级差异。也正是贪恋于过去的地位,曾沧海的内心总是涌动着在政治上卷土重来的强烈愿望。在得知儿子曾家驹有国民党党证之后,曾沧海盘算着借助当权政党的势力再度翻身。但他的努力却只是将《三民主义》视为帝制时代的圣训供奉。曾沧海的思想观念和政治手段都是旧式的,茅盾也毫不留情地用孩童的尿来浇湿这个衰落腐朽的传统绅士的政治幻想,农民暴动更是直接彻底结束了曾沧海的生命。

随着传统政治体系逐渐为现代政治体系所替代,曾沧海这个老乡绅已经不再拥有掌控地方的能力。从劣绅的层面上来说,曾沧海连作恶的能力都是十分有限的。他在现代政治体制下已经无计可施,盘剥农民的手段简单粗暴。如果说《动摇》中的劣绅胡国光身上显现出了绅士阶层的狡猾,那么曾沧海身上无疑表现出了旧式绅士在现代社会的笨拙、迂腐和仅存的一点可笑的虚荣心和妄想症。曾沧海代表了落寞而又缺乏道德操守的绅士的困兽犹斗。此外,茅盾以没有实地经验为由,弃用了瞿秋白关于农民暴动和红军活动的写作意见。②《子夜》中的农民暴动仅是表现老乡绅曾沧海经历的一种陪衬。在小说中,农民暴动在很大程度上源自绅士阶层的变动。比起阶级论框架下的农民运动,茅盾似乎更有兴趣书写传统绅士阶层逐渐蜕化触发的乡村裂变。

这样的乡村正透露出民族资产阶级代表吴荪甫与老乡绅曾沧海亲缘关系之外潜藏的牵连。小说中关于曾沧海的叙述蕴含了当时社会结构变动的诸多因素。现代政治体制的建立和资本主义经济的发展,从根本上改变了基层社会的权力结构,由此构成了吴荪甫打造文明镇理想的基础。相伴而生的绅士阶层约束体制的崩盘,也促使基层社会原来的掌控

---

① 李涛:《士绅阶层衰落化过程中的乡村政治——以20世纪二三十年代的浙江省为例》,《南京师大学报》(社会科学版)2010年第1期。

② 茅盾:《我走过的道路》(上),人民文学出版社,1997,第502—503页。

者——地方绅士普遍劣质化。① 劣质化的绅士用强弩之末的余威和落后的经济方式对农民极尽盘剥，帝制时代的绅民关系几近瓦解。矛盾激化产生的农民暴动与阶级斗争又对基层社会初步兴起的现代文明构成某种反叛的打击，也最终断送了《子夜》中吴荪甫在家乡推进现代商业文明的构想。

《子夜》不但借绅士阶层挖掘乡土社会与都市现代文明的暗渠，小说中城乡两种经济模式的整合也同样通过帝制时代绅士阶层的职业身份转变来完成。及早进城躲避农民暴动危险的冯云卿，代表了与曾沧海类似的老乡绅在社会结构变动中的另一种可能性。

冯云卿是"前清时代半个举人"②。"半个举人"是对科考功名的一种俗称："乡试中副榜，世称半个举人者。"③ 在清康熙以后的科举考试制度中，各省乡试除正榜以外，还会取副榜，又称"副贡"。副榜接近于中式，但还是不能以此参加会试。④ 也就是说冯云卿不同于一般的庶民地主，他具备了帝制时代的绅士身份，他有成为基层社会管理者的资格。冯云卿也趁着当地年老乡绅躲到上海租界的机会，占据了家乡的政治舞台，从而更快地发展自己的土地兼并事业。不过，帝制时代，做官或承担地方事务才是绅士阶层最重要的经济来源，土地收入十分微薄。而随着现代政治体制的建立，绅士阶层的收入渠道锐减，加之道德制度约束的消失，部分身处乡村的绅士日趋接近于从事高利贷与土地兼并的剥削者，并在阶级论的体系下有了一个新的称谓——地主阶级。

《子夜》中，茅盾用近乎生硬的手法叙述了人称"笑面虎"的冯云卿如何布置一张严密的高利贷网盘剥农民的土地，残酷地奴役破产的佃户，却又精细地描写冯云卿意识到农民暴动和土匪的危险，及时由乡村进入上海成了"海上寓公"之后生活的种种窘态。"（冯云卿）在安乐

---

① 肖宗志：《清末民初的绅士"劣质化"》，《贵州师范大学学报》（社会科学版）2004年第6期。
② 茅盾：《子夜》，第209页。
③ 刘成禺著，蒋弘点校《世载堂杂忆》，山西古籍出版社，1995，第9页。
④ 李树：《中国科举史话》，齐鲁书社，2004，第284页。

窝的上海时，就远不及交游广阔的姨太太那么有法力！"① 作为坐拥数千亩田产的精明盘剥者，冯云卿即便搜刮了所有的现款，在上海却连放高利贷的资格都不够，甚至难以维持现代都市生活的开销，乡村农耕文明之下所积累的财富与现代工业文明相比显得如此微不足道。冯云卿不得不采取公债这种直接以货币获取货币的现代资本运作模式。在遭遇了公债市场的重创之后，他最终抛下了旧式知识精英最后的廉耻心，教唆亲生女儿献身公债魔王赵伯韬，企图换取公债的内幕消息，最终却被女儿的愚蠢害得倾家荡产。蜕化为残酷剥削者的乡绅，逃过了农民暴动，却最终倒在了现代金融业的冒险游戏中。《子夜》通过地方绅士进城，串联起了都市与乡村的迥异空间，展现了农民暴动催生的往往被左翼作家所忽略的社会现象。

上文提到，茅盾曾以没有实地经验为由，弃用了瞿秋白关于在《子夜》中表现农民暴动的写作意见。② 实际上，他却在小说中从乡村绅士阶层演变这一视角分析了农民暴动发生的内在动因及其对社会经济的整体影响：清末和民国时期，帝制时代遗留下的绅士阶层畸形的经济模式对农民的盘剥如圈地运动一般，以土地兼并的方式将农民挤出土地，挤向城市；在盘剥中暴力反抗的农民也将原本稳居乡里的绅士阶层吓到了城市；在这种社会阶层的躁动中，中国资本主义发展获得了失地农民作为劳动力，现代金融业获得了乡村高利贷和土地盘剥的现金收益。可是在这部分叙述中，茅盾始终没有对农民的个体命运有所展现。从这个角度来说，《子夜》尽管也对作为盘剥者的两个乡绅极尽讽刺之能事，也将农民暴动的原因归结为绅士阶层劣质化之后残酷的高利贷剥削和土地兼并，但终究与叶紫《丰收》等表现阶级斗争与土地革命的左翼文学作品大异其趣。

二

《子夜》中虽然没有正面反映农民阶级的困苦与斗争的合法性，其

---

① 茅盾：《子夜》，第230页。
② 茅盾：《我走过的道路》（上），第502—503页。

中"斯文扫地"的劣质化绅士却是全然的丑角。不过，对于绅士阶层中依旧保持着几分知识精英色彩的人物，茅盾的立场则显得十分暧昧而游移。

茅盾在描写屠维岳这个小职员时，就带有某种个人感情的投射。这是一个眼睛里透着"自然而机警的光辉"的白净年轻人。"他是聪明能干，又有胆量；但他又是倔强。"在与吴荪甫的对话中，他总是彬彬有礼、不卑不亢、进退有度，他在处理工厂工潮时也表现出了运筹帷幄的不凡气度。与莫干丞等家仆或流氓出身的工厂管理者相比，屠维岳有些读书人的傲气。这种气质的来源，在人物一出场就有所交代。

屠维岳是得到吴老太爷赏识的人才，因吴老太爷的推荐而获得工作机会。这种赏识和帮助源自一种世交关系——他的父亲是上一代老侍郎的门生。科举考试中式者即为主考官的门生，这形成了科考与官场一种特殊而密切的人脉关系。这一层关系其实交代了屠维岳是在大都市谋职的绅士家庭子弟。在传统社会中，绅士家庭的子弟多半会选择科考仕途，但社会体制的变化打破了读书人的发展轨迹。屠维岳这样的绅士阶层子弟，成为一名在现代工厂中领二十元薪水办杂务的小职员。既有研究往往只笼统地将屠维岳归为小资产阶级，却忽略了他显著的职业属性。

中国现代意义上的"职员"（salaried employee）阶层，诞生于19世纪末20世纪初。它是介于以企业经营者和地方精英为主的资产阶级以及作为民众运动参与者的工人之间的社会科学意义上的中间阶层。清末民初中国社会化大生产和现代社会组织的发展，催生了律师、公务员、工程师、行政管理人员等从事非体力劳动的职员阶层。这些人在当时被称为薪水阶级、长衫阶级、写字间阶级等。① 《子夜》所描写的20世纪30年代的上海，也正是中国现代职员获得较大发展的时期。吴荪甫工厂里的小职员太多，以至于精明的他也不能把职员都认清楚。

民国时期公共租界工部局工业社会处的相关调查报告，以及20世

---

① 江文君：《近代上海职员生活史》，上海辞书出版社，2011，第2、3页。

纪二三十年代论述工人问题的著作中最早论及"职员"的《上海产业与上海职工》，都明显地将职员和工人区分开来。上海职员阶层与上海工人在家庭规模、日常开支、文化生活、子女教育等方面都有显著差异。职员阶层的收入水平和生活条件明显优于工人阶级。当然，进入职员阶层的门槛也比工人高，大部分职员都拥有中学以上的受教育水平。[①] 职员成了资本家管理工人的中介。从时人的调查来看，民国时期"一般工人不是仇视职员，便是对职员客气，他们所以仇视职员，是因为工厂里的管理员与办事员，处处帮助经理、厂长来剥削他们，欺凌他们。他们所以对职员客气，是因为他们看到，职员是社会上好似比他们高一等的人物"[②]。资本家也会刻意任用职员统治工人。职员受教育水平和收入优于工人，加之职员的管理地位，使两个阶层形成了某种对立。

原本看似与女工处境相似的屠维岳就因协助吴荪甫瓦解工人组织，被女工称为"屠夜壶"，成为女工仇视的敌人。屠维岳一方面利用内部派系矛盾挑拨、拉拢，分化工会中的两股势力，又在工人中扶植自己的势力，另一方面，又必须承受同僚的排挤与资本家的猜忌。作为中间阶层的职员，他可谓腹背受敌，其中体现着权谋及内心的矛盾与纠结，可视为一出民国的"职场大戏"。《子夜》因对革命者和工人群众部分描写较差被评价为"半肢瘫痪"的作品，但其表现职员在工潮中斡旋各方的部分，与描写买办资产阶级和民族资产阶级的部分相比并不逊色。

茅盾塑造屠维岳这样一个传统绅士出身的职员形象，不仅缘于对与现代资本主义发展相伴而生的新兴社会阶层的关注，也与他的个人经历有关。茅盾出生于一个绅商家庭，北大预科毕业后，他在商务印书馆工作，是典型的职员阶层。茅盾的小说创作也始终密切关注帝制时代作为知识精英的绅士阶层的现代转型及由此带来的整个社会阶层的躁动。20世纪30年代末，国共两党才开始发现和重视作为社会中间阶层的职员

---

① 刘德恩：《职员阶层的兴起——民国时期上海职员的生活与教育研究》，华东师范大学博士学位论文，2004，第15页。
② 朱邦兴等编《上海产业与上海职工》，上海人民出版社，1984，第700页。

的价值，并对职员与工人进行明确区分。尽管在之前的文学创作中，职员的形象已经大量出现，但像《子夜》这样表现职员阶层与工人阶层之间关系的并不多见。茅盾对社会阶层结构有先于政党理念和社会科学研究的敏感认知。

三

买办资产阶级与民族资产阶级的"斗法"无疑是《子夜》中最精彩的部分。在二者的经济斗争中，作为民族资产阶级代表的吴荪甫所体现出的精神气质渐渐偏离了茅盾最初的某种创作设想，使小说文本内部产生了明显的裂隙。当我们探究《子夜》对民族资产阶级的含糊立场时，总是忽略一个重要的问题——中国的民族资产阶级从何而来？

被视为落伍封建势力的吴老太爷在代际关系上是民族资本家吴荪甫的父亲，这种亲缘关系实际上交代了吴荪甫民族资本家身份产生的基础，其中也透露出许多一直被我们所忽视的意味。

《子夜》开篇对吴老太爷进城的叙述是极富戏剧性的一幕。在都市声光电化的刺激下，久居乡间宅内的吴老太爷一进城就病故，似乎预示着"五千年老僵尸的旧中国也已经在新时代的暴风雨中间很快的在那里风化了"①。而茅盾一面讥讽吴老太爷的痴愚病态、执拗顽固，以至于与"三百万人口的东方大都市上海"格格不入，一面也在暗示吴老太爷在主仆之谊、世交之情上的敦厚体贴。《子夜》中吴老太爷的一心向善也显得格外真诚，他视若珍宝的《太上感应篇》虽总被视为表现他腐朽不堪的重要意象，实际上却是一本劝人向善的书。此书在古代流传甚广，不仅受到知识分子的推崇，明朝的嘉靖皇帝、清朝的顺治皇帝也曾为其作序，加以褒奖。这本书又有"民间道教圣典"之称。② 小说中将吴老太爷对《太上感应篇》近乎病态的虔诚表现得充满夸张和讽

---

① 茅盾：《子夜》，第28页。
② 谢谦编著《国学基本知识现代诠释词典》，四川人民出版社，1998，第78页。

刺,却也强调了吴老太爷"真正虔奉《太上感应篇》,迥不同于上海的借善骗钱的'善棍'"①。他不仅自己有真诚坚定的信仰,也努力劝人向善。这种发自内心的对善的执念,甚至让吴老太爷觉得乡下的动乱不会波及他这样一个虔心奉善之人。

吴老太爷身份、性格的多重性与茅盾所要呈现的"五千年老僵尸的旧中国"相比,蕴含着更复杂的意味。"祖若父两代侍郎",代表着吴家具有高层仕宦生涯,也使吴家人在双桥镇成为具有上层绅士地位的家族。这种特殊的家庭背景指明了吴家在帝制时代的经济、政治特权及文化精英地位。帝制时代,在赋予绅士阶层特权的同时也为其附上了较高的道德要求,无论是吴老太爷固执而又保守的道德感,还是他在处事方面的某种体贴,都暗含着帝制时代的正面秩序,是乡土文明的某种表征。从这个意义上看,《子夜》中的现代都市文明不是一个全然褒义的所在,而看似腐朽落后的乡村文明也不是一个纯然被否定的存在。吴老太爷向善的虔诚和都市"善棍"的虚伪,吴老太爷的保守与都市的浮艳都显示出两种文明的极端形态。

更重要的是,《子夜》还特别交代了吴老太爷特殊的政治立场。"三十年前,吴老太爷却还是顶括括的'维新党'……满腔子的'革命'思想。"②他如僵尸般的生活并非出于主观意愿,而是由于"习武骑马跌伤了腿,又不幸渐渐成为半身不遂的毛病"③,其中透露出的同情和惋惜是不言而喻的。维新运动试图对思想文化和政治体制进行改良,其中亦包含对传统文化和政治体制的批判。维新党人很大一部分就是拥有科考功名的绅士,因此,维新运动也可视作传统知识精英试图发展中国现代文明的一场改良自救运动。

茅盾似乎试图以政治理念和社会科学理论作为人物设置的某种依据,但在实际的写作过程中,又不免逸出既定设置,以至于笔下的人物呈现出一种自相矛盾的状态。出于特定的政治诉求,茅盾需要在《子

---

① 茅盾:《子夜》,第7页。
② 茅盾:《子夜》,第7页。
③ 茅盾:《子夜》,第7页。

夜》中塑造一个现代社会的对立面——腐朽与保守的封建势力，这使得吴老太爷被放置于一种被嘲讽的地位。他初到上海后那带有象征意味的死亡却又显得十分牵强。或许茅盾的潜意识中并不想将其作为一个反面人物。如果茅盾需要将吴老太爷塑造为顽固封建势力的代表，那么大可将吴老太爷设置为一个纯然的保守派人物，而不应该是一个满脑子革命思想的维新党，他甚至不应该是一个向善敦厚的正派人士。

吴老太爷及背后的家族传统被赋予的传统文化意味，其实预指着古老中国乡土文明对新兴现代都市文明的排斥。吴老太爷受声光电化的刺激而身亡，象征着传统社会观念和秩序在新兴城市文明冲击下的解体——内地还有无数的吴老太爷来到上海这样的资本主义现代社会肯定会断气。更重要的是，曾经作为"革命者"的吴老太爷所具有的社会政治意味，却暗示了现代资本主义社会的发展与传统绅士阶层的密切关联。

作为当时中国社会缩影的吴公馆客厅，有金融业的大亨，有一位工业界的巨头，还有快要断气的吴老太爷，吴老太爷又是工业巨头吴荪甫的父亲，而吴荪甫是以吴家三老爷的身份出场的。小说中的大部分场合，吴荪甫都是以"吴三爷""吴老三"这样带有家族指向的称谓被人谈及的。吴老太爷不是吴荪甫的对立面，他体现了绅士阶层的代际关系和家族传承。

这种身世背景的存在，也使我们有必要重新审视吴荪甫这一作为民族资产阶级代表的人物形象。《子夜》将吴荪甫描述为工业界的巨子，也谈及他在开办工厂之前就拥有极为雄厚的资本。小说中，吴荪甫曾感慨："开什么厂！真是淘气！当初为什么不办银行？凭我这资本，这精神，办银行该不至于落在人家后面罢？现在声势浩大的上海银行开办的时候不过十万块钱……"① 吴荪甫的巨额资本积累由何处来呢？小说中似乎并没有交代。

实际上，茅盾在交代吴老太爷身份背景时，就暗示了吴荪甫拥有较

---

① 茅盾：《子夜》，第63页。

雄厚的家族财富积累。《子夜》中强调了双桥镇的吴家是名门望族,祖若父两代侍郎。侍郎是"清代中央六部和理藩院的副长官。正二品。虽为副职,但与尚书同为该衙门堂官,都有权单独向皇帝建言"①。吴家这种祖上拥有高层仕宦经历的簪缨之家,无疑属于绅士阶层中的上层。19世纪晚期,绅士及其直系亲属约占全国总人口的2%,却获得了国民生产总值的24%。绅士的人均收入为普通百姓人均收入的16倍②,上层绅士的收入则更高。19世纪以后,在西方的冲击下,绅士转向商业获取财富的情况也有所增加。③ 双桥镇上本就有吴家的钱庄、当铺等家族产业,正是这样的家庭背景,使吴荪甫获得了发展实业的雄厚经济资本。

不仅如此,在《子夜》整部小说中,我们很难看到吴荪甫对金钱的计算和看重,虽然写到了他对筹款的焦虑,但他几乎没有表现过对经济利益本身的关注。当丝业遇到困难时,吴荪甫想到的是"中国民族工业就只剩下屈指可数的几项了!丝业关系中国民族的前途尤大"④。他愿意为中国工业的前途继续努力。当"农匪"劫了双桥镇时,吴荪甫所痛惜的并不是他的钱庄、当铺、电力厂、米厂、油坊的损失,而是他三年来"想把家乡造成模范镇的心血"⑤。面对信托公司的发展草案,他憧憬的是"高大的烟囱如林,在吐着黑烟;轮船在乘风破浪,汽车在驶过原野"⑥ 这样一幅工业化发展的场面。这种场景给他带来的由衷的兴奋甚至消解了双桥镇暴乱带来的打击。吴荪甫明知朱吟秋等人没有实力,但为了避免他们的企业被判给外国人,增加外国工业在中国的实力,仍旧以中国工业的前途为计,坚持救济他们的企业,这一点让他的合伙人都深感敬佩。

---

① 邱远猷主编《中国近代官制词典》,书目文献出版社,1991,第9页。
② 张仲礼:《中国绅士的收入——〈中国绅士〉续篇》,费成康、王寅通译,上海社会科学院出版社,2001,第325—326页。
③ 张仲礼:《中国绅士的收入——〈中国绅士〉续篇》,费成康、王寅通译,第139页。
④ 茅盾:《子夜》,第63—64页。
⑤ 茅盾:《子夜》,第122页。
⑥ 茅盾:《子夜》,第122页。

吴荪甫种种重义轻利的表现，不仅与现实中极重经济利益的商人形象相去甚远，与茅盾自称的创作构想亦背道而驰，以至于令读者对小说中的无产阶级工人运动产生某种反感。这样一个心系中国民族工业的商人与茅盾自称所要表达的主题之间无疑是充满矛盾的。有不少研究者都已经发现了《子夜》内部的裂隙，吴荪甫身上这些吊诡意味的真正由来及其寓意是什么呢？

四

民国时期的中国资本大致上被分为官僚资本、买办资本和民族资本，但实际上三者之间并没有明确的界限。"鸦片战争以后，外国在华洋行雇用中国人做它们的代理人，这些代理人被称为'买办'。"① 中国近代资本主义经济的发展在很大程度上源于外国势力的影响，最初从事资本主义经济生产的商人很难与外国资本划清关系，许多所谓的民族资本家都有过买办洋行的经历。"中国资本主义发生时期，大量存在着买办商人的资本向民族资本的转化……买办与民族资本家之间没有鸿沟，可以一身而两任。"② 晚清和民国时期，买办充任政府官员的情况也时有发生。③

20世纪初，社会对买办的评价很复杂。一方面，"那是一当买办，便可招摇摆阔，气焰之大甚于道台，所以买办是有钱有势，人人争以作买办为荣"④。另一方面，买办又被视为"洋奴"，一些买办自己都看不起自己的职业。

国民革命时期，买办一度成为革命的对象。1924年广东商人曾集合起来武力对抗当局捐税。这次迅速被镇压下去的商人武装暴动史称"广州商团事件"，由广州商团团长陈廉伯发起。为了攻击陈廉伯，国

---

① 黄逸峰等：《旧中国的买办阶级》，上海人民出版社，1982，第1页。
② 潘君祥、顾柏荣：《买办史话》，社会科学文献出版社，2011，第135页。
③ 潘君祥、顾柏荣：《买办史话》，第127—135页．
④ 姚公鹤：《上海闲话》，上海古籍出版社，1989，第47页。

民党故意将其英国银行买办的身份与他反对广州革命政府的行为联系起来。"买办"一词由此被赋予了浓厚的政治意识形态意味，成为帝国主义走狗的代名词。"打倒买办阶级"成了国民革命中"打倒帝国主义"口号的补充。①

对《子夜》创作影响颇大的瞿秋白，于 1926 年 7 月在《向导周报》上发表的《上海买办阶级的权威与商民——谈谈上海的商会和上海的华人》被视为研究买办的开山之作。② 文中，瞿秋白提出了"买办阶级"这样的概念，指责了上海总商会由买办把持，包揽卖国卖民的行为。③ 深入参与国民革命的茅盾自然不会不了解买办在政治语境下的意义。

尽管民国时期买办的职业化倾向已非常明显，买办作为一种职业，有具体的行业类别和分工，但《子夜》中的赵伯韬虽被定性为金融买办，却更趋向于抽象形态的买办阶级，赵伯韬被简单地符号化为外国资本经济侵略的工具。赵伯韬作为买办的职业特点被极度淡化，而仅仅被视为外国列强侵华的工具，同时，他的个人生活作风也极其腐化堕落。不仅如此，买办出身的工厂主朱吟秋，也不善于经营，欺骗工人，只顾自己享乐。

《子夜》中与买办阶级相对的另一个概念——"民族资产阶级"——是在国民革命时期建构起来的概念。为了团结更多的社会群体支持革命事业，革命当局对资产阶级进行了内部细分。买办资产阶级因与帝国主义之间存在密切的利益关系，而被视为不可信任的反动势力；而资产阶级中的另一部分独立于外国经济的商人则被划为民族资产阶级，并成为革命的同盟。但实际上，所谓的民族资产阶级和买办资产阶级之间很难划分出明确的界限，很多所谓民族资本家都是由买办转变而

---

① 冯筱才：《北伐前后的商民运动：一九二四——九三零》，台湾商务印书馆，2004，第 17—29 页。
② 易继苍：《买办与上海金融近代化》，知识产权出版社，2006，第 5 页。
③ 瞿秋白：《上海买办阶级的权威与商民——谈谈上海的商会和上海的华人》，《向导周报》1926 年第 162 期。

来的，二者的区分在很大程度上取决于他们对革命的态度。对此，茅盾自己也应该非常清楚，因此《子夜》中也有一部分工厂主之前曾是买办。

另外，帝制时代的绅士阶层由于特殊的社会地位和经济资本，也有人成了买办。茅盾在其他小说中也提到了绅士阶层从事买办职业的情况。可是，茅盾没有让《子夜》的主人公与买办沾上联系。他刻意使吴荪甫与买办这样带有"原罪"的背景划清了界限。不仅如此，吴荪甫所拥有的情怀也绝非那些与他合作的工厂主们可比拟。其他工厂主看中的是个人经济利益，吴荪甫则寄望于"只要国家像个国家，政府像个政府，中国工业一定有希望的"①，他热心实现家乡双桥镇的现代化，他筹资办银行也是为了拯救民族工业，就连他致力于解决工潮也成了振兴民族工业的某种努力。在茅盾个人情感的投射之下，吴荪甫的富国强国理想被无限地放大和强化。《子夜》演变成了吴荪甫与赵伯韬之间正与邪的较量，而工人运动也似乎带上了一点罔顾大局的味道。

将吴荪甫塑造为醉心民族工业振兴的企业家形象，无疑带有茅盾个人的想象，民国时期的民族资产阶级未必具备这么高尚的道德情操和理想。从茅盾个人的成长经历来看，表叔卢鉴泉扮演了强有力的支持者和保护者的角色。卢鉴泉后来成为民族资本家，或许也使茅盾在塑造吴荪甫这一人物形象时不自觉地投入了自己对卢鉴泉的好感。

不过，卢鉴泉的身份并不只是民族资本家，卢鉴泉的祖父卢小菊是高中在前五名内的举人，在镇上的绅缙中有很高的名望。② 卢鉴泉与茅盾的父亲同年应考，获得举人的功名，是绅士家庭中考取科举功名的优秀子弟。③ 传统绅士卢鉴泉在民国以后完成了身份转换，他在金融业等兴业济世方面的努力和成绩获得了茅盾的认同和尊敬。茅盾出身绅士家庭，对绅士阶层抱有独特的好感，也认同正派绅士在推动社会经济发展中的积极作用。④ 茅盾为吴荪甫编织的绅士阶层身世背景是带有某种正

---

① 茅盾：《子夜》，第64页。
② 茅盾：《我走过的道路》（上），第9页。
③ 茅盾：《我走过的道路》（上），第33页。
④ 罗维斯：《"绅"的嬗变——〈动摇〉的一种解读》，《文学评论》2014年第2期。

统意味的，吴荪甫游学欧美的背景更使他以知识精英的身份与一般买办、商人出身的工厂主区分开来。作为民族资产阶级代表的吴荪甫与买办阶级之间的泾渭分明在一定程度上也源于茅盾对正派绅士阶层的推崇。

从这个意义上说，主人公吴荪甫的特质与茅盾某种潜在的情感偏向极为吻合。除了茅盾接受瞿秋白的建议，增加表现资本家兽性的情节外，吴荪甫基本上不近女色。这种传统英雄式的禁欲色彩与吴老太爷手捧《太上感应篇》默念"万恶淫为首"其实是一种同构的存在。茅盾的父亲就是个维新派绅士，茅盾对本来作为封建顽固势力代表的吴老太爷"维新党"身份的强调，也在一定程度上肯定了绅士阶层在推动社会进步变革上的立场。吴荪甫不计经济利益得失来振兴中国工业的努力，其实与吴老太爷年轻时热衷维新变法的努力殊途同归。

吴荪甫身上体现出的强烈的非商人特质和拯救民族工业的不懈坚持，正暗含了作为传统知识精英的绅士阶层济世救国、以天下为己任的情结。他致力于现代工业的发展，也与清末民初绅士阶层力图推动中国社会现代文明发展的努力殊途同归。衰朽不堪的维新派代表吴老太爷和年富力强的民族资产阶级代表吴荪甫，不仅是封建社会的僵尸与新兴资本主义的对照，更象征了中国社会精英阶层绵延的再造文明的梦想和努力。吴荪甫不仅是一位"带有法兰西资产阶级性格"的民族资本家，更是有构建中国现代文明理想的绅士家庭中成长起来的现代精英。

吴荪甫拒绝向帝国主义投降，拒绝买办化，这似乎都与茅盾最初的创作构想背道而驰。《子夜》不仅旨在表达一种政治观念，也寄托着作为现代知识精英的茅盾的个人理想和情结。《子夜》内部的矛盾分裂也正在于茅盾寄托于绅士阶层的再造文明之梦与他所试图展现的社会政治理论之间的龃龉。

在同时期的许多左翼文学中，"阶级论"构成了主要的社会分析框架。在华汉的《地泉》、叶紫的《星》等作品中，表现的都是地主和农民、资本家和工人鲜明的阶级对立，其中所谓的剥削阶层丝毫不具备绅士阶层作为政治、文化精英的道德感。《子夜》并没有简单处理人物的阶级属性，小说中带入了茅盾个人以传统绅士阶层演变分化为框架形成的对中国社会的分析和认识，也包含了他自己鲜明的个人情感偏向。《子夜》呈现了民国时期社会阶层的变动，并寄托了知识精英阶层努力重建文明的理想。

茅盾对中国社会的现实具有鲜明的感性认识，却又时常难以在文学创作中坦然表露。与民国社会历史情境的疏离，使我们又往往很难感知茅盾基于个人观念对政治社会的分析及其在文学中的呈现。只有回溯民国时期具体的空间场景，尊重民国社会历史现象的完整性、丰富性和复杂性①，我们才能真正了解《子夜》所呈现的民国社会图景，体味茅盾纠结、繁复的精神世界。

---

① 李怡：《作为方法的"民国"》，《文学评论》2014 年第 1 期。

抗战时期的空军文学*

◇ 王学振**

摘　要：空军文学是抗战文学的一种重要题材类型，在全面抗战时期兴起并兴盛，空军将士、眷属以及包括作家在内的社会各界人士均参与创作，大量表现与空军有关社会生活的作品涌现，一时蔚为大观。空军文学经历了内容从单纯到丰富、形式从单一到多样的发展过程，产生了一大批质量比较高的作品，具有不容否定的文学史地位。

关键词：抗战文学　空军文学　军中文艺

"空军文学"作为一种文学类型，是从题材角度而言的。"所谓'空军文学'，是泛指以空军为写作对象——也就是'空军题材'的文学作品。"① 在中国，空军文学是在全面抗战时期兴起并兴盛的。1938年秋，著名军事学家蒋百里在汉口《大公报》发文讨论抗战大计，其中提及文学："我觉得在这一年来的新文学中，最出色的是空军文学。"② 1941年全面抗战四周年之际，《文艺月刊》分两期出版"抗战四年来的文艺特辑"，对全面抗战以来的文艺"作一极公平极详尽的总检讨"③，其中除涉及文艺理论、小说、诗、剧本、通俗文艺、电影、美术诸门类之外，"空军文学"也赫然在列。由此看来，空军文学在当

---

* ［基金项目］国家社会科学基金一般项目"抗战文学稀见题材资料整理与研究"，项目编号：15BZW154。
** 王学振，海南师范大学文学院教授、博士生导师，研究方向为中国现代文学。
① 陶雄：《抗战四年来的空军文学》，《文艺月刊》1941年7月7日第11年7月号。
② 蒋百里：《抗战一年之前因与后果》，原载1938年8月28日、9月4日、9月25日汉口《大公报》，见谭徐锋主编《蒋百里全集》第1卷，北京工业大学出版社，2015，第432页。
③ 编者：《卷头语》，《文艺月刊》1941年7月7日第11年7月号。

时是很有影响、很受重视的。然而，后来人们进行抗战文学研究时，却鲜有关注空军文学者。有鉴于此，本文拟在尽可能搜罗资料的基础上，对抗战时期的空军文学加以介绍。

一

空军文学在全面抗战时期兴起并兴盛，与中国空军的浴血奋战直接相关，也是航空委员会①等相关方面自觉倡导的结果。

全面抗战开始时，中国空军初创不久，与日军实力悬殊。装备落后、补给不足且不论，即便在数量上也处于绝对的劣势："双方实力对比，最相近时为五比三，到民国二十九年，几跌至十二比一。"② 但是中国空军以寡敌众，以弱战强。1937年8月14日杭州首战，1938年2月18日、4月29日、5月31日武汉三次空战，1938年2月23日出击台北，1938年4月10日归德空战，1938年5月20日远征日本，1938年6月、7月轰炸长江敌舰，1939年2月20日、23日兰州空战，1939年4月29日重庆空战，1939年11月4日成都空战等，中国空军均取得了骄人的战绩。据统计，全面抗战八年间，中国空军共击落敌机1543架，击伤敌机330架③，毁伤敌舰船1691艘（内含击沉航空母舰1艘）④，毁伤敌坦克车辆8546辆⑤，此外还炸毁众多桥梁、仓库、营房等。中国空军取得辉煌的战绩，是以付出巨大的牺牲为代价的。杭州首战后不到一年，中国空军中负有盛名的"四大天王"高志航、刘粹刚、乐以琴、李桂丹就全部阵亡，其牺牲状况可见一斑。据统计，全面抗战

---

① 当时空军的指挥机关。
② 中国第二历史档案馆编《抗日战争正面战场》（下册），凤凰出版社，2005，第2028页。
③ 中国第二历史档案馆编《抗日战争正面战场》（下册），第2041页。
④ 元江：《抗战时期中国空军作战的若干问题》，《军事历史研究》1988年第1期。
⑤ 袁成毅：《抗日战争中国空军的战绩：在空中击毁日机568架》，中华网，https://news.china.com/history/all/11025807/20160929/23673832_all.html，最后访问时间：2019年2月9日。

八年间，中国空军官兵伤亡 14037 人，损失飞机 1813 架。① 在浴血奋战的八年间，空军健儿上演了一幕幕惊天动地的壮举：阎海文飞机中弹降落敌阵，他抱定"中国无被俘空军"的信念，连毙数名敌军后，将最后一颗子弹留给自己，自杀成仁；沈崇诲在飞机发生故障后，不愿跳伞逃生，驾机从高空猛撞敌军一艘舰船，与之同归于尽；陈怀民在击落一架敌机后受到五架敌机围攻，其飞机油箱着火，他甘做"肉弹"，驾着冒烟的战机翻转 180 度，撞毁一架从后面扑来的敌机……中国空军的创建及其史诗般的抗战历程为空军文学的兴起、兴盛提供了丰厚的土壤，正如有人所说："文学因空军而开展了新境界。"② 如阎海文殉国后，就产生了一批书写其英雄事迹的文学作品，仅话剧剧本就有尤兢（于伶）的《血洒晴空》、陶雄的《阎海文之死》、刘益之的《阎海文》等。

为了促进空军建设，航空委员会总政训处（政治部）下属的《中国的空军》、神鹰剧团等相关方面明确提出了建立"空军文学""空军戏剧"的口号。1938 年 2 月《中国的空军》创刊之初，确定了五个"努力的目标"，其中第一个就是"创造'空军文学'，以之鼓励士气民气，以之改造国民摩擦狭隘的恶习，使进于崇高化伟大化的性格"③。神鹰剧团则致力于"空军戏剧"的创作。1939 年 1 月，董每戡在重庆为神鹰剧团招考演员时，举行了留渝剧人座谈会，在会上他提出要"建立空军戏剧"，不久又发表《建立空军戏剧》，使这一口号正式形成文字："应当前迫切的需要，航委会政治部提出了'建设大空军'的口号，跟着，神鹰剧团提出'建立空军戏剧'的口号，当然，我们不希望口号终于是口号，希望能由口号成为事实；虽说实现它并不怎样容

---

① 袁成毅：《抗日战争中国空军的战绩：在空中击毁日机 568 架》，中华网，https://news.china.com/history/all/11025807/20160929/23673832_all.html，最后访问日期：2019 年 2 月 9 日。
② 培：《"空军的文学"与"文学的空军"》，《文艺先锋》1944 年 8 月 20 日第 5 卷第 1、2 期合刊。
③ 丁布夫：《本刊一周年》，《中国的空军》1939 年 2 月 1 日第 20 期。

易,为着抗战,为着建国,我们应以全力赴之。"① 除这篇文章外,董每戡还相继发表了《空军戏剧试论》《抗战三年来的空军剧运》等,详细讨论建立"空军戏剧"的问题。

二

一方面是受空军英雄事迹的感召,一方面是对创造"空军文学"、建立"空军戏剧"等倡导的回应,空军题材的文学作品在全面抗战爆发后竞相涌现,蔚为大观。空军将士、空军眷属以及包括作家在内的社会各界人士②创作了大量空军题材的文学作品。

广大空军将士是写作空军文学作品的中坚力量。空军将士有一定的文化素养,他们当中有很大一部分人具备基本的写作能力,能够把空军的生活纳入笔端,大部分空军题材作品出自他们的笔下。这些写作者又大体可分为两种类型。

一是空军战斗人员。如在1938年8月18日衡阳空战中殉国的空军第5大队第25队队长汤卜生烈士,曾于1938年5月7日单机从汉口飞临已沦陷的首都南京晋谒孙中山陵墓,宣告中国军民的不屈意志,事后完成《五七飞京谒陵记》记述谒陵经过。他还曾写作《敌人永远没有击中他》一文,来悼念同窗好友刘粹刚烈士。再如在1940年7月4日重庆空战中阵亡的黎宗彦烈士,当其在航校学习时,开创了在校生击落敌机的纪录,他的《"九二八"昆明空战》讲述了作为航校学生的他在训练时突遇敌机,随机应变,由训练而实战,与敌机拼搏、痛击敌机的经过。他的《铁鸟大队遂宁上空歼敌记》,记载了1940年6月6日铁鸟大队以五架飞机迎战二十七架敌机并击落敌机五架的胜利事件。空军战

---

① 原文发表于《党军日报》,此据董每戡《抗战三年来的空军剧运》,载陈寿楠、朱树人、董苗编《董每戡集》第五卷,岳麓书社,2011,第185页。
② "空军将士"、"空军眷属"和"作家"有交集(如陶雄、董每戡既是空军军人,也是作家,作家林徽因同时也是空军眷属),这并不是严密的分类,只是为了表述的方便而做的大致划分。

斗人员从事空军文学创作并取得较大成绩的，首推厉歌天（牧野）、刘益之（刘风）。厉歌天毕业于中央航空学校第七期，有六次升空作战的经历。他曾当选中华全国文艺界抗敌协会成都分会理事，与叶圣陶联合主编《笔阵》，其空军题材的文学作品主要有小说《第一个》《信》，报告文学《炸上海》《驱逐敌机经验谈——一一四成都空战记》《我随B-25轰炸机扫荡鄂北敌》《我随机袭豫南》《我们怎样轰炸开封》，散文《平常的两天》《忆东北一青年》《萧德清》，诗歌《萧德清——悼一位南洋返回祖国的同学》等。刘益之的二幕剧《阎海文》曾收入"空军戏剧丛书"，于1938年出版；他的另一个集子《银色的迷彩》则列入"空军文艺丛书"，于1944年出版，内收《空军魂》《银色的迷彩》《夜》《脑袋》《跛站长》《徐君》《白雪天》《书王天祥君事》《黄正裕》等9篇散文和短篇小说。

二是空军非战斗人员。这些空军非战斗人员主要从事宣传、文艺等工作。《中国的空军》三任主编黄震遐、丁布夫、陶雄，均身体力行，亲自写作。黄震遐、丁布夫创作了大量报告文学作品，结集出版的有黄震遐的《空战实录》（新力周刊社，1938）和丁布夫、黄震遐的《光荣的记录》（中国的空军出版社，1939）。陶雄出版过《总站之夜》（戏剧集，中国的空军出版社，1940）、《0404号机》（小说戏剧集，香港海燕书店，1940）等空军题材作品集，他的《0404号机》《守秘密的人》等作品，堪称空军文学的佳作。神鹰剧团的核心人物董每戡致力于"空军戏剧"的建立，创作了不少空军题材的剧本。神鹰剧团其他成员如陈治策、田禽等，也创作了一些空军戏剧。在从事空军文学写作的空军非战斗人员中，朱民威、刘毅夫、陈禅心等人也值得注意。朱民威于1938年6月进入空军服役，直至抗战胜利仍在军中。[①] 他在抗战初期即创作了空军题材的作品《梅元白跳伞记》《马当封锁线外炸日舰记》等，得到蒋百里称许、鼓励[②]，此后他写作了大量的空军战历报告

---

① 朱民威：《随中国空军采访八年》（上），《中国的空军》1946年10月15日第96期；朱民威：《随中国空军采访八年》（下），《中国的空军》1946年11月15日第97期。
② 许逸云编著《蒋百里年谱（一八八二——一九三八）》，团结出版社，1992，第170—171页。

和近百篇空军英烈传记。朱民威结集出版的空军题材作品集有《天空记事》（铁风出版社，1941）、《人像》（中国的空军出版社，1943）等。刘毅夫担任的也是军中的宣传工作，他的空军题材作品较多，有《空军出击随征记》《梁山空战记》《"志航"大队生活的一页》《衡阳之战志航大队的苦斗》《衡阳四十七天——空军一孤军陈祥荣的经历》《高又新跳伞归来》《空军威力在中原》等。陈禅心投笔从戎，在高志航、李桂丹所在的第4大队工作七年，他创作的特点是集前人诗句为诗，别具一格，当时号称"空军诗人"，他集句而成的诗集有《沧桑集》《抗倭集》，其中多有空军题材的，如《送李桂丹大队长驾机晓战（集李白）》："翔云列晓阵，还召李将军。天上何所有？英威天下闻。翻飞射鸟兽，长啸绝人群。送君此时去，谈笑却妖氛！"①

部分空军将士的眷属也参与到空军题材作品的创作之中。如翁心翰毕业于空军军官学校第八期后，服务于空军，屡立功勋，任第11大队驱逐机中队副中队长、后于1944年9月牺牲，年仅27岁。他的父亲就是时任国民政府行政院经济部长、后任行政院院长的翁文灏。翁文灏得知爱子噩耗，上见钟爱孙儿的七旬老父，下视新婚丧夫的儿媳，挥泪写下《哭心翰抗战殒命》三首："自小生来志气高，愿卫国土拥征袍。燕郊习武增雄气，倭贼逞威激怒涛。誓献寸身防寇敌，学成飞击列军曹。江山未复身先死，尔目难瞑血泪滔。""艰苦吾家一代人，同舟风雨最酸辛。上哀衰父凄怆泪，下念新婚孤独亲。痛切连枝齐息涕，悲怀身世更沾巾。宗邦如此阽危甚，何日江山得再春。""人生自古皆有死，死为邦家亦足荣。痛惜士兵少斗志，能捐身命自豪英。伤心最切兆民苦，哀哭惊看大厦倾。儿已丧亡卫国土，千钧重责更谁擎？"② 又如林徽因作为八个空军飞行员的"名誉家长"，接二连三地收到这些飞行员的阵亡通知书，她在空军任职的胞弟林恒，也在1941年3月14日的成

---

① 陈禅心：《送李桂丹大队长驾机晓战（集李白）》，载《抗倭集》，海峡文艺出版社，1986，第61页。

② 翁文灏：《哭心翰抗战殒命》，转引自王志明编著《翁家石油传奇》，石油工业出版社，2014，第96页。

都空战中阵亡，这些对林徽因造成了惨烈的打击，在林恒殉难三周年之际，病中的林徽因写下了长诗《哭三弟恒——三十年空战阵亡》："弟弟，我没有适合时代的语言/来哀悼你的死；/它是时代向你的要求，/简单的，你给了。/这冷酷简单的壮烈是时代的诗/这沉默的光荣是你……"① 再如任航校暂编大队第32中队中尉分队长的黄保珊烈士，于1937年8月16日牺牲于嘉兴机场，一年后其遗孀孙抱真女士完成《我光荣的活着，因为你光荣战死》，发表于《中国的空军》等刊物。

包括作家在内的社会各界人士也奉献了空军题材作品。当时社会各界人士，下自中小学生，上至国府大员，均有创作空军题材作品的。如军事委员会副委员长冯玉祥就有《空军勇士》《四二九空战大捷》等诗作。作家们在这方面的贡献当然更为突出。如田汉就赞赏空军文学，在一次《新蜀报》副刊《蜀道》的座谈会上，他主张"扩大写作的范围"，认为"近来有人提倡空军文学，专门描写空军，海军方面前几天也有人提议，是抗战三年来在文艺上的好现象"。② 他曾创作空军诗歌《空军歌》《空中英雄》，分别由冼星海、刘己明谱曲，广为传唱。当时像田汉这样写作空军题材的作家非常多，郑振铎有《我空军炸敌目击记》《我翱翔在天空》，黄源有《空军的处女战》，罗家伦有《空军歌》《一死一生的空军两国士》，夏衍有《一年间》，洪深有《飞将军》，陈铨有《黄鹤楼》，萧乾有《刘粹刚之死》，丰子恺有《神鹰东征琐话》《望江南》，任钧有《空军赞歌》《高射炮手歌》《老鹰和高射炮》《飞行士与护身符》，艾青有《这是我们的——给空军战士们》，卞之琳有《空军战士》《修筑飞机场的工人》，臧克家有《伟大的空军》，穆木天有《全民族的生命展开了——黄浦江空军抗战礼赞》，常任侠有《我们向着青天白日飞》，光未然有《远征轰炸歌》，何家槐有《空军颂》，锡金有《空军进行曲》，艾芜有《祝空军》《航空军》，杜运燮有《机场

---

① 林徽因：《病中杂诗九首》，《文学杂志》1948年5月第2卷第12期。
② 田汉：《从三年来的文艺作品看抗战胜利的前途》，《新蜀报》副刊《蜀道》1940年10月10日第252期。

通讯》组诗十八首，雷石榆有《献给空军将士们》，方敬有《飞过山飞过海》，甘运衡有《战鸟——纪念四·二九武汉空军大捷》，陈伯吹有《我们的空军》……

空军文学得到航空委员会支持，其传播途径相对稳固、畅通，作品有机会大量面世。

空军系统的一些刊物，诸如《中国的空军》（航空委员会总政训处1938年2月创办于汉口）、《大众航空》（航空委员会政治部1939年5月创办于成都）、《防空军人》（空军防空学校1939年6月创办于贵阳）、《笕桥月刊》（中央航空学校1940年9月创办于昆明）、《空讯》（1940年7月创办于成都，空讯周刊社编辑，铁风出版社发行）等，虽然都不是纯文艺刊物，却给空军文学的发表提供了较为充分的版面。特别是《中国的空军》，创刊伊始就把"创造'空军文学'"①作为办刊宗旨之一。此后该刊人事虽几经变动，这一办刊宗旨却始终没有改变。我们且看该刊在几个重要节点的自我检视。一周年时说："本刊过去的一年，是'空军文学'的创造年。"② 二周年时又说："创造'空军文学'是本社一个主要的任务，故本社除出刊《中国的空军》外，在过去的半年之内，曾出版过七个集子……今后我们将不断的继续此种丛书的印行，每月出版一种或二种，以供爱好空军文学，欲了空军情形的读者。"③ 三周年时再说："文学，一向是本刊揭橥号召，引为自己的独特风格之一的。""在第三十六期里，我们曾郑重地宣告此后要'多刊登一些纯文艺的作品'，我们决定'以更深邃的笔触探摸到'空军生活的底里，'通过它，把全军全面的动态深刻而生动的表现出来'。""今后，循着原来的路线，我们仍将在这一方面继续努力下去。"④《中国的空军》几乎贯穿了整个抗战时期，发行量曾高达八万册，其对空军题材作品的大量刊载，影响不可低估。

---

① 丁布夫：《本刊一周年》，《中国的空军》1939年2月1日第20期。
② 惠之：《本刊第二年代》，《中国的空军》1939年2月1日第20期。
③ 丁布夫：《我们这一年》，《中国的空军》1940年2月1日第29、30期合刊。
④ 陶雄：《本刊三周年》，《中国的空军》1941年2月20日第41期。

空军系统的一些出版社，诸如中国的空军出版社、铁风出版社等，也为空军题材作品的出版提供了保障。中国的空军出版社出版的空军题材文艺书籍，仅丛书就有好几套，"空军文艺丛书"包括朱民威的《人像》、龚雄的《银空三骑士》、刘益之的《银色的迷彩》等，"空军文学丛书"包括陶雄的《航空圈内》和丁布夫、黄震遐合著的《光荣的记录》等，"空军戏剧丛书"包括陶雄的《总站之夜》、董每戡的《保卫领空》、孙怒潮的《空军魂》、刘益之的《阖海文》、鲍希文等的《被击落的武士道》等①，"空军史话丛书"包括高深的《夜轰淞沪漫忆》等，"空军文学译丛"包括杜秉正翻译的《血斗》《铁人航空队》《飞魔的毁灭》等。铁风出版社的信息不详，其出版标记是一架飞机，"铁"字在中央，两边为机翼，有人据此推断它属于空军系统。②近期笔者见到1942年的《成都市书店概况登记表》，其中记载铁风出版社位于祠堂街100号，其业务是出版"空军书籍"，资金"由航空委员会拨"③，由此看来，铁风出版社属于空军系统无疑。铁风出版社也出版过一些空军题材的文艺丛书，如"空军戏剧丛书"（董每戡的《保卫领空》等）、"空军文学译丛"（杜秉正翻译的《空中巨盗》《雾空烈战》《破晓的巡逻飞行》等）、"铁风戏剧丛书"（周尚文的《红日西沉》等），其零星出版的空军文学书籍也有一些，如1941年出版朱民威的《天空记事》（该书收录《炸安庆敌舰归来》《"二一八"武汉上空之战》《黄冈之战》《扫荡蚌埠敌机场》《南昌炸敌记》《在渝蓉上空受伤的勇士》等十三篇作品）。神鹰剧团虽然没有出版社的名目，也出版了董每戡主编的"神鹰剧丛"，该丛书至少包括《未死的人》（独幕剧集，董每戡作）、《云中孤鸟》（独幕剧集，李束丝作）、《敌》（三幕剧，董每戡作，附收独幕剧《孤岛夜曲》）、《飞行传家》（独幕剧集，陈治策

---

① 董每戡的《天罗地网》也是"空军文学丛书"的一种，但由铁风出版社出版。
② 张泽贤：《中国现代文学散文版本闻见录续集：1926~1949》，上海远东出版社，2013，第281页。
③ 四川省档案局（馆）编《抗战时期的四川：档案史料汇编》（下），重庆出版社，2014，第1636页。

等作）四种。陈寿楠说"神鹰剧丛"有第六种《追击》和第七种《轰炸还轰炸》（均为董每戡作），但未见出版。① 由此看来，"神鹰剧丛"还应有第五种，是否出版不得而知。神鹰剧团还曾把本团创作及常唱的歌曲汇集起来，出版"神鹰曲丛"，该丛书以空军歌曲为主。

社会上的一些报刊，也为空军题材作品的发表助力。有的报刊以专号、特辑等形式集中推出，如桂林的《救亡日报》出过检讨"空军文学"的"中国空军文学建设专号"；江西泰和的《大路》经常开辟"空军文学栏"；上海的《华美》第2卷第1期刊载由《空军文学创造一年》《渝空初战记捷》《入伍生日记》三篇作品组成的"空军特辑"；浙江金华的《血流》第1卷第5期特设"空军文学特辑"，转载来自《中国的空军》的《空军文学论》《渝空初战记》《在西湖的上空》《我光荣的活着，因为你光荣战死》《一封悲壮的信》《武汉的突击》等诗文。有的报刊则零星刊载，如《七月》发表过陶雄的《天王与小鬼》《0404号机》《总站之夜》，《文艺阵地》发表过萧乾的《刘粹刚之死》，《抗战文艺》发表过陶雄的《守秘密的人》，《现代文艺》发表过云天的《泻盐——大时代的小悲剧》，《笔阵》发表过龙夫的《三人行》、陶雄的《九年以后》（又名《空军之家》）等。

空军系统以外的一些出版社，先后出版的空军题材文学书籍也不少。如香港海燕书店出版的"七月文丛"中，就有陶雄的《0404号机》，该书收《天王与小鬼》《0404号机》《未亡人语》《夜曲》《某城防空纪事》五篇小说和一个独幕剧《总站之夜》，全部是空军题材的作品。单是关于空战的图书，各出版社就推出了不少，笔者见到的有《远东第一次空中大战记》（大公等著，上海杂志公司，1937）、《中日空军血战记》（中国出版公司，1937）、《中国空军光荣史》（枚诘编，民族文化社，1938）、《飞将军抗战记》（郑振铎等著，战时出版社，1938）、《光荣的空战》（崔与川编，动向出版社，1938）、《英勇的空军》（丁布夫等执笔，独立出版社，1939）、《中国空军血战记》（崔秉

---

① 陈寿楠编《温州老剧本》，黄山书社，2013，第405页。

钧等著，光复出版社，1945）等。

除出版外，空军文学还有一条重要的途径——演出，演出让空军戏剧、空军歌曲得以在普通民众中间发生影响。如航空委员会政治部的神鹰剧团就上演了不少空军题材的剧目，夏衍的《一年间》、洪深的《飞将军》以及董每戡的《保卫领空》《天罗地网》是其主要剧目。仅1940年一年，神鹰剧团就组织了好几次对外公演演出空军戏剧。元旦期间，神鹰剧团公演了《最后的吼声》等剧作，该剧由董每戡编剧，以少女杨帼英购买空军远征东京的连环画开端，中间插入陈老汉因儿子被日军飞机炸死而发疯的情节，在众人《建设大空军》的齐唱中谢幕。儿童节期间，神鹰剧团公演陈治策编导的儿童剧《飞行传家》。8月14日是空军节，自8月13日起，神鹰剧团开始庆祝空军节的公演活动，其中首先演出的就是董每戡、陈治策、范大槐合作的《神鹰三部曲》，一连演出四天。11月21日是第一届防空节，为庆祝防空节，董每戡匆忙赶写了三幕一景防空剧《天罗地网》，从12月12日起由神鹰剧团在成都智育电影院公演五日。该剧激发了观众建设空军、空防的热情，生活气息浓厚。神鹰剧团演唱空军歌曲的情况，也留下了个别的文字记载。如林焕平记载成都文化界发动"建军运动宣传周"，在少城公园举行歌咏大会的情景："进去是一大广场，已黑漆一团的挤满了尽是穿蓝布衣衫的朴素男女学生和民众，先由中央军校军乐队演奏'土耳其序曲'，继由天明，业余，电信，青年会等四歌咏团四部合唱'建军歌'，航委会政治部神鹰剧团唱'神鹰之歌'，'建设大空军'……"[①] 又如徐宗秀介绍1939年11月4日成都空战胜利后民众慰劳空军的情况："航委会政治部神鹰剧团于5日整队前往四圣祠街仁济医院慰劳伤员，并演唱'哥哥空战凯旋回'、'我爱空中英雄'等歌曲，该团还于晚上发空战胜利传单，民众兴奋激昂。"[②]

[①] 林焕平：《西北采访记》，载《林焕平文集》第6卷，广西师范大学出版社，2000，第103页。
[②] 徐宗秀：《略说抗战时期成都的文化宣传活动》，载《成都新文化文史论稿》第1辑，成都市文化局，1993，第181页。

三

空军文学有一个发展过程，整体而言，其内容从单纯到丰富，形式则从单一到多样。

空军文学诞生初期，其内容比较单纯，从人物来讲聚焦于空中的勇士，从事件来看主要描写空中战斗，从主题来说基本上以歌颂为主。如黄震遐的报告文学集《空战实录》中，《空军壮士阎海文》《副队长沈崇诲》等篇塑造了阎海文、沈崇诲等空军飞行员的英雄形象，《十二分钟内的收获》《佐世保第十二航空大队全军覆没》写武汉两次空战大捷，《远征》记中国空军轰炸台北敌机场、油库、发电厂，《再来一千个加藤》述鲁南空战歼敌的经过，都是对中国空军崇高精神、光荣战绩的热情歌颂。

随着空军文学渐趋成熟，其内容不断丰富。从人物来讲，空中勇士（飞行员）仍然是讴歌的主要对象，但是机械士、航空医官、场夫等地勤人员乃至修筑机场的民工、生产空军器材的工人都进入作品之中。由航空委员会政治部主任简朴作词、刘雪庵谱曲的《空军军歌》，就分为两个部分，其中第二部分专门表现"地勤人员努力建军之热忱与毅力"①。湘桥的《工作在机场》《月夜修机记》《我们是拆运敌机的一群——一个机械士的独白》《我们的歌》以及焰戈的《他在想些什么混账东西》等作品写维修、维护飞机的机械士；云天的《泻盐——大时代的小悲剧》写从事空军卫生工作的航空医官；陶雄的《夜曲》写养护机场的场夫；卞之琳的《修筑飞机场的工人》以及唐玡的《为"空中堡垒"效力的人们》《为"空中堡垒"机场效力人们的故事》歌颂修筑机场的民工；共和的《航空工厂工人》写生产飞机、炸弹等空军器材的航空工人。

从事件来看，空中战斗依然占据重要地位，但是并不局限于此，空

---

① 《空军军歌》编者按，《航空建设》1947年9月1日第2卷第6期。

军生活的方方面面都得到反映。刘毅夫的《"志航"大队生活的一页》记述了"志航"大队军官们一天的生活,既有敌机来临时的紧急备战,又有打靶、特技飞行等科目训练,还有打篮球、编壁报等文体活动。林青云的《××古寺放鹤记》、焰戈的《在士校刻苦训练中的生活》、唯美的《淘汰》等作品写准空军军官——航空学生以学习飞行为主的军校生活,厉歌天的《平常的两天》则记述教官的日常生活。刘益之的《跛站长》,虽然有跛站长(昔日的轰炸机驾驶员)讲述空战的一部分,重心却在于表现跛站长克服各种困难,创办航空站的过程。陶雄的《夜曲》写大雪覆盖飞机场,我军的飞机陷在积雪里,场夫们连夜清理,保证了我军飞机在敌机来袭时得以正常起飞,取得空战的胜利。杜西的《军民之间》还涉及空军官兵与驻地居民之间的关系:在我空军新开辟的一个机场,附近居民对空军官兵敬而远之,因为修筑机场占用了他们的田地,汉奸又造谣说飞机油是用小孩的脑髓炼成的。空军航空站识破了汉奸的阴谋,组织军民联欢会联络军民感情,普及航空知识。空军官兵与居民平等相处,还帮助他们解决生活困难,在敌机空袭后更是设法救助。居民终于理解、接纳了空军官兵,军民关系由冷漠走向热络。

从主题来说,对中国空军的热情歌颂依然继续着,但不再是"一枝独秀",而是发展为"多声部"。陶雄在检讨抗战四年来的空军文学时说:"四年来作者观照事物所取的态度,正和其他一切效忠抗战的作者一样,起初——二十七年秋季以前,眼目为时代的万花筒所炫迷,热情荡漾着他们一味的为光明而歌。《刘粹刚之死》,《天王与小鬼》,《0404号机》……便都是这样产生的。迨到汉口撤退,抗战步入相持阶段以后,一切需要更深沉,精湛,坚毅代替了热情,作者便有机会冷静地观察,剖析了。如其有什么足以阻扰或妨碍抗战的现象为他所发见,作为忠实的文艺工作者,他有责任把这病患或痈瘤指出来。"① 随着写作者感情的沉淀、观察的冷静,空军的一些负面现象进入空军文学中,批判空军的个别不良现象成为空军文学的另一种主题。陶雄的《守秘

---

① 陶雄:《抗战四年来的空军文学》,《文艺月刊》1941年7月7日第11年7月号。

密的人》、萧蔓若的《友情》均涉及空军器材的运送、保管问题。《守秘密的人》中那个押运航空汽油的佟守义,虽然一再声称"我们吃军队饭的,最讲究的就是保守机密",却在各种场合谈论他押运的"这个":"一滴这个一滴血,一滴这个……""全中国所有这个目前只剩五十万加仑了。"终于被假充鸿春茶馆女招待的日军女间谍探知机密,存放在码头的一千五百六十箱汽油全部被日军飞机炸毁。佟守义被判处死刑,临刑时还觉得自己冤枉:"我发誓我没有对任何人提起过汽油两个字!"①《友情》中的机械士福林,因为家里有一个老母亲、一个小弟弟,"钱不够用,养不活家口",竟然打起了盗窃军用汽油的主意,最终被他的好朋友、有"国家比朋友更要紧"观念的另一位机械士润生揭发。② 云天的《泻盐——大时代的小悲剧》触及空军中人才的使用以及空勤人员和地勤人员的关系问题。主人公罗志伟是留学德国的医学博士,放弃了在德国的优越生活,回绝了国内两所大学的高薪聘请,进入空军当了一名航空医官,他尽心尽力地为官兵们服务,连自己从德国带回来的医疗用具和药品也奉献出来。可是他并没有得到一些飞扬跋扈的飞行员的尊重,那个被他接好脊椎骨、声称要像报答父亲一样报答他的沈分队长,居然在大庭广众之下羞辱了他。罗志伟气急之下想到报复,给患了伤风的徐分队长开了泻药,后来他误以为徐分队长因为服用泻药(事实上司药并没有给他泻药)而在空战中遇难,陷入深深的自责中,竟然自杀了。③ 焰戈的《他在想些什么混账东西》提出了技术人员钻研业务反而不被理解的问题。文中的张机械班长不爱说话,不爱交际,对工作尽职尽责,他爱学习,爱钻研,画了很多机械图样,希望有所发明创造,可是周围的同事却不理解他,把他当神经病,当他陷入沉思时,他们居然骂他:"你又在想些什么混账东西?"④

空军文学产生之初,体裁比较单一,报告文学占据主导地位。有的

---

① 陶雄:《守秘密的人》,《抗战文艺》1939年1月28日第3卷第7期。
② 萧蔓若:《友情》,《中国的空军》1940年12月20日第39期。
③ 云天:《泻盐——大时代的小悲剧》,《现代文艺》1941年1月25日第2卷第4期。
④ 焰戈:《他在想些什么混账东西》,《中国的空军》1941年6月1日第42期。

作品侧重于记事，报道空军的战斗经历，陶雄称其为"空军战历报告"[①]；有的作品则侧重于写人，展示空军英雄人物的感人事迹，基本上就是传记。丁布夫、黄震遐的《光荣的记录》一书，作者自认为是空军文学的"创造集"[②]，在初期的空军文学中具有一定的代表性[③]。翻开其目录，就会发现这个集子除了最后一篇《武汉的突击》是诗歌外，其余的都属于报告文学，前面九篇《光荣的"二一八"——武汉第一次空战大捷记》《歼灭佐世保第十二航空队——武汉第二次空战大捷记》《铁的大武汉之晴空——武汉第三次空中会战记》《中国炸弹爆发在台北》《南国长空歼敌记》《怒轰南海记》《血战衡阳上空》《渝空初战记》《"东海"大队奋战记》都是记空军的战斗经历，接着的四篇《击落敌机十一架的刘粹刚》《江南大地之钢盔——乐以琴》《"肉弹"陈怀民》《忆我壮士阎海文》都是写空军英雄人物。

随着空军文学的渐趋成熟，其形式也多样起来，可以说各种体裁都具备了。

作为空军文学曾经的主打文体，报告文学持续发展着。黄泮扬的《流星群大队成都空战歼敌记》、刘毅夫的《梁山空战记》、宗武的《"七二八"渝空截敌记》、朱民威的《第三次奇袭白螺矶敌机场记》等，都是武汉撤守之后出现的空军战历报告。朱民威继续着空军英烈事迹的书写，其《人像》一书收录《记高志航》《记孙令衔》《记高冠才》《记李昌雍》《记苏光华》《记黄荣发》《记周志开》《记翁心翰》八篇作品，很有代表性。王纶编写了阎海文、刘粹刚、乐以琴、吴范等空军将士的传略，发表于《三民主义文艺季刊》。

小说是现代文学的大宗，在空军文学中也占有一定的份额。仅陶雄《抗战四年来的空军文学》中提及的小说，就有十几篇。作为空军文学的代表性作家之一，陶雄本人也以小说创作见长，其《0404号机》表

---

① 陶雄：《抗战四年来的空军文学》，《文艺月刊》1941年7月7日第11年7月号。
② 丁布夫：《自序》，载丁布夫、黄震遐《光荣的记录》，中国的空军出版社，1939，第3页。
③ 该书出版于1939年12月，但除《渝空初战记》《武汉的突击》外，都作于全面抗战初期武汉撤守以前。

现空军战士昂扬的斗志，《守秘密的人》揭示空军中存在的问题，都是抗战文学中的佳作。他的空军题材的小说还有《天王与小鬼》《夜曲》《囚房之音》《当热烈氛围拥抱住中国飞机场的时候》《"天皇"小史》《生日》《一封悲壮的信》等。萧乾的《刘粹刚之死》是进入文学史的作品。黄震遐、萧蔓若、厉歌天、刘风、龙夫、云天等人也创作了空军题材的小说。空军文学还有中长篇小说出现，《中国的空军》就曾连载过龚雄的《银空三骑士》、血军的《父与子》、焰戈的《滑翔热》等多篇，其中《银空三骑士》写我空军健儿组织空中敢死队，击沉敌航空母舰长门号的故事，艺术价值较高。

  神鹰剧团是以建立"空军戏剧"为己任的，戏剧当然要成为空军文学的一个重要门类。董每戡独自完成的三幕剧《保卫领空》《天罗地网》，独幕剧《神鹰第一曲》《最后的吼声》《空军俘虏》《未死的人》《该为谁做工》等，与人合作完成的独幕剧《被击落的武士道》《悔罪男》等，均是空军题材的作品。神鹰剧团很多成员参与到空军戏剧的创作之中，陈治策创作了儿童剧《飞行传家》等，他还将洪深的《飞将军》改编为《神鹰三部曲》的"第二曲"，田禽创作了《活捉日本鬼子》《"魔鸟"下的斗士》《从军行》等，连不甚知名的成员段凌也创作了《争》《兄弟》等独幕空军戏剧。李束丝与神鹰剧团联系密切，他创作的空军戏剧较多，有独幕剧《云中孤鸟》《飞》《铁翼下》《娇子》和四幕剧《堕落性瓦斯》等。陶雄创作小说的同时，在戏剧创作方面也用力甚勤，《总站之夜》《阎海文之死》《归队》《九年以后》都是他创作的空军戏剧。当然，从事空军戏剧创作的不限于提倡空军文学、空军戏剧的这一批人，夏衍的《一年间》、洪深的《飞将军》就是关于空军题材的，还被树立为空军戏剧的标杆，以写间谍戏闻名的陈铨，也创作了空军题材的五幕长剧《黄鹤楼》，此外还有舒非的《我们的空军》、罗永培的《铁汉》等众多作品。孙瑜编导的《长空万里》完成于1941年年底，是"第一部描写空军作战的影片"①。

---

① 程季华主编《中国电影发展史（初稿）》第2卷，中国电影出版社，1980，第64页。

诗歌也被广泛地应用到空军文学的写作之中。有为数众多的新诗，如天风（丁布夫）的长诗《武汉的突击》、墨痕的长诗《只有巴鹰没飞回来》，又如上述林徽因的《哭三弟恒——三十年空战阵亡》、卞之琳的《修筑飞机场的工人》等。有不少的旧体诗，如罗家伦的《空军炸敌舰大捷放歌》以近体写空军征战："牛渚由来险马当，高标水柱护柴桑。楼船薄暮飞烟烬，合奠江流酒一觞。"[1] 朱大可的《飞将军歌》以古体歌咏阎海文事迹："飞将军，从天来。将军控机如控马，超腾倏忽生风雷。左投一弹，天崩地塌；右投一弹，神号鬼泣。咄咄尔倭奴，入寇无时无。狼奔豕突亦何用，会看血肉糜道途。吁嗟乎，将军之弹投未定，将军之机忽已损。耸身一跃下苍宵，不幸乃在敌阵中。一枪杀一敌，九枪九命毕。留取最后珠，当头奋一击。诘朝四海播新闻，流涕争说飞将军。飞将军，伊何人？阎氏之子名海文。"[2] 柳诒徵以"江南好"词牌写《赠空军将士》："空军好，天上任翱翔，保障封疆三万里，歼除敌舰几重洋，一弹赭扶桑。 空军好，神武胜鹰扬，只有丹心冲斗极，不愁碧血染沙场，姓字万年香。"[3] 孙伯寅的《空军节》采用"满江红"的形式："蕞尔虾夷，浑不识我龙城杰；漫遣那弹丸小鸟，笕桥行劫；岂料傍银河玉树，云鹏奋翮成群列；溅血钱塘里，醢枭鸱，犹能说。 叹半壁金瓯缺，千古恨中肠结，痛斯仇未报，壮心难灭；但看锦江江怒吼，盘空铁鸟貔貅埒；逞屠龙身手，试奇技，空军节。"[4] 甚至还有曲，如吴兆熊的《梁山空战》："（正宫叨叨令）倾巢来袭休惊怕，梁山列阵云堆下，中华铁鸟出没似神龙化。领空万里岂容□鸦称霸！看队形零散了也么哥，看油箱着火了也么哥，烟袅袅好一幅歼倭画！"[5]

值得注意的是，由于音乐与文学的天然姻缘，空军歌曲的歌词也

---

[1] 罗家伦：《空军炸敌舰大捷放歌》，载袁行霈主编《诗壮国魂：中国抗日战争诗钞·诗词》（上），中国青年出版社，2015，第380页。
[2] 朱大可：《飞将军歌》，载袁行霈主编《诗壮国魂：中国抗日战争诗钞·诗词》（下），中国青年出版社，2015，第426页。
[3] 柳诒徵：《赠空军将士》，《青年月刊》1937年9月15日第4卷第6期。
[4] 孙伯寅：《满江红·空军节》，《青年空军》1941年8月14日第3卷第3、4期合刊。
[5] 吴兆熊：《梁山空战》，《边政》1940年6月21日第31期。

可以视为空军诗歌（有些本来就是先有诗词再谱曲）。当时出现的空军歌曲非常多，仅以《空军歌》为名的空军歌曲就不下十首：钱君匋填词谱曲的《空军歌》，何家槐填词、孙慎谱曲的《空军歌》，疑正填词、李永刚谱曲的《空军歌》，晓夫填词、其炳谱曲的《空军歌》，罗家伦填词、邱望湘谱曲的《空军歌》，罗家伦填词、李惟宁谱曲的《空军歌》，田汉填词、冼星海谱曲的《空军歌》，杨瑾珣填词、冼星海谱曲的《空军歌》，常任侠填词、冼星海谱曲的《空军歌》……甚至来华助战的美国空军上校李白（J. R. LUPER），也创作了一首"敬献给中国空军总司令周至柔将军"的《空军歌》，简朴将其歌词译为中文："飞将声威震九苍，弟兄结伴共翱翔。传来一片云中曲，欢乐歌声遍世扬。飞龙抒闲喜气盈，空中弟兄最相亲。笑谈且息银翼下，同心协力建殊勋。飞将军际会东西方，情谊敦睦亲如手足乐无疆。飞将军，中华健儿美勇将，志凌霄汉精诚团结永坚强。"[①] 我们且以许建吾的《空军驱逐曲》为例，领略空军歌曲歌词的大致风貌："白云飘飘，流水滔滔，山在飞，风在啸。天地旋转，日月颠倒；马达如雷吼，热血似狂潮。奋翻碎烈日，神威撼碧霄。不怕敌阵坚，不怕敌计巧。对准贼头冲上去，纵横格杀不让逃。不让逃，不让逃，一架也不让逃；不让逃，不让逃，一个也不让逃。成功成仁非所计，报仇雪恨在今朝。"[②]

大鼓、快书、太平歌词等通俗文艺形式也被应用到空军文学的写作之中。大鼓词有赵景深（邹啸）的《阎海文》《轰炸敌舰》《武汉空战》，郑青士的《飞将军轰炸台北》，郭尼迪的《兰州空战获大胜》，方白的《兰州空战》，娄子匡的《流星群粤北空战》；莲花落有王亚平的《浦江水》；快书有通俗读物编刊社的《飞将军空中大战》；弹词有钱警华的《樊增阔独擒山田清》；南音有黄石公的《长空热血》；太平歌词

---

① 李白（J. R. LUPER）词曲、简朴译《空军歌》，据宋一平《气势震寰宇　歌声穿云霄——中国空军抗战歌曲回顾与研究》（《星海音乐学院学报》2017年第1期）一文图片录入歌词文字。
② 许建吾：《空军驱逐曲》，《航空建设》1947年7月1日第2卷第4期。

有方白的《航空救国》……这些通俗文艺作品明白晓畅,朗朗上口,易于传唱。

四

抗战时期的空军文学难免存在欠缺,但毕竟出现了一大批质量比较高的作品,并且发挥了积极的宣传动员作用,有不可否认的文学史价值。

如上文所述,空军文学作者范围广泛,作品也非常多,鱼目混珠、良莠不齐是难免的,因此必然存在欠缺,这种欠缺大体而言主要有以下两点。其一,正面表现空军生活的优秀作品占比不高。空军战斗人员熟悉空军生活,他们创作了一些正面表现空军生活的作品,但他们毕竟不擅长写作,因此写出来的作品大多质朴有余而文采不足。作家们写作技巧要高一些,但他们即便进入军中服役,从事的也是文职工作,与普通空军战士的生活还是有隔膜的,因此他们很少有正面表现空军生活的作品问世。比如董每戡,虽然致力于"空军戏剧"的建立,却未能直接触及空军的生活,只能创作《保卫领空》《天罗地网》这些鼓励人们投效空军、鼓励空军将士上阵杀敌的剧本。其二,缺乏对战争、对人性的深刻反思,有的作品流露出褊狭的复仇观念。当陶雄的《总站之夜》写到空军战士用拾到的人肉、敌人的尸体来祭奠自己的战友时,当时就有人给予批评:"作为一个作家,他却是该具有更深广的观察力,更进一层的理解,更远大的观念的……空军将士的敌我的仇恨,决不是宿命的,先天的仇恨。在一个飞行员,他应该抱着有我无敌的观念,在战斗中,他可以有那较单纯的意志。然而作为作家,他却不能这样!他的复仇观念必须是更深邃、更广大的东西。如果他也以一时的感情冲动,随着直觉行事,那便是一种无可饶恕的怠惰。"① 这种褊狭的复仇观念在陶雄的《"天皇"小史》中也有表现。小说中日军"天皇"号飞机失

---

① 杨洪:《空军文学的幼苗》,《现代文艺》1941 年 6 月 25 日第 3 卷第 3 期。

事降落，几个日军军曹挥着白手帕求降，仍被中国军队击毙。如果说他们求降不成是因为语言障碍，没有听从命令离开飞机和机关枪，还可以理解的话，那么中国军队对他们尸体的处理方式就让人难以接受了：鬼子们的尸体被跪着埋了半截在土里，脑袋留在外面给人踏；一个号兵居然因为日军飞机炸瞎了他母亲的眼，而把鬼子的眼珠挖下，吞进肚去。作家不加批判甚至略带欣赏地描写这种处理方式，是会让今天的读者不舒服的。

空军文学尽管存在某些欠缺，出现了一大批质量比较高的作品也是事实。

报告文学方面，黄震遐的《忆我壮士阎海文》、丁布夫的《轰炸南海记》以及二人合作的《中国炸弹爆发在台北》等，都是轰动一时的作品，后来还被收入《中国抗日战争时期大后方文学书系》第四编"报告文学"。空军战士次霄的《我怎样炸出云舰》也被收入各种选本之中。这类作品除了表现我空军御敌的雄姿，在内容上能够打动读者之外，艺术上也确有引人注目之处，如《我怎样炸出云舰》将空军战士洒向长空的热血比作"民族解放的肥料"，就贴切而新奇，"生命寄在Bead sight 上"这一说法则准确地传达了空战中不是敌死就是我亡的紧张氛围——"Bead sight"是瞄准的准星，是空中战士生死攸关的所在。① 空军文学中质量与这几篇不相上下的报告文学作品还有一些，如马识途的《武汉第一次空战》等。

小说方面，陶雄的《0404 号机》、萧乾的《刘粹刚之死》问世之初就有比较大的反响，其水准经得起历史的检验。抗战胜利五十周年之际，中国文联、中国作协等单位向全国人民推荐百篇抗战文学名作，最终产生了"中国抗战文学名作百篇"，《0404 号机》《刘粹刚之死》都在这"百篇"之列。即便是那些名不见经传的作品，也有相当不错的，连载于《中国的空军》第 32 期至第 42 期，后来列入"空军

---

① 次霄：《我怎样炸出云舰》，载郑振铎等著《飞将军抗战记》，战时出版社，1938，第 1—10 页。

文艺丛书"出版单行本的《银空三骑士》就是一个例子。这篇小说的构思应该是受到沈崇诲驾机撞敌舰、陈怀民"肉弹"伺敌等壮举的启发,又加入了许多虚构成分,情节曲折而有吸引力。敌航空母舰长门号停泊于长江,威胁我江阴要塞,屠戮我无辜民众,我空军战士顾志翔、徐灿、刘亚豪奉令驾驶三架战机前往轰炸。小说围绕我空军击沉长门号的行动展开,写得一波三折。第一次行动,三位空中骑士命中了目标,长门号却不受影响,原来长门号的排水量有三万多吨,我空军二百磅的炸弹威力有限,奈何不了这个大家伙;第二次行动,发现长门号舰舱上覆盖着很厚的钢甲,当我空军开始攻击时,敌人都躲到了钢甲的下面;第三次行动,目标仅仅只是监视、威胁敌舰,尽可能拖延时间,防止它开启钢甲,放出大批战斗机去轰炸江阴要塞,却意外地在归途中遭遇敌机,击落其中二架,一名跳伞的敌飞行员被抓获,李司令出乎意料地礼遇俘虏,得知长门号的秘密——钢甲的开启听命于飞机的暗号,在其钢甲开启时轰炸,并以飞机的冲撞增加炸弹的威力,可以获得成功;第四次行动,三位勇士抱着必死的决心,驾机飞临长门号上空,模仿敌机的动作,诱使它开启了钢甲,趁机投掷炸弹,同时三架战机开足马力撞向敌舰,长门号终于被击沉了,"银空的三位骑士也便再没有回来"。[①] 小说的人物塑造也很成功。三位主人公各有个性,顾志翔沉稳,徐灿外放,刘亚豪内敛。小说对主人公家庭生活的表现(如顾志翔与初孕妻子的款款深情、徐灿与庄小姐的热恋),更能够突出他们的牺牲精神,对他们聚会时遭遇空袭的描写也能够解释他们牺牲精神的来源,这些使得他们的形象显得真实可信。

戏剧方面,夏衍的《一年间》、洪深的《飞将军》、于伶的《血洒晴空》等是人们经常提及的作品。董每戡是空军文学在戏剧方面的代表人物,其话剧创作成就较高。如他的三幕剧《天罗地网》本

---

① 龚雄:《银空三骑士》,《中国的空军》1940年5月1日第32期至1941年6月1日第42期。

是庆祝第一届防空节的命题作文,写得也很匆忙,艺术上却并不弱。全剧确立了"有钱出钱,有力出力"建设空军、空防的宏大主题,却通过成都市民钱庸卿一家十来天的遭际来表现,很接地气。钱庸卿的次子幼明投考航校,女儿露华慷慨献金并积极参加防护团的工作,从正面表现了主题。钱庸卿的长子少明害怕成都的空袭,预备到香港去躲避,谁知才到昆明就遭遇空袭而被炸死,从反面说明了建设空军、空防是每个人推卸不掉的责任。钱庸卿原本吝啬,因儿子被炸死和自己被炸伤而觉悟,拿出了大半的存款捐献给国家,其转变也深化了主题。剧作情节紧张,全部发生在钱家大厅,时间、地点集中,适合表演。全剧将要终结时,通过灯光照明,在舞台上空出现由驱逐机、高射炮、照空灯等织就的"天罗地网"的剪影,这一安排也十分巧妙,让观众体会到我空军、空防的威力,产生胜利的希望:"什么敌机,什么荒鹫,只要我们布就了天罗,张开了地网,它们就像家雀子……来一架捉一架。"① 陈铨的《黄鹤楼》、陶雄的《九年以后》、舒非的《我们的空军》,也是空军文学中比较好的戏剧作品。

诗歌方面,卞之琳的《修筑飞机场的工人》也曾入选"中国抗战文学名作百篇",其《空军战士》和甘运衡的《战鸟》被收入《中国抗日战争时期大后方文学书系》第六编"诗歌"。像这样的优秀诗篇还有不少,比如林徽因的《哭三弟恒——三十年空战阵亡》就写得悲壮哀婉,不仅形式优美,而且贯穿着一种往复交错、曲曲折折的思绪,思想内涵十分丰富,对生命价值、个人与民族命运的反思均达到一定高度。空军歌曲的歌词大多出自名家之手,具有较强的文学性,如傅清石作词的《西子姑娘》,模仿苏联军歌《喀秋莎》,又吸收古典诗歌精髓,调寄"临江仙",写成"阳关三叠"式,于温柔中具雄浑,缠绵中寓激励:"柳丝摇风晓气清,频频吹送机声,春光迤逦不胜情,我如小燕君似飞鹰,轻渡关山千万里,一朝际会风云,至高无上是飞行,殷勤寄盼

---

① 董每戡:《天罗地网》,《戏剧战线》1941年第2卷第3、4期合刊。

莫负好青春。铁鸟威鸣震大荒,为君亲换征裳,叮咛无限记心房,柔情千缕摇曳白云乡,天马行空声势壮,逍遥山色湖光,鹏程万里任飞扬,人间天上比翼羡鸳鸯。春水粼粼春意浓,浣纱溪映山红,相思不断笕桥东,几番期待凝碧望天空,一瞥飞鸿云阵动,归程争趁长风,万花丛里接英雄,六桥三竺笼罩凯歌中。"① 即便是出自蒋介石训词的《空军幼年学校校歌》,也典雅大方,颇可一观:"崇墉九仞,必厚其基。峻岭千寻,必登自卑。惟我空军,岳岳英姿。下俯云汉,上接虹霓。咨尔多士,朝斯夕斯。论年则幼,用志不歧。宏尔造诣,正尔威仪。德与时进,学与岁驰。毋自暴弃,毋用诡随。邦家阢陧,望尔匡持。驱逐寇盗,海宇清夷。云程万里,远大为期。"②

"文学因空军而开展了新境界,空军因文学而激发了新精神。"③ 空军文学歌颂空军的不朽功勋,表彰空军无私无畏的牺牲战斗精神,鼓励民众投效空军的热情,影响的不只是空军军内,而是全社会。在空军文学的影响下,人们对空军有了更多的了解,认识到了空防的重要性,更愿意为建设空军贡献自己的力量。国立中正大学学生自治会在一则面向江西全省学生筹募资金购买滑翔机的倡议中,就明确提到了空军文学的影响:"抗战几年来蓬勃滋长着的空军文学,以及许多壮烈伟大的空中战斗事迹,使我们深深体味到空中武器的重要性。这个武器的把握,对于打击敌人,争取胜利,具有不可忽视的决定力量。我们几年来的艰苦抗战,希特勒暴徒在欧陆的称霸,乃至敌寇日本在太平洋战争初期,对英美所施行的卑劣手段,对于这点,都给予了我们以最明确的昭示。"④

据说蒋介石说过这样的话:"空军文学当然是抗战文学中之一部

---

① 傅清石填词,刘雪庵谱曲《西子姑娘》,《中国的空军》1947年10月第107期。
② 蒋介石填词,张锦鸿谱曲《空军幼年学校校歌》,《空幼》1941年第6、7期合刊。
③ 培:《"空军的文学"与"文学的空军"》,《文艺先锋》1944年8月20日第5卷第1、2期合刊。
④ 《国立中正大学学生自治会为筹募学生号滑翔机告全省同学书》,载中正大学校友会赣州市工作委员会,中国人民政治协商会议兴国县委员会学习、文史委员会编印《浩气壮山河:国立中正大学战地服务团纪实》,2002,第60页。

门,好像空军之在抗战大行列中成为一枝坚强的生力军一样。""文学是宣传的武器,空军文学就是宣传建设空军的有力武器。"① 官方可能的确有意将空军文学捆绑到政治的战车上,实际情况如何且不论,但既然空军文学为抗战发挥了积极的宣传动员作用,其中又有一大批质量比较高的作品,其文学史价值就不容否认。

---

① 赵献涛:《民国文学研究——翻译学、手稿学、鲁迅学》,中国广播影视出版社,2015,第60页。

论徐訏小说中的重复艺术*

◇金 凤**

摘 要：文学作品中的重复，是作家建构文学世界、表达意义的基本方式。徐訏小说在词句的运用、意象和场景的设置、情节和主题的展示上明显地运用了重复艺术。重复艺术的运用，一方面让徐訏的小说呈现出委婉含蓄的艺术风格，使读者得以参与小说意义的建构，另一方面也彰显了徐訏自身独特的生命体验。

关键词：徐訏小说 重复艺术 委婉含蓄 生命体验

重复是中外小说创作中惯用的艺术手法，正如美国学者J. 希利斯·米勒所说："任何一部小说都是重复现象的复合组织，都是重复中的重复，或者是与其他重复形成链形联系的重复的复合组织。"① 对于徐訏而言，重复现象在其小说中普遍存在，甚至在其创作的第一篇小说《内外》中就涉及这种创作手法，如书中多次重复出现"墙里，墙外，大包袱，小包袱……阿狗！把水烟袋拿来！张二！……抽烟，吐痰，吃饭，于是呼噜呼噜……一月，二月……"等段落。当铺毛掌柜的一生被浓缩在这几个单调重复的片段里，日复一日，年复一年。在这里，重复手法的运用明显加强了整部作品的悲凉氛围。此后，重复这种艺术手法一直贯穿于徐訏小说创作的始终，尤其是在词句的选取、意象和场景的设置、情节与主题的安排上都有明显的体现，不仅使其小说形成了委

---

* 基金项目］台州市哲学社会科学立项课题"论徐訏小说对古典文学传统的继承"，项目编号：17GHY06。

** 凤，台州学院人文学院讲师，南京师范大学文学博士，研究方向为中国现当代文学。

① 〔美〕J. 希利斯·米勒：《小说与重复——七部英国小说》，王宏图译，天津人民出版社，2008，第3页。

婉含蓄的艺术风格，使读者得以参与小说意义的建构，也彰显了徐讦自身独特的生命体验。

一 徐讦小说中的重复类型

米勒在《小说与重复——七部英国小说》中把小说中的重复现象分为三种形态，即"言语成分的重复：词、修辞格、外在或内在情态的描绘"，"事件或场景在文本中被复制着"，"重复其他小说中的动机、主题、人物或事件"。① 对徐讦而言，这三种类型的重复在其小说中都有体现，但较多地侧重于词句的选择、意象和场景的设置、情节与主题的安排上。

（一）词句的重复

昆德拉说："如果重复一个词，那是因为这个词重要，因为要让人在一个段落，一页的空间里感受到它的音质和意义。"② 对于徐讦而言，他非常善于通过一些关键词语的重复来暗示人物的隐秘心理，使读者透过文本的表层领悟其得以增殖的深层含义。如《禁果》中描绘沙美夫人时重复出现了36次"丝绒"这个词，不仅她的房间装饰用的是丝绒的沙发、丝绒的安乐椅，而且她用丝绒般的眼光与丝绒般的声音同主人公交谈。"丝绒"给人光滑、高贵、舒适之感，能激发人内心的某种欲望，它如此高频率的重复出现一方面极力展示了沙美夫人的高贵，另一方面也恰到好处地暗示了沙美夫人内心潜藏的无限欲望与激情，为后文男女主角不知不觉滑落到欲尝禁果的边缘埋下伏笔。类似通过词语的重复暗示主人公隐秘内心的做法也出现在小说《春》中，女主人公的母亲在介绍自己女儿时说的是"十七岁""快十八岁啦"，而巧合的是醉酒后的杨先生在数脚步时曾四次在"十七""十八"这两个数字上面重

---

① 〔美〕J. 希利斯·米勒：《小说与重复——七部英国小说》，王宏图译，第7页。
② 〔捷克〕米兰·昆德拉：《被背叛的遗嘱》，余中先译，上海译文出版社，2003，第106页。

复，两次在"一百十七""一百十八"之间重复，最终当数到"一百十八"这个数字时，他发现自己停留在店铺前面，而往常其间的距离是二百五十步，难道是他的计数因醉酒发生了问题？显然这只是一个表面现象，杨先生在"十七""十八"这两个数字之间的多次重复明显暗示出其对青春勃发的女主人公董小姐的情欲，这一点通过后文交代的他再次醉酒闯入店铺后对董小姐的无礼举动以及央求女主人公嫁给他的行为即可得到印证。因此，重复手法的运用不仅暗示了男主人公的内心隐秘，凸显了他内敛沉稳的性格，也弥补了第三人称无法突进人物内心世界的不足，为后文的情节发展埋下伏笔，可谓一箭双雕。

词语的重复除了能暗示主人公的内心隐秘以外，也能喻示和凸显主人公的性格。在徐訏小说的人物塑造中，他非常善于通过描写主人公喜好的颜色来架起象征之桥，使人探寻色彩本身之外的深层含义。如《旧神》中描写出国前的微珠时反复提及她喜欢的绿色，明显暗示了她青春勃发、沉静内敛的性格下潜藏的对生活的无限热情，同时也为她随后在遭遇爱情背叛后产生强烈的报复心理埋下伏笔。类似的还有小说《风萧萧》，作者多次描写文中女性喜好的家居或服饰颜色，以此来以色喻人，例如用黄色展示史蒂芬太太的雍容华贵和理智审谨，用银色隐喻白苹的高贵沉稳以及其最终的悲剧命运，用红色暗示梅瀛子兼具天使和魔鬼的双重特性，用白色展示海伦的柔弱纯洁。在此过程中，重复色彩的同时也强化了主人公的鲜明性格。

词语的重复以外，徐訏小说也非常善于用句子的重复来暗示文章的主旨。如小说《痴心井》，不少研究者认为这篇小说为我们塑造了一个悲凄的爱情故事。然而，这只是文章的表层叙事，细读文本，不难发现作者不动声色地四次描写了那首刻在亭柱上的对联："且留残荷落叶，谛听雨声；莫谈新鬼旧梦，泄露天机。"对联一方面反复渲染了主人公居住的漪光楼恐怖凄凉的氛围，另一方面也暗示了主人公的悲剧命运和文章的主旨。这里的"天机"其实就是指命运，通过余道文的表姑和族妹银妮悲剧命运的惊人雷同，作者明显认为这是上天已经安排好的，人在命运的罗网下逃无可逃。在这里，意义的形成本身，是靠重复奠基的。类似这种用重复出现的句子暗示文章主旨的做法也出现在《彼岸》中,这个熔诗歌、散文、故事、哲理于一炉的文本在前十五章是纯粹的人生哲理的冥思,后十一章叙述了"我"的爱情故事,前后两部分情节缺乏连贯,风格明显迥异,但共通的地方是前后两部分的多个章节中反复出现这句看似简单至极却饱含深意的话语:"亲爱的,一切不能了解的都请你宽恕吧!"文中的主人公"我"先后经历了爱情的虚幻、都市的声色犬马、盗劫的冒险刺激以及政治权利的虚妄后终于顿悟:"一切的企图都是虚妄,一切的计划都是自愚,成就你的决不是你的企图与计划,一切的摸索都是无为,一切的期待都无收获,你所得的永不是你所要的。"[①] 这种悖论性的人生困境和矛盾让"我"极度渴望寻找拯救生命的彼岸,然而,"我"既无高僧般与宇宙融为一体的境界,也无隐士般的谦逊与知足,"我"对生命彼岸境界的追寻注定落空。因此,这句多次重复出现的"请你宽恕"的话语更多的是作者在洞悉人生、政治、情爱等凡俗世象无不虚妄和无意义后,试图奔向彼岸寻求救赎却绝望后的无奈叹息,而这恰恰是作者想借这部作品表达的自己内心的追求与幻灭。由此可见,在这些小说中,作者正是通过这种高频率的重复来揭示蕴藏在表层文本之下深层的主题含义,使其小说呈现出一种含蓄蕴藉的特征的。

(二) 意象的重复

意象重复是指作者对故事中出现的某些特殊意象反复涉及,使其构成故事或明或暗的叙述线索,或者对人物特征构成某种象征、暗示。在徐訏的小说创作中,意象的重复出现非常常见,不仅提示了情节线索,还对人物的性格、心理甚至处境起到暗示和象征的重要作用。

小说《炉火》中,"火"的意象多次出现,却非简单的雷同,它在叙事中被纳入了一定的差异性,成为塑造人物的重要物象。如文章开篇

[①] 徐訏:《彼岸》,《徐訏文集》(第5卷),上海三联书店,2008,第224页。

部分描写主人公叶卧佛在亲友散去后独自上楼寻找儿子美儿的画像，第一次描写到了壁炉里燃烧的炉火，表面上看这是宾客们为卧佛驱寒所准备的，在某种程度上正是他极度渴求亲情温暖的象征。此后"火"的意象多次出现，如叶卧佛和戏子白玉珠相识在一个火光冲天的失火现场，并为她作了一幅名为《天宫之火》的画。在这里，爱慕虚荣的白玉珠对金钱的贪婪正如失火现场的烈火一样熊熊燃烧，使得她最后在榨干了叶卧佛的金钱后迅速投入他人的怀抱。而经历过几段情伤后的叶卧佛去欧洲游玩时又遇见了摩登女郎卫勒，文中对她的描写是"火一般的风采，火一般的情感；火一般的来，火一般的去，她烧毁了卧佛的心身……"[①]。这里，用"火"来形容卫勒明显暗示了她的欲火炽烈以及其对待感情的游戏态度，并为叶卧佛的最终被抛弃埋下了伏笔。在小说的结尾，"火"的意象再一次出现，此时，陷入情欲魔团而不能自拔的叶卧佛先后经历了沈其苹的红杏出墙、白玉珠的爱慕虚荣、李舜言的卑劣虚伪、卫勒的始乱终弃，甚至对儿子的女朋友产生了非分之想，在盛怒之下枪杀了亲生儿子，精神彻底崩溃的他把一帧一帧画幅投入炉火中，自己也在焚烧女人画像的熊熊烈火中自焚。在这篇小说中，"火"的熊熊燃烧以及"火"意象的反复出现分明喻示着情欲、贪欲、占有欲等各色欲念及其带来的空虚、痛苦正炽烈地炙烤着每一个人的内心，直至最终毁灭。类似的用反复出现的意象来塑造人物的做法也出现在徐讦的其他很多小说中，如小说《时与光》，作者反复提及在陆眉娜家中看到的一种无花蕊的热带红花。在这里，花无蕊就像人无心，它非常好地暗合了陆眉娜对待爱情的游戏态度，而它的反复出现无疑强化了陆眉娜性格中的轻佻放纵并暗示了她最终玩火自焚的结局。

如果说上述作品中反复出现的意象更多的是用来塑造人物性格、凸显文章主题的话，那么《鬼恋》中反复出现的"Era 烟"不仅暗示了人物的性格和处境，也有明显的线索功能。这是一种罕见的淡醇而迷人的埃及烟，男主人公正是在买这种名贵香烟的过程中结识了女主人公

---

① 徐讦：《炉火》，《徐讦文集》（第5卷），第94页。

"鬼"。接下来,二人边抽烟边聊天,随后,"Era 烟"也成为验证"鬼"真实身份的重要物证,当男主人公揭穿"鬼"的真实身份时,"Era 烟"则成了"鬼"掩饰自己身份的道具。最后,当一切真相大白时,"鬼"送给男主人公两匣"Era 烟",独自远行。在这里,"Era 烟"就像一条线索一样,贯穿于男女主人公由相识、相知再到分别的全过程,它的重复出现非但不显拖沓,反而调节了文章的气氛,同时也具有丰富的暗示性含义,如"Era 烟"的罕见和名贵似乎暗示了"鬼"孤高冷艳、不同流俗的人格。同时,"Era 烟"或明或灭的生命存在形式正是女主人公或人或"鬼"、若即若离、游离于出世与入世之间的生命写照,而"Era 烟"短暂燃烧后化为灰烬,也暗示着"鬼"对革命由最初的狂热走向苦闷与彷徨,而他们之间似有若无的爱情也将最终湮灭于尘世的烟火中,空留怅惘寂寞。由此可见,反复出现的"Era 烟"意象,不仅强化了它在局部情节中的线索意义,也衍生出明显的象征意蕴,具有多重阐释的空间。类似的还有小说《灯》中的"灯"意象,它的重复出现一方面为作品营造了一丝不乱的结构效果,另一方面也暗示着战争年代人性的良知能时刻警示内心的阴暗。因此,这类意象的重复出现,不仅保证了故事进程的明晰和流畅,也在小说叙事流程之外烘托出一种与人物的生存境遇相对应的文本氛围,暗示着规定情境中特有的情感和心理内涵。

(三)场景的重复

小说作品中的场景通常带有一定的主观性,往往直接为表现人物性格、心理,展示人物命运服务,场景的重复则可能伴随着更为突出的主题效果和感情色彩。这一点在徐訏小说中也不例外,其小说中的场景重复或强化主人公的性格特征,或渲染气氛,或暗合作者的讽刺之意。

徐訏小说中的诸多主人公往往是孤独失意的,为了展示主人公的这种性格和处境,徐訏或者让他们活跃在舞场、夜总会、赌窟里,或者让他们幽居在房间内,用重复出现的空间环境来塑造和强化主人公的性格特征。如小说《风萧萧》《精神病患者的悲歌》中,都多次描写了主人公光临赌窟的场景,在这里,赌窟既是真实的世俗人生的象征,也是人生的竞技场。因此,对于《风萧萧》中的白苹而言,赌场如战场,她在赌场上豪掷千金而不动容的气概正是她在战场上面对敌人临危不惧的性格写照;对《精神病患者的悲歌》中出身高贵的白蒂而言,进入充满感官刺激、放纵颓靡的赌窟正是她反抗森严古板家庭的最佳方式,她性格中极度渴望自由而又无奈痛苦的一面亦得到表现。除了这些公共空间外,徐讦也非常善于用重复出现的居住场所来展示主人公的处境和内心世界。因为"一个男人的住所就是他本人的延伸,描写了这个住所也就是描写了他"[①]。在小说《期待曲》中,作者开篇就写到许行霓房间的肮脏凌乱,他只在每周日上午进行彻底的大扫除,让房间焕然一新。此后,作者多次落笔于他房间肮脏凌乱与焕然一新的对比,这在某种程度上强化了他性格中的极端倾向,也为他最终在情变后发疯自杀埋下了伏笔。

除了空间环境外,徐讦小说中还出现了较多的由自然环境所构成的场景重复,这类场景重复不仅能够营造某种氛围,而且能起到象征和暗示的作用,如《传统》中作者六次描写窗外的雨声,甚至每当人物心绪烦乱或凶险事件即将发生时,雨声就会出现,让人感觉《传统》中的人物永远生活在一种阴雨连绵、灰暗险恶的环境中,在这些江湖人物的世界里,没有白天和阳光,故事的悲剧感也在这样一种暗示的意义上达到高潮。类似的还有《鬼恋》中的"鬼"大多现身在凄清的月夜,不仅暗示了其身份的神秘莫测,也注定了她与男主人公之间的爱情哀婉而凄凉;《黄昏》中重复多次描写夕阳下的雏菊、夜晚淅淅沥沥的雨声,暗示人到晚年的吴觉逊内心的无限凄凉。

除了塑造人物、渲染气氛外,徐讦小说中的场景重复有时也暗合作者的讽刺之意。在小说《一家》中,林家人在讨论是否要逃难时重复

[①] 〔美〕勒内·韦勒克、奥斯汀·沃伦:《文学理论》,刘象愚等译,江苏教育出版社,2005,第67页。

出现了类似于"筷子正夹着河鲫鱼,眼睛好像在检查鱼刺"的饭桌场景,而在茶余饭后则反复响起了经典的麻将声,甚至因为打麻将而忘记逃难。除此以外,还有吃点心、算账的场景在小说中也时时重复出现。作者对这些琐碎场景的描写篇幅远远多过杭州的沦陷、林家二老的死亡以及老三的携款潜逃,详略取舍间,作者的讽刺之意立现。对于这群旧中国的儿女来说,是这些吃饭打麻将的琐事让他们懒散安逸地消磨生命,以至于即使国难当头依然乐此不疲地娱乐消遣,其中体现出的麻木人性实在让人失望透顶。

(四)情节与主题的重复

对于作家而言,他不可能给我们展示各种各样的主题,而是通过超凡的技巧,反复处理极其有限的几个主题。这一点在徐訏身上表现得尤其突出,其小说中甚至出现了多文本共享的情节模式以及多部作品主题雷同等现象。

纵观徐訏的小说,其男主人公往往是作家、哲学家、画家等富有哲思气息的孤独文人,他们虽然职业有别,但大多呈现出共通的性格特征和精神面貌,从《鬼恋》中的"我"、《盲恋》中的梦放到《江湖行》中的周也壮等莫不如此。这种明显打上了作者自身烙印的人物形象在其小说文本中反复出现,在小说的开始部分,这些主人公多在流浪中开始精神追寻的历程,往往会邂逅一个或几个美丽神秘的女性,这些女性或是纯洁无瑕的圣女,或是聪颖机敏的侠女,扑朔迷离的剧情在与她们的情感纠葛中展开,主人公或被引入惊险万分的谍战氛围中,或被带入偶然性的场景之中。最终,与这些女性的情感纠葛或偶然经历往往会引发作者对命运和人生意义的思考。因此,这些反复出现的情感纠葛或偶然经历很多时候只是引发作者探寻生命存在意义的一种媒介,其诸多小说呈现出一种"以追寻始,亦以追寻终"的典型模式。这种情节模式贯穿了徐訏小说创造的始终,如在让他声名大噪的小说《风萧萧》中,主人公徐试图在宁静的书斋里通过从事学术研究来实现生命的价值。然而，他与在朋友聚会中认识的梅瀛子、白苹等女性产生了情感纠葛。随后，在她们的影响下弃绝书斋的理论求证，在与民族命运生死攸关的战争中探寻生命的最高价值。最终，在身份暴露后不得不前往大后方，继续开始新的生命追寻。书中那些紧张刺激的间谍故事和温馨浪漫的言情叙事实际上是主人公生命的存在方式，是他探寻生命存在奥秘的故事体验形态。在后期的小说《江湖行》中，主人公周也壮在父母双亡后跟随舵伯流浪江湖，自此他始终处于不断探寻生命意义的流浪状态。事实上，周也壮本可以依靠发迹后的舵伯的财产过上等社会的生活，然而，对生命意义的追寻以及渴望摆脱那种时时袭来的空虚与无意义感成为他流浪江湖的主要动因，只有流浪途中偶发的故事才能缓解他的焦虑。可流浪途中所发生的主要故事就是与葛衣情、紫裳、阿清、容裳四个女子的爱情，他欲用下一段爱情来弥补上一段爱情带来的创伤。在逃避爱情和弥补创伤的过程中，他偶然经历了学校里的政治斗争、戏班子的卖艺生活、落草为寇时的土匪纷争、声名鹊起的创作生涯、敌后的抗战工作等，这一切均成为主人公确证自己存在意义与价值的生活方式。然而，犹豫不决的性格让周也壮一次次在爱情中陷入痛苦的境地，因此，爱情无法成为他拯救和实现自我的终极旨归。最终，他在所爱的这些女人或是死亡，或是疯癫，或是嫁人后彻底皈依了佛门，这意味着其人生意义的追寻彻底失败。由此可见，在这篇小说中，作者更多地从情爱的无常、生命的偶然中体验人生存在的终极意义。类似上述"追寻"的情节模式在《鬼恋》《盲恋》《鸟语》《彼岸》等小说中也有明显的体现。由此可见，徐訏小说有一种多文本共享的情节模式，故事的表层讲述的是男女的情爱纠葛抑或偶然经历，深层阐释的却是作者对生命存在终极意义的探寻，而这正是我们在阅读徐訏小说时会产生雷同化感觉的一个重要原因。

对于作家而言，主题的重复呈现出其对某一重大事件的关心与思考。徐訏的多篇小说都涉及对生命的偶然这个主题的探讨。如在小说《结局》中，偶然中的一张马票改变了主人公马柄美之前一直较贫穷的生活境遇；《陷阱》中的祖父、祖母年轻时偶然跌入乡下人捉野猪的陷阱，却成全了一段美满的姻缘。除了这些短篇小说外，徐訏最重要的长篇小说《风萧萧》《江湖行》《时与光》均涉及对这个问题的探讨。如在《时与光》中，郑乃顿认为意志无法操纵自己的人生，只是靠偶然的机会来决定一切。果不其然，他偶然流落到香港，所住的房间恰巧与陆眉娜随口胡诌的地址完全一致，继而认识了陆眉娜。随后，偶然一环扣着一环，无论是酒店旅馆里的邂逅、然偶室里的求爱，还是虚实叠合、巫语成谶，都充满了意料之外的偶然性，他却无法知晓哪一环的因果会生出怎样的祸福是非，只能无奈地感叹命运的荒诞，最终被醉酒后的鲁地枪杀。

除此以外，徐訏也在多篇小说中展现命运的不可抗拒性，如《时与光》中的罗素蕾和《选择》中的其锦都在相士的预言下知晓了自己的命运，也都曾激烈地反抗成为命运的奴隶，然而极力摆脱命运的过程正是其一步步靠近并陷入命运罗网的过程，她们的恐惧和挣扎反而促成了命运的最终实现。这种命运主题与《俄狄浦斯王》中的情节如出一辙。与此类似的还有《痴心井》中的银妮，无论她们怎么挣扎，都难逃命运的罗网。

二　徐訏小说中重复艺术的原因探析

徐訏在《小说的浓度与密度》中说："中国小说，向来不讲究浓度。这原因是小说来自说书，说书最要紧就是枝枝节节的拖。拖的办法不外是没有必要的插穿、拖泥带水的形容与卖弄噱头。"[①] 因此，他非常反对小说写作时的淡而冗长，主张尽量压缩小说的篇幅，去掉那些与主题无关的枝节部分。然而，就是这样一个追求小说简约凝练风格的作家，却在文本中惯于重复词句、意象、场景、情节以及主题，由此可见，其小说中的重复是一种有意味的形式，有些是作者刻意为之的艺术技巧，它与作者所要传达的某种隐含意义直接相关，使读者得以参与小

---

① 徐訏：《小说的浓度与密度》，《徐訏文集》（第9卷），第481页。

说意义的建构；有些或者出于作者无意识的动机流露，但亦彰显了徐訏自身独特的生命体验。

（一）形成了徐訏小说委婉含蓄的艺术风格

魏子云曾评价徐訏小说："他的故事，总是说得委婉、温馨、美丽而又动听。"① 这种委婉温馨风格形成的策略之一即在小说中进行重复叙事，例如他很少用大段的内心独白来表现人物复杂微妙的内心世界，尤其是涉及人物的性心理时，要么避而不谈，要么重复精心选取的词语来暗示性地道出。除此以外，他惯用句子的重复暗示文章的主旨，用重复的意象和场景来铺设情节线索，塑造人物和渲染气氛，哪怕是讽刺笔下的人物也很少用犀利的语言，而是用重复的场景暗示性地道出。这一切都与徐訏所受的中、西文化传统之影响有关。

徐訏是一位传统情结很浓的作家，崇尚文艺作品的温柔敦厚。他在青少年时期就曾大量涉猎中国古典名著，中国古典小说的经典之作均离不开重复叙述，如三顾茅庐、七擒孟获、范进周进中举等重复叙事。他尤其推崇《红楼梦》，其中不仅出现了诸多人物语言、心理、穿着等细节方面的重复，也有诸多性质相似的场景重复，更有大量的情节重复。这些重复艺术的运用对刻画人物形象、展示人物命运、深化作品主题等都起到了积极的作用，这在无形中影响了徐訏的小说创作。除此以外，徐訏从大学时代起开始大量阅读西方的文学和哲学作品，如莎士比亚、歌德、莫泊桑、海明威等人的小说和《圣经》。这些作品中不乏大量运用重复艺术来突出主题、统摄结构并增强审美效果的例子，尤其是《圣经》。据米勒考察，《圣经》正是西方重复思想的两个源头之一，有诸多字词、母题、事件以及类型化的场景重复。在其潜移默化的影响下，徐訏小说不仅出现了大量的词句、情节、场景的重复，甚至某些意

---

① 魏子云：《读徐訏的〈炉火〉》，载陈乃欣等《徐訏二三事》，台北：尔雅出版社，1980，第60页。

象的重复运用直接吸取了《圣经》原义，如《风萧萧》《彼岸》中都出现了"蛇"意象，前者用"蛇"来暗示敌方间谍的狠毒狡猾；后者通过"蛇"具有的暗示性来描述男主人公的情欲，并在这种情欲与灵魂的两难选择中，突出人物的原罪意识和忏悔意识。

由此可见，不管是中国的古典名著还是西方的文艺作品，在采用重复作为叙事或表达情感的手段方面都有高度的一致性。徐訏正是在广泛涉猎中西文艺作品的过程中受到了重复艺术潜移默化的影响，形成了委婉含蓄的艺术风格。

（二）使读者得以参与小说意义的建构

米勒在《小说与重复——七部英国小说》中认为："无论什么样的读者，他们对小说那样的大部头作品的解释，在一定程度上得通过这一途径来实现：识别作品中那些重复出现的现象，并进而解释由这些现象衍生的意义。"[①] 作为一种小说技巧，重复艺术能够使读者关注这些重复实体之间生发的张力和被阐释的可能，进而补充和丰富作者没有写出的部分。在这个过程中，读者不再是单纯的被动消费者，而是主动的积极参与者，例如在小说《传统》中，每当情节出现重大转折时，主人公项成看照片的细节就会出现。细心的读者不免要产生疑问，作者为什么要四次重复描写这个细节呢？仔细探究之后不难发现，这里的重复明显是作者用来推动情节进展和展现人物性格变化轨迹的。按照时序，项成第一次重点看的是师父的二十四寸单身相，师妹的话让他第一次对自己承传师父做不正当生意讲求道义的生活方式产生怀疑；第二次他看的是一张父子三人照，他对是否该处置违背传统、出卖弟兄的洪全犹豫不决；第三次他已决定处决洪全，然而面对师父的照片，他不禁有些彷徨不安；第四次，他已决定亲自履行处决恩师独子的任务，这次看照片时的动作、心理是第三次的完全重复，但叙事节

---

① 〔美〕J. 希利斯·米勒：《小说与重复——七部英国小说》，王宏图译，第1页。

奏大大加快,其内心的决绝义无反顾。由此可见,简单的看照片细节承载了主人公心理的全部过程:对自身生活方式的怀疑—对是否处决洪全犹豫再三—决定处决洪全后的彷徨不安—义无反顾地亲自处决。在这里,重复艺术的运用不仅让情节的发展顺理成章,凸显了主人公谨守传统时的犹疑不决、彷徨无助,也为他处决恩师独子后坦然赴死的心理埋下了伏笔。

由此可见,重复艺术的运用一方面让徐訏的小说充满了张力,另一方面也确保了读者审美经验的最大化。只要读者根据自己的阅读经验来仔细探究,就能在看似无意义处发掘被隐藏的衍生意义,这大大丰富了徐訏小说的可读性。

(三)彰显自身独特的生命体验

徐訏在散文《特务片的公式》中认为詹姆斯·邦德系列电影卖座奇佳的原因在于邦德形象的某些恒定性和行为的公式化,并概括为:"凡美丽的女人见他必马上愿意同他睡觉,凡男人碰见他一定打不过他,凡体力大于他的人,必败于他的智力,凡智力高于他的人,必败于他的体力……"① 在他看来,这类电影不外乎惊险与香艳,甚至显得恶形恶状。由此可见,徐訏非常反感模式化和雷同化的作品。然而,细读徐訏作品,不难发现其多部小说明显呈现出情节模式的雷同化和主题的重复性。这种状况的出现并非徐訏江郎才尽、自我重复的体现,而是与作者独特的生命体验密切相关。

F. 詹姆森曾认为结构主义是明确地寻找心灵本身的永恒的结构,寻找心灵赖以体验世界的,或把本身没有意义的东西组成具有意义的东西所需要的那种组织类别和形式。② 由此看来,徐訏小说中重复多次出现的"追寻"模式正是作者心灵本身的一种反映。徐訏小小年纪就经

---

① 徐訏:《特务片的公式》,《徐訏文集》(第10卷),第279页。
② 〔英〕特伦斯·霍克斯:《结构主义和符号学》,瞿铁鹏译,上海译文出版社,1987,第9页。

历过父母婚姻的不幸以及孤独的寄宿生活,青少年时成长于动乱的中国,辗转流浪于上海、巴黎、重庆、香港等地。长期的漂泊使他在生活上成为流浪汉,在思想上成为无依者,甚至已经迷失了自我。尤其在战争中,他经历了诸多的生离死别,见惯了生命的偶然与无常。在他看来:"尤其是我们这一代人,经过十年抗战的日子,谁的生命不是勉强而凑巧地在死亡中遗漏的?"① 抛妻离女移居香港后,游离于政权之外的徐訏立身著书却不被商业化的香港文坛所接受,敏感多思的他更感到人生的空虚和无意义,甚至想过自杀以求解脱。最终,没勇气自杀的他只能把内心的遭际寄情于笔端。因此,那些明显打上了作者自身烙印的主人公在其多篇小说中重复出现,不断地追寻生命存在的意义,如《时与光》中的郑乃顿反思道:"人生究竟是为什么呢?"②《江湖行》中周也壮也自问道:"但是人生是什么呢?"③ 正是这种对人生意义的探寻导致其作品中多文本共享"追寻"的情节模式。在追问生命意义的过程中,徐訏也在反复思考生命的偶然和命运的神秘,并借小说的主人公之口发出相似的感慨,如《江湖行》中,最后孑然一身的周也壮感叹道:"对于这些偶然的无数巧妙的组合,我除了用机缘或者命运的名词外,就不知道该怎么说了。"④《巫兰的噩梦》中学森的父亲认为:"一切一切,我竟觉得是一种命运奇怪的安排,好像自始就自有一种神秘的力量一步步在逼我走进了这个可怕的错综。"⑤ 最终,这些主人公也正如作者一样,不懈地追求永恒的理想、信仰等生命的崇高价值,却一再碰壁,难解的焦灼与苦闷让他们处于永远漂泊流浪的追寻状态。

在《〈全集〉后记》中,徐訏认为:"一个一生只从事于写作的作家,他的生命与作品就成为无法分割的东西,我的作品有多少成就是另

---

① 徐訏:《死》,《徐訏文集》(第10卷),第212页。
② 徐訏:《时与光》,《徐訏文集》(第3卷),第223页。
③ 徐訏:《江湖行》,《徐訏文集》(第2卷),第2页。
④ 徐訏:《江湖行》,《徐訏文集》(第2卷),第376页。
⑤ 徐訏:《巫兰的噩梦》,《徐訏文集》(第5卷),第471页。

一个问题,其足以代表我的一个诚实淡泊勤劳的生命则是实在的。"①因此,其小说中情节模式的重复和主题的雷同更多的是作者心灵本身的一种反映,彰显了其自身独特的生命体验。正是在一次又一次的情节重复和主题雷同中,一个游离于政权之外的自由主义知识分子在特殊年代的内心遭际才被展示得淋漓尽致。

---

① 徐訏:《〈全集〉后记》,《徐訏文集》(第10卷),第138页。

黑色幽默与20世纪80年代以来的中国女性小说[*]

◇赵树勤　杜　娟^{**}

摘　要：美国黑色幽默直接或间接地影响了当代中国女作家，该流派荒诞病态、游戏狂欢等特征在20世纪80年代以来的中国女性小说中均有所体现和创新。但误读也在同时发生着，这一方面阻碍了女作家对黑色幽默的深度挖掘，另一方面也显现出她们自觉的性别意识和强烈的自我文化认同。

关键词：黑色幽默　女性小说　当代文学

2018年9月，中国改革开放四十周年最有影响力小说评选结果揭晓，《你别无选择》赫然在列。这部发表于1985年的作品"在人物、情节、场景、语言风格、主题、所用的隐喻等各方面"几乎是美国黑色幽默代表作《第二十二条军规》的"翻版"[①]，中国文坛由此刮起一阵"黑色幽默"的旋风。刘索拉这位风潮发起人却似乎成为新时期的"花木兰"而被人们忘记了性别，常作为一个"引子"成为影响研究中在场的"缺席者"。刘索拉之外，张洁、张抗抗、王安忆、池莉、海男等女性作家都对纳博科夫、冯尼古特、海勒、品钦等黑色幽默作家称赞有加，被称为"新新人类"的卫慧、棉棉也对王朔、徐星等作家的黑

---

　　*　[基金项目] 国家社科基金项目"异域影响与中国当代女性文学研究"，项目编号：15BZW126。
　　**　赵树勤，湖南师范大学文学院教授、博士生导师，主要研究方向为中国现当代文学、女性文学与文化；杜娟，湖南师范大学文学院中国现当代文学专业硕士研究生，主要研究方向为中国现当代文学。
　　①　严锋：《刘索拉与海勒：模仿的本质》，《小说评论》1990年第2期。

色幽默笔调表现出浓厚的兴趣。不少人对她们的作品，或是习惯性地寻找温柔细腻的"本质"面貌，或将"逸出"读者想象的表现简单地指称为"女性主义"。但女性主义何尝不是在广泛吸收多种思想资源的基础上逐渐兴起的？因此，同黑色幽默的影响研究相结合，或许能够为女性小说的探索提供新的思路和启发。

一 怪诞：天使到女巫的坠落

早期的张洁、谌容、张抗抗等女作家宛如降临人间的天使，在一场人间浩劫之后，"吹着一支柔和的长笛，带着大森林里松木的芳香"[①]，憧憬着"永远是春天"[②]。然而，人们眼中的天使却在80年代中后期突然镀上了一层怪诞的黑色，她们大声宣称"咱们是女巫"[③]，创作风格也从温婉朦胧变成冷嘲热讽，从诗意温情转为荒诞病态。从天使到女巫，这场坠落并不是简单的"原形毕露"，"黑色"的侵染或许是一种可信的解释：张洁在一次中美作家会议中结识了著名的黑色幽默大师冯尼古特，并撰文《库特·冯尼格说：NO！》表达了钦佩与欣赏之情；谌容也很坦率地表示常在创作中积极地运用、借鉴黑色幽默等西方艺术，从而使小说成为一个"可以任你驰骋"的"广阔的天地"[④]；张抗抗也曾直言自己的重启天窗之感："最先读到的便是约瑟夫·海勒的《第二十二条军规》。……这是一次现代意识的重新启蒙。新奇而别有意味的小说形式，亦使我快悟，小说还可以有这样千奇百怪的写法。"[⑤]如果说中国男作家倾心于黑色幽默式的语言和技巧，那么张洁等女作家则对黑色幽默有更加细腻真挚的情感共鸣，并且在当代女性创作的谱系中一代代沿袭。自此，中国女性创作的"变调"成为常见的现象，很

[①] 张辛欣：《撕碎，撕碎，撕碎了是拼接》，《中国作家》1986年第2期。
[②] 谌容：《永远是春天》，人民文学出版社，1980。
[③] 张辛欣：《撕碎，撕碎，撕碎了是拼接》，《中国作家》1986年第2期。
[④] 余昌谷：《"小说，在我面前没有了模式"——谌容小说文体三题》，《江淮论坛》1988年第2期。
[⑤] 张抗抗：《大写的"人"字》，《外国文学评论》1989年第4期。

少再有人轻易将她们指认为温婉纯洁的"天使"。

美国黑色幽默,在某种意义上是一个被批评家指认出来的文学流派,没有一个明确、统一的概念界定。但"怪诞以及病态的幽默""绝望的喜剧""荒诞小说"已成为人们对它的共识。黑色幽默十分善于将幽默与荒诞、欢娱与病态融合在一起,将一种怪诞的氛围推向极致,这同样显现于20世纪80年代以来的女性小说中。

作为20世纪80年代传入中国的荒诞派中的重要一支,黑色幽默提供了一种特殊的范式。在其影响之下,一些先锋又敏感的女作家创作了诸如《他有什么病?》《减去十岁》《你别无选择》《省长日记》等一系列融合了荒诞与幽默的小说,通过不合逻辑的事件和让人发笑的行为展现了一个荒诞可笑的世界,一时间,荒诞几乎成为一种最基本的美学风格。与黑色幽默的战争背景不同,女作家书写的故事大多发生在一个既具有"文革"后遗症又具有现代性特征的中国特有的历史情境之中。尽管"文革"与战争都是非常态的生活环境,有浓重的政治气氛,但相比黑色幽默,女性小说中没有太多血腥和暴力,生命转瞬即逝的绝望和恐怖不是女作家表现的重点,光怪陆离的感觉也未被推向极致。她们书写的荒诞多源于平凡的世俗生活,源于她们撕裂爱与梦后的心理体验,显示出生活本身固有的怪异,更加真实可信,更易引起深陷生活泥沼中的普通大众的共鸣。

与黑色幽默作品类似,女作家赋予人物和读者的快感和乐趣也不同于传统的幽默,而是一种畸形的、病态的体验。皮埃尔·布迪厄(也译作"皮埃尔·布尔迪厄")认为社会系统有诸多场域,其中权力场域(如经济、政治)是元场域,之于次场域具有支配性。在场域理论的视角下,黑色幽默小说与中国20世纪80年代以来的女性小说中的元场域——权力场清晰地浮现出来,于无声无形之中发挥着巨大的作用。《第二十二条军规》中,尤索林赤身裸体参加颁发仪式;张洁《条件尚未成熟》中的岳拓夫因以为打压他人便能稳操胜券而自鸣得意;《尾灯》中的邓元发从权位享有的特殊待遇中获取快感,把门的女列车员甚至从"嘎嘣脆地给人一个回绝"中品尝到"权力的乐趣"①;谌容《减去十岁》中,人们为传言中能令时光倒流十年的"红头文件"欣喜若狂;铁凝《树下》中的老教师面对成为厅长的老同学不知所措,却对着一棵树畅快淋漓地倾吐了心声……文中人物种种可笑的行为似乎很是欢娱畅快,作为读者的我们也觉得幽默好笑。但一般情况下,富有逻辑和理性的行为事件大多不具有引人发笑的功能,因此,小说中一个个好笑的人和一桩桩可笑的事都揭示出这样一个真相:在人与权力场的博弈中,人的主体性与能动性几乎完全被压倒,人被压制和操控,被迫扭曲变形,最终只能以不合逻辑的、反常规的行为释放出来。显然,这种幽默、快感与其产生原因一样,是扭曲、病态的,这也是我们很快便笑不出声来的原因——谁都不会也不能通过嘲笑不幸与可悲来保持长久的欢愉感。

权力场的发现并非中国女作家对黑色幽默的套用,中国的"官文化"十分发达,已有千百年的发展历史,"官本位"的思想早已盘踞在中国人的头脑之中,可见中国自有黑色幽默产生的土壤。况且,在女作家笔下,权力场的罗网远比黑色幽默的细密,它铺天盖地,任谁都无处逃遁。相较于美国黑色幽默作家在战争、政治事件等宏大的权力场中显现其威力,对日常生活叙事情有独钟的中国女作家则通过位于权力场域边缘的,甚至根本"不在场"的青年学生(《你别无选择》《你是一条河》)、普通百姓(《他有什么病?》《烦恼人生》)、知识分子与艺术家(《含情脉脉水悠悠》《先锋》)的在劫难逃更加凸显元场域的可怖。布迪厄指出,科学、艺术场域具有较高的自主性,能够摆脱其他场域的限制和影响,在发展的过程中体现出自己固有的本质,遵循"是非"的逻辑。② 而女作家笔下的文化场域已然失去了其自主性,被其他场域无限度地攻占吞噬,场域内人们的遭遇早已背离了"是非"逻辑,而在自主性程度最低的政治场域"敌友"逻辑中变了形甚至变了质。在某种意义上,女作家通过这些颇具黑色幽默色彩的小说,揭示出

---

① 张洁:《尾灯》,载《来点儿葱,来点儿蒜,来点儿芝麻盐》,长江文艺出版社,1996,第86页。

② 李全生:《布迪厄场域理论简析》,《烟台大学学报》(哲学社会科学版)2002年第2期。

中国社会中一些异变的病态现象，暴露了中国文化场域正在发生的严峻危机。另外，作为独立的作家群类，女作家多了一份敏感且丰富的性别体验，当这一独特的性别体验渗透在创作过程中时，女性所遭遇的来自性别的权力场——男权的挤压也浮现出来：年轻的女孩为成功男性的魅力所折服，无怨无悔地奉献着身体和爱情，她们乐在其中，却都为之所伤（《来来往往》）；在娱乐圈中浮沉的女性需要利用自己的身体换取资源和金钱（《先锋》）；聪慧貌美的女白领为谈下一笔生意费尽心力却依旧逃不过男性的圈套（《遭遇爱情》）……这些在黑色幽默小说及男性创作中很少得到自觉的表达。被裹挟于男性、政治等多重权力场域中的女性不得不承受来自身体和精神的双重折磨，而女作家欢娱的笔调和女性人物的快意与享受，愈发令人同情和悲哀。

女作家此类怪诞的小说嗤笑权力、揭露现实，似乎接近于黑色幽默式的男权话语和宏大叙事，很难识别出女性写作的性别印痕。但事实上，是刘索拉，而不是八九十年代之交的男性作家们率先在现代化中国的文化景观中放置了一个不可理喻、疯狂可怖的女人——那个没有姓名的孟野的女朋友。① 这位女性的疯癫被整体的荒诞氛围所掩饰，女性角色与视点处于微妙的匿名状态之中，但绝没有缺席。刘索拉此后的一系列作品同样延续了黑色风格，但性别的自觉却在她的作品序列中渐次清晰，因为她已经冒犯在前并获得成功，人们似乎放弃了规范她的努力。或许可以大胆地猜测，女作家这些具有黑色幽默倾向的作品，很有可能是她们冒着失陷于主流话语窠臼的风险采取的一次写作策略。她们在对政治、历史、社会等重大问题的讥讽与攻击中，自觉不自觉地对女性话语进行乔装改扮，将其含混而暧昧地潜隐在宏大话语之中进行沉淀和酝酿，与主流话语、男性话语相叠加，使之成为其中不无异质性的因素。

---

① 戴锦华：《涉渡之舟：新时期中国女性写作与女性文化》，北京大学出版社，2007，第274页。

二 游戏：女性玩家的狂欢

黑色幽默产生于非理性哲学思潮中，在文本人物、作者写作、读者阅读三个大的方面都表现出明显的游戏性，仿佛颠覆了理性制约的狄俄尼索斯，在文学创作的各个环节中尽情娱乐和狂欢。这种陌生和新奇的创作对20世纪80年代急于求变和改革的中国作家而言极具诱惑力，女作家将种种游戏方式悉数收取，并在游戏过程中彰显出鲜明的性别色彩，女性的主体性在游戏场中得以浮现。

（一）人物——游戏生活的两性

黑色幽默小说中的人物大多处于风华正茂、充满理想抱负的年岁，他们往往生活在残酷的环境之中，却没有与之相应的使命感和责任感，而是以一副无聊混沌的样子玩笑人生，仿佛一群"玩累了的傻瓜"[①]。中国女作家对人物游戏生活的表现则是一个渐次清晰的过程。在张洁、谌容、张抗抗的笔下，这种轻浮的生活态度尚以一种较为隐晦的方式表现出来，作者的寓意亦不在于再现这种游戏人生的态度，而是提醒和讽刺。如《他有什么病？》中，夫妻是否离婚这种大事完全取决于处女膜是否完好，这里意在讽刺男性的虚伪与狭隘，但两性间的游戏倾向也悄然得以体现。到了王安忆这里，生活的游戏性不再从讽刺和暗示中得以窥见，而是充斥于男女两性间的较量。《神圣祭坛》中，男女两性间的情谊在一场窥探与被窥探的游戏中无声地开始，又以女主人公战卡佳的胜利而悄然告终，女性主体性开始在游戏场景中浮现。池莉与徐坤的作品更像是一场又一场的两性游戏，女性人物尤其玩得酣畅淋漓，甚至有自己的游戏规则和计划，被赋予了丰富的情感和性欲体验。如果说池莉与徐坤小说中的人物尚有或多或少的真情，海男、卫慧、棉棉等年轻女

[①] 汪小玲：《美国黑色幽默小说研究》，上海外语教育出版社，2006，第87页。

作家的一些小说则直接忽略了情感的试探与嬉戏，将性爱游戏推至高潮，直观地展现出游戏式两性关系的都市图景。

女性小说中，女主人公的游戏生活观自成一条清晰的渐进线：压抑—复苏—释放—狂欢。这便使得女作家小说的人物游戏与黑色幽默小说大不相同：其一，游戏式生活观在早期女性小说中并不显眼，往往隐现于其他情节，直到后来才渐次清晰，同时，这种游戏也愈来愈狭隘，仅限于两性之间的交往；其二，徐坤、海男等将女性的情感与性爱游戏置于小说显著的中心地位，使其成为主要表现对象，而黑色幽默则通过游戏生活突出生存的荒诞体验；其三，在女性小说的游戏世界中，女性作为一个真正的玩家成为游戏的中心和主导，具有明确的主体意识，而黑色幽默小说中的女性大多是被侮辱与被损害而又不自知的"性奴"，真正参与游戏的玩家只有男性，这个游戏世界亦只是属于男人的世界。

（二）写作——温婉端庄的弃置

黑色幽默作家以一种"恣意妄为"的游戏姿态进行写作：利用语言的不确定性进行大胆的语言革命；通过"元小说"叙事方法暴露小说的虚构，并创作出后来被称为"历史编纂元小说"的作品嘲弄历史；甚至运用戏仿、碎片与拼贴的技艺创作出"非小说"的小说……20世纪80年代以来的中国女作家也开始以游戏的姿态进行写作，如以"戏谑诸神"著称的徐坤，颠覆了传统的语言规则，在能指的狂欢中将语言游戏玩得酣畅淋漓；王安忆与她推崇的纳博科夫一样，将"元小说"的游戏策略贯彻始终，动摇了"author"与生俱来的"authority"。不过在对历史的消遣及戏仿、拼贴等具体游戏手法上，中国女作家是不同于黑色幽默作家的。

黑色幽默作家对素来标榜严谨、真实和权威的历史进行了尽情的戏弄，《第二十二条军规》《公众的怒火》《烟草经纪人》《葡萄园》《万有引力之虹》《梅森与迪克森》等作品涉及美国许多重大历史时期和事件，但在作家的游戏笔法下，历史人物、历史事件和历史语境的"本来面目"不复存在,历史与小说交融在一起,难以厘清真实与虚构的界限。事实上,从克罗齐"一切真历史都是当代史"及其继承者柯林伍德"一切历史都是思想史"的论断,到福柯"问题化的历史"的谱系学方法,再到新历史主义的确立,这一系列对历史与过去的"问题化"的思考说明了历史学家与小说家一样,面临的工作是怎样确立某种阐释模式进行符号和话语的编纂。20世纪80年代以来,中国女作家也与黑色幽默作家一样,在历史和小说二者间左右逢源。如王安忆喜欢驾驭较为宏大的题材,《叔叔的故事》《纪实与虚构》《进江南记》等小说都具有一种"史"的建构,表现出明显的新历史叙事倾向。张洁的《无字》、张抗抗的《赤彤丹朱》与《集体记忆》、铁凝的《玫瑰门》、池莉的《你是一条河》等也都从各自的角度重新审视中国一段段特殊的历史。但对于张洁、王安忆、铁凝等而言,她们的新历史叙事绝不仅是一次对旧历史的反叛,亦不仅是对个人历史与集体历史龃龉的发现。正如黑色幽默作品中逃兵的历史不同于将军的历史一样,性别的差异必然带来比地位之差异更加迥异的历史命运。两千多年以来,中国女性一直是有生命而无历史的存在,她们或缺席于历史,或依靠与男人的历史发生偶然的"共振"而被顺带着走进历史。而20世纪80年代以来,王安忆等女作家大声地宣告"我虚构我的历史"①,她们寻找女性家族的历史,书写沉没在历史隧洞之中的女人个体的命运沧桑,展示女性面对复杂历史起伏时具有的勇气和智慧。通过对"正史"的消遣与解构,她们将女性经验世界延伸到幽深的历史空间,体现出女性历史意识的觉醒。即使无力将"history"改写为"herstory",但被边缘、被遮蔽甚至被改写的性别历史终于可能确立其合法性和有效性。如果说黑色幽默小说与中国女性小说都通过嬉戏"正史"的方式,完成了从关注阶级的民族的命运到关注个人的家族的命运的转折,这种对中国女性历史的发现和正名,则是中国20世纪80年代以来的女作家独特的贡献。

戏仿、碎片与拼贴的狂欢也是黑色幽默作家写作的重要游戏手法之

---

① 王安忆:《纪实与虚构》,人民文学出版社,2012,第460页。

一。中国女性作家对戏仿手法的运用与黑色幽默作家有相似之处,如《纪实与虚构》对追寻主题的戏仿,《先锋》对各大"主义"的戏谑等。但其更多地体现了创新:一是她们的戏仿具有中国本土的特色,如《有了快感你就喊》等是对中国特殊政治话语的挪用,《女娲》是对中国神话形象的改写,《招安,招安,招甚鸟安》是对古典文学的改编;二是女作家的戏仿带有性别色彩,如《私人生活》《糖》《上海宝贝》等小说可谓对诸如《青春之歌》等传统女性"成长"的戏仿式书写,女性或在一个自我设置的封闭空间中拒绝成长,或在酗酒、吸毒、性行为中放肆体验成长的狂欢,这无疑是对女性传统成长模式的反拨。女作家也学习了黑色幽默式的支离破碎,从张洁《关于××区××派出所关于×××揭发×××在"文革"中砸抢×民主党派我统战对象社会知名人士×××私人文物玉器金银首饰×××又向法院控告×××诬陷罪之旁证材料经各支部及全体职工讨论情况的汇报》这空前的标题就能略知一二,她们塑造的人物形象如"叔叔""×女士"等甚至就是一个个不完整的符号。但不同的是,一些黑色幽默小说完全是后现代主义式的,即"从头至尾,从上到下只是孤零零的拼贴画",只是一种符号的"自显"[①],如美国作家罗伯特·库弗的《保姆》有上百小节,上下节之间没有任何联系,情节和事件的发生也不存在因果关系,整部小说完全就是一幅由碎片拼接起来的巨型拼贴画;而中国女作家,即使是徐坤这样的先锋作家也从没有更不屑将此游戏手法奉为小说创作的至高方式,这些游戏手法只是中国女作家进行种种艺术实验的形式之一,而绝非创作之本。显然,女性小说未达到黑色幽默"反小说""非小说"的"后"的程度。

(三)阅读——填补空白的游戏

作者的游戏写作使得文本充满了情节与情感的空白与不确定,成为

---

① 胡全生:《英美后现代主义小说叙述结构研究》,复旦大学出版社,2002,第144页。

激发、诱导读者进行创造性填补和想象性连接的基本驱动力，读者因此自觉不自觉地参与进填充"文本空白"的游戏之中。如《洛丽塔》中的亨伯特是个不可靠的叙述者，我们无法从一个神经病患者种种模糊的回忆里确定信息的真假，他的讲述到处充满需要读者填充的文本空白；《叔叔的故事》也是如此，在一开头就警告我们"有许多空白的地方需要想象和推理，否则就难以通顺。我所掌握的讲故事的材料不多且还真伪难辨"[①]。但读者在黑色幽默小说和中国女性小说中的游戏体验并非毫无差异。

对于读者而言，我们所能够想象和填充的信息往往源于自身的经验与经历，文本所给予的既有信息越符合读者的经验记忆，读者越具有参与创作的动力；反之，文本对读者而言过于陌生甚至"天马行空"，出现大片大片的空白断点，读者或许会失去阅读的兴趣甚至产生抗拒心理。相较于黑色幽默小说的血腥战争、时空穿梭，以及毫无头绪的零散碎片，张洁、王安忆等的现实主义遗风似乎更容易邀得读者尤其是女性读者的共同参与，她们以女性叙事为主的作品显然能更好地承载起读者的性别记忆和性别想象。这种区别正如伊瑟尔的接受美学和以罗兰·巴特思想为代表的后结构主义间的不同，二者都很重视读者的二次创作，但前者一方面激发读者的创造性阅读，肯定读者的主体性，另一方面也限制、规定着这种创造性阅读的方向与程度，没有走向片面鼓吹阅读自由和想象的极端；而巴特等法国后结构主义者们则在非理性思潮的影响下完全否定了作者的意义和权威，惊骇地宣告了"作者之死"，文本成为一个完全独立的"词的乐园"[②]，读者实则也沦为文本自身游戏的一种工具。显然，具有后现代主义品格的黑色幽默更接近后结构主义的思想。

刘象愚将后现代主义文学的基本特征概括为"不确定性的创作原

---

① 王安忆：《叔叔的故事》，中国电影出版社，2004，第2页。
② 〔德〕H.R.姚斯、〔美〕R.C.霍拉勃：《接受美学与接受理论》，周宁、金元浦译，辽宁人民出版社，1987，第357页。

则、创作方法的多元性、语言实验和话语游戏"[①];赖大仁也指出在当下"解构性和游戏化的后现代特性更为突出"[②]。可见这种狂欢化的"游戏"特征,使得黑色幽默小说成为美国后现代主义文学之滥觞,也使其在世界范围形成影响。一向以宏大、崇高、严肃为宗旨的中国当代文学,正是在黑色幽默这种游戏风格的影响下,出现了某些较大的转变,开始向后现代这一新的创作阶段发展,而女作家以主人翁精神参与游戏,无疑有助于这一进程。

三 悖论:此岸的乌托邦

黑色幽默的怪诞和游戏凸显诸如"平面化""无道德""零价值"等后现代主义的特征,但拨开玩世不恭和麻木冷漠的迷雾,崇高、严肃、理想等与表象形成悖论的本质就会得以澄明。同样的,20世纪80年代以来的中国女作家也并非残酷丑陋的女巫,她们在经历劫难、认清现实之后,仍旧不愿放弃那份美与希望,在荒诞喧嚣的此岸,悄然筑起关于英雄、责任和性别的乌托邦。

(一) 英雄与反英雄

黑色幽默为当代世界文学画廊增添了典型的"反英雄"形象,懦弱与坚守并存、贪婪与良知同在的普通人终于随着传统英雄万丈光芒的悠然转暗而得以浮现。从对崇高的礼赞到对平庸的关怀和认可,20世纪的西方完成了一次审美的回落,这种回落也出现在中国女作家的创作中,如《你别无选择》中畏畏缩缩又兼具才情理想的青年学生,《他有什么病?》中精神萎靡却又富有责任意识的医生胡立川,《只有一个太阳》中懦弱木讷却朴实正直的知识分子司马南江。刘索拉、张洁等将

---

① 刘象愚等主编《从现代主义到后现代主义》,高等教育出版社,2002,第15页。
② 赖大仁:《后现代主义与当代文艺发展》,《贵州社会科学》2007年第11期。

个人从职业的光影中抽离出来，暴露他们作为一个普通人的行为遭遇与情感思想，塑造了一批平庸的"反英雄"式知识分子；池莉等则为印家厚、辣辣等小市民和普通农妇赋予了一份英雄主义的背负。但由于时代、文化背景不同，黑色幽默作家与中国女作家的"反英雄"有较大的差异。

其一，比起黑色幽默小说，中国女作家笔下的人物生存处境更具安全感和自由度，至少不必日夜生活在死亡的恐惧之中，他们的痛苦大多源于更高的精神追求与落后的现实之间的矛盾。而同是普通人的尤索林（《第二十二条军规》）、坎贝尔（《黑夜母亲》）们却无法在一个普通的环境中栖息，他们生活在战争的阴霾之中，仅仅是活着就需要拼尽全力。

其二，亨伯特（《洛丽塔》）、尤索林等都是疯癫的异类，李鸣（《你别无选择》）们则不然。疯癫人物的产生说明尤索林们与环境进行了殊死抵抗，最终突破了"正常"的界限，抵达"常人"眼中的疯人之域。而李鸣们虽也有阴鸷、惶恐、压抑等精神特征，但终究没有突破现实进入自己的"彼岸"，而是自觉不自觉地遵循了此岸的秩序，最终成为被学校、体制规训了的"正常"的人。不过这并不意味着他们比谁懦弱，因为滋养他们的中庸文化包含比懦弱与否更加复杂的内容。这也并不意味着他们没有主体性，布迪厄以"行动者"这个术语与"主体"做区分——行动者是通过其在场域中的位置得到界定的，因而不能被等同于内在性的主体[①]——突出了人在现实生活中的被动性和被塑造性。从这个意义上说，尤索林们以"疯癫"凸显了"主体"的意义，而印家厚等则更多地体现出现代社会中行动者的存在。

其三，黑色幽默小说的"反英雄"更具有悲剧的震撼力与冲击力。在绝境中抗争的尤索林们就像西西弗斯一样，明知徒劳，却依旧执着。尽管尤索林们与李鸣、印家厚们都发出过无奈的笑声，但前者更像是一

[①] 陶水平：《文学艺术场域学术话语的自主、开放、表征与竞争——布尔迪厄的文化场和艺术再生产理论探微》，《中国文学研究》2017年第2期。

个悲观主义者的绝望的笑,后者大多仅是含泪的笑。他们或许都懂得如何痛中取乐,但李鸣、印家厚等未曾有与死亡共舞的体验,更像一部正剧而非悲剧的英雄。因此,李鸣们大多只是沾染了些许的黑色幽默色彩,而不具有黑色幽默"反英雄"的悲剧美学特征。

(二) 解构与建构

作为反叛的异教徒,黑色幽默对一切事物都表现出强烈的颠覆力量,是一种典型的解构艺术。然而解构并不是"破坏"或"毁灭",而是类似于"分析"和"批判"①,蕴含着建构与完善。因此,有学者认为后现代艺术一半是魔鬼,打破视听的惯性和价值评判,一半是天使,反叛地建构新的艺术世界,在解构与建构的二律背反中,造成了视听震撼、情感冲击。② 通过解构,黑色幽默作家与中国女作家都建构起各自的人道主义关怀和理想,不同的是,女性小说还包含对诗的憧憬、女性"自我"的指认与确立,以及她们终究舍不去的热情与希望。

女性与诗总是有天然的关联,她们建构的诗意更加自然灵动。海男说纳博科夫的作品"飞满了从幽暗时光中飞来的蝶翼","仿佛在淡蓝色的捕捉蝴蝶的上空中,飘忽着作家从少年开始的那些心灵迹象"③,颇富诗意。但两者以蝴蝶意象建构成的诗意迥然不同。在纳博科夫这位鳞翅目昆虫研究者的笔下,蝴蝶暗指的女性与蝴蝶一样,是"着魔的猎人"抓捕、观察、评判的"猎物"。她们(或者在某种程度上是"它们")按照他们的喜好,分别以"蛹"、"钉在墙上"的蝴蝶、"桑树上一只该死的蛾子"等被分类和命名。而海男笔下的蝴蝶则指称觉醒的、自由的女性意识,是美丽的、诗意的女性生命,是纯洁的、理想的女性爱情。海男说"我的内心居住着一只忧伤的蝴蝶","蝴蝶"不是一种

---

① 冯俊:《从现代主义向后现代主义的哲学转向》,《中国人民大学学报》1997 年第 5 期。
② 刘香云:《后现代艺术建构与解构的二律背反》,《大众文艺》(理论) 2009 年第 1 期。
③ 海男:《外国文学阅读片断记》,《世界文学》2015 年第 4 期。

用来观察颜色是否鲜艳、纹路是否清晰、体形是否纤细的品种,而是她生命和情感的体验,具有与女性相互指涉的灵性,因而成为美与诗的代名词。

如果说诗意源自女性生命之中的无意识,那么对女性主体的发掘与建构则是中国女作家四处突围的成果。80年代以来,女作家从不同的角度切入,以各自独特的"解构—建构"模式,发掘和彰显女性"自我"的主体:张洁、王安忆等通过颠覆男权与父权的历史发现了女性的文化之根(《无字》《纪实与虚构》),同时在窥破男性的虚伪与孱弱后,从"他们"的"菲勒斯中心"出走,建构了"她们"的世界(《方舟》《弟兄们》);残雪、铁凝、池莉等则通过塑造"恶魔"(《苍老的浮云》《突围表演》)、"畸变"(《山上的小屋》《玫瑰门》)、"凶悍"(《松明老师》《你是一条河》)等女性形象,将牢牢粘贴在女性身上的"贤妻良母""温婉安分"等标签狠狠地撕碎,重建了丰满的、立体的、多样化的女性形象;陈染、海男等的私人写作(《私人生活》《花纹》等)更是建构起女性"自我"幽深的生命体验。女作家对女性主体的探寻和建构不断走向纵深和完整:从大集体中出走,建构女性的群体,再从女性群体中表述"自我"的个体;从以"他者"身份小心翼翼地试探,到如今对女性"自我"身份的确认、自信,甚至是自恋。这是女性文学的艰辛历程,也是20世纪80年代以来中国女作家写作最为重要的意义所在。然而女性在黑色幽默小说中显然是"不入流"的,甚至是被排挤在外的,大多只能作为战争、科技的牺牲品,她们永远不会成为真正的主人公,更无人愿意去建构她们真正的"自我"。

此外,相较于黑色幽默作家的虚无与绝望,女作家则执着于黑暗中的那一抹亮光。坠落为"女巫"后的张洁始终是一个痛苦的理想主义者,看似冷漠的作品实则附着了浓厚的个人情感指向,与黑色幽默"就那么回事"的漠然大相径庭;《你别无选择》较之于《第二十二条军规》倾注了更多的热情,作家明显执着于对理想的追求和对美好的憧憬;甚至看透了生活之琐碎、"不谈爱情"的池莉,也在解构了英雄主义的同时赋予庸常生活以热情和乐趣,在撕裂爱情理想的同时建构起一种稳固的现代婚姻与家庭，使之在对现实的辛酸、匮乏、困窘和不尽如人意的背负中焕发出一份人间的、此岸的神圣。① 中国女作家始终没有也不愿抵达西方的虚无和悲剧，对乌托邦般美好愿景的建构是中国由来已久的写作惯性，早已成为中国作家的一种集体无意识，就像西方作家从希腊神话中因袭的"悲剧意识"一样，不可更改。

在德里达看来，男性与女性构成了人类生存中最基本的两项对立，"逻各斯中心主义"与父权制所主宰的性别秩序是合二为一的，现代社会是"逻各斯中心"社会，也是"菲勒斯中心"社会。人是"符号的动物"，但"菲勒斯中心"社会不允许女性有自己的符号和话语，她们一直处于一种"非人"的状态而不自知。因此当女性意识觉醒，开始建构自己的符号之时，男性话语规则的解构必然同时发生。在这个意义上，女性写作自身就具有"解构—建构"的性质——颠覆"菲勒斯中心"乃至"逻各斯中心"，建构另一种平等而又具有性别差异的文化模式，故而有别于以黑色幽默作为策略的解构手法。

（三）滑稽与严肃

黑色幽默小说以浮夸、滑稽著称，但这些往往都是浮于字面的，嘻哈式文字反映的却是诸如战争、屠戮、异化等惨烈和恐怖的内容，从战争到权力再到科技，玩世不恭的态度隐藏着作家严肃的思考和深切的忧虑。存在主义哲学渗透在黑色幽默作家创作思路的始终，向社会、历史、文化、人性形成一个个诘问，表达了深刻的批判和真诚的关怀，强化了小说的正义与严肃。

对于中国女作家来说，她们生长在古有"礼乐治人""文以载道"之传统，后有"为人生的文学""必须有'高度的严肃'"②之主张，今有"文艺为政治服务""为工农兵服务"之土壤的环境中，她们的创

---

① 戴锦华：《涉渡之舟：新时期中国女性写作与女性文化》，第350页。
② 朱光潜：《论小品文（一封公开信）》，载《我与文学及其他》，安徽教育出版社，2006，第107页。

作从来都不是嬉皮和滑稽的。《你别无选择》就是模仿到精髓、模仿出创新的一次严肃创作。"功能圈"指称音乐学院甚至整个中国不可抗拒又荒诞无用的文化教育机制，表现了对中国文化痼疾的严肃反省，看似滑稽的创作不仅仅有文体创新的意义，更具批判性、反思性和启蒙性。同样，张洁在《只有一个太阳》中将种种丑态诉诸笔端，大肆调侃，这幅现代社会人的生活万象图令人忍俊不禁而又不能不发人深省，因为其中反映了众多的现实问题；张抗抗的《第四世界》以具有魔幻色彩的故事展现人"追赶戈多"似的无意义存在，具有哲学的沉思和深度；即使是被批评为"记流水账"的池莉，也将目光长久地驻足于平凡的底层人民，关注着他们的存在方式……无论张洁后期的转变有多么决绝，谌容的语气如何戏谑，残雪的思想有多天马行空，徐坤之语言又是怎样的恣意，她们始终都秉承着中国知识分子与生俱来的忧患意识，用女性特有的细腻与严谨创造着新世纪的中国文学。

以戏谑著称的冯尼古特多次为自己得不到"严肃作家"的对待表示强烈不满；嬉戏历史的《公众的怒火》实则是库弗十几年的呕心力作，不为发行，只为发声；书写闹剧、质疑历史的张洁却为获得最为翔实的史料四处奔波（《无字》）；徐坤更曾直言："假如无法以理性去与媚俗相对峙，那么何妨换个方式，抛几句佞语在它脚下，快意地将其根基消解。"[①]……无论是六七十年代的美国黑色幽默小说，抑或是80年代以来的中国女性小说，其内容与形式的特殊绝非为了卖弄实验的技巧、标榜游戏的态度，而是出于对当下社会更深刻的认识、更强烈的批判，以传达出文学艺术应有的严肃与深度。

四 凸显性别的"克里纳门"

20世纪80年代以来的中国女作家以开放包容的姿态迎接了黑色幽默的陌生化与后现代性，同时，先在的文化性格、知识结构和性别体验

---

① 徐坤：《悲怆与激情（代跋）》，载《先锋》，北岳文艺出版社，1995，第318页。

铸成了女作家的"接受屏幕",对外来思潮进行过滤、筛选与加工,因而形成了一定的误读。这种误读在欲望书写和个人话语的表达两个方面体现得尤为明显。

启迪和引导中国女性欲望书写的因素众多,女性主义无疑是最为主要的影响来源,但从女作家诸如"(纳博科夫)激活了我的许多思想"① 的言论,及卫慧们对与美国黑色幽默颇有渊源的"垮掉派"的偏爱等种种实证来看,中国女作家的欲望书写与黑色幽默有千丝万缕的联系。一些女作家,尤其是90年代一批年轻女作家让欲望以张扬放纵的姿态从晦暗暧昧的背景中走上前台,将道德、灵魂与精神踩在脚下,人的存在似乎只剩下赤裸裸的欲望宣泄,因而频频引起争议,被贴上色情的标签。这一遭遇与《洛丽塔》《白雪公主后传》等黑色幽默小说刚上市的情形十分相似,但命运不同——后者成了经典名著。相较于黑色幽默作家,女作家的欲望书写遗落了忏悔与赎罪、弃置了性的文化含义。亨伯特始终在普鲁斯特式的追忆与"陀思妥耶夫斯基式的窃笑"② 中自嘲、忏悔和悲痛,这种情绪控制着整个小说特殊的黑色幽默声调,以赎罪的悲剧深深感染和震动了读者。《V.》《万有引力之虹》通过男性对女性的侵犯,暴露了殖民地所遭受的非人待遇;《葡萄园》通过女性对军官的臣服,揭示出政治权力已然成为一种"深入人心"的集体无意识。在黑色幽默小说疯狂的情欲深处,掩映着的是人被欲念和罪恶感相互冲击的焦灼与痛苦的精神,是在爱与忏悔中虔诚赎罪的道德,是对藏污纳垢的文明的揭露。只放大情色与乱伦,无疑是对黑色幽默小说的严重误读,这与女性接受主体有关,但在更大层面上也有文化语境对女作家强力渗透的原因。

20世纪80年代以来,黑色幽默等西方流派对个体的观照和言说启发了中国作家,尤其是到了90年代,蛰伏已久的中国女性个人化写作迎来了释放期和喷薄期,女作家终于可以无忧无虑地飞翔在自己的一方

---

① 池莉:《最是妖娆醉人时》,《世界文学》2000年第2期。
② 肖谊:《纳博科夫对美国黑色幽默运动的影响》,《当代外国文学》2016年第3期。

天地，她们在"自己的房间里"喁喁私语、对镜欣赏，细腻地展现女性个人的心理、生理、欲望、体验，女性写作进入一个新的阶段。但发展与危机并重，一些女作家沉溺在私语写作的泥沼之中不能自拔，她们的个体叙事大有自闭与逃避的趋势。关注个人话语并不意味着沉溺于自恋自艾，如《洛丽塔》《万有引力之虹》等黑色幽默小说运用个人话语思考人的存在，探索人性的复杂，通过个人的体验与经历向读者全面地展现了历史、政治、文化、科学等景观，可谓包罗万象。中国女作家的私语呢喃固然有其真切、感人的一面，但沉溺于极端的个人话语大大简化了一代人的生活经历和生命体验。更为危险的是，这种极端"个人"的反抗方式反而将女性自己限定在私人领域之中，甚至意味着对男性/女性等级的重新默认。作为策略的自我叙事反而落入圈套之中，让女性写作深陷沼泽，愈焦虑愈挣扎，愈挣扎愈陷落，这是怎样的危险和可悲！

误读常常会歪曲外来文化，但这种现象在跨文明文化的接触中是不可避免的，更有不可小觑的价值。误读在很大程度上源于"影响的焦虑"，表现出一种竞争意识与创新思维，中国女作家的误读体现出她们对自我性别身份的追问和对主流创作的超越。哈罗德·布鲁姆将这种误读称为"克里纳门"（Clinamen），他认为一个真正的诗人的每一次阅读，都会发生"具有创造性或趣味性的误读"，越是"强者"，他的"克里纳门"就越没有顾忌。[1] 中国女作家对黑色幽默等西方思潮发生的误读，是不同于误解、误会的，尽管有其自身的偏差，但更多地表现出一种"创造性叛逆"，对女性写作和中国当代文学具有一定的意义。

首先，相较于黑色幽默政治权力的寓意，以及男性作家利益与道德的束缚，女作家赋予欲望以诗意、快乐及生命的美好。性成为一种值得礼赞的创造行为——创造出新的他/她、新的自我和新的生命[2]，而不再是肮脏龌龊、羞于启齿的，亦不再背负强加的功利或道德。尽管卫慧

---

[1] 〔美〕哈罗德·布鲁姆：《影响的焦虑》，徐文博译，三联书店，1989，第44页。
[2] 赵树勤：《寻找夏娃——中国当代女性文学透视》，湖南师范大学出版社，2001，第31—33页。

们丢失了欲望书写中的精神与深度，但同时消解了性的神秘和丑陋，予其以平常的快乐，从而淡化了外来思潮的阴影，显现了中国女性写作的特点与创新。从某种意义上说，正是通过这种误读，中国女性的欲望书写才在这千载契机之中一步步显现于"地表"，展现出诗意与美好、幽暗与危机。

其次，相较于黑色幽默小说中被侮辱、被损害、被物化的女性形象，女作家用女性的个人话语确立了女性的主体意识。女性在黑色幽默小说中大多是显现政权之荒谬、殖民之残虐、主人公之虚无的陪衬，充当激起愤怒或同情的牺牲品。但在中国女性小说的舞台上，女性大多是主角，她们的喜怒哀乐、行为思想具有鲜明的性别特征和自我意识。尤其是90年代前后的女性，她们已经摆脱了被伤害、被边缘的自我定位，在社会、情感关系中占据主动地位，成为事业的女强人和男性的依赖。与黑色幽默的这种迥异说明中国女作家从不屑于对外来影响进行简单复制，她们更加执着于自身的性别身份和文化。

再次，女作家的极端恰恰揭示出当今女性写作的艰辛与危机。女作家对黑色幽默等西方文学思潮做出的种种误读，并非出于浅薄无知，而是因为女性写作至今仍旧四面楚歌，被种种镜像围困，不得不通过一些极端的方式，从这场幻影密布、歧路横生的镜城中突围。而镜城之中的每一处呼唤都可能是一份诱惑，每一种可能都可能是一个陷阱，在如此艰险困境之中突围的她们还要遭受外界的正面狙击和敌意唾骂，一次不期然的陷落，就会被钉死在暴露/取悦的位置之上①，被讥讽为东施效颦。"20世纪中国女性文学写作的崛起这一事实本身便带有文化悲情成分"②，这一方面揭示出中国女性写作的艰难与不易及种种深刻的社会文化根源，另一方面也显现出女作家这一群体性别意识的完全觉醒以及她们所具有的勇气与包容度。

最后，我们应当认识到，正是女作家被诟病的激进和偏离放大了黑

---

① 戴锦华：《涉渡之舟：新时期中国女性写作与女性文化》，第362页。
② 万莲姣、黄宗喜：《20世纪中国文学市场化中的"文化审美过滤"》，《湘潭大学学报》（哲学社会科学版）2016年第6期。

色幽默等西方文学流派中的后现代性,在一定程度上为中国文学的发展提供了某种新的可能,宣告了中国文坛开始向"无法告别的19世纪"①道别;同时证实了20世纪80年代以来的中国女作家在西方文学思潮强有力的冲击下,有能力创作出既与世界文学接轨又兼具本土经验和性别特征的作品,而不再是只能仰望西方的他者。

---

① 戴锦华:《涉渡之舟:新时期中国女性写作与女性文化》,第28页。

北京师范大学图书馆藏明刻杨鹤本《苏黄题跋》考论*

◇ 赵 瑞**

摘　要：北京师范大学图书馆藏明杨鹤本《苏黄题跋》是第一部合刻本题跋选集，包括《苏东坡题跋杂书》与《黄山谷题跋书后》两种。《苏黄题跋》刻于杨鹤任左副都御使期间，刊刻质量并不十分精良，存在脱、误、衍文、漏刻、误收现象。较之《黄山谷题跋书后》，《苏东坡题跋杂书》文体驳杂，选文范围远超出苏轼文集的题跋文类。其编辑体例沿袭《苏文忠公全集》题跋文类而来，《全集》题跋源出于宋代《东坡大全集》中的"志林"，包含大量的非题跋文。考察《苏东坡题跋杂书》的文本性质与文献渊源，既可以窥测明人的题跋观念，又可以重新评估苏轼题跋的价值与贡献。

关键词：杨鹤　苏黄题跋　东坡题跋　题跋文类

北京师范大学图书馆藏明刻本《苏黄题跋》是明代杨鹤编撰的一部苏轼、黄庭坚散文选本，包括《苏东坡题跋杂书》与《黄山谷题跋书后》两种。杨鹤，字修龄，武陵（今属湖南常德）人，万历三十二年（1604）进士，历雒南令、长安令、浙江道御史、四川道御史、太常寺少卿、右佥都御使、左佥都御史、左副都御史、兵部右侍郎等职，卒于崇祯八年（1635），清顾景星《白茅堂集》卷三十八、《明史》卷二百六十列传一百四十八有传。苏轼、黄庭坚的题跋专集，向来以毛晋《津逮秘书》中《东坡题跋》与《山谷题跋》最为人熟知。实际上，《津逮秘书》之外，合刊的苏、黄题跋至少还有三种，分别为明杨鹤

---

* ［基金项目］国家社会科学基金青年项目"宋代题跋文体研究"，项目编号：17CZW020。
** 赵瑞，上海师范大学教育学院讲师，研究方向为宋代题跋文献。

本、黄嘉惠《苏黄风流小品》本、清温一贞本。与《津逮秘书》全收苏、黄文集中的题跋不同，其他三本均为选本，且选文范围超出了二家文集。三本中以杨鹤本成书最早，且影响了后来各种苏、黄题跋的裒辑。职是之故，本文以北京师范大学图书馆藏杨鹤本《苏黄题跋》为对象，从版式、刊刻、选文范围、文献渊源四个方面考察它的编选特色，并在此基础上进一步探讨苏轼文集题跋文类以及题跋专集收文驳杂的原因。

一　杨鹤本《苏黄题跋》的版式与刊刻

明杨鹤本《苏黄题跋》海内尚存数部，除北师大图书馆外，浙江图书馆、湖北省博物馆、苏州博物馆存三部全帙，中国科学院图书馆、天一阁博物馆、广东省立中山图书馆仅存《苏东坡题跋杂书》一种。此外，北京大学图书馆存潘伯寅旧藏《苏东坡题跋杂书》抄本四册。本文对《苏黄题跋》版式、刊刻的描述与文字的校勘主要依照北师大图书馆藏本，并参考苏州博物馆藏本。

《苏黄题跋》，一函五册，共十二卷。四周单边，乌丝栏，白口，单鱼尾，半页九行，行十九字，字仿赵体，上书口题"东坡"或"山谷"，版心记"卷×"，下书口记页数。《苏东坡题跋杂书》六卷，三册。卷首曾有董其昌序一篇①，序后为目录，首行顶格题"东坡题跋杂书"，换行低一格题"卷×"，换行低两格列目录正文，通列六卷目录。正文卷首内题"苏东坡题跋杂书卷一"，后为正文，篇题低两格，正文顶格。《黄山谷题跋书后》六卷，两册。首通列六卷目录，首行顶格题"黄山谷题跋书后目录"，目录与正文版式与《苏东坡题跋杂书》同。

卷一目录所列《杂帖》《续梦诗》《跋李伯时卜居图》《杂志》《张君方》《书吴越名僧贻惠戒》《记庐山》《记白水》《方丈记》《资福寺舍利》《食次书示客》《书岭南纸》《老泉诗序》《书寄子由》《白鹤峰

---

① 北京师范大学图书馆藏本此序已经佚失，苏州博物馆藏本未佚，此序后被收入董其昌《容台集》。

所遇》《记岭南竹》《书会猎诗后》《郑谷诗》十八篇在卷一中有目无文，附于卷六之末。当是卷一漏刻，后补刻于卷末。

书中偶有脱、误、衍文。如《苏文忠公全集》之《书石昌言爱墨》①"墨故无恙"后有"可以为好事者之戒"八字，杨本《苏东坡题跋杂书》之《杂书》脱此八字。《全集》之《事不能两立》（赵刻《志林》之《乐天烧丹》）"乃至世间、出世间事不两立也"，杨本《题跋》之《杂帖》脱"出世间"三字。《全集》之《江月诗并引》"今岁九月"，杨本《题跋》之《江月诗》脱"九月"。《全集》之《书李公择墨蔽》"从梁、许来"，杨本《题跋》之《杂书》"梁"误作"渠"。《全集》之《东皋子传后》"南雄、广、惠、循、梅"，杨本《题跋》"梅"误作"海"。《全集》之《书赠何圣可》，杨本《题跋》"圣"误作"赠"。《全集》之《书李公择墨蔽》"相知间抄取殆遍"，杨本《题跋》之《杂书》"相"前衍"卿"字。

书中偶有以意改动或省并原文。改动如《苏东坡题跋杂书》卷五《杂帖》出自《风月堂诗话》卷上"老杜自秦州越成都"条，《风月堂诗话》"古今诗人殆无可拟者"，杨本《杂帖》改为"古今诗人殆无其比"；同条"明皇后幸蜀，皆默识其处"，杨本改为"明皇后幸蜀，经其地，无不吻合，故知道子之神奇也"。省并如《苏东坡题跋杂书》卷一《记庐山》出自苏辙《庐山栖贤寺新修僧堂记》："元丰三年，余得罪迁高安。夏六月，过庐山，知其胜而不敢留。留二日，涉其山之阳。"《记庐山》省并为"元丰三年夏六月，涉其山之阳"。

书中偶有苏洵、苏辙作品阑入。《记庐山》为苏辙《庐山栖贤寺新修僧堂记》中内容，《酆都县鹿》为苏洵《仙都山鹿》诗序。

董其昌《序》曰：

苏门四友，惟山谷学不纯师东坡，事之，隐然敌国。文章气节

---

① 杨本《苏东坡题跋杂书》之《杂书》合《苏文忠公全集》之《书求墨》《书石昌言爱墨》《书李公择墨蔽》三条而成。

之外，戒行精洁，平生罪过比于露坐科头者，只小艳词耳。此真东坡之所畏也。其为文仿兰亭叙，题跋书画，寥落短篇，出于刘义庆《世说》，虽偏师取奇，皆超出情量，动中肯綮。而广川之藻、长睿之博，顾不无逊席焉，亦得坡公熏染力耳。当宣和时，党禁苏、黄及其翰墨，凡书画有两公题跋者，以为不祥之物，裁割都尽，乃以进御。盖论世者兴嗟焉。岂知五百年后，小玑片玉尽享连城，如侍御杨公裒成此集也。山谷尝为子弟言："士生于世，可百不为，惟不可俗，俗便不可医也。临大节而不可夺者，不俗也。"宋人之以为不祥也，俗也。侍御公之结集也，医俗也，世有不俗者定不作书观矣。

董序称杨鹤为"侍御杨公"，陈继儒题跋亦云："侍御修龄杨公（杨鹤）。"①《明史·职官四》："都察院。右都御使一人、右副都御史一人、右佥都御使一人……浙江、江西……各御史二人。福建、湖广……各御史三人。"② 不见侍御史一职。明初太祖吴元年（1367）曾置侍御史，位居御史大夫、御史中丞之下，洪武九年（1376）罢，十三年（1380）复置，不久罢御史台，设督察院，改侍御史为副都御史。董序、陈跋所称"侍御"即指"副都御使"而言。《明史·杨鹤传》载，杨鹤于崇祯元年（1628）由左佥都御史迁左副都御史，崇祯二年（1629）由左副都御史迁兵部右侍郎总督陕西三边军务。又，《明通鉴》："（崇祯二年）三月……是月以左副都御史杨鹤总督三边。"③ 杨鹤迁兵部右侍郎在崇祯二年三月。据此推知，《苏黄题跋》大约刊于杨鹤任左副都御使期间，即崇祯元年至崇祯二年初。杨鹤自万历三十二年进士及第，历任县令、御史等职，政务颇繁，唯天启末丁母忧，赋闲二年于家，《苏黄题跋》的裒辑可能始于丁母忧期间，至任左副都御史时刊行。

---

① （明）陈继儒：《白石樵真稿》卷二十二《书杨侍御刻〈苏黄题跋〉》，上海杂志公司，1935，第365页。
② （明）张廷玉等：《明史》卷七五《职官四》，中华书局，1974，第1834页。
③ （清）夏燮：《明通鉴》卷八十一，中华书局，1959，第3128页。

二 《苏东坡题跋杂书》与苏轼文集

《苏黄题跋》中《苏东坡题跋杂书》的选文较为复杂，涉及多种苏轼著作与宋人笔记，范围远超题跋文类，而《黄山谷题跋书后》的文献来源较为简单。所以，本文着重分析《苏东坡题跋杂书》的文献渊源及其阑入其他文类的原因，对《黄山谷题跋书后》文献出处仅做简单说明。明代流行的苏轼文集颇多，《苏东坡题跋杂书》的文献来源有《苏文忠公全集》《东坡前集》《东坡后集》三种。

《苏东坡题跋杂书》既以"题跋"命名，其构成当以题跋为主。传世苏轼文集以明茅维编《苏文忠公全集》保存题跋最多，共六卷，近六百条。其卷六十六至卷七十一的题跋文类是《苏东坡题跋杂书》最重要的文献来源。对于来自《苏文忠公全集》的条目，《苏东坡题跋杂书》做了两种不同的处理。一种是不做任何改动，完全承袭；一种是改拟篇题或将性质类似的条目合并。改拟篇题如：《苏东坡题跋杂书》卷二《记王彭语》，《全集》作《记王彭论曹刘之泽》，《戏书杜介帖》，《全集》作《书杜介求字》；卷三《记李邦直言》，《全集》作《记李邦直言周瑜》，《书赠张鹗》，《全集》作《书四适赠张鹗》，《跋石氏画苑》，《全集》作《跋画苑》；卷五《黄州示侄》，《全集》作《记与安节会饮》；卷六《公择分桃》，《全集》作《记公择天柱分桃》。合并条目如：卷一《评书六则》为合并《全集》的《评草书》《论书》《题醉草》《记潘延之评予书》《跋草书后》《自评字》而成；卷二《书子美诗》为合并《全集》的《书子美自评诗》《书子美云安诗》《书子美骢马行》《书子美黄四娘诗》《书子美屏迹诗》《记子美陋句》《书子美忆昔诗》《杂书子美诗》而成；卷五《杂书》为合并《全集》的《书求墨》《书石昌言爱墨》《书李公择墨蔽》而成。

《苏东坡题跋杂书》有部分条目来自《苏文忠公全集》的其他文类。"记"类，如《方丈记》出于卷十二"记"之《方丈记》。"铭"类，如《书雪浪斋铭》为《全集》卷十九"铭"之《雪浪斋铭并引》。"赞"类，如《书司马相如求赞》为《全集》卷二十一"赞"之《梦作司马相如求画赞并叙》的叙,《偃松屏》为《全集》卷二十一"赞"之《偃松屏赞》。"尺牍"类,如《与范子丰兄弟》出于《全集》卷五十"尺牍"之《与范子丰二首》其一,《记白水》出于卷五十三"尺牍"之《与陈季常十六首》第十六首,《书岭南纸》出于卷六十"尺牍"之《付过二首》其二,《书寄子由》为卷六十"尺牍"之《与子由弟十首》其一,《在惠州书》出于卷六十"尺牍"之《与子由弟十首》其七。

《苏文忠公全集》并非唯一收录题跋文的苏轼文集,《东坡前集》《东坡后集》中亦有题跋,只是二集编辑之时,题跋尚未有独立文类,只能被归入"杂文"与"释教"二类。《苏东坡题跋杂书》选录了《东坡前集》《东坡后集》中题跋数则,如《书琅琊篆后》、《书蒲永升画后》、《书乐毅论后》及《十八大阿罗汉颂》的跋尾。此外,《东坡前集》卷四十"释教"之《朱寿昌梁武帝忏赞偈》并非题跋,但也被选入《苏东坡题跋杂书》。

三 《苏东坡题跋杂书》与《东坡志林》

《苏东坡题跋杂书》成书之前,有赵开美刻本与商濬辑稗海本《东坡志林》刊行。《苏东坡题跋杂书》部分条目既见于赵刻《志林》,又见于《苏文忠公全集》"杂记"类,三书互见条目内容相同,文字稍有差异。部分互见条目对勘见表1。

表1《苏东坡题跋杂书》、赵刻《志林》、《苏文忠公全集》部分互见条目对勘

《苏东坡题跋杂书》	赵刻《志林》	《苏文忠公全集》
《贡父戏语》 二君皆入鬼录	《黎檬子》	《黎檬子》 "入"作"为"
《杂志》 缺 预以此先之 元符三年八月	《记三养》 缺 同《题跋》 同《题跋》	《节饮食说》 可损不可增 "先"作"告" 作"元丰六年八月二十七日书"
《书吴越名僧贻惠戒》 雅逸可爱 可久、垂云、清顺三阇黎 予作乐灭慧	《付僧惠诚游吴中代书十二》 同《题跋》 同《题跋》 同《题跋》	《妙总以下书赠惠诚》 作"雄逸变态" "三"作"二" 灭慧作于寺

续表

《苏东坡题跋杂书》	赵刻《志林》	《苏文忠公全集》
《志仲甫所闻》	《诵金刚经帖》	《金刚经报》
居此不知几年	同《题跋》	作"居此不记年"
平生诵金刚经自随	同《题跋》	作"平生诵金刚经,常以经自随"
每饥渴之念	同《题跋》	作"每有饥渴之心"
《书村民语》	《唐村老人言》	《唐允从论青苗》
庄民之老曰允从	同《题跋》	"庄民"作"唐氏"
缺"答"字	同《题跋》	子云答曰
缺"日"字	同《题跋》	日益富
虽天公不能齐也	同《题跋》	"公"作"工"
《志青州儿》	《冢中弃儿吸蟾气》	《空冢小儿》
物之有气者能蛰	同《题跋》	"气"作"灵"
燕蛇虾蟆之类是也	同《题跋》	缺"蟆"字
《海上时杂帖》	《寿禅师放生》	《寿禅师放生》
菩萨乃现身市曹以度之	同《题跋》	缺"之"字
去死地稍近	同《题跋》	"死"作"此"
《杂书》	《武帝踞厕见卫青》	《卫青奴才》
惟踞厕见卫青	同《题跋》	"踞"作"据"
《志文忠公语》	《僧相欧阳公》	《文忠公相》
耳白于面	同《题跋》	"于"作"如"
《读史杂书》	《刘伯伦》《刘凝之沈麟士》《王济王恺》《王夷甫》	《刘伯伦非达》《刘沈认履》《贵戚专杀》《王衍之死》
履	同《题跋》	"履"作"屐"
《张文规语》	《养生难于去欲》	《记张公规论去欲》
君采	同《题跋》	"采"作"素"
穷居海上	同《题跋》	"居"作"死"
《杂志》	《措大吃饭》	《二措大言志》
当饱吃饭了便睡,睡了又吃饭	同《题跋》	作"当饱吃饭,饭了便睡,睡了又吃"
《录文忠公语》	《记与欧公语》	《医者以意用药》
柂	同《题跋》	作"拖"
刮末	同《题跋》	"刮"作"割"
可以疗恶疾	同《题跋》	缺"疾"字
《志所见八阵石》	《八阵图》	《诸葛亮八阵》
葹正圜	同《题跋》	"圜"作"图"
甚可怪也	同《题跋》	缺

从表1可以看出，其一，《苏东坡题跋杂书》与赵刻《志林》互见条目文字相同，与《苏文忠公全集》稍有不同，由此可知，这些条目当出于《志林》，而非《全集》；其二，《苏东坡题跋杂书》条目的篇题与赵刻《志林》不同，显然经过杨鹤重拟。除此之外，《苏东坡题跋杂书》存在合并《志林》条目的现象，如卷四《读史杂书》为合并《东坡志林》的《刘伯伦》《刘凝之沈麟士》《王济王恺》《王夷甫》四条而成。

《苏东坡题跋杂书》仅有一条来自稗海本《志林》。卷三《李若之事》同时见于《苏文忠公全集》、赵刻《志林》、稗海本《志林》三书，《全集》与赵刻《志林》所述为"幸灵"事，唯稗海本《志林》"幸灵"作"韦虚"。按：三书涉及之事出于《晋书·幸灵传》，当以"幸灵"为是，稗海本误。《李若之事》袭稗海本《志林》之误，作"韦虚"，此条应来自稗海本《志林》。

四 《苏东坡题跋杂书》的其他文献来源

《苏东坡题跋杂书》的构成比较复杂，为杨鹤杂合众书而成，其中不仅有题跋，还包括其他文类，故在书名"题跋"之后加"杂书"二字，以示非纯题跋合集。其中，最能体现"杂书"性质的并非上述来自《苏文忠公全集》与《东坡志林》的条目，而是另外两类条目。一是改编自苏轼诗题与诗序的条目，此类条目本不是独立的文章，而是某一或某几首诗词的篇题或序、引。二是摘录宋人笔记中与苏轼相关文字而成的条目，此类条目根本不是苏轼文章。

《苏东坡题跋杂书》改编自诗题或诗序的条目颇多，如卷一《跋柳氏画》为《破琴诗引》之引，《书春夜词》为《西江月词并序》之序，《和陶诗杂引》为《和陶饮酒二十首并叙》《和陶归园田居六首并引》《和陶桃花源并引》三首之叙、引，《续梦诗》为《行琼儋间肩舆坐睡梦中得句云千山动鳞甲万谷酣笙钟觉而遇清风急雨戏作此数句》诗题；卷二《寒溪歌词》为《余与郭生游寒溪……萧萧暮雨人归去》诗题及诗,《书画竹》为《余归自道场何山遇大风因憩耘老溪亭命官奴秉烛捧砚写风竹一枝题诗云》诗题与诗;卷三《书攓云篇》为《攓云篇并引》之引,《撷菜》为《撷菜》诗序;卷四《寄邓道士》为《寄邓道士并引》之引,《记梦中回文语》为《记梦回文二首并叙》之叙,《张先生》为《张先生并叙》,《仇池石三诗》为《仆所藏仇池石希代之宝也王晋卿以小诗借观意在于夺仆不敢不借然以诗先之》《王晋卿示诗欲夺海石钱穆父王仲至蒋颖叔皆次韵穆至二公以为不可许独颖叔不然今日颖叔见访亲睹此石之妙遂悔前语仆以为晋卿岂可终闭不与者若能以韩干二散马易之者益可许也复次前韵》《轼欲以石易画晋卿难之穆父欲兼取二物颖叔欲焚画碎石乃复次前韵并解三诗之意》三诗诗题,《舶趠风》为《舶趠风并引》;卷五《言寄纯父》为《和时运并引》,《临城道中》为《临城道中作并引》,《忆中和堂》为《予前后守倅余杭凡五年夏秋之间蒸热不可过独中和堂东南颊下瞰海门洞视万里三伏常萧然也绍圣元年六月舟行赴岭外热甚忽忆此处而作是诗》诗题,《书云阇黎壁》为《去年秋偶游宝山上方入一小院阒然无人有僧隐几低头读书与之语漠然不甚对问其邻之僧曰此云阇梨也不出十五年矣今年六月自常润还复至其室则死葬数月矣作诗题其壁》诗题,《江月诗》为《江月诗并引》之引,《书竹枝歌》为《竹枝歌并叙》之叙;卷六《感旧诗引》为《感旧诗并引》之引,《题贺寄君诗》为《送乔仝寄贺君六首（并叙）》之叙,《书禅智寺诗》为《少年时尝过一村院见壁上有诗云夜凉疑有雨院静似无僧不知何人诗也宿黄州禅智寺寺僧皆不在夜半雨作偶记此诗故作一绝》诗题与诗。

《苏东坡题跋杂书》中摘录宋人笔记所载苏轼言行而成的条目相对较少,如卷一《食次书示客》出自朱弁《曲洧旧闻》卷五;卷二《书醉翁操》出自《渑水燕谈录》卷七,《书与徐信帖》出自《诗人玉屑》卷八,《在儋耳书》出自《曲洧旧闻》卷五;卷四《自记吴兴诗》出自《苕溪渔隐丛话前集》卷四十;卷五《杂帖》出自朱弁《风月堂诗话》卷上;卷六《书王量墨》出自《春渚纪闻》卷八。

上述两类条目的篇题多为重拟或新增，拟题大致模仿书中其他题跋的篇题样式，目的是使这些条目与题跋更相似。

相对于《苏东坡题跋杂书》而言，《黄山谷题跋书后》的内容比较"纯"，来源较为单一，分别来自《豫章黄先生集》《山谷外集》《山谷别集》三书的"题跋"类，并未有条目溢出三书，且内容与篇题完全忠实原书，不存在重拟篇题的现象。

五　杨鹤本《苏黄题跋》的编辑特点

通过上文对《苏东坡题跋杂书》文献渊源的考察，我们发现，除题跋外，书中收入大量的记、序、引、铭、赞、杂记、尺牍、偈语、诗题，甚至是苏轼的笔记或其他宋人笔记中与苏轼相关的内容，它们都不是一般意义上的题跋。选集的编选与时代风气密不可分。《苏东坡题跋杂书》大约成书于"万历至崇祯间，是小品文的全盛时期"[1]。在它成书之前，万历三十九年（1611）明王纳谏编有《苏长公小品》，其书分为上、下卷，卷上包括赋、序、铭、书、记、启六类，卷下包括题跋、杂记、杂著三类。在它成书之后，崇祯六年（1633）陆云龙编《十六名家小品》所收文类有序、引、记、赋、尺牍、赞、题跋、铭等。《苏东坡题跋杂书》与晚明小品集中的文类重合颇多，可见，杨鹤是按照小品集的标准来编辑《苏东坡题跋杂书》的。

若是将《苏东坡题跋杂书》与另一类小品专体文选——尺牍集对照，我们会发现它的特殊之处。无论是哪一本尺牍集，都只选入尺牍，不杂其他文体。题跋为什么可以任意选入别种文体，甚至成为一部"杂书"呢？这在辨体盛行的明代是一个十分值得探讨的现象。古今对题跋的界定大致有两种。一种认为："题跋者，简编之后语也。"[2] 另一种认为："题跋是指题写于书画、书籍、金石、碑帖乃至诗文作品前后

---

[1] 吴承学、董上德：《明人小品述略》，《中山大学学报》（社会科学版）1994年第2期。
[2] （明）徐师曾著，罗根泽校点《文体明辨序说》"题跋"条，人民文学出版社，1998，136页。

的文字。"① 无论哪一种界定都承认题跋的副文本性质，即题跋创作之前必须有一个先存在的文本或绘本，题跋通常要写在文本或绘本之上。若以此属性衡量题跋文类，自古它就不是一种严格遵守排他性原则的文类。以宋代文集的题跋文类为例，它常收入的题壁、题名、书事、书赠、碑阴文以及各种杂文，均为独立撰写的文本，不具有副文本属性。它们或是因为题名、内容相似，或是文集编辑的需要，才被编入题跋文类。从某种意义上说，在文集的文类中，"题跋"常常具有"杂文"或"杂著"的功能。周必大编欧阳修《居士外集》便将"杂文"与"题跋"二类合并，命名为"杂题跋"，兼收题跋与杂文。

尽管题跋文类存在收录其他文体的习惯，但不可否认的是，其主体依然为题跋，兼收的其他文体只是少数。比如与《苏东坡题跋杂书》合刊的《黄山谷题跋书后》共收文261则，其中题壁、题名、杂记、杂文等非题跋文仅22则，不足十分之一，且是沿袭黄庭坚文集的旧例而来，选文范围不出《豫章黄先生集》《山谷外集》《山谷别集》的题跋文类。而《苏东坡题跋杂书》收入非题跋文的比例约为四分之一，选文范围大大超出茅维编《苏文忠公全集》的题跋文类。二书同出于杨鹤之手，是什么原因使得它们的编选标准如此不同？要弄清这个问题必须对《苏东坡题跋杂书》的主要文献来源《苏文忠公全集》的题跋文类做史源学的考察。《苏文忠公全集》题跋文类出于南宋人所编《东坡外集》，《东坡外集》前曾有编者《原序》一篇云："编旧集者，或摘取题跋及诗者为'诗话'，或总取'杂记'与'题跋'而目为"志林"，皆非先生本意。今故不敢妄立品目，但曰'题跋'，曰'杂记'，览者其鉴之。"② 按《原序》所言，《东坡外集》题跋文类乃是从"志林"分出，据孔凡礼先生考证，宋代"志林"乃《东坡大全集》中的

---

① 王晓骊：《涉笔成趣：论宋人题跋的文学性》，《吉林师范大学学报》（人文社会科学版）2014年第4期。
② （宋）苏轼：《东坡外集·原序》，《重编东坡先生外集》卷首，中国国家图书馆藏万历三十六年（1608）刻本。

一类，"是苏轼身后人们对他的随笔、题跋、诗文话一类文字的总称……和后来的题跋、杂记一样，不过范围还要广一些"①。考《原序》中详列的《东坡外集》资料来源恰有《东坡大全集》一种。可知，《东坡外集》题跋文类原是宋代《东坡大全集》"志林"的一部分，《东坡外集》编者认为"编旧集者"常将题跋与诗话、志林混淆，所以将它们独立出来，编为《东坡外集》卷三十七至五十五"题跋"。但考察《东坡外集》题跋，情况却不像编者描述得那样简单。《东坡外集》按题材将十九卷题跋分为杂文、诗词、书帖、画、纸墨、笔砚、琴棋杂器、游行八类。其中纸墨、笔砚、琴棋杂器根本不是文本或绘本，不具有题跋的可能性，三类题跋的内容多是对笔、墨、纸、砚的记录、品评，性质与杂记或笔记类似；游行类则多录游记，苏轼传世游记名篇《记承天寺夜游》《记游定惠院》皆在其中。即使编者所谓的杂文、诗词、书帖、画题跋也夹杂着不少从宋人笔记或诗话中截取的条目。如卷四十一"题跋诗词"之《记太白诗》乃赵令畤《侯鲭录》中秦观语②；卷四十二"题跋诗词"之《书韩定辞马郁诗》为抄录《北梦琐言》而成，《辨杜子美杜鹃诗》为北宋人李新所作《杜鹃辨》；卷四十九"题跋书帖"之《记与君谟论书》为改易欧阳修笔记《试笔》中《作字要熟》《苏子美蔡君谟书》二则而成③。又，卷四十六"题跋诗词"之《书昙秀诗》、卷四十三"题跋诗词"之《书渊明酬刘柴桑诗》《书司空图诗》又见于《王直方诗话》。④《郡斋读书志》称："元祐中，苏子瞻及其门下士……亟会其家，由是得闻绪言余论，因辑成此书（即《王直方诗话》）。"⑤《东坡外集》中此三条当出于《王直方诗话》。所

---

① 孔凡礼：《南宋时不存在三卷本东坡〈志林〉一书》，载《孔凡礼文存》，中华书局，2009，第83页。
② 王宏生：《北宋书学文献考论》，上海三联书店，2008，第147—150页。
③ 丛文俊：《〈东坡题跋〉"记与蔡君谟论书"证伪》，《古籍整理研究学刊》2003年第5期。
④ 《王直方诗话》已佚，《书昙秀诗》《书渊明酬刘柴桑诗》《书司空图诗》分别见于《诗话总龟前集》卷十四、二十五、八引《王直方诗话》。
⑤ （宋）晁公武著，孙猛校证《郡斋读书志校证》卷十三，上海古籍出版社，2005，第602页。

以,承《东坡外集》而来的《苏文忠公全集》的题跋文类包含了大量的杂记、笔记、诗话以及游记等文体。

杨鹤编辑《苏东坡题跋杂书》时,既受到小品思想的影响,又考虑到其文献来源的特征。他收入《东坡志林》和宋人笔记、杂记、游记等其他文体是沿袭《苏文忠公全集》题跋文类的收文习惯,而改编自诗题、序、引的条目则是模仿《苏文忠公全集》中诗话的样式。杨鹤对《苏东坡题跋杂书》文体杂糅的现象有清晰的认识,故在书名中冠以"杂书",以示其特点。需要说明的是,无论是《苏文忠公全集》题跋文类,还是杨鹤《苏东坡题跋杂书》,在古代诸家题跋中都是一个特例。以现代文体学的观念来衡量古代的题跋文类,它确实不完全遵守文类的排他性原则,即常收入非题跋文,但绝不至于将题跋的范畴扩大到如《苏文忠公全集》题跋文类一般。启功先生早已指出:"昔宋之苏、黄题跋多辑两公手书遗迹,杂书纪事亦在其中,并不尽属'书后'、'题跋'也。"① 但似乎并没有引起学界的重视,其后以《苏文忠公全集》(即后由孔凡礼先生点校,中华书局出版的《苏轼文集》)题跋文类作为文献基础探讨苏轼题跋的研究者不在少数。基于《苏文忠公全集》题跋文类,研究者对苏轼题跋几乎都有这样的认识:第一,其开拓了题跋载体的题材,除文本与绘本外,载体的范围广及纸墨、笔砚、琴棋、古玩、山川形胜、亭台楼阁甚至是日常游览;第二,其突破了题跋固有的体式限制。② 但是这一认识建立在对许多非题跋的分析之上,是值得商榷的。故此,《苏文忠公全集》中的题跋文类以及在它基础上形成的题跋专集既不能当作古代题跋文类的通例,也不能在不做辨析的情况下作为讨论苏轼题跋的蓝本。

---

① 启功:《启功丛稿·前言》,中华书局,1999,第1页。
② 参见朱迎平《宋代题跋文的勃兴及其文化意蕴》,《文学遗产》2000年第4期;安芮璇《苏轼题跋文初探》,载《第三届宋代文学国际研讨会论文集》,宁夏人民出版社,2005,第522、528页;李蓉《破体为文与文备众体——东坡杂录题跋探析》,《佳木斯大学社会科学学报》2014年第6期。

结 语

  题跋篇幅短小，抒情、叙事、议论、品评无施不可，几乎可以作为小品的典范。在晚明，苏、黄二家题跋尤为人们推崇。毛晋称："元祐大家，世称苏、黄二老……凡人物书画，一经二老题跋，非雷非霆，而千载震惊，似乎莫可伯仲。"[①] 陈继儒在《书杨侍御刻〈苏黄题跋〉》中说："题跋，文章家之短兵也。钵底有狞龙，靸鞋脚下有劣虎，非笔具神通者未暇办此……苏黄之妙，妙在题跋，其次尺牍，其次词。题跋鲜有合刻者，合之自侍御杨公始。"[②] 在杨鹤本《苏黄题跋》成书之前，苏、黄二家题跋虽已在文集中单独成类，但并未有专书行世，杨鹤第一次将苏、黄题跋辑出单行。其书的刊行不仅促进了苏、黄题跋的流行与传播，从某种意义上说，也为时人的题跋写作提供了学习与借鉴的对象。

  杨鹤本《苏黄题跋》之后，又产生了不少题跋专书，它们或多或少受到杨鹤本《苏黄题跋》的启发与影响。比较有代表性的有明黄嘉惠刊本《苏黄题跋》、明毛晋刊本《津逮秘书》宋人题跋、清温一贞本《苏黄题跋》。其中黄嘉惠本《苏黄题跋》受杨鹤本影响最大，其《山谷题跋》直接来自《黄山谷题跋书后》，内容与之完全相同，《东坡题跋》则受到《苏东坡题跋杂书》编选思想的影响，将"题跋"的选文范围扩得更大。《津逮秘书》本宋人题跋，除苏、黄二家之外，又汇集了宋、金比较有代表性的二十余家题跋。从苏、黄题跋至宋人二十余家题跋，大大增加了题跋的阅读范围，推动了题跋的传播与发展。杨鹤本《苏黄题跋》在题跋编辑史上有筚路蓝缕之功，在题跋研究甚至是小品研究中，应当引起研究者的关注。

[①]（明）毛晋撰，潘景郑校订《汲古阁书跋》，古典文学出版社，1958，第25页。
[②]（明）陈继儒：《白石樵真稿》卷二十二，第365页。

支丰宜家世考略*

◇关庆涛**

摘　要：由上海图书馆所藏《镇江支氏宗谱》残本，可以发现《曲目新编》作者支丰宜的家世、生平的新材料。乾隆之前，镇江支氏未曾发迹，后涉足盐业，家道殷实，乐于慈善，后注重科举，步入仕途。镇江支氏经三代习儒，渐为诗书官宦之家，子嗣多擅长诗书画，有大量作品存世。镇江支氏与文人雅士交流广泛，其中不乏享誉当时的文人雅士，促进了镇江支氏家族的文学创作。支丰宜家世的相关考辨，对镇江支氏家族及其家族文学的研究均具有重要意义。

关键词：支丰宜　曲目新编　镇江支氏宗谱

《曲目新编》为清代戏曲论著中比较重要的一种，作者支丰宜博雅好古，精于词曲。《曲目新编》不仅便于检索，还"俾知某曲出某本，某曲出某剧，长歌之下，开卷了然，亦未始非顾曲者之一助也"[1]，对戏曲的欣赏和研究起到了积极作用。然而，我们对支丰宜却知之甚少，《曲目新编提要》仅有"支丰宜，字午亭，道光间江苏镇江人。生平事迹待考"[2] 寥寥几语，长期以来，学界亦无有关支丰宜的考证文章，此诚为憾事。笔者近日翻检上海图书馆所藏《镇江支氏宗谱》，觅得有关支丰宜的重要线索，对考证支丰宜的家世及其生平、著述情况略有补益。

---

*　［基金项目］哈尔滨商业大学青年创新人才支持项目"清代镇江支氏家族文学研究"，项目编号：2016QN019。

**　关庆涛，哈尔滨商业大学基础科学学院讲师，研究方向为中国古代戏曲与小说。

[1]　（清）钱泳：《曲目新编·曲目新编小序》，载《中国古典戏曲论著集成》（九），中国戏剧出版社，1959，第129—130页。

[2]　中国戏曲研究院：《曲目新编提要》，载《中国古典戏曲论著集成》（九），第127页。

一　清代镇江支氏考略

　　清代镇江支氏家族属于名门望族，历史悠久。"据考，汉代月氏国又称月氏或大月氏，为当时西域一大国，后移迁全国各地。支姓之出现，应以唐统一天下起，其始祖应是支叔才。"① 支姓历代名人不绝，支伟成所著《清代朴学大师列传》系统梳理了镇江支氏的知名人士。明代永乐初年，支氏思诚公即以举人授迪功郎，被清代镇江支氏认作始祖。而《镇江支氏宗谱》三、四、五房亦皆以思诚公为始祖。二者可相互印证。清初，支氏随清兵入关，居于江苏丹徒。《丹徒县志》《镇江支氏宗谱》等文献记载，清代镇江支氏家族人才辈出，政治家、书法家、画家、文学家、戏曲家、数学家、经济学家、军事家、慈善家，一应俱全。江苏镇江丹徒在清代后期成为盐商聚居的中心，支氏家族亦以贩盐起家，至第二十世支景山时，已为当地富族。《丹徒县志》第三十六卷《尚义》载：

　　　　支景山，字柏崖，性慈善，好周济。为鹾商淮南总办，凡扬镇及西楚两省所有各义举，无不捐资乐助，复念宗党繁衍，效范公设立义庄，周恤贫族。道光三十年，江苏巡抚提请旌表，奉旨建坊，给予"乐善好施"字样。以例屡膺封资政大夫，寿八十六。

支景山以贩盐起家，渐至鹾商淮南总办，具有一定社会地位。富裕后的支景山乐于慈善事业，义举遍及"扬镇及西楚两省"，影响很大。支景山捐助的事业包括学校、城池、考场、孤儿院、养老院等公益场所。每逢天灾，支景山均号召镇江富族慷慨解囊，拯救黎民，一时声名远播。江苏巡抚提请旌表，奉旨建坊，朝廷给予"乐善好施"牌匾。此外，

---
① 淡泊：《中华万姓谱》，中国档案出版社，2006，第256页。

支景山效仿范仲淹设置义庄，用俸禄置田产，收地租，用以赡养族人，起到聚宗收族的作用。义庄为族人提供口粮衣料费、婚姻丧葬费、科举费等无偿资助，同时可用来办家塾。因此自支景山之后，镇江支氏家族科举及第者逐渐增多，为百年望族奠定了坚实基础。

清代镇江支氏家族从入关至支景山发迹变泰，经历一百余年，其间支氏家族默默无闻，这不符合家族发展逻辑。没有家族数代人奋斗的积累，仅凭支景山一代人的努力即骤然成为䃉商淮南总办，也不符合商业发展轨迹。近来，笔者发现了上海图书馆所藏《镇江支氏宗谱》，该谱简要记载了镇江支氏家族成员。通过仔细研读，对清代镇江支氏家族的兴起有了更为清晰的认知。

《镇江支氏宗谱》，作者不详，一册，民国木活字本，残本。上海图书馆所藏第六卷，为镇派西分三、四、五各房世表。四周双边，单鱼尾，白口，书口题"支氏宗谱"，版心刻有卷数、卷名，版心下题"博知堂"。首页首行题"癸亥重修支氏宗谱卷六"，左题"世表二"，次"镇派西分三四五各房世表"。据该谱所载，有清一代，镇江支氏为镇江地区望族，但镇江支氏在乾隆之前未曾发迹。明永乐年间，镇江支氏第七世支思诚虽中举，但子嗣不广："公讳思诚，明永乐初以举人才授迪功郎，配徐氏，生一子，九住。"① 镇江支氏第八世支九住默默无闻，"公讳九住……子五，但详排行曰'八一、八二、八三、八四、八五'，是为西分五房之祖"②。支九住不但无功名，就连五子的姓名亦不详，故后人径以排行定名，分别为镇江支氏五房之祖。支丰宜是第四房支八四之后，记载于《镇派西分四房世表》之中。

镇江支氏四房从第九世支八四到第十九世之间，未曾发迹。但起关键作用的是第十八世支廷泰：

> 公讳廷泰，字惠生，生于康熙二十二年癸亥十二月二十四日卯

---

① 《镇江支氏宗谱·镇派西分四房世表》，上海图书馆藏民国年间刻本。
② 《镇江支氏宗谱·镇派西分四房世表》。

时，卒于乾隆十年乙丑十月十六日卯时，享年六十有三，貤赠资政大夫，甘肃分巡平庆泾等处盐法兵备道，加五级，记录八次。配殷氏，生于康熙三十九年庚辰七月十一日卯时，卒于乾隆二十年丙子八月二十六日，时享年五十有七岁，貤赠夫人，奉遗命合葬金坛县清培村乾山，巽向。子三，鹤、麟、鸾。①

支廷泰兄弟四人，只有支廷泰子嗣兴旺，其下有三位胞弟，生卒年皆不详。廷乾无出，廷裕生一子，但游四川未归，廷亨早逝。支廷泰因其子支麟貤赠甘肃分巡平庆泾等处盐法兵备道，不能直接说明支廷泰所从事的职业与盐业有关，但从其比较详细的记录分析，支廷泰在镇江支氏家族中地位比较显要，或者经商，家道殷实，或者做官，家道富贵。结合其子支麟屡次升迁皆与盐务有关，支廷泰从事盐业的可能性比较大。镇江支氏家族第十九世支麟始入太学，并开始在盐务领域做官。《镇江支氏宗谱》记载：

> 公讳麟，字愚亭，生于康熙六十一年壬寅九月十六日卯时，卒于乾隆四十年乙未五月二十九日戌时，享年五十有四，以太学生貤赠朝议大夫，议叙知州，加二级，诰赠中议大夫，候选府同知，加三级，例晋通议大夫，候选盐运司运同，加三级，记录二次，晋赠通奉大夫，议叙盐运司运同，加四级，累赠资政大夫，即选道，加四级，甘肃分巡平庆泾等处盐法兵备道，加五级，记录八次。……子三，仰山、景山、嵩山。②

尽管支麟之朝议大夫因支景山封官貤赠而来，但其后支麟通过自身努力，仕宦颇为顺利。在他的仕宦履历中有盐运同、盐道的经历，其多次升迁皆与盐务有关，最终任甘肃分巡平庆泾等处盐法兵备道，这为支景

---

① 《镇江支氏宗谱·镇派西分四房世表》。
② 《镇江支氏宗谱·镇派西分四房世表》。

山为鹾商淮南总办奠定了坚实基础。尤为重要者，支麟在仕宦升迁的同时，注重个人文化修养的提升，其以太学生貤赠朝议大夫，虽不曾中举，但在家族中树起了重视教育的风气。受其影响，镇江支氏家族自此开始研读，支麟三子均为太学生，支氏始为书香门第。伴随着支氏成为书香门第，其家族开始逐渐昌盛，第二十世支景山继承父业，在盐务领域大展宏图，成为鹾商淮南总办，并官至刑部尚书。镇江支氏西分四房实发迹于第二十世支景山：

> 公讳景山，字慕贤，又字柏严，生于乾隆十九年甲戌九月初二日亥时，卒于道光十九年己亥五月初五日申时，享寿八十有六，以国学生例授登仕郎，议叙九品衔，例封儒林郎，候选州同知，诰封奉直大夫，议叙盐课司提举，晋封奉政大夫、刑部郎中，山东司行走兼贵州司事例，例晋朝议大夫，候选知府，又诰封朝议大夫，议叙知州，加二级，晋封中议大夫，候选府同知，议叙加三级，记录二次，例晋通议大夫，候选盐运司运同，加三级，记录二次，诰封通奉大夫，议叙盐运司运同，加四级，累赠资政大夫，即选道，加四级，甘肃分巡平庆泾等处盐法兵备道，加五级，记录八次。……赐进士及第，诰受荣禄大夫，署理刑部尚书。……子七，方春、济、丰宜、方奎、方和、方廉、效林。①

支麟为太学生，其子支景山沿袭父业，亦入太学，此时支氏已经两代习儒。支景山仕宦亦颇为得意，官至刑部尚书，且死后赐进士及第。镇江支氏西分四房至支景山，已经颇为显赫。正因如此，支景山所生七子全部出仕做官，其中方春、济、丰宜、方奎、效林五人入太学，支方廉工书法，在中国古代书画史上影响极大。支丰宜官至正二品，为七子中最显赫者。支丰宜之祖父支麟、父支景山均出身国学生，文化素养较高；支氏一门皆仕宦，且官居要职，文人墨客、门生故吏往来于支氏门庭者

---

① 《镇江支氏宗谱·镇派西分四房世表》。

必不在少数，闲暇聚会时赏戏听曲聊以解闷，当属雅事。支丰宜自小便深受其父辈影响，耳濡目染，于戏曲较为热衷。

二 支丰宜小考

支丰宜小传记载于《镇江支氏宗谱·镇派西分四房世表》中，兹按原文抄录于下。原文空缺处，今以"□"代替：

> 丰宜，柏岩公三子，原名方中，字午亭，号云椒，太学生，候选布政司理问，例授儒林郎，议叙知州，加二级，又议叙，加一级，记录三次，诰授中议大夫，候选盐运司运同，议叙加三级，记录二次，例晋通议大夫，以湖北崇阳军功报效，钦加道衔，诰授中宪大夫，加四级，又以两淮报效军需，奉旨给予正二品，封典诰，封资政大夫，生于乾隆五十四年乙酉九月二十日亥时，卒于咸丰四年甲寅闰七月初七日辰时。

> 配颜氏，例封安人，例晋宜人，诰封淑人，晋封夫人，生于乾隆五十七年壬子六月二十八日卯时，卒于咸丰十一年辛酉五月初四日□时。

> 继室余氏，例封宜人，诰封恭人，生于嘉庆十八年癸酉三月二十日卯时，卒于道光二十五年乙巳三月十五日午时，合葬城西五洲山枝东庠，土名西岗山。

> 子六，昭安、清佐、昭椠、昭龄、昭鼎、昭甲，女二，长适茅，次适朱。

> 侧室王氏生于嘉庆十五年庚午二月十三日丑时，卒于道光七年丁亥十一月十三日卯时。

> 傅氏生于嘉庆十二年丁卯三月初一日午时，卒于道光十五年乙未二月二十七日戌时。

> 张氏生于嘉庆二十五年庚辰五月二十五日子时，卒于道光十九年乙亥正月二十五日戌时。俱葬南门外庙四湾李家癸山丁向，坟主

张廷维王氏,傅氏右首副穴,张氏左首副穴。

刘氏生于道光七年丁亥七月十七日子时,卒于光绪□年□十二月□日□时,葬宝应城北。①

据此材料可知,支丰宜,原名支方中,字午亭,生于乾隆五十四年乙酉(1789)九月二十日亥时,卒于咸丰四年甲寅(1854)闰七月初七日辰时,其主要生活年代为嘉庆、道光年间,寿六十五而终。支丰宜初入仕途即授正六品官阶的儒林郎,之后可谓平步青云、扶摇直上,历任正四品的中议大夫、正三品的通议大夫及正二品的资政大夫,为政主要集中在盐业领域。观其仕途,具体授官时间不可考,但查《清实录》,"湖北崇阳军功"当指参与镇压爆发于道光二十一年(1841)十二月十二日的以钟人杰为首的农民起义②;"两淮报效军需"当指道光二十二年(1842)英国舰队入侵,清政府与其签订《南京条约》后,因报效军需而有功③。《镇江支氏族谱》记载,支丰宜之甥支昭训"道光二十二年以江西铸炮军功议叙国子监典籍,二十三年以两淮报销军需,奉旨着以训导,不论单双月尽先选用"。支丰宜与支昭训同为两淮报销军需而受奖,支昭训在道光二十三年(1843)受奖,与支丰宜相差一年,当为从报送获奖官员到朝廷批准,其间耽搁一年所致。据此推知,支丰宜升任正二品当在道光二十二年、二十三年之间,此时支丰宜年在五十三四岁。从支丰宜的履历来看,其仕宦生涯可谓一帆风顺。官宦世家生活优渥,戏曲为闲暇娱乐方式之一,日复一日,长期浸染,渐成里手,故钱泳在《曲目新编小序》中称其"称于词曲"④。现存最早的《曲目新编》为道光二十三年(1843)刊本,此年支丰

---

① 《镇江支氏宗谱·镇派西分四房世表》。
② 《清实录》道光二十二年(1842)记载:"逆匪于上年十二月十二日据城戕官,建立伪号。经该督等调兵防剿,谋勇兼施,在事文武官员、弁兵绅民均能同心协力、迅扫槐枪。甫及四旬,收复崇阳县城。"(中华书局影印本,1985)
③ 《清实录》道光二十二年(1842)记载:"以江苏军需报销完竣,予道库大使陈淦等升补有差。"
④ (清)钱泳:《曲目新编曲目新编小序》,载《中国古典戏曲论著集成》(九),第129—130页。

宜五十四岁,由仕宦生涯的巅峰刚刚致仕,闲暇时间比较多,故有此创作。

支丰宜创作《曲目新编》有一个更为重要的目的,即乾隆四十六年(1781),朝廷下旨,命两淮巡盐御史伊龄阿于扬州设局整理戏曲,意在利用戏曲通俗性的特点,达到教化民众的目的。此次戏曲整理历经四年,规模很大。扬州临近镇江,支氏是镇江大族,屡受皇恩,故增益黄文旸《曲海目》而成《曲目新编》,将国朝内容置前。①

三 支丰宜的子嗣及交游

镇江支氏西分四房虽发迹于第二十世支景山,实显耀于第二十一世,其中以支丰宜最著,故清何绍章《丹徒县志》卷二十四《封赠》以支丰宜为中心记载朝廷对镇江支氏的封赠。② 支氏经历三世书香,至第二十二世,文学素养已经相当深厚。清代镇江支氏一门著述颇丰,经笔者初步统计,有支丰宜《曲目新编》、支清佐《梦荃阁拟古诗草》、支清彦《双桂堂诗存》与《徐侣樵(起渭)先生年谱》、支昭鼎《支昭鼎遗稿》(已佚)与《春草闲房题画存稿》、支恒椿《松阳县志十二卷首一卷》、支伟成(懋祺)《清代朴学大师列传》等八部。

支丰宜之子支清佐著有《梦荃阁拟古诗草》,至今存世,现藏于南京图书馆。该诗集乃支清佐拟汉魏至唐代诗歌所作,总计百首。诗体遍及古体、五七言绝句、五七言律诗、歌行等诸体。诗集前有支清佐自序云:

---

① 支丰宜《曲目新编》前有"谨按":"传奇、杂剧莫盛于国朝,故以元、明人次之,合成一表。如有未备,再列补遗于后,汇成大观。"
② 该《丹徒县志》为清光绪五年(1879)刊本,全文如下:"支丰宜祖麟,累赠中议大夫,议叙知州,加四级,祖母刘氏,赠淑人。父景山,累封中议大夫,母张氏,封淑人。支方廉曾祖廷泰,祖麟,父景山,赠资政大夫,甘肃平庆泾道,加四级,曾祖段氏,祖母刘氏,母张氏,赠夫人,胞叔嵩山,貤封奉政大夫,刑部山东司郎中,叔母刘氏,赠宜人。支昭升父方和,赠奉直大夫,候选员外郎,母李氏,封宜人,伯父方奎,赠奉直大夫,伯母陈氏,封宜人。支清佐,生母余氏,封宜人。支昭恩,生母王氏,封宜人。支效林,父景山,封奉直大夫,盐课司提举衔,母张氏,封宜人。"

> 拟古之作自汉魏以来，鲜有能出乎原作右者，故云既不能胜，又何必拟？近世词人多从其言，拟作之诗于是罕见。余谓不然，拟诗固不能胜，而自作之诗亦岂尽佳，或言亦未免太泥，大凡拟诗，譬若临摹古帖，不过仿其神理，仍自舒写性灵，乃学者入门之阶梯也。甲子仲夏，偶拈汉魏及唐人旧题，略拟百首以消长日，虽未能尽得其神，亦可以借他人酒杯，浇自己块垒。录成一卷，聊可寄一时之兴云。清佐自识。①

甲子为同治三年（1864），支清佐出生于道光十年（1830），此时三十四岁，正值壮年。《梦荃阁拟古诗草》是支清佐诗歌的代表作，同时也是镇江支氏西分四房文学成就的代表。通过此序可知，支清佐不拘泥于当时诗歌创作的成见，大胆创作拟古诗，诗歌思想比较先进，且深受性灵派诗歌创作主张的影响，"舒写性灵"成为其诗歌创作的主导思想，这在其诗歌创作中体现得颇为深刻。

支清彦是支氏家族中另一重要成员，著有《双桂堂诗存》，共三卷，馆藏于国内多家图书馆。卷首有四篇序文，对了解支清彦的生平、交游以及清代镇江支氏家族的家规家风具有重要作用。沈守廉所作序文称："支少鹤学士清彦，海盐人也。少负文望，入词林。及出四川学使时正。先文节公典试入蜀，一时千载，后以乡里寇乱，家于秦，未归而殁。遗妾及两子亦先后亡。有女婿同里黄景周（华镐）、汾阳杨少渔（振奎）送之归葬立嗣。三十年事，不堪回首。今嗣子明甫兄骏声，依少渔幕，出学士所遗诗稿，寄嘱为叙。"② 此序交代了支清彦的生平概况，并介绍了支清彦的两个女婿及他的儿子支明甫。该序还介绍了支清彦诗歌在战火中毁坏殆尽，两位女婿及其子为显扬父亲，搜集遗作，整理刻印成《双桂堂诗存》。曹甡孙所做序文介绍了其父与支清彦的交游，支清彦乃曹甡孙父亲的乡试荐卷师父，"泊先生以视四川学政出

---

① （清）支清佐：《梦荃阁拟古诗草》，南京图书馆藏同治三年（1864）刻本。
② （清）支清彦：《双桂堂诗存》，吉林图书馆藏光绪二十四年（1898）刻本。

京，任满乞假归后，遂不相闻。然先生之品节学问，先君每称述之，以诏小子，尤以不得其人后消息为憾"①。后曹甡孙先后遇到杨振奎及支明甫，支明甫委托曹甡孙父亲为《双桂堂诗存》作序，不幸的是曹父中途病逝，遂由曹甡孙作序。

杨振奎是支清彦的女婿，所作序文比其他三篇更加详细：

> 《双桂堂诗存》，外舅少鹤公所著也。公负奇才，倜傥有大志。髫年以经古文辞名，酷嗜吟咏。戊戌，入词林。丁未，廷考以第三名授阁学，寻得三品卿，督学巴蜀，秉文衡六载，拔擢人材多知名士。顾性澹荣，进请奉祠作归计，以东南余发未靖，田园荒芜，爱灞陵风景而侨居焉。②

支清彦道光十八年（1838）考中进士，入翰林院，十年后，以廷考第三名入内阁，官三品，督学巴蜀六年。他早年颖异，独立卓群，这主要源于其家学影响。在《双桂堂诗存》中有十四首自述诗，前十一首每首诗歌后均有一段小字注，分别为："五六岁时，先君子授徒在外，四子五经皆先妣教授……八岁始出外从先君子就学……十二岁始就试……小试三次不售……十七岁补弟子员出外授徒……十九岁秋闱后，先君子弃养……少时跳荡不羁，辄为乡先生所斥……二十二岁报阕赴秋闱，不售……二十四岁后，每试屡压其曹，而秋闱仍连年报罢……二十六岁岁试不录……二十七岁科试后，先妣又弃养……先妣劳伤过度，而医者以镇痰驱风之药投之，遂至不起。"③ 这些自注简要描绘了支清彦进士题名前的学习生涯，其中提到了父亲在外讲学、母亲教支清彦兄弟四人学习《五经》的经历。这些经历符合清代镇江支氏家族的自然状况，也是清代镇江支氏家风的典型浓缩。此外，据此可约略判定支清彦二十七岁中进士，时年为道光十八年（1838），支清彦出生于嘉庆十七年

---

① （清）支清彦：《双桂堂诗存》。
② （清）支清彦：《双桂堂诗存》。
③ （清）支清彦：《双桂堂诗存》。

(1812)。

镇江支氏除文学素养深厚外,还在书法、绘画等领域造诣颇深。《中国美术家大辞典》收录支恒荣、支润彦、支涌文三位。《丹徒县志》收录支清佐好蓄名画,并工山水,用双钩法,笔墨老横,设色却极妍丽,深得白阳山人之妙。支丰宜本人擅长绘画,2013年秋季北京保利艺术品拍卖会即有支丰宜《阳山偕隐图册》,该图有乾隆五十五年(1790)王文治题书。2011年西泠秋拍推出的宋拓《定武兰亭序》,是兰亭集序的石刻之冠,此拓经南宋丞相游似,明晋王朱棡,清代鉴藏家安岐、张若霭、支方廉、支恒荣递藏,流传有序。晋王为明太祖第三子;安岐世为鹾商,家巨富,拥厚赀,极精鉴赏又雅好收藏;张若霭字晴岚,大学士张廷玉次子,二十岁时便高中进士二甲第一名,后官至礼部尚书,以书画供奉内廷,善画山水、花鸟,亦工书法。嘉庆、道光年间归藏镇江支氏,支方廉乃支恒荣祖父。支恒荣不仅收藏《定武兰亭序》,其临摹而成的《兰亭集序》扇面,也成为2014年华艺陶真拍卖会的重要拍卖作品之一。由此可见,清代镇江支氏的书画作品水平和收藏层次都非常高,镇江支氏的绘画作品在近几年各大拍卖会上比较活跃。

支丰宜与当地儒林交往密切,其《曲目新编》序言为钱泳所作。钱泳乃清代学者、书法家,籍贯无锡,年方弱冠即游幕异乡,足迹遍及直隶、湖北、江西、安徽、浙江、福建等省。钱泳一生交友甚广,与翁文纲、王昶、孙星衍、洪亮吉、章学诚、袁子随、包世臣等学者往来。钱泳一生著作颇丰,有《说文识小录》《守望新书》《履园丛话》《述德编》《登楼杂记》《铁卷考》等30余种。钱泳精通金石碑版之学,尤善篆书,墨宝遍及江浙一带。钱泳与支丰宜同为江苏人,又同为乡间显贵通达之士,两家距离不远,往还密切。钱泳与支方廉交往深厚,支方廉为支景山第六子,支丰宜胞弟。钱泳来往邗上时,辄寄居支家,与支方廉结为至交。道光二十年(1840),钱泳年逾耄耋,在镇江为支丰宜修宗谱。修谱之暇,钱泳曾展观支氏所藏两卷《兰亭序》,并为《兰亭序》撰写跋语。

《曲目新编》前有《题词》，乃严保庸、汤贻汾、包世臣等名家所作。汤贻汾出生于乾隆四十三年（1778），支丰宜出生于乾隆五十四年（1789），二者相差十一岁。浙江大学鲍志宏的硕士学位论文《汤贻汾研究》一文，对研究汤贻汾与清代镇江支氏家族的文学往来具有借鉴意义。《清代毗陵名人小传稿》称汤贻汾为有清一代毗陵人以诗书画号大家、著天下者。包世臣出生于乾隆四十年（1775），与支丰宜相差十四岁。包世臣乃包拯之后，出身书香门第。目前关于包世臣的研究已经相当深入、系统，南京艺术学院金丹的博士学位论文《包世尘书学的重新审视》一文，不仅有《包世尘年谱》，还对包世臣书法的学术思想、书法理论、书法价值等方面进行深入研究，对清代镇江支氏家族文学研究具有辅助作用。其他如阮亨、韩崇、鲁颂、张鸿卓、雷浚、程雨亨六人文化程度均较高，更有吴规臣、周绮两位知识女性为《曲目新编》题词。出身官宦世家、结交当时名流、平日诗酒唱和，凡此种种，均为支丰宜创作《曲目新编》提供了优越的条件。

目前，镇江支氏家族在江浙一带仍为显姓望族，家族观念比较强。2015 年 10 月 24 日，世界支氏宗亲联谊总会成立大会暨第一届会员大会在北京亮马河会议中心顺利召开。在镇江当地，镇江支氏酒店有限公司、镇江支氏中式餐饮管理有限公司等产业依然采用家族经营的方式。由于近代动荡的历史，镇江支氏家族与全国其他家族一样，存在家族成员流散各地的现象，为了缅怀家族辉煌历史，继承发扬家族优良家风家训，发挥家谱聚宗收族作用，镇江支氏家族已经在中国家谱馆登记，对镇江支氏家族成员采取网络登记的方式，试图进行镇江支氏家谱的重修工作，这在全国姓氏修谱工作中走在前列。此外，镇江支氏家族充分利用现代化手段，对本家族进行研究。镇江支氏家族在新浪博客建立支氏宗亲网，目前该博客已发表博文 503 篇，内容涉及支姓源流、支姓杂谈、支姓名人轶事、支姓地方志等板块。镇江支氏家族成员利用多重手段，查阅大量文献，梳理家族的发展演变历史，弘扬家族优良传统。但实事求是地讲，镇江支氏家族对本族的研究还处于零散碎片化阶段，没能形成深入系统的认识。由于专业所限，对清代镇江家族成员存世的文学艺术等作品，尚未开展深入研究。清代镇江支氏家族留下的八部著作，涉及史学、文学、绘画、戏曲、学术等方面，这些著作凝聚着清代镇江支氏族人的心血，于行文间，必然体现着镇江支氏家族的优良传统。因此，对清代镇江支氏家族文学进行深入研究，对今天镇江支氏家族的发展具有积极的促进作用。同时，以清代镇江支氏家族为研究对象，深入研究支氏家族发展历史，挖掘支氏家族家规家训中的优良传统，对于家族文学研究亦具有管中窥豹的作用。

结　语

清代镇江支氏家族兴旺发达，是我国江南地区家族发展的典型代表。家族由商贾至仕宦的发展途径，乃我国民众价值观念的集中浓缩。家族秉承的勤俭节约、乐善好施、尊师重教、尽忠报国等核心价值观念，是世家大族共同遵守的家规家风，也是我国每个家族均应遵守的道德准则。对清代镇江支氏家族进行深入系统研究，具有极高的文学意义和社会意义。

读杉山正明《蒙古帝国的兴亡》《忽必烈的挑战》献疑

◇李修生*

摘　要：杉山正明教授是日本从事欧亚史、蒙古史研究的学者。其《蒙古帝国的兴亡》《忽必烈的挑战》等书，在日本和中国均有相当影响。笔者选读这两部著作，追寻其史源，意在练习自己读书之识力及方法。然杉山正明教授在文中对所引用参考文献及取证过程均予以省略，以"预支"结论的方式来一次性叙述整个过程。对于成吉思汗分民封地、伐金战争、忽必烈建国构想等，均不用历史事件发生时的名称，也不用今日的名称，"预支"结论，不引述所依据的文献资料，均带来不少问题。本文将一些疑问提出，期望就正于作者与读者。

关键词：杉山正明　蒙古帝国的兴亡　忽必烈的挑战　"预支"结论

我因为从事中国古代文学教学和参与古籍整理工作，涉及元代问题较多，所以对元代文史有较浓的兴趣，也时时被一些问题困扰。我经常向研究元史的师友讨教，得到不少助益。近几年，日本杉山正明教授的著作被介绍到中国，我有机会读到《蒙古帝国的兴亡》《忽必烈的挑战》等著作。据介绍，杉山正明教授通晓多种语言文字，专攻中央欧亚史、蒙古史，这两部书有相当的影响。我在辅仁大学读书时，有幸得到援庵先生的教导。先生说，读书要选读有影响的书籍，读时"要逐一追寻其史源，检照其合否，以练习自己读书之识力及方法"[①]。我便以这两部书作为学习对象，

---

* 李修生，北京师范大学古籍与传统文化研究院教授，研究方向为中国古代戏剧史、元代文学、古籍整理。

① 援庵先生曾告诫，研究某个问题，对相关资料要尽可能做到"竭泽而渔"；写文章写成后要放一放，反复修改，"文章是改出来的"。关于读书，可参看陈智超编著《陈垣史源学杂文》附录二"陈垣讲授史源学实习课的教学资料"，三联书店，2007，第120页。

以提高自己对元代一些问题的认识。目前，只是初读，拟将一些疑问提出来，向作者和读者请教。

一

杉山正明教授倡言："让东方的汉文史料和西方的波斯语史料双剑合璧，跨越多语种史料的壁垒，从人类的统一视角来眺望当时跨越东西范围的整个'时代'的研究角度。"①

重新审视全部已知的史料，从全球的视角研究人类的历史，这确实是研究者当前追求的目标。杉山正明教授通晓多种语言文字，也是少数能做到这个要求的学者之一。但杉山正明教授著作中的论点，基本没有注明论据的史料来源，如何判断结果？如他说：

> 在一段叙述过后本应该附有明确和大量的参考文献及取证过程，但我大多都予以省略。在蒙古时代史的研究中，要做的事和要取得的进展不计其数，若是一一写成论文的形式，那么推进研究本身的时间就不够了。很幸运，我可以在本书中以"预支"结论的形式来一次性叙述整个过程。②

我不知道杉山正明教授是在研究过程中根本省略了这一过程，还是在写作过程中省略了这一过程。但这使我难以追寻史源，所以产生不少疑问。

例一，《蒙古帝国的兴亡》中"蒙古国的诞生"一节，讲到1206年"蒙古帝国的构成"时，说：

---

① 〔日〕杉山正明：《蒙古帝国的兴亡》（下）"后记"，孙越译，邵建国校，社会科学文献出版社，2015，第209页。
② 〔日〕杉山正明：《蒙古帝国的兴亡》（下）"后记"，孙越译，邵建国校，第209页。

在重编千户和任命千户长的工作告一段落后，成吉思汗将子民分给了自己的族人管理。成吉思汗的三个儿子术赤、察合台和窝阔台每人各分到四千户。他们三人的领地位于蒙古国的西方，地处阿尔泰山附近，因为王国右翼为诸子兀鲁思。①

成吉思汗和他的诸子、诸弟是大蒙古国的最高统治集团，称"黄金家族"（这是早期黄金家族）。他们把征服的地域视为自己的家产，可以按照分配家产的体例进行分配。关于诸弟、诸子分封的时间及封地的区划等问题，有多处记载。我的问题是：成吉思汗的儿子术赤、察合台和窝阔台每人各分到四千户，并且有领地，这是大蒙古国建国、重编千户和任命千户长的工作告一段落后的事吗？

《元朝秘史》记载，"重编千户和任命千户长的工作告一段落"的时间是1206年。成吉思汗将百姓分与母亲及弟与子是1206年以后的事，"拙赤（术赤）处与了九千（百姓），察阿歹（察合台）处与了八千，斡歌歹（窝阔台）处与了五千"②，没有涉及封地。我没有见到最古老、最完好的《史集》古抄本，我见到的《史集》译本记载为成吉思汗逝世前，"四千人分给长子术赤汗"，"分给第二子察合台汗的军队，有四千人"，"分给第三子窝阔台合汗的军队四千人"③。

显然，杉山正明教授所述，不是1206年大蒙古国建国、重编千户和任命千户长的工作告一段落后的事。分民和封地是前后两回事，他这里混为一谈了。

例二，杉山正明教授论及"丙申分封"时说："中国北方还是按照蒙古帝国向来左、中、右三分的原则被分给了帝国的将领和王族。其中

---

① 〔日〕杉山正明：《蒙古帝国的兴亡》（上）"蒙古国的诞生"，孙越译，邵建国校，第31页。
② （清）李文田：《元朝秘史注》卷十二，中国书店，2011。
③ 〔波斯〕拉施特主编《史集》第一卷第二分册《万夫长、千夫长与成吉思汗的军队简述》，余大钧、周建奇译，商务印书馆，1983，第397—421页。

东方的山东地区被分给了东方三王族和五投下的左翼势力，中部的河北、河南地区被分给了窝阔台和托雷两大家族为首的中央兀鲁思的诸王与将领，西部的山西地区则被分给了右翼的王族术赤和察合台等家族。""这次人口领属权的重新整合于1236年正式实施，史称丙申（1236）分封。""华北一带呈现出蒙古分封势力和当地军阀势力并存的双重权力状态。"①

应该补充说明的是，朝廷因应这种形势，有一项新的重要规定："遂命各位止设达鲁花赤，朝廷置官吏收其租颁之，非奉诏不得征兵赋。"② 这限制了诸王的权力。这与蒙古原来的制度有一定的差异。且杉山正明教授所说山东、河南、河北，均为今天的名称，似未能准确认识史实。

例三，杉山正明教授在《蒙古帝国的兴亡》"征服世界的道路"之"引人注目的第二次伐金战争"中描述说：

> 站在蒙古帝国最顶层的四名领导者悉数到齐，共同计划参与了这次战争。原本守在帝国西方的察合台接手了蒙古帝国本土。托雷率领右翼军队，经由陕西绕大圈迂回到金首都以南。新登基的窝阔台则率领中军从山西南下，压制敌军正面的黄河防线。左翼王之一的斡赤金率领左翼军队，经由河北沿黄河中游南下，从山东一侧逼近开封。③

并明确地给几名领导下结论："伐金战争的英雄是托雷"，"窝阔台基本没有参与实战"，斡赤金率领的左翼部队"基本上只是把军队留在黄河

---

① 〔日〕杉山正明：《蒙古帝国的兴亡》（上）"重编华北"，孙越译，邵建国校，第61页。
② 《元史》卷二《太宗本纪》，中华书局，1976，第35页。
③ 〔日〕杉山正明：《蒙古帝国的兴亡》（上）"引人注目的第二次伐金战争"，孙越译，邵建国校，第48页。

另一边，没有渡河赴险地作战"。

从这段文字看，杉山正明教授意在说明四巨头的立场各异，这一段政权交替疑团密布。实际情况与杉山正明教授的记述似有出入。1229年秋，窝阔台即位，二年秋七月，决定亲自出征金朝，托雷、蒙哥率师相从。次年春二月，克凤翔，攻下洛阳、河中诸城。潼关以西为蒙古所据。这段时间，窝阔台和托雷是在一起的。三年夏五月，在官山九十九泉开会，采纳托雷意见，才分兵三路进征。不知杉山正明教授为何不谈窝阔台和托雷一同南下的史实？

杉山正明教授又说，三峰山一战，"有的史书记载当时托雷的军队有四万人，还有的记载其数量为一万三千人，处于人口劣势的蒙古军队竟然放弃了骑兵进攻，挖起了战壕，将战马与士兵藏于其中"①。金军进攻耗尽体力，无法抵抗饥饿和寒冷，被赶尽杀绝，金军三峰山会战后便毫无抵抗力。② 托雷所率领的近四万人③，有蒙古人、雍古人、钦察人、乃蛮人、汉人、契丹人、女真人、唐兀人等④，按竺迩（1194—1263，察合台部，雍古人）为先锋⑤。托雷军南下至邓州，金平章完颜合达、枢密使移剌蒲阿率二十万大军南下，托雷以部分兵力牵制金军，军队北上。至郑州与中路按赤歹（成吉思汗次弟合赤温之子，成吉思汗分封左翼宗王）兵合⑥，约五万人⑦。两军对阵三峰山下，金军十五万人，包围蒙古军。⑧ 1232 年 2 月 8 日，天大雪，金卒僵踣。汉将刘黑马、郭德海和乃蛮人抄思先后冲围，金军溃败。张柔、史天泽军均南下，在以后的战争中发挥了重大作用。

《圣武亲征录》载，"上遣大王口温不花（东道诸王别力古台子）、

---

① 〔日〕杉山正明：《蒙古帝国的兴亡》（上）"引人注目的第二次伐金战争"，孙越译，邵建国校，第 49—50 页。
② 参看《元史》卷二《太宗本纪》。
③ 《元史》卷一百一十五《睿宗传》"时托雷兵不满四万"，第 2886 页。
④ 参看《元史》托雷所率诸将传。
⑤ 参看《元史》卷一百二十一《按竺迩传》。
⑥ 参看《元史》卷一百二十一《按竺迩传》。
⑦ 《元史》卷一百一十五《睿宗传》"遣亲王口温不花等将万余骑来会"，第 2887 页。
⑧ 《元史》卷一百二十一《速不台传》"师集三峰山，金兵围之数匝"，第 2977 页。

国王答思（中军木华黎之孙塔思）将兵毕至"①，是合三路军参与三峰山之役。不知三峰山会战只有托雷军队参加有何依据，托雷一万三千兵力说亦不知见于何处记载。

二

杉山正明教授认为："1260 年，无论对于蒙古，还是对于世界而言，都意味着巨变和新时代的开始。"②忽必烈有新世界国家的构想："忽必烈想要创造的是一个适合作为新时代世界联邦中心的新国家。"③他说：

> 根据这本（王恽）《中堂事记》，忽必烈在与阿里不哥对战的情势混沌未明之中，下令详加比较过去各种国家的制度、典范、机构。
>
> 根据王恽的记录，其内容主要是关于"汉唐"国都的计划以及种种政治、行政、经济体系，甚至是国家典范及其理念的。王恽是负责中华文明文化、行政相关工作的一人。是以，他自身所见闻、体验的忽必烈政权种种事务，无可避免地会受限于这个层面。
>
> 但是，就算同样是汉文的记录，看看作为蒙古及畏兀儿著名将官及臣僚个人记录的碑志、传状等文献，可知忽必烈自那时起就令蒙古及畏兀儿策士们，举古今东西之例来争论政权论、婚嫁论等议题。王恽的证言只不过是在结果上传达了事实中的一部分而已。④

---

① （明）陶宗仪：《说郛》卷五十五，涵芬楼百卷本。
② 〔日〕杉山正明：《蒙古帝国的兴亡》（上）"多极化时代的序幕"，孙越译，邵建国校，第 179 页。
③ 〔日〕杉山正明：《忽必烈的挑战》，周俊宇译，社会科学文献出版社，2013，第 125 页。
④ 〔日〕杉山正明：《忽必烈的挑战》，周俊宇译，第 128 页。

这里，杉山正明教授没有列举他看到的作为蒙古及畏兀儿著名将官及臣僚个人记录的碑志、传状等文献资料，更没有引用《中堂事记》的有关文字，更没有判断过程，却得出一个重要的结论。

王恽的《中堂事记》是他当年的"直省（燕京行中书省）日录"，其后在至元二十四年（1287）"略为修饰"。[①] 王恽原为东平路宣抚司权详定官，中统元年（1260），奉檄北上至行省报到。十月至燕京。《中堂事记》记录开始日期为本年十一月，止于次年九月。

杉山正明教授认为这本《中堂事记》写于忽必烈与阿里不哥对战情势混沌未明之时。笔者将这段汗位之争的历史简述如下。忽必烈于庚申年春三月十七日（1260年4月28日）在开平举行库里台大会，即大汗位称皇帝，建元中统。忽必烈即位一个月后，阿里不哥在哈拉和林西郊阿勒台河畔的夏营地，召开库里台大会，即位大汗。这就有了两个大汗，战争不可避免。是年秋，阿里不哥兵分两路南下，自率左路直逼开平。忽必烈亲自领军迎战。阿里不哥兵败，忽必烈顺利进至哈拉和林。阿里不哥遣使假意求宥（假装投降[②]），并称待恢复再赴阙谢罪。忽必烈冒严寒逾漠南返。阿里不哥至元元年（1264）向忽必烈投降，其主将被判死刑。中统元年（1260）冬，两位大汗的战争尚未最后结束，说"对战的情势混沌未明"也不是不可以，但这次战争是阿里不哥战败遣使假投降结束的，应是事实。

忽必烈以前，蒙古首都在哈拉和林，派断事官驻燕京统治中原，汉人称燕京行尚书省。忽必烈以中原抗蒙古本部之阿里不哥，故任命宪宗朝燕京行尚书省事祃祃及其亲信建燕京行中书省。然后再令行省官员赴开平，筹建中央政府——中书省。燕京行中书省是中统元年秋成立的，《中堂事记》开篇先详细记载了燕京行中书省的架构和官员的情况。原燕京路宣慰使祃祃任丞相，金朝经义进士王文统任平章政事，赵璧任平

[①] （元）王恽《中堂事记序》，《秋涧先生大全集》卷八十，《四部丛刊初编》本。以下引文出自《中堂事记》者均不再出注。

[②] 〔日〕杉山正明：《蒙古帝国的兴亡》（上）"靠政变换来的政权"，孙越译，邵建国校，第140页。

章政事，张易任参知政事。行省建左右司，司置郎官八员分掌左右司，参佐机务，左房省掾十五人，右房省掾十三人。此外，又置架阁库官、断事官、奏事官、客省使、奉使、知省印等各类官员，交钞提举司、榷货司、铸印局、元宝总库、万忆库、交钞库等机构；并札付十道宣慰司取儒士吏员通钱谷者各一人至省。

据《中堂事记》记载，中统二年二月癸巳朔（1961年3月3日）命燕京行中书省、各路宣抚使到开平，会议政事。中书省官员二月五日（3月7日）奉旨北上。三月五日，祃祃丞相与同僚发自燕京，三月十五日至察罕脑儿行宫。十六日忽必烈遣使传旨慰谕行省官。二十八日，从銮驾入开平府。夏四月五日，"王相同左右司郎中贾居贞始入朝陛见"，"传旨命诸相集议六曹并九道宣抚事"。次日，诸相会议，"大抵选官、薄赋、评钞法等事"。"未刻，诸相入见，进《大定政要》，因大论政务于上前。圣鉴英明，多可其奏。"五月十九日（6月18日），忽必烈对中书省成员进行调整，为中、行两省名单，诏以不花、史天泽为右丞相，忽鲁不花、耶律铸为左丞相，塔察儿、廉希宪为平章政事。又任张易为右丞，任张文谦为左丞，杨果、商挺为参知政事，王文统改任平章政事。二十八日正式下旨，定拟两省去留人员。史天泽、张文谦、杨果留开平，张易、廉希宪、王文统行省事于燕。

《中堂事记》客观记录此过程，说明忽必烈逐步采取中原传统统治制度，故有此先有地方政府后建中央政府的现象。《中堂事记》所记会议内容，恰恰是从以往以和林为中心的蒙古帝国转变为以开平、燕京为中心的中原王朝的表现。《中堂事记》的内容反映了蒙古国履行中原王朝各种制度，主旨是巩固汉地政权，并不是考虑建立新世界国家构想。以《大定政要》为指导思想，燕京行中书省的施政方针显然进一步走上了华化的道路。

王恽原为东平路宣抚司权详定官，经考核入燕京行中书省为掌记（掌书记的简称），中统二年（1961）七月十八日戊寅翰林国史院保恽充本院属官，廿七日授翰林修撰同知制诰兼充国史院编修官。八月廿日

(9月23日),北归。

从中统二年四月五日,忽必烈传旨中书省主要官员入朝陛见,至王恽北归,四个多月时间内,王恽没有直接接受过忽必烈令。王恽主要从事诏书辞令撰写,以及接受都堂(由中书省右左丞相、平章政事、参知政事等组成的中书宰执会议)令,提供历代特别是唐代有关制度和管理措施的情况,如以下几例。

中统二年四月,"廿一日壬子都堂令恽检讨唐人置信牌锁长管厅事"。这是为了制定《七道宣抚司所行条画》之三——起置信牌事。各路遇有催督差发勾追官吏等事,多用委差官并随衙门勾当人及曳剌祗候人等投下文字,不得骚扰民间,转致迟误官中事物。为此拟定:今后止用信牌催办一切公事。中统二年五月五日,"左司事杨恕传都堂谕旨,令恽草移宋三省牒文"。

五月八日,"都堂命恽编历代水利营、屯田、漕运、钱币、租庸调法及汉唐以来宫殿制度等事"。如,中统二年开始修复燕京旧城,十二月立宫殿府,专职营缮。所以,都堂要求他编汉唐以来宫殿制度事。

九日,"命恽讨论古今诸侯王印制"。这是为了蒙哥世子封永宁王,改父王玉宝为金印。根据王恽讨论古今诸侯王印制度结果,制纽为驼,作三台,其文曰"永宁王印"。

五月廿五日丙戌,平章塔察儿日令参政杨公说《通鉴》第三、五段,是日至吴太子明蜜中鼠矢事。

"堂议"曰:若奏上,朝廷即从,然不重虑,恐未免横议。仍令恽与工掾李鼎计勘:一岁常课所造几何?横造几何?一岁通可用铁几何?在都广备库见有铁几何?且可支几年用度?其外路应有铁货可支几年用度?

秋八月五日,"承旨命恽与某同撰释典诸文"(六月廿五日都堂奉旨谕:各路宣抚司宣圣庙国家岁时致祭,如月初释典宜恒)等。

《中堂事记》所记内容有助于判断忽必烈所建政权的性质,如中统二年夏四月六日诸相第一次入朝陛见,以《大定政要》进。王鹗上章

言修史事,云:

> 六月二十七日,都堂奉旨,五岳之北岳恒山祀典如旧。
>
> 自古国亡而史不亡。唐取隋史焉。宋取五代亦然。金不为辽作史,至今天下有遗恨。我国家以神武定四方……若不乘时记录以诏万世,切恐岁久渐至遗亡。又举前朝名笔数人。于是七月二十七日,上降诏立翰林国史院。并公布已除翰林院官职名。
>
> 八月一日,许衡授怀孟路教官。
>
> 八月二日,奉旨,诸路学校久废,无以作成人材。……仍选高业儒生教授,严加训诲,务要成材,以备他日选擢之用。
>
> 八月七日,许教官衡,改授国子祭酒。
>
> 八月十五日,董文炳特降虎符授亲卫军都指挥使同签武卫军事。

我的疑问是,王恽遵照都堂令所进行的考察是否与"建立新世界国家构想"有关?杉山正明教授是如何从《中堂事记》所记内容看出忽必烈的施政走向和道路的呢?

杉山正明教授又说:

> 1260年,无论对于蒙古,还是对于世界而言,都意味着巨变和新时代的开始。自此以后发生的种种变化,几乎经过整整一代人的时间,渗透进了整个欧亚大陆。而这半个多世纪的巨大变化,在某种意义上也大大改变着世界的历史的走向。①

其《蒙古帝国的兴亡》即大体以此分界,上册副标题为"军事扩张的

---

① 〔日〕杉山正明:《蒙古帝国的兴亡》(上)"多极化时代的序幕",孙越译,邵建国校,第179页。

时代",称成吉思汗为"世界征服者"①;下册副标题为"世界经营的时代",称忽必烈为"世界的改造者"②。杉山正明教授以"大统一的计划"为标题,说明忽必烈和他的智囊团到底对新世界国家抱着怎样的构想:第一,"是支配蒙古的根本因素","需要以蒙古的骑兵为核心,吸收各个人种组成的军队,以蒙古的名义进行重编,实现军事的系统化";第二,"是确立一个能够直接或间接控制两重构造下的蒙古帝国的行政机构和财政基础";第三,"是能够以其财富和生产力为基础,建立起一个由忽必烈政权(即国家)主导的、覆盖欧亚大陆全境的物流系统"。③

读到杉山正明教授这些重要结论时,我又产生几个疑问:所谓"新时代世界联邦中心的新国家"一事,忽必烈是否思考过?是否已建成"新世界国家",或曰"新时代世界联邦国家"?

两个大汗争位的战争过程中,忽必烈主要得到东道诸王的支持,阿里不哥则得到西道诸王的支持。虽然最终忽必烈取得诸王名义上的承认,貌似统一④,但是否能够看作一个新世界国家?这不能不是一个疑问。

杉山正明教授认为,蒙古帝国有五股政治势力集团同时存在。除忽必烈及其直属势力外,还有东北地区为塔察儿率领的东北三王集团,中亚为阿鲁忽率领的察哈台家族,西北欧亚大陆为别儿哥统领的术赤家族,西亚为旭烈兀领导的旭烈兀兀鲁思。塔察儿是支持忽必烈的,西道的三王则是支持过阿里不哥的。

关于钦察汗国(术赤兀鲁思,在非汉文文献中又称"金帐汗国"),杉山正明教授在《蒙古帝国的兴亡》之"貌似统一的库里台大会"中

---

① 〔日〕杉山正明:《蒙古帝国的兴亡》(下)"世界的改造者",孙越译,邵建国校,第12页。
② 〔日〕杉山正明:《蒙古帝国的兴亡》(下)"世界的改造者",孙越译,邵建国校,第12页。
③ 〔日〕杉山正明:《蒙古帝国的兴亡》(下)"世界的改造者",孙越译,邵建国校,第10页。
④ 忽必烈拟在1266年召开统一的库里台大会,显示蒙古几大政治体空前统一,但最终也没有实现梦想。杉山正明教授用了"貌似统一的库里台大会"这样一个标题。

说："术赤兀鲁思从拔都时期以来,一直是独来独往,在亲自创建了蒙哥体制后,也一直在帝国西部随心所欲地行动。"① 1255 年,拔都逝世后,其弟别儿哥(1257—1266 在位)即位,元世祖忽必烈至元三年(1266),拔都之孙忙哥铁木儿(在位至 1282 年)即位。至元六年(1269),钦察、窝阔台与察合台三汗国召开塔剌思库里台大会,共同反对忽必烈掌控中央权力和伊利汗国,并划分各自的势力范围。直至至元二十一年(1284),脱脱蒙哥嗣位,才改变对元世祖忽必烈朝廷的态度。元成宗大德六年(1302)以后,才真正与朝廷维持友好关系。而且在拔都时期,拔都的十三个兄弟的封地分布于钦察汗国各地,形成对于钦察汗的半独立状态。金帐汗国的财政,也主要靠进贡。美国朱迪斯·M. 本内特、C. 沃伦·霍利斯特的《欧洲中世纪史》称：

> 在 13 世纪中叶,蒙古人开始从其西部前线撤退。……只有俄罗斯还被握在他们的手心里。……"金帐汗国"就是一组被蒙古人征服的国家,它们被迫服从于可汗,并要向他进贡。②

关于察哈台汗国,杉山正明教授在《蒙古帝国的兴亡》所列"蒙古帝国史年表"中载：

> 1266 年："就在别儿哥去世前后,阿鲁忽也去世了,成为其王妃的兀鲁忽乃拥立哈剌旭烈之子木巴剌沙为察哈台家族首领;一直追随忽必烈的察哈台家族旁系八剌,在忽必烈的支持下讨伐木巴剌沙,取而代之成为首领,但之后,他们并未臣服于忽必烈,而是选择了独立。"③

---

① 〔日〕杉山正明：《蒙古帝国的兴亡》(上)"貌似统一的库里台大会",孙越译,邵建国校,第 171 页。
② 〔美〕朱迪斯·M. 本内特、C. 沃伦·霍利斯特：《欧洲中世纪史》(第 10 版),杨宁、李韵译,上海社会科学院出版社,2007,第 311 页。
③ 〔日〕杉山正明：《蒙古帝国的兴亡》(上)"蒙古帝国史年表",孙越译,邵建国校,第 188 页。

关于窝阔台汗国，在蒙哥即大汗位后，除阔端与蒙哥友善，得到蒙哥信任，仍以河西之地为其封地外，其他诸宗王则多予迁谪。窝阔台孙、合失子海都（1235—1301）封于海押立。海都成为窝阔台后王首领，其谋求自立大汗，与八剌等察哈台后王及术赤钦察后王，建立联盟，连年与忽必烈对抗。元成宗大德五年（1301）死，其子察八儿立，大德七年（1303），始求和。杉山正明教授认为，蒙哥继位之后肃清反对派，对窝阔台、察合台的领地，进行细分，"'窝阔台汗国'自此便不复存在"①。

关于伊利汗国（旭烈兀兀鲁思），杉山正明教授在《蒙古帝国的兴亡》所列"蒙古帝国史年表"中载：

> 1261年："这一年，旭烈兀在大不里士接到忽必烈即位的消息，放弃东还，决心独立，旭烈兀兀鲁思诞生（随后，将大不里士设为都城）。"②

在"序历史的讲述者"中载：自从1260年创始人旭烈兀带领西征军来到"伊朗之地"正式建立政权以来，兀鲁思一直没有确定的国家机构，而是被放任自由发展，国家内部反复出现内乱。这些问题就这样被抛给了新汗合赞。③哈全安著《中东史》称：

> 伊利汗国的蒙古人原本信奉萨满教。第三代汗王帖古迭尔（1282—1284在位）率先改奉伊斯兰教，更名艾哈迈德。第七代王汗合赞汗（1295—1304在位）宣布尊伊斯兰教作为国教，采用"苏丹"的称号，更名穆罕默德，同时改革行政制度和税收制度，

---

① 〔日〕杉山正明：《蒙古帝国的兴亡》（上）"物极必反"，孙越译，邵建国校，第84页。
② 〔日〕杉山正明：《蒙古帝国的兴亡》（上）"蒙古帝国史年表"，孙越译，邵建国校，第187页。
③ 〔日〕杉山正明：《蒙古帝国的兴亡》（上）"序历史的讲述者"，孙越译，邵建国校，第4页。

推行伊克塔制度，推广突厥语和波斯语为官方语言。此后，越来越多的突厥人从中亚移入西亚。①

合赞修史是希望能够唤醒所有散布在世界各地的蒙古人不要忘记自己的来源和历史：

> 我们到底是什么样的人？我们为什么会在"伊朗之地"生活？我们与东方的宗主国"大元兀鲁思"以及其他的汗国之间到底是什么关系？有怎样的血脉联系？②

伊利汗的这种状态，能够说与大元兀鲁思是一个国家吗？宗主国与属国能够算联邦吗？

杉山正明教授还说："想要整个蒙古帝国在忽必烈的直接指挥下统一行动，已经是不可能的了。"那么，元世祖忽必烈时期，忽必烈的三个构想存在吗？实现了吗？杉山正明教授认为："蒙古还不是一个民族的名字，只是一个国家名，所以将其理解为由一个单一民族构成的集体实际上是错误的。大蒙古国是一个多民族的混合体，是作为多个家族兀鲁思的多重构造的联合体而起步的。"③ 又说："大汗一变，一切都会变。从这个意义上来看，蒙古大汗交替就相当于王朝的交替。"④ 那么，忽必烈之后，这样几个兀鲁思构成"新世界国家"了吗？或曰这样几个兀鲁思，是新时代世界联邦中心的新国家怎样的联邦成员呢？

---

① 哈全安：《中东史》，天津人民出版社，2010，第326页。
② 〔日〕杉山正明：《蒙古帝国的兴亡》（上）"序历史的讲述者"，孙越译，邵建国校，第2页。
③ 〔日〕杉山正明：《蒙古帝国的兴亡》（上）"蒙古帝国的构成"，孙越译，邵建国校，第32页。
④ 〔日〕杉山正明：《蒙古帝国的兴亡》（上）"帝国的动摇"，孙越译，邵建国校，第76页。

三

杉山正明教授在书中,论述到涉及中国的一些地域时,既不使用当时的地域名称,也不使用今天的地域名称,而是使用了大蒙古国以后、今天以前的名称,难道日本、世界的读者对这样一些地名特别熟悉吗?

如满洲,编者注:"指今中国东北,下同。"编者所说"今中国东北",是指中国目前行政区划的东北,还是中国的东北部呢?无论哪种说法,都不可能令满洲地区有明确的概念。历史上的满洲具有民族名称和地理名称双重意义。明崇祯九年、清崇德元年十月十二日(1636年11月9日),皇太极发布命令,改族名为"满洲族",满洲族人和所统领诸部居住地为满洲。作为地名,历史上其地域范围差异甚大。杉山正明教授为何偏偏大量使用"满洲"?我觉得用这个名称是没有必要的,徒增问题而已。又如"华北",杉山正明教授在"征服世界的道路"章和"帝国的动摇"章中,均说到华北,而两处所说的华北,地域范围并不相同。当时,其辖区在淮河以北。而这样的"华北"地域概念,也不同于今天中国的华北地区。这对于理解历史事件发生的地域没有任何帮助。历史著作使用所讲述时代的地理名称,注明今天的地理位置,是否更便于读者理解?

杉山正明教授为了论证自己的结论,所列对立观点有的也缺乏代表性,只是为了便于论述自己的观点而进行选择,命题有时也十分含混。如"蒙古是中国文明的破坏者吗"[①],这是《忽必烈的挑战》一书的一个章节,这个章节论述只限于杭州,以法国谢和耐所著《蒙古入侵前夜的中国日常生活》为对立观点。谢和耐先生的著作标题用的是"中国日常生活",专论杭州。杉山正明教授则用以说明"蒙古是中国文明的破坏者吗"。灭宋是成吉思汗建蒙古国后七十多年、忽必烈即位建元以后的事件。蒙古国建立后,灭金、西夏、西辽诸国至灭宋统一南北,

---

① 〔日〕杉山正明:《忽必烈的挑战》,周俊宇译,第12页。

事件甚多，地域甚广，论及其历史作用，仅用谢和耐所著《蒙古入侵前夜的中国日常生活》一书，只论及杭州，恐怕是不能说明问题的。以"破坏者"命题提出问题也不是很恰当。长期的战争当然有破坏，这是毋庸置疑的。但其历史作用则更为复杂，是更应该论述的问题。这两个问题，不是简单的你是我非的关系。杉山正明教授论及战争中的"大屠杀""屠城"，认为其被夸大了，没有造成荒废等。我认为，屠杀就是屠杀，没有必要过多辩护，历史上的屠杀太多了，人类应该记住这些血淋淋的历史。当然，对这些事件，历史学者要全面、真实地记录。评价历史作用，则有很多问题需要研究，不能只着眼于这类事件。这更不是简单的你是我非的关系。元世祖忽必烈攻宋时，与其祖父征战的生活已完全不同，已经与群臣商议，制定了政策，并能够贯彻执行。伯颜入杭州时，宋朝已经献传国玺及降表，本质就是接收。又如"元代中国是悲惨的吗"①，也是章节名称。这个问题，以及在这个章节中提到的问题，我认为都没有代表性。杉山正明教授是到过内蒙古大学、北京大学的，是与中国元史学者有过接触的，请问：这些学者，这些年出版的有关论著中，有这样的论点吗？这样的问题有代表性吗？

这种论述方法，便于自己做文章，也可能引起一些读者的兴趣，但对于真正的深入讨论是没有帮助的。

杉山正明教授批评谢和耐的论述，明明没有根据，却大肆炫耀，这就是"预下结论""深信不疑"等心理作祟。我觉得杉山正明教授"预支结论"的做法，也出现了同样的问题。

我很同意杉山正明教授重新审视全部已知的史料，从全球的视角研究历史。然而，改写历史，提出新见解，是十分严肃的事，要做的事很复杂，要取得进展也是需要时间的。我们仍然需要认真辨析资料，谨慎推论、严密论证；"预支结论"，不引述依据资料恐怕不是学术研究应有的态度。恕我鲁直，所提问题可能不尽得当，希望得到作者与读者的指正。

---

① 〔日〕杉山正明：《忽必烈的挑战》，周俊宇译，第43页。

国家历史情态、民国历史视野与民国文学阐释*
——评李怡《作为方法的"民国"》

◇王眉钧**

摘 要："民国"和"方法"这两个关键词，架构起了作为方法论的"民国历史情境"与民国文学的关系。"国家历史情态"是民国文学认定的基础，"民国历史视野"为民国文学研究提供了"历史化"的方法论视角，"国家历史情态"和"民国历史视野"努力把"文学之内"和"文学之外"结合起来，确定了具体的民国文学研究空间——民国机制，而民国文学的阐释离不开民国机制。本文对李怡论说中上述关键几个问题展开讨论，力图对民国文学研究提供多一维度的思考，也对中国文学从整体上进行观照。

关键词：民国历史视野 民国机制 民国文学

2015年，山东文艺出版社出版了李怡所著《作为方法的"民国"》一书。《作为方法的"民国"》是李怡、张中良主编的"民国历史文化与中国现代文学研究"丛书之一，也是国家社科基金重点项目"民国社会历史与中国现代文学的研究框架"之阶段性成果。李怡从发生论的角度出发，详细阐释了从民国历史文化的角度考察中国现代文学的原因。总体而言，选择"民国"作为中国文学发生发展的社会历史背景，既是民国历史文化自身的要求，也是中国文学研究的新动

---

* ［基金项目］国家社会科学基金重大项目"丝路审美文化中外互通问题研究"，项目编号：17ZDA272。
** 王眉钧，兰州大学文学院博士研究生，研究方向为文艺理论、美学、文化。

向。李怡总结了三条当前学界民国文学论述的路径,而"努力返回到历史的现场,对民国社会历史中影响文学的因素展开详尽的梳理和分析,结合民国文学历史的一些基本环节对当时的文学现象进行新的阐释和研究……恰恰是文学史认识的最坚实的基础,需要我们付出扎实的努力"①。正如书中说明的,把"民国"作为"方法","试图从不同的方向挖掘'历史透视文学'的可能"(第4页)是本书的主旨,这样不但能够给读者带来对历史和文学的崭新感受,同时也开辟了文学研究新的可能。

《作为方法的"民国"》分为导论"作为方法的'民国'"和正文"'国家历史情态'与文学史叙述""文学的'民国机制'""民国历史视野中的现代中国文学""民国文学研究的学术论衡""'民国历史情境'与知识社会学方法"共六个部分。这六个部分逻辑明晰。导论首先讨论了"民国"如何成为"方法",明确了讨论成立的基础。中间的几个部分探讨了文学史、民国历史及民国文学的相互联系。最后一部分回到方法论,分析了知识社会学方法的价值和界限及其对现代文学研究方法论的延伸意义。全书以问题为导向,特别值得强调的是,李怡在论述中不断自我追问,以针对"民国文学"的争论和质疑为契机,对各种分歧和疑惑做出严谨细致的回应,对内是自我省察,对外是解疑释惑。例如,在第二部分"关于文学的'民国机制'答问"(第59页)中,从文学的"民国机制"为何(是什么)到为何是"民国机制"再到"民国机制"何为(意义空间),最后厘清作为方法的"民国机制"是如何构建的。在第四部分,从"'民国'何谓"到"'民国文学'何为"再到"'民国机制'何求"(第156—162页),辨析了"民国文学"和"民国机制"的关系,直到最后一部分将"民国机制"作为新方法论意义上的框架。李怡紧紧围绕"民国""方法"这两个关键词,架构起了作为方法论的"民国历史情境"与知识社会学,除了释惑解

---

① 李怡:《作为方法的"民国"》,山东文艺出版社,2015,第3页。以下凡引自该著作的引文均只在文字后标注页码。

疑，还不断抛出新的、开放的问题。本文试图从李怡的论说中挑出"民国文学"与"民国历史"密切相关的几个问题加以讨论。

一 "国家历史情态"与文学史研究的范式转换问题

在对中国文学的叙述中，李怡非常重视常常被忽略的国家与特定社会历史实际情态的叙述维度，这构成他对历史和文学叙述之间关系认定的基础。他注意到，近百年来中国文学的"历史"叙述似乎都在印证德国存在主义哲学家卡尔·雅斯贝斯（Karl Jaspers）在《历史的起源与目标》中对历史的概括，大意是今天的历史是可被总览的观念正在被克服，没有一个独家的历史概括能令人满意。人们能得到的不是最终的历史，而是当前能够获得的历史整体的外壳，它并不坚固，可能再次破裂（第21页）。中国文学的历史叙述被不断构建，而这些叙述总有破碎的可能。这些现象的确是显而易见的，百年中国文学的有关叙述，要么集中于"历史性质"，要么关注"时间概念"，缺乏对国家与社会历史中实际情态的关注。在这种趋势之下，论及"世界性"，显得大而无当，落不到实处；谈及"中国性""民族性"，则显得暧昧不清。李怡的关注点并不在于辨析"世界性""中国性""民族性"之下的中国文学叙述，而在于以"国家历史情态"为基础的具体历史框架为出发点，研究中国文学史的范式转换，从而呈现文学的意义。

首先，李怡明确指出研究文学史范式转换要找出百年来中国文学史叙述概念中的问题所在。为此，他列举了"新文学""近代/现代/当代文学""二十世纪中国文学"这三种广泛使用的文学史叙述概念各自存在的问题。"新文学"这种概念表述被学界质疑的是"新""旧"的边界问题。我们知道，"新"与"旧"相互参照的标准并非确定不变的，所以"新文学"在中国学术史上的内涵在不断漂移。在何种范围、时间内，"新"能够囊括文学的性质，也就成了一个备受争议的学术难题。"近代/现代/当代文学"的划分也是一个很复杂的问题，应当肯定的是，在新时期，"现代性"是中国理论界的核心词语，也几乎是所有现当代文学史研究的话语支撑概念。我们对"现代"的阐释就有了"源与流""外与内"的错置，文化共识被悄然清洗掉，对中国本土的文学阐释更多借力于异域的理论视野与学术环境。那么中国本土作家的主体经验、实践价值以及这些作家背后的中国具体的社会与历史意义何在？由此还生发出许多新的问题，如对中西文学理论的语境差异、审美差异、文化差异置之不顾，中国文学的传统和文脉在西方"现代"理论的冲击和影响之下，变得脆弱和摇摆不定。"二十世纪中国文学"虽然昭示了中国文学研究的学术自觉性，但是"二十世纪"作为"旧世纪"，在纯物理时间维度已然结束，"新世纪"如果由时间维度的指称转变为意义维度的指称，那么其内在的逻辑连接何在？诸如这些暧昧不明的词语已被层叠的"他者"信息抹平了缝隙和差异。在李怡看来，上述被广泛接纳使用的文学史概念中存在问题的表现还可以无限地罗列出来，因为它们都使中国文学的叙述呈现出指意的含混和基础的脆弱等问题。

　　需要追问的是，李怡列举这些例子的意图是什么？显而易见，他想告诉我们：我们对中国文学史概念中存在各种问题的剖析，如纯物理时间维度的划分，结合意义指向的时间维度的划分，以及模糊空间异域与本土的划分，都不是为了让它们在现有的文学描述中除名，而是以此为契机反思当前文学研究与文学史叙述中存在的问题，明确其正确方向（第31页）。鉴于对问题的总结和新概念、意义的确定，我们明确了新范式转换的需要：一是除去已有概念在"意义上的斑驳"；二是排除"他者"观念的干扰和浸入，同时对百年来中国文学发生与发展的历史情境进行细致梳理。文学史研究的新的内在诉求让我们力图重建中国的文学叙述方式，继"二十世纪中国文学"后，新的学术思想范式快速酝酿发展。在李怡看来，"国家历史情态"的文学研究范式便是正解。一个民族和国家的文学历史叙述扎根的宏大背景必然是这一国家民族历史各种具体而微的情态。"国家历史情态"的提出，建立在对热门的"文化研究"概念进行辨析的基础上。"'国家历史情态'指的就是一个国家在自身的社会历史的发展中呈现出来的国家政治的情状、社会体制的细则、生存方式的细节、精神生活的详情等等。总之，'情态'就是国家历史的种种细节，它来自历史事实的'还原'而不是抽象的理论概括。"（第33页）在这个问题上，李怡特别强调了在中国式的生存中，国家作为政治构架的重要的作用。也就是说，作为政治构架的国家不仅是包括作家在内的每个人的生存环境，而且是文学依存的坚实背景，正是在国家政治的大框架中，生发了各种具体而微的情态。

其次，李怡认为"国家背景"与"社会背景"重要作用的凸显并非当今的新学术方向，而是早已有之，只是传统的社会历史批评把国家政治作为唯一的核心加以阐释，随着"文化转向"潮流在国内外学术界盛行，从"文化角度"来研究文学就打破了从政治角度阐释文学的垄断地位。不仅如此，"文化研究"甚至冲破了审美与艺术的"自主性"，把文学纳入社会文化考量的范围。但是李怡也注意到文学进入文化的疆域后，用来自西方的文化理论来对接中国本土的文学实践难免会"水土不服"。这种"西化"或"盗用"会直接影响中国文学叙述的"合法性"。怎么去解决这个问题，从而消除学界对中国文学叙述的质疑？关键点恰恰是李怡引出的"国家历史情态"概念。不难发现，"国家历史情态"弥合了中国文学叙述理论根源的两个极端——一个是唯国家政治的衡量标准，另一个则是"移植"西方的"文化研究"学术背景——把关注点聚焦在"重点挖掘历史文化的诸多细节"，同时"致力于来自'中国体验'的思想主题与思维路径"（第34页）。换言之，"国家历史情态"要求"尽可能'原生态'地呈现国家、社会、文化和政治的各种因素"（第34页），这样一来，我们的基本需求、愿望、情趣被各种因素影响的机制才能呈现出来，这些不是来自别处，而是来自我们所置身的具体而微的社会文化格局。李怡正面表达了对"还原性"历史叙述的强调。比如，他指出，1997年陈福康建议用"中华民国文学"/"中华人民共和国文学"的称谓来取代中国文学的现代/当代之名，新时期以来，一些学者如张福贵、汤溢泽、杨丹丹等人都再次提出这一问题。李怡把这样的命名方式称为"还原"式，以此来凸显中国特定生存阶段的真实称谓。忽略历史细节的文学史叙述的弊端被消除，推动了中国文学史的深入研究。

最后，重要的是，李怡对自觉发掘中国自己"文学机制"的推动作用从三个方面予以总结。如，立足本土跳出中西冲突来研讨中国文学的问题；辨析"现代""民族""进化""革命""启蒙""大众""现实/现代/浪漫主义"等各种在中国历史现实中研究文学易于混淆的概念；分析"国家历史情态"的具体结构，探寻百年来中国文学研究的新话题。这样，问题自然从"国家历史情态"的合法性、必要性、重要性转向对"民国机制"的探讨。遗憾的是，李怡虽然逻辑清晰地过渡到"民国机制"这一重要概念，并且也敏锐地洞见还原"国家历史情态"的文学史叙述面临的具体而复杂的挑战，但他并未就此深入展开。其对中国文学"新"的特质之误见剖析有余，对基于"民国机制"的具体文学历史社会背景以及至今还尚未清除的"文弊"的分析却显得不足。

然而，我们必须清醒地看到，尽管"国家历史情态"的文学史叙述会面临一系列复杂的挑战，如从"国家历史情态"中提取出的"民国机制"对文学发展的负面意义难以忽略，同时，在国家社会框架之下的中国文学史叙述还有大体量、大规模的原始第一手材料有待发掘，但是"民国机制"并非"空降"的新概念，而是有根可寻的，它给中国现代文学研究带来了新视野。对于"民国机制"的"来龙"（什么是"民国机制"和为什么是"民国机制"）、"去脉"（"民国机制"能够开拓的新空间）的阐释，李怡以问答的形式展现。2009年"民国机制"概念初见雏形到2010年李怡对"民国机制"概念的初步总结以及后续对此概念的补充完善都说明，"民国机制"并非固有结构，伴随文化和文学的发展，它会呈现出新的特点。"'民国机制'就是从清王朝覆灭开始，在新的社会体制下逐步形成的推动社会文化与文学发展的诸种社会力量的综合，包括经济方式、法律形态、教育制度等等各种社会的环境围合形成的支撑（当然也包括某种限制）我们文化发展的因素，当然还包括在此基础上出现的独特的精神导向，它们共同作用、配合，影响着中国现代文学的形态特征。"(第60页)对"民国机制"的总结实际上更加深入地对中国文学史叙述进行了一次逻辑"还原",对"为什么是'民国机制'"这一重要问题,李怡的回答是:"因为形成这些生长因素的力量酝酿于民国时期,后来又随着1949年的政权更迭而告改变或者结束。新中国成立以后,众所周知的事实是……'民国'作为一个被终结的历史从大陆中国消失了,以'民国'为资源的机制自然就不复存在了。"(第60页)李怡从"还原"的角度返回"民国",坚决反对因为"民国"历史在中国大陆的消失而抹去"民国机制"存在的价值和对其意义的深挖。那么,既然要深挖被遮蔽的"民国机制"对中国文学史叙述的意义,就得明确深挖方向和方式,也就是明确文学的"民国机制"所能开辟的学术研究空间和其方法论的价值,这将问题的焦点推向了"作为方法的'民国机制'"。

这样,我们不难梳理出李怡对"国家历史情态"与文学史研究范式转换问题的思路:以现存的文学史叙述的问题为导向,还原被遮蔽的历史语境,在方法论意义上用"民国机制"研究民国"社会文化制度、生存方式置于文学的'结构性力量'",呈现对历史现场的全景考察(第68页)。李怡一方面强调"民国机制"要求当代学术研究返回民国历史现场,结合历史语境;另一方面努力建立史料考证和思想研究的亲密联系。他对将作家在各种社会情态下的精神互动归根于作家个体想象的这种单一思维方式进行了反驳,而特别强调作家精神互动的"集体性和有序性,并试图将之作为结构文学史的重要基础"(第68页)。按照李怡的观点,回到民国才能回到中国作家的栖身之地,也才能回到中国文学本身。但是民国时期的文学研究都能从属于"民国机制"吗?它们是一对一还是多对一的关系?除了"民国机制"是否还有其他机制?李怡给出的答案是:历史社会文化的内在结构不会是单一的,而是多元的。至于一对一还是多对一及是否有其他机制存在,如果不能落实到具体而微的文学现象中,不能对接文学新的符合中国历史情态的阐释分析,那么去证实或证伪便没有意义。李怡就此问题的回答其实早有铺垫,例如,他引用了韦勒克和沃伦关于文学史命名的观点,大意是文学史时代命名并不是随意的标签张贴,这样一来,文学史时代的命名不过是具体事件和纯粹主观的简单对应,无论怎样的文学分期体系,都无关紧要。文学历史分期的价值体现在探索从一个规范体系到另一个规范体系的变化的过程中。"民国文学史"的命名便深刻地表现了文学的新变化、新规范。

二 民国历史视野与民国文学研究问题

与李怡在"国家历史情态"问题上表达的立场一脉相承,在具体层面,他主张民国文学研究必须返回到民国历史视野中,发掘易被忽视的中国现代文学发展的影响因素。李怡认为,民国历史和民国文学之间的轻重缓急关系是"阐释优先,史著缓行"(第166页),其原因在于:"随着历史研究、文化研究在文学考察中的广泛运用,新的问题也已经出现,那就是我们的文学阐述因此而不时滑入纯粹的历史学、社会学之中,'忘情'的历史考察有时竟令我们在远离文学的他乡流连忘返,遗忘了文学学科的根本其实还是文学作品的解释。舍弃了这一根本,模糊了学科的界限,我们其实就面临着巨大的自我挑战:面向文学的听众谈历史是容易的,就像面对历史的听众谈文学一样;但是,如果这成了面对历史的听众谈历史,那么无疑就是学科的冒险!""从这个意义上,我们应该始终牢记,从历史文化的角度研究文学,最终也要回到'大文学本身',民国文学研究是对民国时期的文学现象的研究,而不是以文学为材料的民国研究。将来我们可能要完成的也不是信马由缰的《民国史》而是不折不扣的《民国文学史》。"(第178页)李怡的这段表述,涉及如何把握"民国历史""文学史"之间的关系及理解其侧重点的问题,由于历史、社会、政治等复杂的原因,"史"和"文学史"的界限在中国曾被悄然抹平或者悬置,李怡注意到这种趋向是危险的,并且滋生出很多问题,所以他强烈反对未假任何铺垫就径直投入所谓"民国文学史"的研究著撰中。而以民国历史视野观照民国文学史,是研究民国文学史的基本要求。

在论及民国历史视野时，李怡先引入了"宪政理想"和"民国文学空间"的概念。那么"宪政理想"和"民国文学空间"之间有什么关系？李怡认为，"宪政理想"是始终贯穿于"民国文学空间"的精神脉动，"几乎是流淌于知识阶层全体的精神信仰……凭借着宪政力量的有意无意推动，文学发展的空间得以扩展，至少是较多地得以保留"（第75页）。中国文学在从古典机制蜕变成"民国机制"的过程中，最重要的两个"宪政理想"节点是辛亥革命和五四新文化运动。李怡高度概括了这一论点，因为"前者奠定了文学发展的新的国家体制基础，后者酝酿了坚实的文化结构和精神空间"（第84页）。具体而言，辛亥革命赋予中国文学"民国机制"的保障是包含了民主承诺的国体承诺，知识分子"国家主人"的坚强意志被不断激活，不断贡献中国文学"主人的"而非"奴隶的"精神产品。五四新文化运动则是中国文学"民国机制"的发端。从民国历史与民国文学研究之间关系几个关键点的讨论上，亦可以洞悉李怡的观点与立场。诚如李怡所言，在民国历史视野的视角和方法论基础上，对民国文学研究问题进行梳理，不得不先解决三个追问，即："民国"何谓？"民国文学"何为？"民国机制"何求？不难看出，这三个追问的一个共同指向就是获得"民国"之所以被称为"民国"的理由。

为此，李怡提出"民国性"这一概念来对比"现代性"，与现代文学的"现代性"特质一样，"民国性"是解锁民国文学的钥匙，包孕于民国时期国家历史情境因素的总和里。民国文学研究问题的蕴蓄也须由"民国性"这一关键点开掘。那么何为"民国性"？它是"现代性"的替代语吗？"'民国性'就是中国现代文学自身的'现代性'的真正落实和呈现"（第167页），李怡认为"民国性"就是民国社会历史情境中的"现代化"，是由内生产出来的，用以阐述文学现象能对自身历史文化给予深切尊重。"民国性"可以说自然和妥帖地表达了中国文学。民国文学研究的"民国性"特征，决定了其所采用的研究方法。从哪几个切面去透视民国文学，可以洞悉其基本要义？通过仔细梳理，我们能够找到李怡对此类问题的明晰立场和关注焦点。

其一，通向"历史化"的民国文学研究。

"现代文学"的"现代"是一个历史进程，彰显了世界文学和中国本土文学的互通与融合。然而中国的"现代"并非与整个世界历史进程中的"现代"严丝合缝，而是在对接过程中出现了不小的错位。既然是民国文学研究，其时空定位就应该是"民国"之内，如果说现代文学的特质是"现代性"，那么民国文学的特质就是"民国性"。李怡倡导用"历史化"的方法返回民国文学研究。

"历史化"的文学研究取向在中国有久远的历史，对"文"和"史"之间历久弥新的讨论的原因在于置身于具体的历史情境中，很难找到较为恒定的方法论去统摄和诠释"文""史"之间的复杂关系。李怡所言的"历史化"是在对"重写文学史"、"两岸文学"互动等问题的质疑和反思中提出的，其中的关键点在于秉持"历史意识"，确认中国文学自身的学术主体性。"历史化"的方法与其说是一种反思，毋宁说是对刻板化研究思路的回避，原因在于任何返回历史的研究都容易把研究对象当成文本来研究或构建，这样一来不论文化还是文学都被当成文本来读，"历史化"似乎就是处理各种文本。李怡所倡导的"历史化"有两个要点，一是突出主体性，强调"我"与历史的联动；二是以更加宏观的视野来对待"大历史"和"小历史"，即所谓大历史叙事和小历史叙事之间的二分知识人为构想。对"小历史"的关注和证明，恰恰是对"大历史"的补充和完善。

那么问题来了，如果"历史化"的研究取向看重中国现代文学在世界格局中的阐释，那么中国文学清晰到"民国"这个具体语境中后，怎么看待已成型的现代文学对我们先入为主的影响？如果"民国文学"只是在现代文学的基础上，更强调细化历史、包容大历史和小历史，让现代文学的枝丫更加茂密，那么这些是否足以让民国文学谓之"民国文学"？

对"民国性"的理解，或许为我们思考并回答上述问题提供了一个参照。首先，民国文学有非常"具境化"（textuality）的指向，从现象学的角度来看，"具境"是人们存在于这个世界的方式的中心，具体语境不仅将人们周围的事件积聚起来,而且积聚了体验和历史,甚至是语言和思想,这也正是"历史化"的民国文学所主张的。其次,如果说现代文学基于普遍主义,那么民国文学则立足于相对主义。历史不仅是一般事件,而且是系统强制下的产物。社会结构与文化通过大历史、小历史和主体时间被紧密结合,所以民国文学的"历史化"研究为我们提供了与普遍透视相对的角度。最后,民国文学的"历史化"研究并不是扩充研究对象,而是精确研究路径,让民国文学更易于把握,有的放矢。"民国性"是基础,"历史化"是方法,"'民国性'是民国历史文化与民国文学得以展开的一个根本和基础"[①],不论是外发还是自发,我们走向现代化的过程是无法完结的。人的认知能力的局限和断裂的历史事件让我们偏好用二元对立来繁化对现代文学的认知,难以摆脱文学所带的文化的牵强附会因素,而"历史化"让时空定点在了民国文化空间,这无疑是一种有价值的精确研究民国文学的方法。

其二,剔除"民国性"文化趣味流变的"民国热"。

李怡对风行一时的"民国热"进行过深刻的思考。影视剧对民国历史或真或假的改编及民国文学作品的接受对"民国热"的盛行起到了推波助澜的作用。对"民国热"和民国文学研究的区分,对我们把握当代文化和民国文学都至关重要。李怡认为,"作为流行的社会趣味本身的'民国热'却还不能是一种自觉的时代思潮,而只是知识分子的个人的某种精神诉求与社会情绪的并不严密的合流,一方面,知识界对这些'民国文化'的提取和发掘尚未进入系统的有序的理性层面,本身就带有明显的趣味化和情绪性色彩"[②],"民国热"和民国文化泾渭分明,前者是剔除了"民国性"的大众趣味;另一方面,当民国元素充斥在文化工业的各个角落,用碾压的态势迅速来袭时,大众根本无暇也无心反思如此这般展示出的"民国热"的合理性和真实性。

那么,作为大众文化趣味的流变而出现的"民国热"潮流和民国

[①] 韩伟:《"民国性":民国文学研究的应有内涵》,《西北师大学报》(社会科学版)2014年第2期。

[②] 李怡:《"民国热"与民国文学研究》,《华夏文化论坛》2013年第2期。

文学研究是不是联袂而来的呢？李怡认为"民国热"和民国文学研究泾渭分明，换言之，民国文学研究和"民国热"并没有学术上的严密勾连。"民国热"现象与其他形式的"热"一样，具有碎片化、短暂快速的特点。大众文化曾被法兰克福学派激烈抨击，他们认为文化工业不过是商品拜物教的加强，大众的品位和偏好因此被形塑，大众文化呈现的是幻象，攫取巨大的商业利润才是其目的。我们应该严格区分作为文化消费与作为文学研究的"民国热"，以"民国性"为中心，这有助于我们厘清民国文学现象如何兼总条贯和分梳整合，同时保持理性，避免跟风。

其三，"民国性"：锻造知识分子对话的意义空间。

无论是物质产品还是文学作品，人创造它们的目的都是满足自己的物质需要和精神需要，所以物质产品和文学作品价值的体现，都依赖于消费或欣赏过程的完成。与物质产品的消费不同，文学作品的被赏析，借助于不断发展的传播技术，在某种意义上这是一个无限绵长的过程，正是这个过程开创了知识分子对话交流的局面。挖掘"民国性"的意义，有助于让知识分子进入共同的历史记忆和文学表达中，寻找深层的对话，扩展文学交流的意义空间。在意义空间的寻求过程中，不免会出现处理"异"与"同"的问题。"异"指学术隔膜和误读。长期以来，我们对"异"观点都会持对立态度，这样于无形中悄然抹平了对话产生的缝隙——"异"才是对话产生撞击的契机。学术隔膜在各个层面的反映都是正常现象，处理"异"观点，重点不是玩味文学作品的审美个性，而是掂量和剖析其中的文化意义，挖掘文化各个层面的种种因素之间的关系，打通文学细节和历史细节。

在民国这样一个特定的历史阶段，不同知识分子的信仰和意识形态，构建了文本同时也被文本所构建。在这种双向构建中，文本错综存在于知识分子所置身的文化惯例和精神情感中。知识分子的对话涉及读者的参与和意义的传达、流通、吸收、交换，文学不是一面观照外部世界的镜子，而是一个具有多重意义指向的网络空间，此空间不同于一般社会历史空间，而是包孕于"民国性"的文化空间。民国文学空间更注重探索民国历史事件的意义模式和阐释效用,用民国历史视野去审视民国文学自身复杂多重的内部架构问题。有学者提倡"引入文本视域和解释者视域,让二者交融共生"①,其实也是让研究者的解释学视域融入知识分子的对话当中,由此可见,这种多重知识分子对话的意义空间,有助于厘清民国文学现象如何兼总条贯和分梳整合,这同时也是"民国文学史"研究的重心。

三 "民国机制"与文学阐释问题

"民国机制"包含全新的文学理解方式。"民国"是时间意义上的静态历史空间,而"机制"则是一种较为恒定的秩序,是在知识分子与历史时间空间双向互动中形成的,重点强调的是文学现象中"人"与特定时空的复杂联系,这就类似于布迪厄(也译作"布尔迪厄")所谓的"场域",它具有双重性,兼顾内外。"民国机制"可以让文学研究获得更广阔的探讨空间,避免因文学自身发展的纵向断裂和舶来理论的错位借用而造成文学研究的阻隔和误读。"民国机制"的提出是为了扩充民国文学的叙述边界吗?李怡认为:"(提出)'民国机制'还是为了更好地解释那些富有独创性的文学现象,而不是为了扩大叙述范围。"(第66页)提出"民国机制"不是为了重新对文学研究圈划研究范围,而是致力于挖掘现代文学创造性的奥秘,"寻找外在的社会文化体制与人的内部精神追求的历史作用,就是我所谓的'机制'"(第67页)。

值得注意的是,李怡显然不同于传统文学理论从文学作品或者作家本人出发来界定某一时期的文学"机制",而是从"宪政理想"和"民国文学空间"切入,试图回到民国历史现场,带有陌生化的视角和颇为颠覆的意味。通常来说,空间和时间是一对一起出现的概念,李怡铺垫的"宪政理想"和"民国文学空间"其实强调了空间的政治维度。

---

① 韩伟:《从现代文学研究到民国文学研究:观念转变与范式变革》,《陕西师范大学学报》(哲学社会科学版)2016年第3期。

"民国机制"是不是一个划定范围的"场域"呢？我们知道，"场域"是布迪厄的理论，布迪厄认为："在高度分化的社会里，社会世界是由大量具有相对自主性的社会小世界构成的，这些社会小世界是具有自身逻辑和必然性的客观关系空间，而这些小世界自身特有的逻辑和必然性也不可化约成支配其他场域运作的那些逻辑和必然性。"① 布迪厄的"场域"强调的是各种因素构成的系统处于批判性的"关系"和"斗争"当中，这种关系分布在文学艺术作品生产、流通、消费的各个环节，置身于这种关系网中，行动者在场域中的点会被区分。布迪厄进一步解释："社会行动者，还有被他们占有进而构成财产的物，都处于社会空间的一个地点，一个明确、特殊的地点，这个地点的特征可以被它相对于其他地点占据的相对位置和将它与它们分开的距离描绘出来。"② 这说明，如果说行动者的特征象征性地表现在其所存在的社会空间中，那么稀缺性和独特性才是产生区分的原因。

李怡赞同布迪厄这一论点，他认为民国文学空间之所以能成为区分于其他空间的话题被提出，恰恰是因为"一个贯穿民国始终的精神脉动：宪政理想"（第 74 页）的稀缺性和特殊性常常被忽略。我们知道，文学的纵向和横向发展是文学发展不可分割的两个方面，文学的发展嬗变受制于社会发展程度，换言之，一定的社会背景只能产生出一定形式和内容的文学，文学横向发展的范围非常有限。五四新文化运动之所以常被老调重弹，根本原因就在于"'五四文化圈'当时形成了一个砥砺切磋、在差异中相互包容又彼此促进的场域，而这一场域所以能够形成，又与'民国'出现的关系甚大，中国现代文学之所以有后来的发展壮大，在很大程度上得力于当时能够形成这个场域"③。我国文学发展两千余年，直至 20 世纪初，西方文化的飓风一

---

① 〔法〕皮埃尔·布迪厄、〔美〕华康德：《实践与反思——反思社会学导引》，李猛、李康译，中央编译出版社，1998，第 135 页。
② 〔法〕皮埃尔·布尔迪厄：《帕斯卡尔式的沉思》，刘晖译，三联书店，2009，第 157 页。
③ 李怡、周维东：《文学的"民国机制"答问》，《文艺争鸣》2012 年第 3 期。

下子席卷了中国文学原本狭窄、安稳的发展路径，诞生了与传统文学判然不同的"五四"新文学，中国知识分子认为旧文学必须脱胎换骨才能适应新时代。借用西方的理论利器激烈抨击旧传统是"五四"的时代潮流。按照钱念孙的观点——"中国传统文化（包括文学）之链延伸至20世纪门槛后发生了（纵向）'断裂'"①，五四新文化运动也是文学发展"纵向跳跃"②的典型案例。那么断言"宪政理想"在民国的稀缺性、特殊性或典型性才是"民国机制"形成的重要因素不无道理。

然而，我们必须清楚地看到，李怡所说的"文化圈"、"空间"或"场域"的观点与布迪厄理论的分野在于，不同于布迪厄对社会空间"场域"背后资本和财产运作方式的批判与揭示，李怡更关注的是"宪政理想"作为"民国文学空间"精神元素沉淀的正面影响效果，他辩证地从政治、经济、文化等方面分析了矛盾丛生、新旧困斗的民国时代背景，以及中国作家脱离固有文学困境，走向"新文学"的契机，探究了中国现代文学生成发展的精神内核，连接起了政治与空间复杂而又独特的共生方式。其实亨利·列斐伏尔（H. Lefebvre）在《空间与政治》一书中早就指认过空间的政治维度，强调空间是政治置身的场所，只是作为沉淀了"宪政理想"的"民国文学空间"，空间这一概念被分割得更加精确，即试图从民国这一特定的时间段内的文学来阐述和理解其中的空间现象。不言而喻，文学与其外部世界的关系是理解"民国机制"的重要方面。根据列斐伏尔的空间理论，民国文学空间并非民国时期文本对当时外部世界的反映，文学更多地归属于一种可以进行观念流通和具有社会指意的媒介。

那么"民国机制"的旨趣是什么？李怡提出其在于寻找学术主体性的必要性。这也跟文学阐释自然地结合起来了。在全球化背景下，西

---

① 钱念孙：《文学横向发展论》，上海文艺出版社，1989，第328页。
② 钱念孙：《文学横向发展论》，第333页。在这里，钱念孙所谓的文学发展的"纵向跳跃"是指文学在特定的发展阶段，大规模吸收西方文化，免去自身许多探索和弯路，直接掌握西方文化理论成果，在较短的时间内急速走过西方文学数百年演进历程形成的跃进。

方理论的话语霸权导致中国文学阐释的空间不断被挤压，同时使中国文学长期以来的主体性模糊不清，这都导致了中国现当代文学种种"隔"的情况。那么，如何看待这一问题呢？

其一，学术主体性的模糊是中国现当代文学研究的问题所在，即学者们通过"本土化"的方法来应对"全球化"的冲击。无论如何，中国现当代文学已经被卷入"全球化"进程当中，"本土化"为中国文学的阐释提供了另一维度的方法。但是，"本土化"并不能解决中国现代文学的根本问题，如果说"全球化"用一种碾压态势来抹平文化的多样性，那么"本土化"只是强调中国文学是如此不同，并没有对中国文学恢复主体性起到作用，事实上，西方的当代文化理论，都在强调差异与不同，所以"本土化"并不能展示中华民族历史演变的真相，也不是现实意义的民国的主要实情，当然更不是应对"全球化"的重要策略。

其二，"现代性"在文学研究领域的一个突出现象是文化征服，"现代"强调当下的优先地位，所以中国现当代文学面对历史，就会不自觉地迎合现代的这一特征，忽视历史视角下文学的丰富性。学术主体性的模糊需要我们反思现代性，现代性进程是由西方发起的全球进程，霸权的话语往往也是现代性的话语，文化征服的重要前提是接受西方的阐释方式，所以对"现代性"问题的理性思辨，要求我们不但要审视西方的阐释，也要从历史的角度去发现中国现当代文学自身的丰富性。

结　语

《作为方法的"民国"》思考的议题是中国现当代文学面临的亟待解决的问题，它为我们思考中国现当代文学提供了可贵的方法论意义上的思考维度。无论是"现代文学"还是"民国文学"，我们都要对现代性的悖论及中国自己的文论做深入的分析思考。人文学科有自己的视野，当我们都本着发展的眼光向前看时，也要回头看看我们是否忽略了历史上遗留的中国现当代文学的丰富性和独特性。

北京师范大学国文系史略（1902—1949）*

◇窦可阳　徐　锐**

摘　要：北京师范大学国文系（1902—1949）对中国近现代国文教育、文学教育发展起到了巨大的推动作用。一方面，北师大国文系的课程演进时刻紧跟时代潮流，积极推动了"五四"前后开始的"国语运动"；另一方面，北师大国文系不但为社会培养了大批国语教师和进步文学家，更身体力行地参与到革命的洪流中，成为现代中国一股不可忽视的进步力量。北师大国文系对现代中国国文教育和中国现代文学都做出了重要贡献，产生了深刻影响。

关键词：北师大国文系　国文教育　中国现代文学

北京师范大学，作为现代中国历史上最负盛名、历史最为悠久的高等学府和师范院校之一，至今已有117年的历史。在一个多世纪的历史进程中，北师大的起转沉浮不但直接影响现代中国师范教育的发展和壮大，更深刻地推毂现代中国学术的演进。北师大的中文学科同样有悠久、辉煌的历史。在民国时期，不论北高师、女高师还是北师大、西北师院，北师大国文系始终是现代学界的一面旗帜，中国近现代的国文教育和语言、文学研究的各个领域，都可见到北师大国文系做出的巨大贡献。不过，在以往的学术史研究中，并没有论著对北师大中文学科在清末、民国时期的历史做过系统梳理，虽然北师大已经有数量可观的校史研究成果问世，但具体到作为一个教学机构的国文

---

*　［基金项目］中央高校基本科研业务费专项资金资助项目"北美易学研究"，项目编号：415010300036。

**　窦可阳，吉林大学文学院副教授，研究方向为中西比较文论和中国古典美学；徐锐，吉林大学文学院硕士研究生，研究方向为汉语国际教育。

系的系史研究,还是"空白"。实际上,作为中国现当代历史上一个特殊的科研教学机构,北师大国文系系史因其丰富、完备的资料储备和积极、深远的社会影响,本就是一个极具研究价值的学术史课题。因此,本文即以1949年以前的北师大国文系为研究对象,对其进行梳理,此文亦是为即将问世的《北京师范大学国文系系史(1902—1949)》献礼。

一 故国乔木,起转沉浮:北师大国文系沿革要略

1913年2月,北京高等师范学院首次开设国文专业,是为北师大国文建系之始。不过,早在北师大的前身——京师大学堂师范馆建设伊始,北师大国文学科的基础就已奠定。因此,本文对北师大国文系的追溯,自然要从1902年师范馆开科授学算起。从1902年到1949年,在近半个世纪的时间里,北师大国文系目睹、经历了从京师大学堂到北高师、女高师,再到北师大、西北师院,直到1949年前的北平师范大学的沉浮辗转、分分合合,因此,北师大国文系的历史分期,基本等同于北师大校史的分期。在民国时期,北师大校史曾被分为六个时期:"草创时期":光绪二十八年(1902)—民国元年(1912);"第一稳定期":民国元年(1912)—民国十二年(1923);"多事时期":民国十二年(1923)—民国二十一年(1932);"第二稳定期":民国二十一年(1932)—民国二十六年(1937);"新生时期":民国二十六年(1937)—民国三十四年(1945)[①];"返平时期":民国三十四年(1945)—新中国成立(1949)。就国文系的历史来说,从1913年到1931年北平师大和北平女子师大合并、文学院成立,北师大、女师大国文系不论在规模、学术影响还是社会作用上,都处在平稳上升的进程

---

① 《1940年国立西北师范学院院务概况·沿革》,见西北师范大学电子档案第593卷。20世纪40年代的北师大校史常把播迁西北时期称作"新生时期",返平后逐渐将此时期定义为"西迁时期"。

中,并没有受到1923年"高师改大"的过多影响。因此,本文将民国时期北师大国文系的历史分为五个时期来介绍。

(一)积淀期(1902—1913)

京师大学堂最早成立于1898年,当年由梁启超所拟的《奏拟京师大学堂章程》已经提到"西国最重师范学堂","今当于堂中别立一师范斋,以养教习之才"。在功课的设置上,则强调中西并重,因为此前各省所设之学堂常常"有西而无中",乃至于"偶涉西事之人,辄鄙中学为无用"。[①] 待到1902年重建京师大学堂时,师范馆、仕学馆最早开始招生,北师大的校史也由此开始。此时的师范馆并不分系,但从其课程安排来看,国文课程占据了相当大的比重。在1902年由张百熙所拟的《钦定京师大学堂章程》中,可见师范馆14门课程中,国文方面课程就包含了经学、习字、作文等内容,至于伦理(近似于哲学课程)、中外史学、中外舆地、外国文等,在民国时期各高校的国文系,也都是常见的课程。根据当时师范馆学生的回忆,此时期师范馆教习多为名师宿儒,包括清末桐城派学者吴汝纶(1840—1903)、著名史学家陈黻宸(1859—1917)、著名史学家屠寄(1856—1921)等。正是在这样的教育、教学积淀下,才有了后来北师大国文系之创设。

1908年,京师优级师范学堂成立,其校址也从京师大学堂的景山东马神庙迁到和平门外的琉璃厂厂甸,从此,北师大一直以此为主校园,直到1952年。同样是在1908年,京师女子师范学堂开学,这就是北京女子师范大学的前身,直到1931年与北师大合并。女师学堂于1910年进驻宣武门内石驸马大街,两师大合并后,北师大文学院就曾设在这里。

---

① 梁启超:《总理衙门奏拟大学堂章程》,见北京大学校史研究室编《北京大学史料》第一卷,北京大学出版社,1993,第81—82页。

（二）成长期（1913—1931）

辛亥革命后，京师两个师范学堂一度停顿。1912年5月，北京高等师范学校和北京女子师范学校先后成立。1913年2月，北高师遵照北洋政府教育部的《高等师范学校规程》，拟议设立国文部。1915年2月，北高师筹建国文部、国文专修科，是为北师大中文学科正式建系之始。从当年7月开始，国文专修科开始陆续招生，这批学生于1917年6月毕业，共34人，他们成为北师大历史上第一批严格意义上的国文专业毕业生。北京女师国文部招生始于1918年，这批学生于1922年毕业，她们也成为中国第一批女子师范国文专业本科毕业生。

1924年，北高师和女高师（1919年4月女师改为女高师）先后升格为师范大学。经历了1923年"高师改大"运动后，两师大竟成为民国时"硕果仅存"的师范大学。"改大"之后，北师大成立文学院，国文系归入文学院中。1927年8月，占据北京的奉系北洋政府曾将北京国立九校合并为"京师大学校"，北师大改称京师大学师范部，女师大改称京师大学女子第一部。南京政府"北伐军"1928年入北平之后，刚从京师大学校独立的北师大和女师大又曾被整合入"北平大学"，1929年方才再次"独立"。建制上的纷乱烦扰还不是北师大此时最严峻的问题，自北洋政府时期以来，北师大就经常性地陷入经费紧张的窘境，因为两师大坚持收公费生，更加重了这一困境，严重时竟至于断火断炊。

在如此艰难的环境下，两师大的国文系受制于经费，不能聘任太多的专任教师，只能以广慕兼任教师为主。但也是得益于这一举措，北师大国文系在建系之初就延揽到史学家章嵚（1879—1931）、文字学家钱玄同（1887—1939）和马裕藻（1878—1945）等先生，几位先生长期任教于两师大，章、钱二位先生更先后任北师大国文系主任[①]，为北师

[①] 章嵚1913年来北高师，1915年国文部正式成立时成为第一位国文教务主任，1919年曾短暂出洋，归国后继续任国文部主任，直至1924年离开北师大南下。钱玄同1913年来到北高师，1928年起任系主任，直至1937年北平沦陷，因为健康问题没有随校西迁，之后于1939年溘然长逝。

大国文系打下了坚实的底子；在北师大国文系的"成长期"，平津两地的知名学者先后来北师大国文系任教，如文学史家高步瀛（1873—1940）、黄节（1873—1935）、朱希祖（1879—1944）、马叙伦（1885—1970）、刘文典（1889—1958），史学家范文澜（1893—1969），词学家刘毓盘（1867—1927）、吴梅（1884—1939），诗人沈尹默（1883—1971），文论家张凤举（1895—1986）、罗根泽（1900—1960），翻译家徐祖正（1895—1978）、陈源（1896—1970），诗人、语言学家刘半农（1891—1934），语言、文字学家汪怡（1875—1960）、吴承仕（1884—1939）、杨树达（1885—1956）、骆鸿凯（1892—1955）、孙人和（1894—1966）、白涤洲（1900—1934），金石学家马衡（1881—1955），红学家俞平伯（1900—1990）等先生都曾任教于北师大国文系多年；女师大还曾请来寿昀（生卒年不详）、刘师培（1884—1919）、周作人（1885—1967）、黄侃（1886—1935）、陈中凡（1888—1982）、胡适（1891—1962）、梁漱溟（1893—1988）、袁同礼（1895—1965）、杨晦（1899—1983）、程俊英（1901—1993）等先生，还有大量北高师的先生来女师兼课。如此傲人的班底，很好地诠释了梅贻琦所云"大学者，大师之谓也"的名言。值得一提的是，黎锦熙（1890—1978）先生20年代初先后任教于北师大和女师大国文系，并长期担任女师大国文系主任、北师大文学院院长，直到新中国成立。梁启超（1873—1929）自1924年起任北师大董事会主席，也成为北师大国文系的一面旗帜。而鲁迅（1881—1936）于1921年、1923年先后任教于北高师国文系和女高师国文系，不但讲授小说史课程、指导学生的文艺活动，更支持、参与了两师大多次学生运动，1926年离开北京后，还多次回两师大演讲，留下了一段佳话。

（三）壮大期（1931—1936）

两师大国文系之壮大局面在30年代初就已形成，以1931年两师大合并为标志。先是女师大研究所于1930年成立，女师大校长、哲学家徐炳昶任所长，国文系主任黎锦熙任副所长。1931年7月，两师大正式合组，北师大与女师大国文系合并，归于新成立的北平师范大学文学院，院址设在宣武门内石驸马大街，以黎锦熙先生为院长，钱玄同先生为国文系主任。

两师大国文系本就同气连枝，从清末起就在教育界很多大变革、学生运动中共进退，更有大量名师宿儒同时在两系兼课，合并之后在规模上更是蔚为壮观。在20年代，北师大国文系毕业生始终是20余人，只有个别年份超过30人①；女师大国文系毕业生此前也常常是10人左右。合并后的1932年，新成立的北师大国文系毕业生达到46人，1933年达到57人，1935年竟多达63人。在本科生男女比例上，合并后的北师大国文系也有了显著的变化。北师大国文本科直到1928年方有女生毕业，但这已经是民国时期比较早接收女生的综合大学，在当年35名毕业生中，女生只有8人；而1929年国文系20名毕业生中，女生只有1人；比例最高的一届在1931年，39名毕业生中女生占到13人。到1932年，合并后的国文系46名毕业生中，女生有22人，几乎占到一半。这样的比例，在民国时的高等学府中实属罕见，北师大国文系为中国培养了最早一批女性国文教师，对中国女子高等教育和中小学教育做出了开拓性的贡献。

在教师团队上，壮大期的北师大国文系也打造了一支令人仰望的大师团队。合并前夕，两师大国文系便请来了一大批知名学者，包括书法家卓定谋（1884—1965），文字学家商承祚（1902—1991），国学大师余嘉锡（1884—1955）、林损（1890—1940），翻译家徐元度（1907—1986）等；合并后，北师大国文系的教师名单中又加入了文学史家金兆梓（1889—1975）、朱自清（1898—1948）、冯沅君（1900—1974）、陆侃如（1903—1978）、林庚（1910—2006），文字学家吴三立（1897—1989）、唐兰（1901—1979）、林尹（1910—1983）、孙海波（1911—1972），文学评论家、翻译家郑振铎（1898—1958），"诗孩"

---

① 1928年北师大国文系毕业生达到35人。

孙席珍（1906—1984），庄学家沈士远（1881—1955），文论家郭绍虞（1893—1984），哲学史家孙道升（1908—1955），敦煌学家孙楷第（1898—1986）等。在短短的几年中，这些大师传道授业、笔耕不辍，使得北师大国文系成为华北大地上一颗闪耀的明星。

（四）播迁期（1937—1945）

1937年"七七事变"之后不久，平津沦陷，两地的校园几乎都遭到日军的蹂躏。在此情况下，北师大师生脱离敌占区，迁到未遭日军铁蹄践踏的内地成了时势之必然。

从1937年9月始，北师大各系师生突破日军的层层封锁，绕道海路，又横穿中原，万里跋涉，陆续来到西安，平津两地撤来的高校组成了"西安临时大学"，1938年又改为西北联合大学，迁往汉中城固。此时期，北平师范大学逐渐从最初混乱的"联合"中稳定下来，到西北联大时期，北师大成为西北联大师范学院，国文系成为学校8系之一。1939年8月，西北师院正式独立于西北联大。从此，中国的西北大地又多了一个高等师资的培养之所，1945年抗战胜利后，西北师院的主体部分永驻西北，成为西北的师范教育最高学府。当然，从1940年开始，西北师院陆续迁往兰州，时任西北师院院长的李蒸选定的兰州西郊十里店，便是今日西北师大的校址所在。

在那段家国破碎、颠沛流离的岁月里，北师大师生不畏险阻、坚持理想，很多人来到西北。在1938年北师大毕业名录中，可见12名国文系毕业生，他们就是成功突围、播迁西北者，其中叶鼎彝（1913—1954）、顾学颉（1913—1999）等学长都拿起教鞭，成长为一代名师。在1939届毕业生北师大国文班"班史"中，刘述先[①]悲怆地记录道，"卅二学子随卢沟炮火而风流云散"，最后能抵达西安者只有11人。[②]

---

① 此刘述先字绍光，为辽宁西丰人，生于1912年，与当代儒学家刘述先并非一人。
② 刘述先：《国文系民廿八班班史》，载《北平师范大学1939年毕业同学录》，见西北师范大学电子档案第601卷。

值得一提的是，1938年3月，北师大师生离开西安，从咸阳开始，步行255公里，抵达汉中。全程用时半个月，每日风餐露宿，自不待言。亲历这段旅程的朱兰训在《秦岭行军》中回忆道："我们开始行军，每人背上了锅饼，跟在那荷枪实弹的领队后面走，边走边唱……山势陡峻，景色绝佳，白云从身边脚下飘过，仿佛到了神仙境界，路旁有万尺深的山洞，潺潺流水声，不知名的鸟儿婉转歌唱，数不尽的珍花异草，艳丽宜人，我们串成花环，围在草帽上……"①

这段时间，日军的威胁和物质的匮乏并没有让西北师院的教学中辍，在此条件下，北师大国文系因陋就简、按部就班，先后在城固文庙和兰州十里店建设团队、教书育人，培养了8届本科生，还从1942年始增设国文专修科、国语专修科，开办后效果极好，数年后返平重建北平师院时，袁敦礼先生对这个国语专修班仍然津津乐道，并立即主持国专增设工作。在师资团队上，僻处边隅的北师大国文系依然做到了不断壮大，除前文提到的顾学颉、叶鼎彝等先生毕业留校，后来均成为知名学者之外，史学家何士骥（1893—1984），语言文字学家谭戒甫（1887—1974）、程金造（1908—1985）、高元白（1909—2000），文学史家王汝弼（1910—1982）、易忠箓（1886—1969）、李嘉言（1911—1967），诗人于赓虞（1902—1963）等，与西迁的黎锦熙先生一起，在大西北延续了北师大国文系的木铎弦歌。

（五）返平期（1945—1949）

1945年8月，日本无条件投降。在全国欢庆抗战胜利的同时，西迁的平津、（南）京沪各高校返回原地被提上日程。但西北师院未能顺利返平，因为国民政府有意令西迁的师院永驻西北，而在北平沦陷期间日伪政府于1938年"重建"的伪北京师范大学、伪北京女师院在原址上直接复校，形成一定规模后再迁往石家庄。

---

① 佟学海《本校迁移行军沿途经过记录》，《西北联大校刊》1938年第3期。

国民政府接收北平后，日伪在北平所建各高校被改为"北平临时大学"，日伪北师大被编为"第七分班"，"陷敌"师生经过政治审查和三民主义的教育后方才被原来的北平师大"接收"，1946年1月，北平师范学院复校，成立12个系，黎锦熙先生依然为国文系主任。此时的北师大国文系以"第七分班"师生为主体，日伪时期就来到北师大国文系的梁启雄（1900—1965）、彭主鬯（1866—1957）、马宗芗（1883—1959）、张鸿来（1890—1962）、王森然（1895—1984）、曾觉之（1901—1982）、寿昀等先生都留在了新的北师院国文系。1946年9月，自愿回归北平的西北师院学生300余人跋涉万里，途经陕北解放区回到北师院，还有王汝弼、叶鼎彝、夏宇众等先生从兰州返回北平。至此，北师院国文系体制完备，开始了正常的教学工作。

值得一提的是，从1946年到1949年短短几年时间内，北师院国文系先后迎来了李长之（1910—1978）、徐世瑛（1916—1972）、陆宗达（1905—1988）、刘盼遂（1896—1966）、曹述敬（1916—2001）等先生，他们很多人在解放后继续任教于新中国的北京师范大学中文系，很多先生都是今日北师大众多名师的授业恩师，今天的北师大中文系如此枝繁叶茂、成就斐然，这些先生都是最重要的奠基者。

二　木铎翎音，国文先驱：北师大国文系与现代中国的国文教育

作为近现代中国师范教育的"领头雁"，北师大国文系在中国现代国文教育的革新和普及上做出了难以磨灭的贡献。这一方面体现在北师大国文系不断探索、不断革新的现代化国文课程和师范教育体系建设上，另一方面，北师大国文系的先生们作为中国文化界最富声望也最积极、最活跃的学术群体，在中国国文现代化的历程中，发挥了巨大的作用。下面，我们就分别来说一说。

（一）北师大国文系的国文教学

北京师范大学是中国最早的国立师范大学，也是旧中国"硕果仅存"的师范大学，北师大国文系始终以师范教育为其最大的特色。在北师大国文系历年的"课程标准"中，第一句都会强调：本系课程设置目标为造就中等学校的国文科教师。在此理念的指导下，一方面，北师大注重学生的操行，强调"为人师表"，陈宝泉校长20世纪初任北高师校长时在校园树起来的"衣冠镜"至今为北师大人所乐道；另一方面，北师大特别注重课程的合理设置，坚持教学实习、演讲、辩论的组织和培养，在学生成绩上更是严格把关，真正做到了"严进严出"。

1913年北高师国文系建系伊始，本专业教师就多次开会探讨国文课程之设置，到1919年更形成制度，规定每年1月、2月和10月、11月各召开一次研究会，总结经验，修订课程。北高师、女高师的学生作为近代中国最早的一代大学生，也是一批坚持理想，积极回应学校教育、教学制度的青年人。据程俊英先生回忆，她们在北平女师国文专修科学习期间，曾经发起轰轰烈烈的学生运动，要求撤换时任国专班主任的戴礼和陈树声，因为前者"宣扬封建伦理道德，特别讲三从四德"，后者"讲授古文，是个讲桐城派义法的老朽"。在学生的不懈努力下，终于迎来了陈中凡、胡适、刘师培、黄侃、李大钊、陈独秀等属于"新时代"的先生们，使得北平女师国文系更加思想进步、兼容并包，面貌为之一新。[①] 正因为当时活跃在北平的"新"学者们很多都任教于两师大，而北洋政府时期教育部与北师大联系也最为紧密，所以北师大国文系的课程始终走在时代的前列。我们以1933年北师大国文课程设置为例。在当年的必修课"一览表"中，除了体育、卫生、哲学、"党义"等公共课，教学法、心理学、教育史等教育学课程之外，第一学年必修课包括中国文字概论、国语发音概略、古今文法比较、中国文学

---

① 程俊英：《回忆女师大》，《档案与史学》1997年第1期。

史大纲、周至唐思想概要、书目举要等课程；二年级专业必修课包括古今音韵改革、宋元明思想概要、经学史略等；三年级则有文字形义沿革、清代思想概要、诸子概论等；四年级必修课几乎全是教育、心理类课程，还有一门国文教学法。此外，选修课也很丰富，开设了甲骨彝器文字研究、周秦古音研究、近代语研究、中国修辞学、文学概论、文章源流、诗歌史、三百篇选、辞赋选、汉魏六朝诗选、唐宋诗选、词史、词选、曲史、小说史、散文选、史记选、白话文学选、新文学概论、古书校读法、先秦古书真伪略说、三礼名物研究、国文教材研究、简体字练习等。仅从课程名称就可见当时的开课者在保持语言、文学两大类课程均衡的同时，兼顾各体文学，尤其是对语体文与文言文同等重视。其中很多课程更可以说能够引领时代，比如简体字练习。要知道，在20世纪30年代初，民国政府才开始试着推行简体字，这一课程在当时好比"吃螃蟹"，这也是为了克服民国文字改革缺乏师资的矛盾。再如国文教材研究，当时中国国文教材非常缺乏，京师大学堂时代，中国中等教育教材大量从海外引进，适应时代的国文教材更是"零"，北高师成立之后，才促进了中小学国文教材的发行和推广。通观此时的国文课程，其难度、深度和在文学史上的广度，似乎也不比今日之中文教学差。

如此深、广的课程设置，对北师大国文系的学生提出了非常高的要求。而北师大在"严进严出"这一原则上也从未放松过。早在京师大学堂师范馆成立之初，当时的"大学堂章程"就强调："师范出身一项系破格从优以资鼓励……不及格者，如例留堂补习；其过劣者咨回原省，以杜冒滥。"[1] 此后的北师大国文教学中，对成绩要求之严格，从下面的数据就可见一斑：在国立西北师范学院1940年度第一学期国文系在校生成绩统计表中，可见总计36人中，"甲等"9人，"乙等"25人，"丙等"2人。这样的分布并不是个例，从1918年做的"历年毕业

---

[1] 北京大学、中国第一历史档案馆编《京师大学堂档案选编》，北京大学出版社，2001，第163—164页。

成绩统计表"可见，每一年的平均毕业成绩都在70—80分。遍览历届学生成绩单，给分之严格、精确清晰可见，拿到"甲等"成绩者完全是凤毛麟角。值得一提的是，1925年，北师大国文研究科8名研究生毕业，他们也可算中国最早的一批国文研究生。

师出名门又严格把关，北师大国文系学生质量之高可以想见。这些学生在战火纷飞、交通阻隔的年代，依然能信守师范生的承诺，更加难能可贵。如果说在校期间三年级在师大附中、附小的"生活体验"，四年级的教学实习都是"体制内"安排的话，北师大国文系毕业生在其他教育机构服务比例之高，则令人不禁肃然起敬。在1937年北师大校友录的统计中，历年毕业生服务于中小学和各类教育机构者高达86%，其中国文系近五年内212名毕业生中，服务于教育领域者有156人，排除"情况未详"者35人、已故3人，升学和赋闲等未"服务"者只有16人。此时期，北师大国文系还积极参与社会办学，各种文科补习学校、暑期国语讲习班、国文师资培训班等都坚持多年，其中以国文系为主力之一的"平民学校"因为态度认真、效果良好，到1927年竟成为北平仅存的平民学校，其他学校的平民学校都被勒令停办。所谓"态度认真"，从一件小事就可看出。在民国时师大附中、各平民学校教师名单中，钱玄同、黎锦熙、马师儒等国文名师的名字赫然在列。比之今日本科生难得听到教授的课程，民国时代的北师大国文系众多知名学者是真正地投身教育第一线，怎能不让人敬仰？

（二）北师大国文系与现代中国语言文字变革

清末民国的语言文字革新运动，是中国近现代国文教育史上的一件大事。半个世纪之间，"切音字运动""注音字母运动""简化字运动""国语罗马字运动""拉丁化新文字运动"等先后登场，其推毂者都是当时最具影响的国文领域学者，他们或互为襄助，或激烈辩诘，在理论、形式和体制上充分讨论了汉语拼音、汉字简化和西文字母的引入。对于这些运动的功过，时至今日，依然是"谤满天下，誉满天下"。但不可否认的是，这一系列运动在中西文化激烈碰撞，清朝灭亡后新文化勃兴，尤其是五四运动后的文化环境中适逢其时。而当时的民国历届政府也有规范语音、文字，使当时中国国文教育与"新文化"、西方文化接轨的需要。更不要说，今日在全中国普及了的简化字、普通话和拉丁文拼音，都与那个时代的语言文字改革有莫大关系。在这些运动中，北师大国文系起到了巨大的作用，甚至做出了极富核心意义的贡献。下面我们重点介绍其中的"注音字母运动""简化字运动"和"国语罗马字运动"三个运动。

首先，"注音字母运动"最初就是民国政府大力推行的官方注音运动。1912年，民国政府即通过《采用注音字母表》，随即便由教育部牵头，组织学界探讨注音方案。1918年，"国语统一筹备会"成立，其成员包括蔡元培、林语堂、吴敬恒、袁希涛、赵元任等知名学者，还有胡适、黎锦熙、钱玄同、王璞、刘半农、汪怡等先生，以上提到的学者都是在北师大国文系任教多年的教授。1920年，教育部颁行了《国音字典》，初步提出了"老国音"体系，1932年公布《国音常用字汇》，正式以北京音为国语的标准字音。实际上，这一探讨涉及诸多方面，比如字母形式、字母顺序、基础音系、声调取舍等，历经几十年的理性探讨和教学实践，如黎锦熙先生所说："这个《注音字母表》，实是会萃众说，煞费斟酌而成。"① 这一注音字母表在以上各次运动中是相对成功的，编成了中国历史上第一套法定拼音方案，比较好地解决了迫在眉睫的汉字注音问题。

其次，"简化字运动"最早也是由北师大国文系教授钱玄同力主推动的。1920年，钱玄同在《新青年》上发表《减省汉字笔画底提议》，在《平民教育》上发表《汉字改良的第一步——减省笔画》等文，大力呼吁提倡简化字。此后，学界、政界都做出了正面的回应，黎锦熙、胡适、杨树达、刘半农、沈兼士、周作人等在北师大中文系任教的先生都在行动上表示了支持。比如，1930年，刘半农、李家瑞的《宋元以来俗字谱》，卓定谋的《章草考》等都为简化字提供了参考；1935年8

---

① 黎锦熙：《国语运动史纲》，商务印书馆，2011，第143页。

月，由钱玄同主持编写，黎锦熙、汪怡、赵元任等人亲自参与检定的《简体字谱》正式颁行，收入简体字2340余个。这是中国国文教育史上第一个正式公布的简体字表，对于扫除文盲、规范汉字起到了巨大的作用，其文化效应泽及今人。

最后，"国语罗马字运动"最早也由钱玄同先生推动。1918年，钱先生在《新青年》发表《中国今后之文字问题》，提出废除汉字，采用万国新语："中国文字，论其字形，则非拼音而为象形文字之末流，不便于识，不便于写；论其字义，则意义含糊，文法极不精密；论其在今日学问上之应用，则新理、新事、新物之名词，一无所有。"① 客观地说，此说就算在"五四"时期也很激进。但在当时中国高等教育大量引进西方文献、学习西文的背景下，尤其是拉丁文字母风行世界的大环境下，罗马字拼音大为发展。这一主张，在当时得到黎锦熙、胡适、鲁迅、林语堂、蔡元培、赵元任等先生的热情回应，钱先生自己也成为汉字革命最坚定的推动者，1923年《国语月刊·汉字改革号》专刊上，以钱氏之《汉字革命》一文最具战斗力。1925年，钱玄同、黎锦熙、刘半农、汪怡、林语堂、赵元任等先生自发组成"数人会"，推动国语罗马字的探讨。经过不懈的努力，1928年，国民政府终于公布《国语罗马字拼音法式》，而前述之《国音常用字汇》分别用注音字母和罗马字拼音注音，对后来中国拼音字母的推行起到了重要作用。当然，这一运动的初衷是"取代汉字"，但经过理性的探讨，加上当时国民之贫弱、时局之动荡，最终竟演化成拼音字母，而且后来推行也不甚成功。

如果只是说以上历次运动都可见到北师大国文系诸多先生奔走呼告、大力推毂的话，还不足以全面说明北师大国文系在这次语言文字改革中起到的巨大作用。在民国时期，每一次标准化字音、常用字汇的发布，首先都必须培养师资，包括开设国语讲习班，在中、小学强制推行，并在各教育机构、文化部门大力宣传。在这一过程中，北师大国文

---

① 《钱玄同文集》，中国人民大学出版社，1999，第166页。

系责无旁贷。北师大国文系的先生们本就是运动的推动者，他们在系内的课堂教学中自然积极推广新字母、新汉字，并撰写了大量教材。比如，黎锦熙先生来北高师后撰写的《新著国语教学法》《新著国语文法》（均出版于1924年），在中国近代教育史上极富开创性地位；1928年出版的《国语罗马字国语模范读本》等也成为当时最重要的罗马字普及读物。1934年，黎先生的《国语运动史纲》详尽地记述了清末以来文字改革的诸多细节，成为近代国文教育史上一部重要著作。钱玄同先生除前述《国音常用字汇》《简体字谱》的编订主持之外，在北师大国文系教学期间，撰《文字学音篇》《说文部首今读》等文，在课堂上推动汉字改革。此外，汪怡先生的《注音符号讲义》（1943），杨树达先生的《中国语法纲要》（1928）、《高等国文法》（1930），吴承仕先生的《国故概要》（出版年不详），刘半农先生的《标准国音中小学字典》（1933）等讲义、著作对此运动也起到了重要的推动作用。实际上，北师大国文系众多教师都有讲义出版，比如早年毕业于北高师、在北师大国文系任教多年而又一生低调的夏宇众先生的《修辞学大纲》（1947）亦在学界有一定地位。与这次活动相呼应，北师大国文系师生也身体力行，推行新国语。比如，学校推行国语演讲比赛、辩论会多年，还曾多次参加北平高校间的辩论比赛。[①] 由北师大国文系师生主办的《国语周刊》（1925年始创）、《师大国学丛刊》（1930年创刊）等也都成为重要阵地。而组织更早的北高师"国文学会"（1917年成立）及其《国文学会丛刊》（1922年创刊）则是由北高师国文系教师自筹经费承办起来的，第一期上还保留着鲁迅先生为国文学会捐款5元的记录。北师大国文系在历次教学实习、国语推广运动中也发挥了巨大的作用，1946年，北师大国语专科的师生还曾亲赴台湾推广国语。

---

① 比如"五四"期间，北高师学生与清华师生在北高师风雨操场举行辩论，选定的辩论题目是北高师英语部周谷城的"人类社会中不应有单独的知识阶级存在"。见周谷城《五四运动与青年学生》，《解放日报》1959年5月4日。

三　行为世范，文称师表：北师大国文系与中国现代文学

作为一个百年老系，北师大国文系与中国现代文学也有深厚的渊源。然而，作为教学、科研机构的北师大国文系，对清末以来中国新文学之勃兴、繁荣的贡献却很少被学界提起。其中一个重要原因是，北师大校风一向醇厚朴实，其毕业生也多勤勤恳恳地服务于国文教育第一线，教书育人之余，多低调平实，不为后世所知。北师大国文系的知名系友，也多是治学沉稳、功力深湛的学者，比如后来任教于北师大国文系的程俊英先生（女高师1922届）、孙楷第先生（1928届）、彭慧先生（1925年入女师大）、曹鳌先生（1930届）、吴其作先生（1931届）、王汝弼先生（1933届）、程金造先生（1934届）、顾学颉先生（1938届）、叶鼎彝先生（1938届）、曹述敬先生（1943届）等，还有考古学家郭宝均先生（1922届）、教育学家董渭川先生（1927届）、文献学家王重民先生（1928届）、国文教育家叶苍岑先生（1932届）、哲学家张岱年先生（1933届）、现代汉语学家杨欣安先生（1935届）等。

但是，在中国现代文学史上，还有一批北高师、女高师和北师大国文系的毕业生，他们活跃在现代文坛，比如前面提到的小说家、散文家叶鼎彝（以笔名叶丁易闻名于文坛），还有著名诗人、人民解放军军歌《英雄赞歌》的作者公木（原名张松如，1928年入北平大学第一师范学院国文系），著名记者浦熙修（1933届），诗人吴奔星（1937届），诗人及翻译家彭慧，诗人及文学研究家王学奇（1946届）等，还有名震一时、标志着中国现代女性文学之诞生的"女高师文学群体"：1919级的程俊英（笔名"隽因"）、苏雪林（时名苏梅）、王世瑛（笔名"一息"）、冯沅君（时名冯淑兰）、庐隐（时名黄英），1922级的许广平（笔名"平林"等）、陆晶清（本名陆秀珍）等。更不必说，曾在北师大国文系任教多年的先生们，很多本就是振臂一呼、应者云集的著名诗人、文学史大家、散文家和小说家。在这样一个激昂、蓬勃的文

学团体成长、战斗的过程中，北师大国文系为他们提供了一个难得的盘桓之所，诗人、散文家、小说家们是在这个家园里睹先师之世范，颐情志于典坟，后来才走进社会，成为中国文学史上一颗颗闪耀明星的。在此，我们分三个方面，对北师大国文系与中国现代文学之关系进行论述。

（一）扎实完备的文学课程

师者，传道授业解惑也。北师大国文系以培育师范生为己任，从师范馆的时代开始就特别注重国文知识的扎实、全面。在前面，我们曾列举了1933年北师大国文系的课程表，那个课程设计正是"合校"后1932年学校教学整理后的成果，融汇了众多先生的心血。实际上，如前所述，早在北洋政府时期，不论是北高师国文系还是女高师国文系，均一向注重对学界的兼容并包。一件有趣的事情是，在20世纪初互相攻辩得不亦乐乎的学者们很多都是两高师国文系的教师，比如极富战斗力的鲁迅在北高师任教6年，在女高师任教3年，被他"骂"过"逗"过的陈西滢、"金心异"（即"疑古"玄同先生）、许寿裳等，都是多年的"老同事"。沈尹默、黄侃与胡适，黄侃与吴梅都曾吵得不亦乐乎，他们也都在女高师国文系共事过。这使得北师大国文系的课堂真正地"百家争鸣"，受益的则是北师大国文系一代又一代渴求知识、立志师范的学子们。即便在北师大僻处西北一隅的时候，课程的设计也从未放松过，在1940年国文系的课程表中，除语言、文字类课程如要籍目录、文字学概要、训诂学等之外，文学、写作类课程还有中国文学史、历代文选、各体文习作、各体文法实习、历代诗选、中国文学专书选读、中国文学批评、传记研究、小说戏剧选读、小说史等，涵盖了古今中外语言、文学的方方面面。当时两高师国文系的很多课程在本学科都极富开创性，以"中国文学批评"一课为例：虽然中国自先秦以来就有悠久的文学批评传统，但真正现代意义上的文学批评研究在1927年才开始，最早的《中国文学批评史》就是曾任北平女高师国文部主任的陈中凡先生于当年出版的。此学科还有几位重要的奠基人,包括北师大国文系的郭绍虞、罗根泽,而郭先生的《中国文学批评史》因其广采博收、材料宏富,成为影响最大、流传最广的批评史。①再如鲁迅先生的"小说史"课程,他一向以一丝不苟、博古通今而闻名京师,每次上课前必发放其讲义《古小说钩沉》,这就是后来广为人知的《中国小说史略》。这部小说史首次打破了中国小说向来无史之局面,又与"批评史"这样的课程有那个时代的共同点:既贯通古今,又融入了西方的科学研究方法。这样的课程,焉能不受学生狂热追捧?据许广平先生回忆:"鲁迅先生讲小说史,既注重文史流变的梳理与辩难,也关切与之联系紧密的文化思想的剖析和批判,讲述不限于讲义,但常常结合课文立足现代针砭古今,驳虚妄斥礼教,引导学生在逡巡古代文史之林的同时,磨砺胆识。"②除了"课上"的教学,女高师、北师大国文系课余活动之丰富、专业,也深刻影响了文学青年们。前述的国语演讲、辩论比赛自然成为北师大多年的传统,国文系的"国文学会"及其"丛刊",也在文学史上占有一定地位。1919 年,北京女高师的文艺研究会创办,成为"中国女性文学史上第一个摆脱传统亲缘、地缘关系而建立在现代学缘关系基础上的文学社团,也是中国现代文学史上少有的一个专门由女性成员组成的文艺性社团"③。社团从1919 年 6 月开始出版《北京女子高等师范文艺会刊》,虽然前后只出版了 6 期,却使当时女高师校园的学生们尝试着登上了现代文坛,而且从 6 期刊载的作品看,新体诗、白话小说在后几期呈现明显的上升趋势,这也成为中国女性新文学觉醒的一次呼喊。北师大师生排演戏剧,也是一项重要的锻炼。在女高师早期,学生们就排练过《孔雀东南飞》,很好地呼应了五四运动,在当时有广泛的社会影响。1934 年,北师大"国

---

① 郭绍虞《中国文学批评史》上册出版于 1934 年,下册出版于 1947 年,由商务印书馆出版。
② 何玲华《从女高师到女师大:鲁迅与现代女子教育》,《江西社会科学》2006 年第 9 期。
③ 王翠艳:《女高师校园文学活动与现代女性文学的发生》,《中国现代文学研究丛刊》2005 年第 5 期。

剧研究会"成立,"七七事变"前在北师大风雨操场上多次演出,观众最多时曾达千人。

(二)国文系先生们的导夫前路

前面我们提到过,北师大国文系的诸多教授本就是现代文学史上才华横溢、影响深远的诗人、小说家、散文家、批评家。

我们先说一些文史名家。因北师大"兼任"体制之灵活,从民国初年开始,高步瀛(1918年来高师)、朱希祖(1916年来高师)、罗根泽(1925年来北师大)、刘文典(1920年来高师)、吴梅(1920年来高师)、刘师培(1917年来高师)、俞平伯(1934年来北师大)、商承祚(1930年来北师大)、范文澜(1928年来北师大)、朱自清(1934年来北师大)、刘毓盘(1920年来高师)、余嘉锡(1929年来北师大)、林庚(1936年来北师大)作为成名已久的国学大师,或治经史,或精词曲,有红学家,有庄学家,而他们又往往能将自己的研究融汇到讲义中,还积极向本校学术刊物投稿,极大地丰富了北师大师生的文学视野。比如,合并前的《女师大学术季刊》共出刊6期,据统计,短短一年内,仅女师大研究所的研究成果在该刊上就发表了58篇论文,包括高步瀛的《史记太史公自序笺证》、刘盼遂的《颜氏家训校笺》、黎锦熙的《国语中的复合词的歧义和偏义》、徐炳昶的《阻卜非鞑靼辨》、罗根泽的《荀子论礼通释》等。①

通观整个民国时期,两高师和两师大与国内文学研究界乃至国际知名学者的联系非常广泛,我们仅从两个方面就可窥其概貌。一方面,民国时期来北师大演讲的学者常常是影响巨大又饱富学养的知名人士,胡适、鲁迅、梁启超、蔡元培、梁漱溟、庐隐等文史界的知名学者自不待言,美国教育家杜威(John Dewey,1859-1952)、孟禄(Paul Monroe,1869-1947)20年代来师大讲学、任教(杜威曾在北高师讲授伦理学

---

① 《北京师范大学校史(1902—1982)》,北京师范大学出版社,1984,第83页。

和教育学两门课程），日本、欧洲多位学者也经常来北师大开设讲座。此外，还有很多军政界人士来北师大讲学，比如著名军事家蒋百里（1882—1938）、黄郛（1880—1936）等人还曾在北高师任讲座教师，他们讲课十分守时，所讲内容又多亲身经历的军戎之事，自然大受学生欢迎。曾任平津卫戍司令的王树常将军（1885—1960）更是把高师支付给他的车马费全数捐出，在高师建立了"树常奖学金"，一时传为佳话。另一方面，两高师和北师大的教师团队中颇多"国学世家"，比如著名的鲁迅、周作人兄弟，沈士远（1881—1955）、沈尹默、沈兼士三兄弟，马裕藻、马衡兄弟，梁启超、梁启雄兄弟，他们都曾长期为北师大国文系学生授课，而梅贻瑞、英千里、俞平伯等学者，其家族也或多或少成为北师大国文系之助益。还有一些北师大的学子与知名学者组成伉俪，如张君劢与王世瑛、陆侃如与冯沅君、老舍与胡絜青、冯至与姚可崑、穆木天与彭慧等。这些先生们不单单构成了北师大国文系的"人脉"，更重要的是，他们带来了中国特有的文风、家学，给北师大国文系的文学图式添上了浓墨重彩的一笔。

至于北师大国文系教师团队中的著名文学家，我们更是耳熟能详。比如诗人沈尹默、刘半农、孙席珍、王学奇等，小说家鲁迅，散文家陈西滢、周作人、朱自清，翻译家郑振铎等，都在现代文学史上占有一席之地。

（三）优良的革命传统

作为近代中国最早接受西学启蒙的学人，北师大国文系师生从京师大学堂师范馆时期开始就展现出了积极、奋进的爱国精神和对自由、民主的向往。在中国近代、现代革命史上，也常常能看到北师大国文系师生的名字。对于文学青年来说，广阔的革命生活为文学创作带来了鲜活、真实的素材，而精神之自由、思想之活跃，也成为文学创作的重要源泉。

早在1903年日俄战争前夕，针对清政府与沙俄签订丧权辱国的

《中俄密约》，师范馆学生就曾"鸣钟上堂"，举行集会。进入民国后，波澜壮阔、可歌可泣的1919年五四运动、1925年"女师大风潮"、1926年"三一八惨案"、1935年"一二·九"运动、1947年"反内战、反饥饿、反暴行"学生运动等，都可见北师大国文系学生的身影。在五四运动中，北高师国文系学生周予同，与北高师数理部学生匡互生等人成为"火烧赵家楼"的主力。国文系学生徐名鸿等人也积极参与其中，推动了这场爱国学生运动的发展。在这场运动中，女高师的学生也积极参与。据程俊英先生回忆，当时女高师门禁森严，校方曾尽力阻止学生参与游行示威。但是，女高师的爱国青年们在李大钊先生的指导下，组织、成立了女高师学生自治会，并积极"参加会议、编写刊物，到街头讲演宣传，游行请愿"。① 在后来的学生运动中，程俊英、冯沅君、钱丞、罗静轩、王世瑛等高师国文部学生起到了重要的组织、引导作用。这样激情澎湃的爱国斗争，成为女高师、女师大一个重要的标志。在1925年"女师大风潮"中，女师大学生坚持自由、坚持理想，反对封建迫害，在北洋政府当局恼羞成怒、以"不受检制""蔑视长上"为由解散女师大的时候，鲁迅先生等进步学者与女师大学生共进退，在宗帽胡同自赁校舍，坚持办学，许寿裳、马裕藻等先生义务授课，直至教育部部长章士钊等人收回成命，并解除校长杨荫榆的职务，斗争获得胜利。不久后，在"三一八惨案"中，女师大又一次身先士卒，女师大国文系学生杨德群与英文系学生刘和珍、北师大学生范士荣等在斗争中殉难，悲愤不已的鲁迅先生为此撰写了《记念刘和珍君》等一系列文章，其中就有"真的猛士，敢于直面惨淡的人生，敢于正视淋漓的鲜血"这样为人熟知的名言。在合校后的"一二·九"学生运动中，北师大国文系毕业生周小舟亲自组织、参与了这次爱国学生运动，北师大学生还组织了学生自治会，国文系学生杜书田等人成为自治会执行委员。

除了上面这些"大事件"，我们在翻览北师大校史时，时常可见北

---

① 程俊英：《回忆女师大》，《档案与史学》1997年第1期。

师大学生为言论自由、反对陈朽的课程内容、维护学生生活的正常秩序以及为护校、复校等而做出的热情、坚决的斗争,在迫不得已时,还敢于"万里请愿",不惜从北平、兰州徒步去南京做斗争。值得一提的是,早在20世纪初,李大钊、陈独秀等先生就曾在女高师、北高师宣传马克思主义思想,后来,两高师、北师大党支部一直活跃在历次革命运动中。

  总的来说,北师大国文系在中国现代学术史、文学史和革命史上都写下了浓墨重彩的一笔。习近平总书记曾在讲话中强调:"世界上不会有第二个哈佛、牛津、斯坦福、麻省理工、剑桥,但会有第一个北大、清华、浙大、复旦、南大等中国著名学府。"① 这喻示了未来中国文化战略将更注重高校文化传统的发掘,像北师大国文系这样历史悠久、成就斐然的"百年老系",也将成为重要的学术中心。

---

① 习近平:《青年要自觉践行社会主义核心价值观》,《人民日报》2014年5月5日。

《励耘学刊》稿约

《励耘学刊》（《励耘学刊》文学卷）是由北京师范大学文学院2005年创办的学术集刊，每年一卷两辑，每辑35万字左右。《中文社会科学引文索引（CSSCI）（2017—2018）》来源期刊。主要刊发海内外具有原创性的文学研究论著，旨在交流学术信息，展示学术精品，维护学术规范，推动学术健康发展。一经刊用，赠送作者样书2册，并致薄酬（包括网络和光盘使用费）。

《励耘学刊》诚邀海内外学人不吝赐稿，现将稿件处理相关事项公告如下：

1. 实行匿名审稿制。审稿时间一般为3个月，审稿期内请勿将稿件另投。

2. 来稿以电子文本为宜，字数以10000字至30000字为宜，学术价值较高者篇幅不受限制。

3. 稿件内容包括题目、作者署名、摘要（300字以内）、关键词（3至5个）、正文、注释，具体格式请参照《文学遗产》。基金资助论文请在首页以注释形式标注，说明项目名称、编号；文末附作者简介和联系方式。

4. 每年出版两集：第一集于2月20日截稿，预计6月出版；第二集于7月20日截稿，预计12月出版。

学术联系人：杜桂萍教授、李怡教授、马东瑶教授

收稿邮箱：liyunxuekan@163.com

通信地址：北京市新街口外大街19号北京师范大学文学院

《励耘学刊》编辑部，邮编100875

图书在版编目(CIP)数据

励耘学刊.2019年.第1辑:总第二十九辑／北京师范大学文学院主办.--北京:社会科学文献出版社,2019.6

ISBN 978-7-5201-5029-3

Ⅰ.①励… Ⅱ.①北… Ⅲ.①汉语-语言学-丛刊 Ⅳ.①H1-55

中国版本图书馆CIP数据核字(2019)第115522号

励耘学刊(2019年第1辑 总第二十九辑)

主　　办 / 北京师范大学文学院
主　　编 / 杜桂萍

出 版 人 / 谢寿光
责任编辑 / 李建廷
文稿编辑 / 程丽霞

出　　版 / 社会科学文献出版社(010)59366556
　　　　　地址:北京市北三环中路甲29号院华龙大厦 邮编:100029
　　　　　网址:www.ssap.com.cn
发　　行 / 市场营销中心(010)59367081　59367083
印　　装 / 三河市龙林印务有限公司
规　　格 / 开 本:787mm×1092mm　1/16
　　　　　印 张:23.75　字 数:352千字
版　　次 / 2019年6月第1版　2019年6月第1次印刷
书　　号 / ISBN 978-7-5201-5029-3
定　　价 / 116.00元

本书如有印装质量问题,请与读者服务中心(010-59367028)联系

▲ 版权所有 翻印必究